Na wschód do Tatarii

Podróże po Bałkanach,
Bliskim Wschodzie i Kaukazie

Robert D. Kaplan

Na wschód do Tatarii

Podróże po Bałkanach,
Bliskim Wschodzie i Kaukazie

Przełożył Janusz Ruszkowski

wydawnictwo czarne

Wołowiec 2010

Tytuł oryginału angielskiego EASTWARD TO TARTARY: TRAVELS IN THE BALKANS, THE MIDDLE EAST, AND THE CAUCASUS

Projekt okładki i stron tytułowych AGNIESZKA PASIERSKA / PRACOWNIA PAPIERÓWKA
Zdjęcie na okładce © by CHRISTOPHER ANDERSON / MAGNUM PHOTOS/EK PICTURES
Zdjęcie Autora © by JERRY BAUER

Redakcja MAŁGORZATA POŹDZIK
Projekt typograficzny i redakcja techniczna ROBERT OLEŚ / D2D.PL
Korekty MAGDALENA KĘDZIERSKA / D2D.PL, ZUZANNA SZATANIK / D2D.PL
Skład ZUZANNA SZATANIK / D2D.PL

ISBN 978-83-7536-209-1

Allenowi Pizzeyowi i Dee Hemmings

[...] wydaje mi się bardziej odpowiednim iść za prawdą zgodną z rzeczywistością niż za jej wyobrażeniem. Wielu [bowiem] wyobrażało sobie takie republiki i księstwa, jakich w rzeczywistości nie widzieli ani nie znali, [gdyż] sposób, w jaki się żyje, jest tak różny od tego, w jaki się żyć powinno [...].

Niccoló Machiavelli, *Książę*
przeł. Cz. Nanke

Znajomość najgorszych prawd nie zawsze chroni przed ich konsekwencjami, ale zawsze jest lepsza od niewiedzy.

Isaiah Berlin, *Oryginalność Machiavellego*
przeł. T. Bieroń

BIAŁORUŚ
POLSKA
CZECHY
UKRAINA
SŁOWACJA
Wiedeń
MOŁDAWIA
Debreczyn
Kluż-Napoka
AUSTRIA
Budapeszt
Braszów
WĘGRY
SŁOWENIA
RUMUNIA
CHORWACJA
BOŚNIA I HERC.
Belgrad
Bukareszt
SERBIA
Ruse
Morze Czarn
BUŁGARIA
Sofia
Tirana
WŁOCHY
ALBANIA
MACEDONIA
Stambuł
Samsun
Ankara
TURCJA
GRECJA
Kayseri
Ateny
SYCYLIA
Taurus
KRETA
CYPR
Morze Śródziemne
Bejrut
LIBAN
Tel Awiw-Jafa
Amman
Jerozolima
IZRAEL
LIBIA
EGIPT

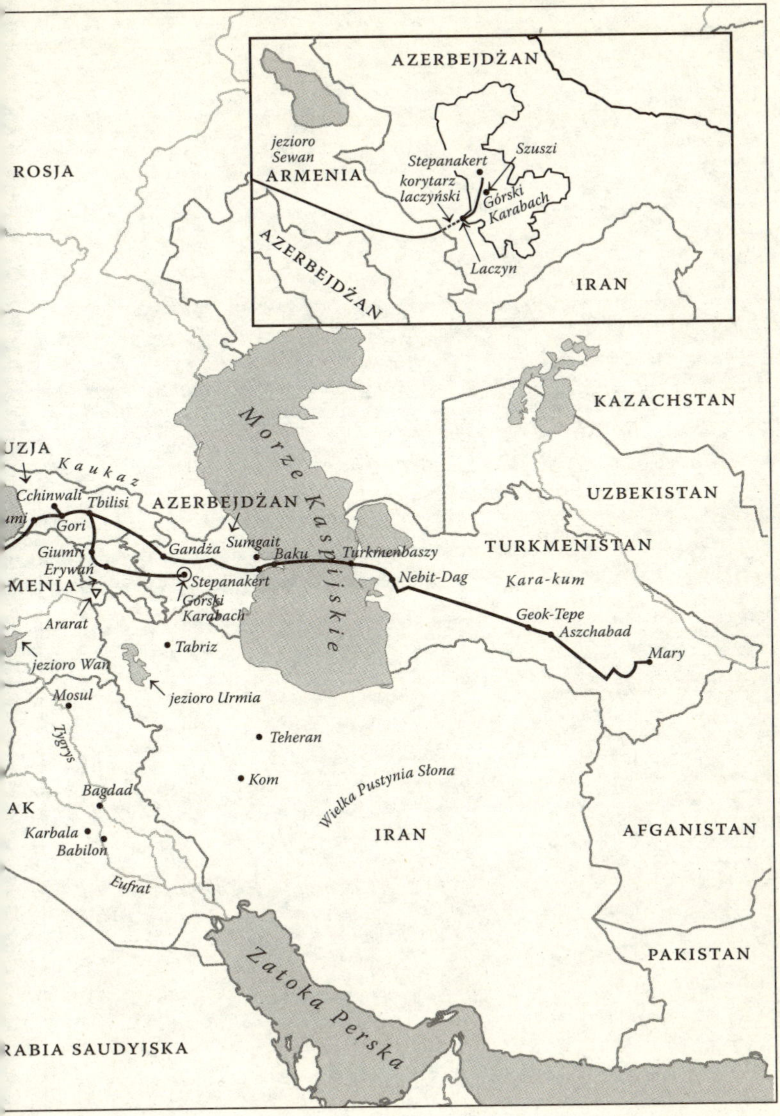

AZERBEJDŻAN
jezioro
Sewan
ARMENIA
Stepanakert
Szuszi
korytarz
laczyński
Górski
Karabach
AZERBEJDŻAN
Laczyn
IRAN
ROSJA
KAZACHSTAN
Morze Kaspijskie
UZJA
Kaukaz
Cchinwali
Tbilisi
AZERBEJDŻAN
UZBEKISTAN
Gori
Sumgait
Giumri
Gandża
Baku
Turkmenbaszy
TURKMENISTAN
Erywań
Stepanakert
Nebit-Dag
Kara-kum
MENIA
Górski
Karabach
Geok-Tepe
Ararat
Aszchabad
Tabriz
Mary
jezioro Wan
jezioro Urmia
Mosul
Tygrys
Teheran
Kom
Wielka Pustynia Słona
Bagdad
AK
Karbala
IRAN
AFGANISTAN
Babilon
Eufrat
PAKISTAN
Zatoka Perska
RABIA SAUDYJSKA

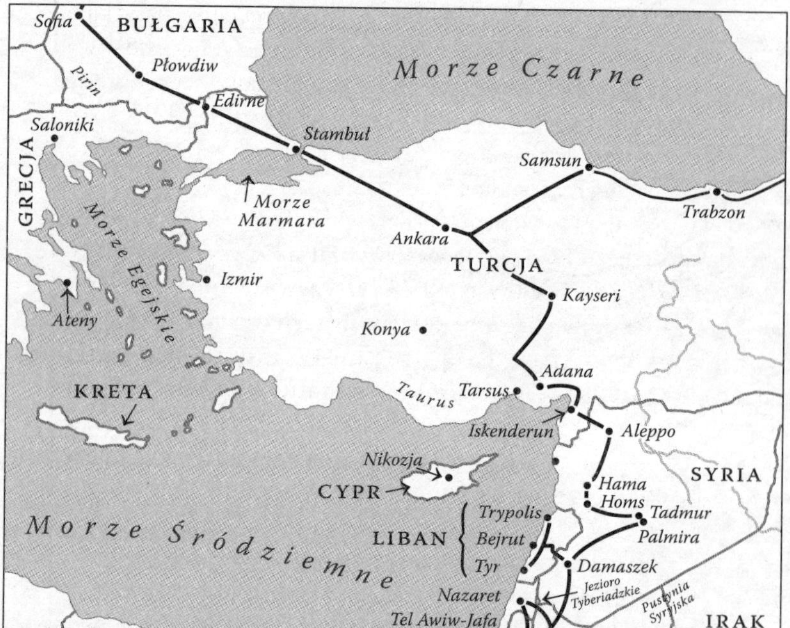

Sofia
BUŁGARIA
Płowdiw
Pirin
Morze Czarne
Edirne
Saloniki
GRECJA
Stambuł
Samsun
Trabzon
Morze
Marmara
Morze Egejskie
Ankara
TURCJA
Izmir
Kayseri
Ateny
Konya
Adana
KRETA
Taurus
Tarsus
Iskenderun
Aleppo
Nikozja
SYRIA
Hama
Homs
CYPR
Trypolis
Tadmur
Palmira
Morze Śródziemne
LIBAN
Bejrut
Tyr
Damaszek
Jezioro
Tyberiadzkie
Nazaret
Pustynia
Syryjska
Tel Awiw-Jafa
IRAK
Jerozolima
Amman
Gaza
Morze
Martwe
Hebron
EGIPT
IZRAEL
JORDANIA
ARABIA SAUDYJSKA

OD AUTORA

Ta książka ma w sobie coś ulotnego. To portret euroazjatyckich państw leżących między Europą Wschodnią a Azją Środkową, także na Bliskim Wschodzie, w krótkim, ale burzliwym okresie między zakończeniem zimnej wojny w listopadzie 1989 roku a terrorystycznym atakiem z 11 września 2001 roku. Mimo to, jako całość, przetrwała próbę czasu.

Tematem przewodnim rozdziałów o Bałkanach było rosnące strategiczne znaczenie tego regionu jako przyczółka NATO na Wielkim Bliskim Wschodzie. I rzeczywiście, po 11 września kraje te zostały włączone do Paktu, a ich czarnomorskie wybrzeże stało się bazą dla operacji amerykańskich sił powietrznych w Iraku i Afganistanie. W ostatnich latach, wskutek wojny w Iraku i kryzysu w Iranie, wzrosło także strategiczne znaczenie Turcji, która była jednym z najważniejszych przystanków mojej ówczesnej podróży. W tej książce czytelnik znajdzie charakterystykę umiarkowanych islamistów, którzy dziś rządzą tym krajem.

Sporo miejsca poświęciłem Gruzji, zwracając uwagę na jej bogate kulturowe dziedzictwo i całkowitą wyjątkowość, a zarazem na irytującą, typowo wschodnią niestabilność. Trasa podróży wiodła również przez Osetię Południową, a jak wiadomo, konflikt między tymi dwoma krajami osiągnął apogeum w 2008 roku i doprowadził do najechania Gruzji przez Rosję, której widmo także unosi się nad tymi stronicami.

Azerbejdżan i Syria, jakkolwiek całkowicie odmienne, wciąż są słabymi, autokratycznymi państwami, choć Azerbejdżan zrobił już pierwszy krok ku demokracji. O Libanie pisałem w kontekście jego rozkwitu u schyłku lat dziewięćdziesiątych – ta spuścizna, na szczęście wciąż żywa, stanowi zaporę dla wpływów Hezbollahu w Bejrucie. Walid Dżumblat, przywódca libańskich druzów, nic się nie zmienił od tamtego czasu: nadal jest politykiem wpływowym, przenikliwym i niezwykle barwnym. Niestety Gebran Tueni, dziennikarz, z którym wówczas rozmawiałem, w 2005 roku padł ofiarą zamachu inspirowanego zapewne przez Syryjczyków. Turkmenistan chyba zmienił się na lepsze: jego groteskowy dyktator Saparmurat Nijazow zmarł, nim zdążył doprowadzić do rozbicia kraju. Izrael i Armenia pozostały takie jak zawsze: szalenie żywiołowe i równie fascynujące.

Jeśli ta książka ma jeden temat przewodni, to jest nim realność i stopniowalność granic. Z tego punktu widzenia popełniłem w Rozdziale 1 poważny błąd, zbyt pobieżnie referując poglądy Rudolpha Fischera na temat roli Karpat w dziejach Europy. Z tego względu w nowym wydaniu wprowadziłem pewne zmiany. By jednak w pełni docenić głębię myśli Fischera, najlepiej sięgnąć bezpośrednio do źródła – jego artykułu *The Shriving of a Penitent Central European* opublikowanego w „Transylvanian Review" latem 1997 roku.

Robert D. Kaplan
Stockbridge, Massachusetts
Lato 2009

CZĘŚĆ I

Bałkany

ROZDZIAŁ 1

Rudolf Fischer, kosmopolita

Woń śliwowicy i czerwonego wina mieszała się z zapachem kurzu zalegającego na starych książkach i mapach. Była dziesiąta rano 17 lutego 1998 roku. Znajdowałem się w mieszkaniu na szaroburych przedmieściach Budapesztu. Mój gospodarz, Rudolf Fischer, zaproponował, żebyśmy się napili. „Śliwowica jest koszerna – spójrz na etykietkę po hebrajsku! A wino jest młode – z winnicy w Villányi w południowych Węgrzech. Łatwo wchodzi i rozwiązuje języki!".

Niewielki pokój z wiejskimi kilimami w ludowe wzory i innymi bałkańskimi pamiątkami pełnił też funkcję biblioteki z tomiszczami z początku XX wieku, w kilku językach, o bałkańskim nacjonalizmie, o Persach i imperium osmańskim, o bizantyjskiej spuściźnie Grecji i innych problemach zapadłej prowincji Europy. Fischer miał gęste siwe włosy i wąsy, a minę zadumaną. Nosił zamszowe spodnie i pasterską kamizelkę z owczej skóry. Jego dziarska postać na tle map i błyskotek przywodziła na myśl wiktoriańskiego odkrywcę, językoznawcę i tajnego agenta sir Richarda Francisa Burtona w jego bibliotece w Trieście[1].

1 Wiedzę Fischera na temat Bałkanów można porównać z wiedzą Burtona o Indiach, Arabii i Afryce. We wprowadzeniu do jego

To właśnie do Fischera zgłosiłem się po radę przed wyruszeniem w podróż po Bliskim Wschodzie, z Bałkanów do Azji Środkowej, którą w czasach elżbietańskich nazywano Tatarią.

„Urodziłem się w 1923 roku – zaczął opowiadać Fischer – w Kronstadt, w Transylwanii, mieście zamieszkanym głównie przez Niemców, dziś przemianowanym przez Rumunów na Braszów. Mój ojciec był węgierskim Żydem z bardzo ortodoksyjnej rodziny. Matka była Saską[1] i luteranką. Była folksdojczką – w czasie okupacji hitlerowskiej wpisała się na listę uprzywilejowanych osób pochodzenia niemieckiego. Rodzice chyba musieli się kochać, inaczej by się nie pobrali. Przed wojną stosunki między różnymi grupami etnicznymi były pełne subtelności, dziś trudnych do wyobrażenia. Matka uciekła z komunistycznej Rumunii, podając się za Żydówkę wyjeżdżającą do Izraela. Moja żona też jest Saską i luteranką, także pochodzi z okolic Kronstadtu. Co do mnie – dodał z uśmiechem – to oczywiście dla Niemców byłem Żydem, ale dla współczesnych rabinów w Izraelu już nie". Fischer wręczył mi swoją wizytówkę. Nie było na niej adresu ani telefonu, tylko trzy słowa:

RUDOLF FISCHER
καλαμαράς

Between the Woods and the Water. The Middle Danube to the Iron Cafe (London 1986), Patrick Leigh Fermor napisał: „Nigdy nie zdołam spłacić długu wobec Rudolfa Fischera. Jego niezgłębiona erudycja była źródłem intelektualnej rozkoszy i najlepszą motywacją…".

1 O Sasach transylwańskich zob. rozdz. 10 w: Kaplan, *Bałkańskie upiory*.

Greckie słowo, wyjaśnił, oznaczało „dziewiętnastowiecznego pisarza listów miłosnych" do kobiet w zastępstwie ich mężów, którzy służyli w tureckiej armii i nie umieli pisać.

Każdy z nas wzniósł toast, po czym Fischer rozłożył przede mną austriackie mapy z końca XIX wieku i jedną niemiecką, nieco wcześniejszą. „To mapy, za pomocą których musisz zaplanować podróż. Są lepsze od tych z czasów zimnej wojny. Te sprzed 1989 roku są oczywiście bezużyteczne. Żelazna kurtyna wciąż tworzy granicę społeczną i kulturalną. Wiesz, co jest największą zaletą restauracji McDonald's na Węgrzech i w innych byłych krajach socjalistycznych? To jedyne miejsce publiczne z czystymi toaletami".

Potem wskazał na niemiecką mapę z połowy XIX wieku i powiedział, że Karpaty, a ściślej ich rumuńskie pasmo, stanowią granicę między dawną monarchią austro-węgierską na północy i zachodzie oraz dawnym imperium Turków osmańskich na południu i wschodzie. W części austro-węgierskiej było gęsto od miast i miasteczek; część osmańska była niemal pusta: to obszary słabo wówczas zbadane, na których nie obowiązywały żadne regulacje handlowe – Wołoszczyzna, Serbia, Bułgaria. Te regiony także dzisiaj są znacznie słabiej rozwinięte niż Transylwania, Chorwacja czy Węgry. Według Fischera ta mapa obrazowała historyczną tragedię, bo chociaż Karpaty istotnie stanowiły naturalną granicę, to tak naprawdę były nią dopiero od trzystu lat. Przez wiele poprzednich stuleci wcale nie pełniły takiej funkcji. Europejskie granice, zdaniem Fischera, nie są kwestią geograficznego determinizmu. Szczerze ubolewał z powodu tej trzystuletniej linii demarkacyjnej, która uniemożliwiła rozprzestrzenianie się oświeceniowych idei dalej na wschód. A jednocześnie zwracał uwagę – o czym wielokrotnie pisał – że wcześniej przez te góry swobodnie przedostawały się towary i idee.

Niemniej jednak, przynajmniej w mojej wyobraźni, ten podział nie był całkiem sztuczny. Rozdarcie Bałkanów między imperia austro-węgierskie i osmańskie odzwierciedlało znacznie wcześniejsze pęknięcie. W IV wieku cesarstwo rzymskie podzieliło się na część zachodnią i wschodnią. Rzym nadal był stolicą cesarstwa zachodniego; stolicą cesarstwa wschodniego został Konstantynopol. Rzymskie cesarstwo zachodnie dało początek imperium Karola Wielkiego i Państwu Kościelnemu, innymi słowy, Europie Zachodniej. Cesarstwo wschodnie – Bizancjum – zamieszkiwali głównie greckojęzyczni prawosławni, a po 1453 roku, czyli po zdobyciu Konstantynopola przez Turków, muzułmanie. Granica między cesarstwami zachodnim i wschodnim biegła przez środek terytorium, które po pierwszej wojnie światowej stało się wielonarodowym państwem jugosłowiańskim. Kiedy w 1991 roku państwo to uległo gwałtownemu rozpadowi, przynajmniej początkowo przypominał on podział cesarstwa rzymskiego sprzed szesnastu wieków. Słoweńcy i Chorwaci byli katolikami, spadkobiercami tradycji zachodniej – od Rzymu po Austro-Węgry; Serbowie natomiast byli prawosławnymi dziedzicami osmańsko-bizantyjskiej tradycji Rzymu na wschodzie.

Karpaty, które ciągną się na północny wschód od byłej Jugosławii i dzielą Rumunię na dwie części, wzmacniały granicę między Rzymem i Bizancjum, a później Wiedniem habsburskich cesarzy i Konstantynopolem tureckich sułtanów. Rudolf Fischer stwierdził, że Karpaty, które niełatwo przebyć, częściowo zahamowały rozprzestrzenianie się na wschód takich osiągnięć kultury europejskiej, jak architektura romańska i gotycka oraz renesans i reformacja[1]. „To właśnie dlatego także Grecja należy do Wschodu" – powiedział. Dodał, że „Rumunia, ze względu na wpływy renesansu i reformacji na południowym zachodzie kraju, była przed drugą wojną światową bardziej rozwinięta niż Grecja! Dopiero doktryna Trumana – zamachał rękami – dziesięć miliardów dolarów pomocy amerykańskiej, stworzyła dzisiejszą, »zachodnią Grecję«. Podobnie – ciągnął Fischer – różnice między stalinowskim przywódcą Węgier Mátyásem Rákosim i stalinowskim przywódcą Rumunii Gheorghe Gheorghiu-Dejem, a w jeszcze większym stopniu między ich następcami Jánosem Kádárem i Nicolae Ceauşescu były w gruncie rzeczy różnicami między – nie widzisz tego? – habsburskimi Austro-Węgrami i osmańską Turcją. Rákosi i Kádár byli może wyrodnymi Środkowymi Europejczykami, ale – jako Węgrzy – jednak Środkowymi Europejczykami. Gheorghiu-Dej i Ceauşescu to zaś orientalni despoci z tej części Europy, na którą większy wpływ wywarła osmańska Turcja niż habsburska Austria.

1 Zob. artykuł Fischera *The Shriving of a Penitent Central European*, „Transylvanian Review" (Kluż-Napoka), Summer 1997.

I to dlatego komunizm wyrządził mniej szkód na Węgrzech niż w Rumunii".

Rzeczywiście, w Europie Środkowej komunizm ogłaszał się lekiem na nierówności ekonomiczne oraz inne problemy wynikające z burżuazyjnego rozwoju przemysłowego i był rodzajem radykalnego liberalnego populizmu, natomiast w niegdysiejszym imperium osmańskim, gdzie taki rozwój nigdy nie nastąpił, stał się siłą czysto destrukcyjną, drugim najazdem mongolskim.

„Váci utca – stwierdził Fischer, mając na myśli modną budapeszteńską ulicę luksusowych sklepów – z jej latarniami i atmosferą *Wesołej wdówki*[1] to dzieło nie postkomunizmu, lecz takiego komunizmu, jak go pojmowali Węgrzy z ich środkowoeuropejskimi tradycjami w latach siedemdziesiątych i osiemdziesiątych".

*

Historia i geografia to oczywiście tylko ramy, które ludzkość wypełnia szczegółami[2]. Wbrew temu, co mówił Fischer, Europa przecież nie kończyła się na Karpatach. Weźmy na przykład „żelazną kurtynę" – wytwór nie tyle geografii czy kultury, ile polityki mocarstw po drugiej wojnie światowej – stanowiącą granicę równoległą do tej, która rozdzieliła imperia habsburskie i osmańskie. Z jednej strony różnice w rozwoju byłych krajów komunistycznych, które niegdyś zaznały panowania habsburskiego –

1 Chodzi o *Wesołą wdówkę*, operetkę napisaną w 1905 roku przez węgierskiego kompozytora Franza Lehára.

2 Zob. Robert Strausz-Hupé, *Geopolitics. The Struggle for Space and Power*, New York 1942.

takich jak Węgry, Czechy i Polska – oraz tych, którymi władały Bizancjum i Turcja osmańska – takich jak Rumunia i Bułgaria – są bardzo wyraźne. Z drugiej jednak Węgry łączy z dawnymi sojusznikami z Układu Warszawskiego, Rumunią i Bułgarią, więcej, niż są skłonne przyznać. Zdaniem Fischera, mimo rozwoju gospodarczego Węgry nie potrafią uciec od przeszłości.

„Nasze prostytutki w Budapeszcie to Rosjanki i Ukrainki; nasze pieniądze wciąż nie mają żadnej wartości na Zachodzie; nasza ropa i nasz gaz pochodzą z Rosji; zorganizowana przestępczość i korupcja są równie częste jak w krajach, z którymi graniczymy od południa i wschodu. Walki mafijne i handel narkotykami są poważnym argumentem za wprowadzeniem wiz dla Rumunów, Serbów i Ukraińców, ale rząd węgierski nigdy tego nie zrobi, bo to odcięłoby nas od mniejszości węgierskiej za granicą. Czy to się nam podoba, czy nie, jesteśmy ściśle związani z postkomunistycznym Wschodem".

Mógł jeszcze dodać, że korytarz w jego bloku jest ciemny i brudny, jak wszędzie w świecie postkomunistycznym, gdzie dziesięciolecia własności państwowej na długo oduczyły ludzi dbałości o otoczenie. Sam blok – niewzbudzający zaufania, sprawiający wrażenie niewykończonego budynek z żółtobrązowych pustaków – podobnie jak wszystkie na osiedlu Fischera, bardziej przypominał zabudowę w byłej komunistycznej Azji Środkowej niż w odległej o dwie godziny jazdy pociągiem Austrii. Mur berliński został zburzony w listopadzie 1989 roku, ale dekadę później jego widmo wciąż prześladowało podróżnych.

– A co z NATO? – spytałem. – Czy po przyjęciu Polski, Czech i Węgier nowa wschodnia granica paktu będzie też nową granicą między Europą i Bliskim Wschodem?

– NATO nie ma znaczenia – Fischer machnął lekceważąco ręką. – Liczy się tylko Unia Europejska. – Wyjaśnił, że Unia Europejska rozwiąże kwestie waluty, kontroli granicznych, paszportów, handlu, stóp procentowych, ochrony środowiska i norm żywieniowych – codzienne sprawy, które odmienią Węgry.

– Austria nie jest członkiem NATO, ale czy zaliczyłbyś ją do krajów Europy Wschodniej albo Bliskiego Wschodu?

– Oczywiście, że nie. (W tamtym czasie Austria nie była też członkiem Unii Europejskiej, ale jej gospodarka funkcjonowała zgodnie z wolnorynkowymi zasadami gospodarki unijnej).

Dlatego też wydawało się prawdopodobne – w każdym razie w przypadku, jeśli Unia szybko rozszerzy się o Węgry, Słowenię, Czechy i Polskę, lecz dopiero dekadę później przyzna prawa członkowskie Rumunii, Bułgarii, Macedonii, Turcji i Rosji – że sojusz państw zachodnich przybierze postać mniej lub bardziej przypominającą Święte Cesarstwo Rzymskie u szczytu jego rozwoju w XI wieku, a podział na chrześcijaństwo zachodnie i wschodnie zostanie ponownie zinstytucjonalizowany, jak to miało miejsce za czasów Rzymu i Bizancjum oraz imperiów habsburskiego i osmańskiego. Wówczas Bliski Wschód zaczynałby się na granicach Węgier i Rumunii. W dodatku, całkiem jak na tej starszej mapie, Rosja obecnie powraca do granic szesnastowiecznego Wielkiego

Księstwa Moskiewskiego: tryskającego energią państwa-miasta pośród chaotycznych żywiołów[1].

– Węgrzy chcą uduchowić granice, takich właśnie słów tutaj się używa – powiedział Fischer.

– Chodzi o to, żeby granice były jak filtr? – spytałem. – Żeby chroniły, ale nie dzieliły?

– Możliwe – odparł cierpko Fischer. – Tak naprawdę to Węgrzy chcieliby, żeby ze Wschodu przyjeżdżali tylko tamtejsi Węgrzy i nikt więcej.

Zaczął narzekać na „współczesność" w Europie, w której demokratyczne wrzenie na przełomie XIX i XX wieku wzmocniło lokalne nacjonalizmy, a industrializacja powiększyła zakres władzy państwowej. Skutkiem tego był upadek wielonarodowych imperiów w rodzaju habsburskich Austro-Węgier czy osmańskiej Turcji oraz powstanie jednonarodowych mocarstw w rodzaju Niemiec, a także niestabilnych, plemiennych księstewek na powojennych Bałkanach, chociaż niektóre miały status demokracji parlamentarnych. Nawet rewolucje 1848 roku w Europie Środkowej nie były tak demokratyczne, jak się wydaje. Odwoływały się w jednakowym stopniu do idei narodowych i liberalnych, a na ziemiach węgierskich napotkały opór mniejszości chorwackiej, serbskiej i rumuńskiej[2]. Dla Fischera „współczesność" oznaczała „kampanie

1 Więcej na ten temat zob. w: Gusztáv Molnár, *The Geopolitics of NATO Enlargement*, „The Hungarian Quarterly" (Budapeszt), Summer 1997.

2 Zob. John Lukacs, *Budapest 1900. A Historical Portrait of a City and Its Culture*, New York 1988 i Henry Kissinger, *A World Restored. Metternich, Castlereagh and the Problems of Peace 1812–1822*,

madziaryzacji" i inne formy „czystek etnicznych", które prowadziły do narodzin państewek tyranizowanych przez „etniczną większość". Stwierdził, że współczesne czasy symbolizuje to, co stało się w dniu jego dwudziestych pierwszych urodzin, 17 września 1944 roku.

– Ponieważ po wybuchu drugiej wojny światowej udało nam się z ojcem uciec z Rumunii i zdobyć wizy australijskie, byłem wtedy w wojsku australijskim. Dowódca dał mi krótką przepustkę. Tak więc dzień urodzin spędziłem samotnie, włócząc się po buszu i zastanawiając, kto z mojej rodziny i przyjaciół w Transylwanii przeżył, a kto nie.

Dopiero po wojnie dowiedziałem się z książki Randolpha Brahama o węgierskim Holokauście, że właśnie tego dnia żołnierze węgierscy rozstrzelali wszystkich Żydów z Sármás, wioski położonej na wschód od Kolozsváru w Transylwanii[1]. Biedacy. Uważali się za Węgrów. Mówili po węgiersku. Przetrwali pięć lat rządów faszystów, unikając deportacji do obozu koncentracyjnego. Wydawało się, że cudem o nich zapomniano pośród horroru wojennej zawieruchy. Wtedy w Sármás zjawili się żołnierze węgierscy i co zrobili? Na kilka dni zamknęli wszystkich w chlewach, a potem zapędzili na

Boston 1954. Kissinger krytykuje rewolucje 1848 roku: twierdzi, że choć głosiły uniwersalistyczne hasła, w rzeczywistości miały charakter nacjonalistyczny.

1 Wiele miast i miasteczek w Transylwanii ma trzy nazwy – rumuńską, węgierską i niemiecką – z powodu historycznego wymieszania narodowości w tym regionie. Kolozsvár to węgierska nazwa rumuńskiego Klużu (obecnie noszącego nazwę Kluż-Napoka), zwanego również z niemiecka Klausenburgiem. Sármás to węgierska nazwa rumuńskiego Sărmaş.

wzgórze i rozstrzelali. Holokaust to także wiele małych pogromów"[1].

Tydzień po rozmowie z Fischerem stanąłem na wzgórzu w rumuńskim Sărmaş. Była to rozległa łąka otoczona chałupami ze spróchniałych drewnianych bali, na której tarzały się w błocie świnie, a wieśniacy w czarnych baranicach ścinali trawę kosami. Ujrzałem trzy rzędy grobów, łącznie sto dwadzieścia sześć, każdy ozdobiony gwiazdą Dawida i hebrajską inskrypcją. Otaczało je brzydkie betonowe ogrodzenie, koszmarny sarkofag, który można by nazwać „historią współczesną". Przeszedłem przez ogrodzenie i przeczytałem rumuńską inskrypcję:

> [Węgierskie] wojska faszystowskie, nieprzyjaciele rodzaju ludzkiego, zajęły wioskę Sărmaş i zapędziły wszystkich Żydów – mężczyzn, kobiety i dzieci – do chlewów, gdzie przetrzymywano ich bez pożywienia, torturowano i poniżano w najokrutniejszy sposób przez dziesięć dni, kiedy to w przededniu żydowskiego święta Rosz ha-Szana wyprowadzono ich na owo wzgórze płaczu i brutalnie zamordowano [...][2].

1 Zob. Randolph L. Braham, *The Politics of Genocide. The Holocaust in Hungary*, t. 2, New York 1981. Oddziały węgierskie wkroczyły do Transylwanii, próbując powstrzymać wspólne natarcie sowiecko-rumuńskie. Pogrom w Sărmaş nie był dziełem węgierskich faszystów – Strzałokrzyżowców – lecz ultraprawicowych oficerów regularnej armii. W dniu masakry wojskiem stacjonującym w Sărmaş dowodził kapitan Laszló Lancz.

2 Przekład Tudora Seuleana, rumuńskiego znajomego, który mi towarzyszył.

Oczywiście na rumuńskim pomniku nie było mowy o równie potwornych zbrodniach dokonanych na Żydach w czasie drugiej wojny światowej przez samych Rumunów.

– To właśnie dlatego tak dobrze zapamiętałem dzień moich dwudziestych pierwszych urodzin w Australii – ciągnął Fischer. – Utkwił mi w pamięci, odkąd się dowiedziałem, co się wydarzyło tego samego dnia w Sărmaş. Widzisz, Robert, nieważne, czy nacjonalizm jest węgierski, czy rumuński, bo zawsze jest zły. Granica, którą stanowią Karpaty, była dobrodziejstwem w porównaniu z granicami, które stawiają współczesne nacjonalizmy, ponieważ Karpaty rozdzielały imperia, w których mieszały się narody i religie. Jestem kosmopolitą. I tym właśnie powinna być dziś każda cywilizowana jednostka!

Stwierdziłem, że kosmopolityzm zawsze musi odwoływać się do pamięci. Bez pamięci nie jest możliwa ironia, która jest esencją historii. Bo, jak powiedział Fischer, w autokratycznych reżimach, w rodzaju habsburskiej Austrii czy osmańskiej Turcji, mniejszości – Żydzi, Cyganie, Kurdowie i inne narodowości – były na ogół bezpieczne. Zaczynano je prześladować i mordować, kiedy z tych autokracji wyłaniały się zdominowane przez etniczne większości niepodległe państwa, jak Austria, Węgry, Rumunia, Grecja czy Turcja.

Fischer sięgnął po laskę i kazał mi włożyć płaszcz. „Pójdziemy na spacer. Muszę ci coś pokazać, zanim rozpoczniesz swoją podróż".

Przez pół godziny żwawo prowadził mnie ponurymi, zatłoczonymi, hałaśliwymi ulicami, przejściami podziemnymi i alejkami pustego parku, a następnie wzdłuż torów kolejowych, które wiły się na tyłach starych, obskurnych bloków mieszkalnych. Mijaliśmy ludzi w workowatych ubraniach i brudnych kitlach, ze sfatygowanymi teczkami. „Jesteśmy w dzielnicy – rzucił Fischer – opisywanej przez Heimito von Doderera jako »spora część miasta, w której odsłania ono swe szpetne organy skryte pod piękną skórą«". Pomyślałem o girlandach kolorowych świateł wzdłuż ulic nad Dunajem, z luksusowymi sklepami i wycieczkami zachodnich turystów, odległych o zaledwie kilka przystanków tramwajowych: centrum Budapesztu było już w Europie Zachodniej i w XXI wieku, ale ta część miasta wciąż tkwiła w Europie Wschodniej i w epoce sprzed zburzenia muru berlińskiego.

Za placem Orczy na najdalszym południowo-wschodnim krańcu Budapesztu dotarliśmy do olbrzymiego skupiska blaszanych straganów i obskurnych barów działających w porzuconych posowieckich wagonach kolejowych. Można tam było kupić chińskie podróbki markowych adidasów za równowartość dziesięciu dolarów, swetry za cztery dolary, skarpety, zegary, kurtki, telefony komórkowe, szampony, zabawki i co tylko dusza zapragnie – wszystko tanie i wyprodukowane albo w Azji, albo w byłych demoludach. Wiele towarów pochodziło z Rosji. Żywność w barach była turecka. Sprzedawcami byli Chińczycy, Kazachowie, Uzbecy i inni mieszkańcy Azji Środkowej, ale głównie Chińczycy. Zauważyłem przystanki, z których odjeżdżały autobusy do kilku miast w Rumunii i innych krajach Wschodu, ale żadnego na

Zachodzie. Wszędzie było widać węgierskich policjantów, bo ostatnio doszło tutaj do kilku morderstw. Nikt nie był elegancko ubrany.

„Budapeszteńczycy nazywają to miejsce »chińskim rynkiem« – powiedział Fischer. – Powstał na początku lat dziewięćdziesiątych, kiedy upadł Związek Sowiecki, a Chiny złagodziły ograniczenia w podróżowaniu dla swoich obywateli. To istny karawanseraj". Chińczycy zdominowali nielegalne sieci handlowe, zaopatrujące w tanie produkty większość krajów Europy Wschodniej, których mieszkańców nie stać było na towary z Zachodu. Tutaj można było się dogadać w każdym języku. Handel był „wielkim wyrównywaczem". „To prawda, jest trochę przemocy, gangsterskich porachunków – powiedział Fischer. – Ale czy inaczej było w zaułkach Odessy sto albo dwieście lat temu, gdzie naszym żydowskim przodkom wiodło się mniej więcej tak samo, jak tym ludziom?".

„To wszystko, co chciałem ci pokazać, Robert – zakończył Fischer. – Pamiętaj, że »żelazna kurtyna« wciąż kształtuje społeczeństwo. Popatrz choćby na ten rynek. Trudno w kilka lat uporać się ze skutkami ponad czterech dekad najstraszliwszych represji". Zaprowadził mnie do tramwaju i przejechał ze mną kilka przystanków. „To dobrze, że będziesz podróżował przez Transylwanię. Tyle tam do zobaczenia" – powiedział z tęsknotą w głosie. Potem wysiadł z tramwaju i pomachał mi laską na pożegnanie.

Wysiadłem przy Nyugati pályaudvar, wielkim budapeszteńskim Dworcu Zachodnim, który w latach siedemdziesiątych XIX wieku zbudował Alexandre-Gustave Eiffel (zanim jeszcze wzniósł słynną wieżę w Paryżu). To właśnie z Dworca Zachodniego wyruszyłem w podróż na Wschód. A teraz wyjaśnię, dokąd jechałem i dlaczego.

ROZDZIAŁ 2

Na Wschód

Miałem zamiar przejechać przez kraje, które nazwałem Nowym Bliskim Wschodem – część Eurazji leżącą na wschód od Unii Europejskiej i granic niedawno rozszerzonego NATO, na zachód od Chin i na południe od Rosji. To niestabilny region, w którym nakładają się na siebie bizantyjskie, perskie i tureckie tradycje kulturowe. Na jego obszarze znajduje się siedemdziesiąt procent światowych złóż ropy naftowej i ponad czterdzieści procent gazu ziemnego[1]. Tak jak monarchia austro-węgierska była w XIX wieku „sejsmografem Europy", tak też Nowy Bliski Wschód – rozciągający się od Bałkanów na wschód do „Tatarii" – może stać się sejsmografem polityki światowej i areną bezwzględnej walki o zasoby naturalne w XXI stuleciu[2]. Dlatego też Centralne Dowództwo wojsk amerykańskich, odpowiedzialne za bezpieczeństwo na Bliskim Wschodzie i bardziej niż jakakolwiek inna

1 Za: Geoffrey Kemp, Robert E. Harkavy, *Strategic Geography and the Changing Middle East*, Washington 1997.

2 Wyrażenie „sejsmograf Europy" zaczerpnąłem z: Kissinger, *A World Restored*. „Tataria" to elżbietańskie określenie przede wszystkim turkijskich obszarów zachodniej Azji Środkowej, zwanych także Turkmenistanem.

jednostka przypominające kolonialne siły ekspedycyjne, ostatnio rozciągnęło swe działania na tereny byłego sowieckiego Kaukazu oraz Azję Środkową.

Postanowiłem udać się z Węgier na południowy wschód przez Rumunię i Bułgarię do Turcji, a potem na południe, przez Syrię, Liban i Jordanię, do Izraela. Po powrocie z Izraela do Turcji planowałem wyruszyć na wschód przez Anatolię i Kaukaz do Azji Środkowej. Ponieważ o Jugosławii napisano już całe tomy, zdecydowałem się ją ominąć. Kataklizm wojny etnicznej nie podlegał dyskusji – był skutkiem doświadczeń historycznych, polityki złych przywódców, którzy manipulowali zbiorową pamięcią, załamania gospodarki jugosłowiańskiej w latach osiemdziesiątych, które miałem okazję obserwować, rozpadu zimnowojennych struktur bezpieczeństwa i braku reakcji Zachodu, kiedy był jeszcze na nią czas. Natomiast to, co się działo gdzie indziej na Bałkanach, wcale nie było takie oczywiste.

Chciałem na własne oczy zobaczyć przyszłe granice Europy, zwiastuny upadku arabskich dyktatur, społeczne i polityczne skutki powstania nowych rurociągów pompujących ropę z Morza Kaspijskiego. (Chociaż ostatnie wiadomości o odkryciu złóż ropy w tym obszarze były przesadzone, to w następnej dekadzie pod względem wielkości produkcji region stanie się „drugim Morzem Północnym", pełniąc jednocześnie funkcję węzła transportowego dla części największych światowych złóż gazu ziemnego). Ale interesowały mnie także dzieje ustrojów politycznych w tym regionie, ponieważ wiedziałem, że niemal w każdym kraju, przez który będę przejeżdżał, instytucje państwowe są bardzo słabe. Wprawdzie znaczna część tych państw nazywała się demokracjami, ale faktyczne relacje wewnątrz aparatu władzy często dowodziły, że ważniejszą, choć skrywaną rolę odgrywały struktury wojskowe, policyjne i gospodarcze.

Zastanawiałem się, jak ludzie postrzegają samych siebie. Czy wskutek globalizacji więzi narodowe tracą na znaczeniu na rzecz nowych form kosmopolityzmu? A jeśli tak, to czy wpłynie to na autorytarne reżimy? Jeżeli dyktatury ustąpią miejsca bardziej demokratycznym formom rządów, czy sytuacja w krajach, przez które będę przejeżdżać, stanie się mniej, czy bardziej stabilna? Nawet w Izraelu, jedynym miejscu na trasie mojej podróży, gdzie od dawna panuje zinstytucjonalizowana demokracja, wcale nie musi ona przetrwać w dotychczasowej postaci i zachować swojego cywilnego charakteru.

*

Najpierw pojechałem do Debreczyna, węgierskiego miasta oddalonego od Budapesztu o trzy godziny jazdy na wschód. Granica między Europą i Bliskim Wschodem, którą miałem przekroczyć, nie zaczynała się i nie kończyła w żadnym konkretnym miejscu – jedno przechodziło w drugie stopniowo. Pierwszym stopniem był „chiński rynek" na wschodnich peryferiach Budapesztu, bardziej orientalnych i mniej rozwiniętych niż budapeszteńskie turystyczne centrum nad Dunajem. W kolejnych tygodniach miałem pokonać następne stopnie.

Przez okno pociągu oglądałem płaski, nudny pejzaż – błotniste drogi, samotne kępy topoli, domy obłażące z tynku i spróchniałe kurniki. Po półtorej godziny przejechaliśmy nad Cisą i płaski krajobraz opustoszał, stając się bardziej panoramiczny – z żyzną czarną ziemią i oceanami cytrynowozielonej trawy mieniącej się w późnozimowym świetle wyjątkowo, jak na tę porę roku, ciepłego dnia. To była puszta – część Alföld, czyli Wielkiej Niziny Węgierskiej – najdalej wysunięty na zachód azjatycki step. W tym miejscu siedem plemion madziarskich, przodków współczesnych Węgrów, w 896 roku wkroczyło na Węgry pod wodzą księcia Arpada, wcześniej przez blisko tysiąc lat migrując na zachód z Uralu i przeprawiając się przez północny Kaukaz, gdzie zetknęły się z Bułgarami i Turkami. Świadectwem tej koczowniczej przeszłości jest język węgierski, należący do grupy języków ugrofińskich i zawierający liczne zapożyczenia z tureczczyzny[1].

We wczesnym średniowieczu oprócz Madziarów dotarły na nizinę również inne środkowoazjatyckie ludy – Scytowie, Hunowie, Awarowie, Tatarzy, Kumycy i Pieczyngowie – które odcisnęły na niej swoje genetyczne piętno, po czym znikły[2]. Wcześniej była ona północno-wschodnią rubieżą Rzymu, gdzie w VI wieku względny ład i dobrobyt w cesarskich prowincjach Panonii, Górnej Mezji i Dacji ustąpiły chaotycznemu panowaniu Gepidów

1 Najlepsze objaśnienie skomplikowanego rodowodu Węgrów znalazłem nie w dziełach naukowych, lecz w książce kucharskiej George'a Langa, *Cuisine of Hungary*, New York 1971.

2 Zob. tom 4. klasycznego dzieła Edwarda Gibbona, *Upadek Cesarstwa Rzymskiego na Zachodzie*, przeł. I. Szymańska, Warszawa 2000.

i Sarmatów[1]. Płaska i pusta, wyglądała jak pogranicze. Ale nie biegła tędy żadna granica. Debreczyn na wschodnim krańcu puszty okazał się mniejszą wersją Budapesztu.

*

Poprzednim razem gościłem w tym dwustutysięcznym mieście, znanym z handlu produktami rolnymi, w 1973 roku, kiedy podróżowałem autostopem po Europie Wschodniej. Pamiętam senne uliczki, pustawe sklepy, żółte gotyckie kamienice ze zdobieniami, które upodobniały je do lukrowanych ciastek, i zielonkawe, jakby orientalne kopuły. Teraz można tu było kupić prawie wszystko. Plac koło dworca kolejowego był odpowiednikiem budapeszteńskiego chińskiego rynku, zapchanym ludźmi w dresach, sprzedającymi i kupującymi rozmaite tanie produkty z Azji i byłych krajów komunistycznych. Posadzka hallu dworcowego była zastawiona rzędami niedrogich czarnych półbutów. Jednak centrum Debreczyna przypominało centrum Budapesztu. Były tutaj bankomaty i chromowane szyldy sklepowe z fantazyjnym liternictwem. Oddziały zagranicznych banków z marmurowymi fasadami były równie liczne jak protestanckie kościoły, którym miasto zawdzięczało przydomek „kalwińskiego Rzymu". Liczne sklepy sportowe i butiki o takich nazwach, jak Yellow Cab, 2nd Avenue czy 48th Street New York, sprzedawały modne adidasy, a billboardy reklamowały kursy taekwondo, rugby, tańca hip-hop

1 W pewnym uproszczeniu Panonia to zachodnie Węgry, Górna Mezja to Serbia, a Dacja to Rumunia.

techno rap. Cichy, zdewastowany barokowy dziedziniec, który pamiętałem sprzed ćwierć wieku, teraz był świeżo odmalowany na pastelowe kolory i zdominowany przez wielką reklamę „Microsoft Solution Provider". Tłoczno było zarówno na chodnikach, jak i na jezdniach. Przed witrynami sklepowymi koczowały grupki nastolatków w obcisłych dżinsach. Kioski były pełne zachodnich pism rozrywkowych i komputerowych. W lutym 1998 roku najbardziej rozpowszechnionymi obrazami na ulicach Debreczyna były wizerunki Leonarda di Caprio i reprodukcje mapy Węgier z 1890 roku, obejmującej Transylwanię (która w 1918 roku stała się częścią Rumunii).

Zaskoczył mnie rozkwit prywatnej przedsiębiorczości: Debreczyn był znany ze swego religijnego konserwatyzmu i leżał daleko od Budapesztu, w jednym z najuboższych regionów Węgier. W połowie XVI wieku miasto było siedliskiem protestantyzmu i katolikom nie wolno było się w nim osiedlać. Powstało tutaj kalwińskie kolegium, a miejscowi kalwini zawarli pakt z panującymi na tych ziemiach muzułmańskimi Turkami, gwarantujący miastu bezpieczeństwo. Jednak kalwinom z Debreczyna obca była tzw. protestancka etyka pracy. „We wschodnich Węgrzech kalwinizm był jedynie mieszanką konserwatyzmu i fatalizmu, kolejnym rysem narodowości zamkniętej w murach religijności odrzucającej wszelką innowację" – stwierdził László Csaba, węgierski ekonomista i socjolog, którego poznałem w Budapeszcie. Gospodarczo zawsze najszybciej rozwijały się katolickie regiony Węgier. (Csaba dodał, że także „pruska etyka pracy", częściowo oparta na protestantyzmie, bywa błędnie rozumiana. „»Pruska etyka pracy« miała mniej wspólnego z przedsiębiorczością, a więcej z biurokracją i masowym uprzemysłowieniem. Spełniała swoją funkcję jedynie wówczas, gdy ktoś inny tworzył miejsca pracy i mówił ludziom, co mają robić. W postindustrialnej epoce wolnej przedsiębiorczości – mówił dalej – nie należy oczekiwać, że dawne pruskie regiony Niemiec odniosą spektakularny sukces ekonomiczny. Budapesztowi i reszcie Węgier bliżej do katolickiego Monachium niż do protestancko-pruskiego Berlina, a w nowej Europie regionów te zorientowane na Monachium będą zapewne silniejsze".

Inną przyczyną mojego zaskoczenia rozwojem Debreczyna był fakt, że gospodarka węgierska była najsłabsza właśnie na wschód od Cisy, gdzie bezrobocie w 1997 roku sięgnęło dwudziestu procent (przy średniej krajowej na poziomie ośmiu i siedmiu dziesiątych procent). Jednak była to względna słabość „tygrysiej" ekonomii, w której wartość rocznego eksportu wzrosła z pięciu i pół miliarda dolarów u schyłku lat osiemdziesiątych do dwudziestu miliardów dolarów w końcu lat dziewięćdziesiątych. Węgry eksportowały do krajów Europy Zachodniej więcej produktów inżynieryjnych niż Hiszpania i Portugalia: blisko połowę stanowiły nowatorskie zaawansowane rozwiązania techniczne[1]. Mówiąc językiem ekonomii, Węgry jako całość stanowiły przykład normalnego rozwoju, z tym że jedna trzecia kraju (Budapeszt i okolice)

1 Podaję za budapeszteńskim European Association for Comparative Economic Studies.

lokowała się nieco powyżej średniej, a jedna trzecia (region na wschód od Cisy) nieco poniżej. Mała powierzchnia Węgier, płaska topografia i centralne położenie stolicy ułatwiały przesączanie się korzyści płynących z zachodnich inwestycji do innych regionów. Dopiero tysiąc kilometrów dalej na wschód, w Turcji, będę mógł obserwować funkcjonowanie podobnej gospodarki jak węgierska, której rozwój nie ograniczał się do nielicznych miast.

Noc spędziłem w Aranybika (Złotym Byku), staroświeckim hotelu, zbudowanym w 1914 roku w stylu secesyjnym. Widać było już tylko ślady minionej świetności, ale miał umiarkowane ceny i przyzwoitą obsługę. Był to ostatni europejski hotel w całym tego słowa znaczeniu na szlaku mojej podróży na wschód do Tatarii.

*

Następnego ranka pożegnałem się z Debreczynem. Dworzec autobusowy – czyste, ponure gmaszysko ze szkła i betonu, pamiętające czasy komunizmu – zdobiły nowe reklamy Pepsi i elektroniczny rozkład jazdy. Autobus do Biharkeresztes, miasteczka leżącego pięćdziesiąt kilometrów na południowy wschód, przy granicy węgiersko-rumuńskiej, był zapchany dostatnio wyglądającymi prowincjuszami i rozkosznie pachniał serem i kiełbasą. Z powodu licznych objazdów i przystanków podróż trwała bite dwie godziny. Zanim na horyzoncie zamajaczyły pogórza Karpat, wschodnie obrzeża puszty przedstawiały majestatyczny widok: bezkresne połacie czarnej ziemi i zielonej trawy, rozrzucone tu i ówdzie skolektywizowane gospodarstwa, dachy kryte strzechą, muły obracające kołowroty studni i smukłe gotyckie wieże. Eleganckie witryny sklepowe i ople taksówki świadczyły, że nawet tutaj dotarło nowe. Byłem jedyną osoba, która wysiadła z autobusu na przystanku przed dworcem kolejowym w Biharkeresztes.

Tutaj granica osiągała kolejny stopień. Niemal pusty dworzec składał się z kilku pomieszczeń przedzielonych ściankami ze sklejki oraz z kasy pod mdłą żarówką. Chociaż do granicy rumuńskiej było nie więcej niż dwa kilometry, wystawienie międzynarodowego biletu do „Kolzsváru", zwanego przez Rumunów Klużem (choć na początku lat siedemdziesiątych miasto zostało oficjalnie przemianowane na Kluż-Napoka), zajęło kobiecie w niebieskim kitlu całe dwadzieścia minut. Kiedy szedłem do pociągu, węgierski pogranicznik ledwo rzucił okiem na mój paszport i przepuścił mnie bez słowa. Wsiadłem do najbliższego wagonu. Byłem sam w przedziale. Pociąg ruszył, przykleiłem twarz do szyby. Moją uwagę przykuła rura z gorącą wodą. Tam, gdzie kończył się połyskujący nowością metal, otulony izolacją z włókna szklanego, a zaczynała rdza i szmaty – w tym samym miejscu, w którym zaczęły pojawiać się hałdy śmieci i budy z falistej blachy, a asfaltowa szosa nagle zmieniła się w polną drogę – zaczynała się Rumunia.

ROZDZIAŁ 3

Pogłębiająca się przepaść

Pojawiało się coraz więcej ruder i śmieci, a także opuszczonych fabryk, otoczonych betonowym murem i zardzewiałym drutem kolczastym. Pociąg zatrzymał się zaraz po przejechaniu granicy rumuńskiej, w Episcopia Bihorului. Do mojego wagonu wsiadło kilku oficjeli. Jeden z nich wślizgnął się do WC i wcisnął rolkę papieru toaletowego do sfatygowanej teczki. Inny poprosił o mój paszport, obejrzał go dokładnie, zaniósł gdzieś i dziesięć minut później zwrócił z pieczątką uprawniającą do wjazdu. Trzeci zapytał o „cel" pobytu w Rumunii. Odparłem, że chcę odwiedzić przyjaciół. U czwartego wymieniłem osiemdziesiąt dolarów na gruby plik słabej, miejscowej waluty; piąty, w długim ciemnym płaszczu i kapeluszu, zajrzał do mojego przedziału i przez chwilę mierzył mnie twardym spojrzeniem.

Jednak było lepiej niż w czasach komunistycznych, gdy Amerykanie musieli mieć wizy, a wwiezienie (bez łapówki) maszyny do pisania było niemożliwe. Na Węgrzech granica była już prawie niezauważalna – przy wjeździe nie podstemplowano mi paszportu. Nikt nie nagabywał mnie o „cel pobytu". Cała „kontrola" trwała nie minuty, ale sekundy. W Rumunii też zmieniało się na korzyść, ale tempo zmian było dużo wolniejsze, a punkt wyjścia bardziej odległy niż na Węgrzech. Treścią historii są jednak częściej zmiany względne niż absolutne.

Kiedy nieco później pociąg wjechał na stację w Oradei, dostrzegłem za oknem kolorowe billboardy, kilka osób z telefonami komórkowymi, elegancką kobietę z drogą skórzaną aktówką i drugą z laptopem – znów jakiś postęp w stosunku do posępnego krajobrazu rumuńskich lat osiemdziesiątych. Ale było w tym coś więcej. Kiedy pociąg toczył się dalej na południowy wschód między porośniętymi jodłami wzgórzami, które zapowiadały Karpaty i Transylwanię, widziałem Cyganów suszących pranie na kamieniach nad sinymi potokami; wieśniaków w kamizelkach z owczej skóry spulchniających ziemię widłami; odziane na czarno kobiety, powożące wozami drabiniastymi; kopulaste stogi siana obok zardzewiałych cystern z metanem; kury pierzchające z torów kolejowych na pola nasiąknięte olejem napędowym; kwiaty polne kwitnące przy stertach pogiętego żelastwa; porzucone, zdewastowane wagony przy kompleksach przemysłowych i odpady chemiczne, produkt uboczny mrzonek o samowystarczalnym rolnictwie – spuścizna stalinowskiego reżimu Nicolae Ceaușescu. Znajdowałem się w prymitywnym, tragicznie pięknym zakątku Europy, z pozostałościami kultury dojrzałego średniowiecza, które zniszczyła komunistyczna pseudomodernizacja, z chłopstwem cierpiącym nędzę u schyłku XX wieku i z gotyckimi kościołami, cmentarzami i kamiennymi fortyfikacjami na szczytach wielu pagórków, z których niegdyś rozciągał się wspaniały widok na strumienie wijące się w szerokich dolinach, teraz zaśmiecony stalowo-betonowymi szkieletami zrujnowanych fabryk.

Późnym popołudniem dotarłem do Klużu, gdzie przed dworcem stało kilka zdezelowanych taksówek. Podałem jednemu z kierowców adres moich przyjaciół, którzy mieszkali na obrzeżach miasta. Kiedy taksówkarz sprawdzał drogę na mapie, oprawki jego staroświeckich okularów dosłownie się rozpadły. Wyjął ze schowka czarną taśmę i powoli skleił plastikowy nosek – najwyraźniej robił to już wielokrotnie – przepraszając, że muszę czekać. Za piętnastominutowy kurs policzył sobie trzydzieści tysięcy lei (niecałe cztery dolary). Później dowiedziałem się, że powinienem zapłacić najwyżej dwa dolary.

Tego dnia przeżyłem większy szok, niż podróżując tą samą trasą w czasach zimnej wojny. Dzięki prorynkowym reformom wprowadzanym od lat sześćdziesiątych po osiemdziesiąte (zwanym „komunizmem gulaszowym") komunistyczne Węgry zawsze były lepiej rozwinięte od komunistycznej Rumunii. Obecnie jednak ta przepaść wydawała się nie do pokonania. Inwestycje zagraniczne na Węgrzech w pierwszej dekadzie po zburzeniu muru berlińskiego wyniosły łącznie osiemnaście miliardów dolarów, sześć razy więcej niż zainwestowano w Rumunii, choć ta liczbą ludności ponad dwukrotnie przewyższa swego zachodniego sąsiada. I owa przepaść między Węgrami, małym krajem w Europie Środkowej, a Rumunią, największym i najludniejszym krajem Bałkanów – wciąż się pogłębiała. Na przykład w 1997 roku amerykańskie firmy zainwestowały na Węgrzech dwadzieścia cztery razy więcej niż w Rumunii:

tam sześć miliardów dolarów, tutaj zaledwie dwieście pięćdziesiąt milionów.

Transylwania (czyli „kraina za lasem" – *Ardeal* po rumuńsku, *Erdély* po węgiersku) to wieloetniczny region, o który Węgrzy i Rumuni bili się od niepamiętnych czasów. Pierwszego wieczora w Klużu przysłuchiwałem się rozmowie kilku przedsiębiorców z Zachodu, którzy założyli tu małe firmy. Ich porównanie pracowników rumuńskich i węgierskich wypadało na niekorzyść tych pierwszych. Rumuni nie lubią ciężko pracować – mówili. Ciągle kombinują, nie ufają sobie nawzajem, niczego nie umieją zaplanować i natychmiast wydają wszystko, co zarobią – na ciuchy i raty za samochód. Jeden z zachodnich przedsiębiorców powiedział: „Zdarza się, że tygodniami czekasz na pozwolenie na samochód. Czasem w ogóle musisz go wywieźć z Rumunii i wwieźć ponownie, załatwiając masę formalności, chyba że masz dojście do właściwego urzędnika i dasz mu w łapę". To oczywiście były opinie ludzi, którzy tutaj mieszkali i ryzykowali swoimi pieniędzmi. Dla mnie jednak ten wieczór tchnął optymizmem: pisząc o Rumunii w czasach komunistycznych, kiedy Kluż był w zasadzie zamknięty dla cudzoziemców z powodu prowadzonej przez władze kampanii represji wobec miejscowych Węgrów, nawet w najśmielszych marzeniach nie przypuszczałem, że pewnego dnia zachodni przedsiębiorcy będą tutaj zakładać firmy.

Idąc nazajutrz na spotkanie z burmistrzem, odnowiłem romans z Klużem. To właśnie była Mitteleuropa, która kojarzy się z narodzinami modernizmu, z Freudem, Kafką, Kokoschką i Klimtem: „mała Praga" ze stromymi dachami, ozdobnymi szczytami, ołowianymi kopułami, brukowanymi uliczkami, barokowymi dziedzińcami, cała w ochrach i zieleniach, które podkreślały obłażąca farba i ogólna dewastacja. Dostrzegłem anteny satelitarne, nowe butiki i prywatnych ochroniarzy, ale niewiele ponadto. Nie znalazłem bankomatu. Od czasu mojej ostatniej wizyty w 1990 roku stan hoteli jeszcze się pogorszył, a nowych nie zbudowano. Kluż był historyczną stolicą Transylwanii – liczył trzysta osiemnaście tysięcy mieszkańców, o jedną trzecią więcej niż Debreczyn, jednak w porównaniu z Debreczynem był gospodarczą prowincją.

Dostrzegłem jednak ważny zwiastun odnowy: l u d z i. Komunizm, tłumiąc swobodę ekspresji jednostki i kładąc nacisk na zbiorowość, mimowolnie wzmocnił narodowe stereotypy, które rzekomo chciał wyrugować, zamieniając twarze na rumuńskich ulicach w bizantyjskie ikony o rysach ściągniętych strachem i cierpieniem. Teraz Rumuni prezentowali się mniej archetypicznie. Widziałem hipisów z długimi włosami i w wytartych dżinsach, bywalczynie kawiarni w modnych czarnych kreacjach, nuworyszy w eleganckich garniturach, entuzjastów rozmaitych sportów itd., którzy, decydując o własnym wizerunku, mniej lub bardziej oryginalnym, zaczynali podważać te stereotypy. Kobiety z właściwym sobie wyczuciem mody znacznie wyprzedzały pod tym względem mężczyzn. Być może Rumuni wydawali za dużo na ubrania, ale po kilkudziesięciu latach życia pod rządami najbardziej represyjnej dyktatury w komunistycznej Europie Wschodniej, ta zmiana stroju i fryzury wydawała się najprostszym sposobem uczczenia odzyskanej wolności. Narcyzm bywa odstręczający w krajach rozwiniętego kapitalizmu, jak Stany Zjednoczone, ale tutaj był świadectwem postępu. Odniosłem wrażenie, że określenie „Rumun" nie wiąże się już z tyloma stereotypami, co dziesięć lat wcześniej, i że ta tendencja się utrzyma.

Minąłem długą kolumnę strajkujących pracowników służby zdrowia, którzy, jak się później dowiedziałem, zarabiali po pięćdziesiąt dolarów miesięcznie; nieśli transparenty z żądaniami podwyżek płac. Manifestanci szli w milczeniu, a na ich twarzach malowała się głęboka cierpliwość: cecha narodowa, która przez kilkaset lat despotycznych rządów była przyczyną wielu negatywnych zjawisk, ale teraz mogła złagodzić dotkliwość przemian gospodarczych. Cieszył mnie kiełkujący indywidualizm, który obserwowałem na ulicach, ale należało go rozpatrywać w kontekście silnej etniczno-narodowej świadomości ogółu populacji, o której wspominał już Herodot: w większości prawosławna, posługiwała się językiem romańskim i od stuleci była otoczona przez Słowian oraz katolickich i protestanckich Węgrów[1].

Na przykład taki Gheorghe Funar, „szalony burmistrz" Klużu, dwukrotnie wybrany na ten urząd, zdeklarowany nacjonalista. Kazał usunąć węgierskie znaki drogowe, pomalować ławki w parku na rumuńskie barwy narodowe i przemianować Piața Liberății (plac Wolności) na Piața Unirii (plac Zjednoczenia), upamiętniając w ten

1 Mieszkańców północnej Tracji Herodot nazywa Getami, Rzymianie zaś zwali ich Dakami – w obu przypadkach chodzi o przodków współczesnych Rumunów.

sposób przyłączenie Transylwanii do Rumunii, a tym samym odłączenie tego regionu od Węgier. Na placu, przy pomniku Macieja Korwina, piętnastowiecznego władcy Węgier i Transylwanii, polecił umieścić sześć flag rumuńskich i zmienić inskrypcję z „Hungariae Matthias Rex" na samo „Matthias Rex". Kiedy w lipcu 1997 roku powstał w Klużu konsulat węgierski, Funar kazał swym urzędnikom wykraść zdobiącą go flagę.

Funar przyjął mnie w swoim gabinecie, w klapie nosił odznakę ultranacjonalistycznej organizacji Vatra Romaneasca (Ognisko Rumuńskie). Był krępy, średniego wzrostu, miał czarne włosy gładko zaczesane na bok i ciemny garnitur. Na oko był około pięćdziesiątki. Z jego kamiennej twarzy biły chłód i nieufność. Miał rozbiegane oczy, a jego dłonie rytmicznie zaciskały się w pięści. Przemawiał cichym, belferskim głosem, jakby próbując okiełznać gniew i niepokój. Zachowaniem i poglądami przypominał Slobodana Miloševicia i Ratko Mladicia, serbskich przywódców politycznych i wojskowych, którzy wszczęli okrutną wojnę przeciwko bośniackim Muzułmanom. Jego oficjalny życiorys zawierał niewiele informacji. Funar był członkiem partii komunistycznej, a w latach osiemdziesiątych kierownikiem uniwersyteckiej kawiarni. To wszystko. Takie monstra pojawiają się znikąd. Niedouczone, zakompleksione, robią kariery w czasie wielkich przewrotów społecznych. Siedząc naprzeciwko Funara, myślałem nie tylko o Miloševiciu i Mladiciu, ale także o Hitlerze.

„Naród rumuński – wyjaśniał mi Funar za pośrednictwem tłumacza – potrzebuje takich partii politycznych, które bronią jego żywotnych interesów, ponieważ czuje się zagrożony. Musimy mieć jakiś plan obrony przed Rosjanami i dlatego potrzebujemy gwarancji NATO... W Transylwanii nie mieszkają żadni Węgrzy, tylko półtora miliona Rumunów, którzy mają problem z tożsamością... Ten duży kościół na Piața Unirii wcale nie jest węgierski. Węgrzy zagarnęli wszystkie świątynie niemieckie, a nasze spalili... Kolozsvár i Clausenburg to nie są prawdziwe nazwy Klużu. Tak nazywano miasto tylko za czasów węgiersko-nazistowskiej okupacji, więc to się nie liczy... Jeśli Węgry zostaną przyjęte do Unii Europejskiej, a Rumunia nie, to wszyscy na tym stracą... Zorganizowana przestępczość to codzienność na Węgrzech, nie tutaj. Rumunia to najbezpieczniejszy kraj dla zachodnich inwestorów". Burmistrz zakończył swoją tyradę, oskarżając demokratycznie wybrany rząd rumuński o spiskowanie z rządem węgierskim w celu przywrócenia dyktatury w Rumunii.

To oczywiście były brednie. „Duży kościół" na Piața Unirii, pod wezwaniem św. Michała, ze wspaniałym gotyckim sklepieniem, został wzniesiony w połowie XIV wieku przez bogatych Niemców, którzy zatrudnili węgierskich kamieniarzy. W przedsionku wisiały ogłoszenia po węgiersku. Kolozsvár i Clausenburg były wielowiekowymi, historycznymi nazwami Klużu, którymi posługiwały się kolejne pokolenia miejscowych Węgrów i Niemców. Co do zorganizowanej przestępczości, to według zachodnich biznesmenów i dyplomatów, była ona o wiele poważniejszym problemem w Rumunii niż na Węgrzech.

Funar to jednak kwestia drugoplanowa. Tłum, który zebrał się, żeby poprzeć żądania pracowników służby zdrowia, był liczniejszy od uczestników nacjonalistycznego Dnia Avrama Iancu, czyli uroczystości ku czci dziewiętnastowiecznego bohatera walk z Węgrami, której Funar był współorganizatorem[1]. Zaplecze polityczne Funara stanowili głównie chłopi z Wołoszczyzny i Mołdawii przymusowo przesiedleni do Klużu na rozkaz Ceauşescu, którzy czuli się zagrożeni przez lepiej wykształconych Transylwańczyków – zarówno Węgrów, jak i Rumunów. W skali kraju poparcie dla Funara i jemu podobnych ekstremistów, jak Corneliu Vadim Tudor z partii Wielka Rumunia, utrzymywało się na poziomie dziesięciu procent. Funar nie mógł po raz trzeci kandydować na stanowisko burmistrza. Takie kariery są możliwe tylko w czasach głębokiego kryzysu gospodarczego i politycznego.

Mimo to potrzeba odbudowania tożsamości narodowej wydawała mi się tutaj silniejsza niż na Węgrzech. Ioan Aurel-Pop jest historykiem średniowiecza i szefem Ośrodka Studiów Transylwańskich w Klużu, ulokowanego w zrujnowanej willi pomiędzy dzikimi zaroślami i szkieletami niedokończonych bloków. W rozmowie ze mną stwierdził, że Rumuni mają „specyficzną osobowość ukształtowaną przez historię", ale nigdy nie było im dane, jak innym mieszkańcom Europy, cieszyć się własnym państwem narodowym. A pragną tego tak bardzo, jak

1 Opór Rumunów – a zwłaszcza Iancu – przeciwko panowaniu węgierskiemu pokazuje, że demokratyczne rewolucje w 1848 roku czasem przeradzały się w wojny o podłożu etnicznym. Zob. Kurt W. Treptow, *A History of Romania*, Iaşi 1996.

wiele osób na Zachodzie pragnie dziś całkowitego odrzucenia nacjonalizmu.

– Przez siedemset lat panowali tutaj Węgrzy i Austriacy. My [Rumuni] rządzimy Transylwanią dopiero od 1918 roku. Musi być jakaś równowaga.

– Ale ludzie, których widziałem na ulicy – odparłem – sięgają po zachodnie, zwłaszcza amerykańskie wzorce, a nie rumuńskie. Czy nowoczesne technologie i globalny kapitalizm nie pozwalają Rumunii pójść tą samą drogą, którą wybrały kraje Zachodu?

Ioan Aurel-Pop milczał przez chwilę, po czym stwierdził, że obaj możemy mieć rację i że przyszłość Europy może przybrać quasi-średniowieczne kształty.

– Integracja Europy Zachodniej zmieni Europę Wschodnią. Za dwadzieścia lat Europa stanie się przestrzenią silnych nacjonalizmów, ale za sprawą globalnej gospodarki, słabych granic. To mogłoby oznaczać ekonomiczne zdominowanie Transylwanii przez Węgry, co przekształciłoby ją w ponadnarodowy, kosmopolityczny region między Węgrami a Rumunią. To dobrze czy źle? To będzie zależeć od sytuacji politycznej na Zachodzie. Jeśli we Francji, Włoszech lub Niemczech górę weźmie prawicowy nacjonalizm, jeśli w Hiszpanii czy gdzie indziej zwycięży separatyzm, to może to mieć fatalny wpływ na nowe demokracje w Europie Wschodniej.

Tego samego dnia jeszcze raz spotkałem się z Popem, ale wówczas towarzyszyło mu paru kolegów z uniwersytetu Babeş-Bolyai w Klużu i piętnaścioro studentów, którzy zaczęli bombardować mnie pytaniami o amerykańską politykę na Bałkanach. Pod tylną ścianą małej sali siedziała pewna złotowłosa studentka. Przy jawnej aprobacie profesorów i przyjaciół wygłosiła miażdżącą krytykę społeczeństwa rumuńskiego, które od upadku komunizmu rozwijało się pod presją odradzającego się indywidualizmu, odwiecznego strachu przed Rosją i pogłębiającej się przepaści między Rumunią i Europą Środkową.

„Rumuni wiedzą, że Rosja nigdy nie będzie naprawdę demokratyczna – powiedziała. – Wiemy, że nasza gospodarka jest słaba, a nasza demokracja, jak w latach dwudziestych i trzydziestych, nie ma podstaw etycznych. Nie mamy nowoczesnej klasy średniej, a naszą nową arystokracją jest *nomenbratura* [dzieci komunistycznej nomenklatury, która po 1989 roku uwłaszczyła się, rozkradając majątek państwowy]. Nasze elity polityczne są niekompetentne i aroganckie. Zachód wkrótce będzie miał nas dość. Mówicie, że musimy wszystko prywatyzować, ale nasze przedsiębiorstwa kupują mafia i Rosjanie. Na sprzedaż została wystawiona największa rumuńska spółka naftowa, ale nikt na Zachodzie nie był nią zainteresowany. Została sprzedana Łukoilowi, firmie rosyjskiej. W taki właśnie sposób Rosjanie znów będą tutaj rządzić. Będą prowadzić interesy za pośrednictwem firm zachodnich, więc wasi eksperci będą lekceważyć nasze obawy... Grecja po drugiej wojnie światowej też była biedna i skorumpowana, ale Stany Zjednoczone ocaliły ją przed komunizmem. Teraz Zachód musi nas ponownie uratować przed Rosjanami".

W rzeczywistości osiem procent udziałów rosyjskiego Łukoilu kupił Atlantic Richfield – był to przykład, w jaki sposób gospodarka globalna rozbraja ekonomiczny imperializm, którego bała się złotowłosa studentka. Poza tym dowody na rzekome rosyjskie wpływy w gospodarce rumuńskiej i zorganizowanej przestępczości były, przynajmniej wówczas, bardzo wątłe. Ponadto, jak powiedział pewien zachodni biznesmen, którego poznałem w Bukareszcie, „nikt tak naprawdę nie wie, kto jest właścicielem kasyn, niektórych hoteli… Zbyt wiele niejasności, to nie robi dobrego wrażenia. Kiedy Rumuni sprzedają państwowe przedsiębiorstwo, to po prostu wybierają najwyższą ofertę, nie sprawdzając pochodzenia kapitału. To dodatkowo zwiększa niepewność, kto w rzeczywistości jest właścicielem czego. W latach trzydziestych było całkiem inaczej, żydowskie, niemieckie i greckie społeczności kupieckie trzymały się cywilizowanych standardów. Dziś nie ma tu już żadnej z nich".

Pewien zagraniczny dyplomata podsumował sytuację w następujący sposób: „W Klużu jest niewielu zachodnich inwestorów i nic nie wskazuje, by miało ich przybyć. Rumuńskie prawo podatkowe ciągle się zmienia, przepisy inwestycyjne są nieprzewidywalne. Poza tym Kluż leży na uboczu, jednakowo oddalony od Budapesztu i Bukaresztu. Jakiemu potencjalnemu inwestorowi chciałoby się tłuc cały dzień lub całą noc zdezelowanym pociągiem albo latać naszymi koszmarnymi samolotami, żeby się tutaj dostać? Jedyną nadzieją dla Klużu jest kosmopolityczna przyszłość ze słabymi granicami państwowymi, jak w czasach cesarstwa habsburskiego… Za to lista firm w mieście to cała książka telefoniczna, bo każdy Rumun, który założy firmę, może sprowadzić samochód z zagranicy. Jednocześnie nieliczni cudzoziemcy, którzy próbują robić tutaj interesy, mają trudności z legalizacją własnych aut... Funar to nie jedyny problem. Rządząca Partia Ludowa nie potrafi wymóc na swoich regionalnych strukturach w Klużu nawet tego, by wprowadziły one w życie porozumienie między Rumunią a Węgrami z 1997 roku w sprawie ochrony mniejszości".

Zarówno profesorowie, jak i studenci, których poznałem w Klużu, podkreślali, że głównym problemem w tym prawosławnym kraju jest „brak oświecenia, co sprawia, że ich jedynym oparciem są wartości protestanckie, reprezentowane w Transylwanii przez węgierski kalwinizm". Transylwania, jak wyjaśniali, potrzebuje autonomii – jakiegoś zakresu niezależności od „cygańskich rządów w Bukareszcie". Chociaż moi rozmówcy byli w większości z dziada pradziada prawosławnymi Rumunami, to tradycja kosmopolityzmu w Transylwanii – której populacja przed epoką Hitlera i Stalina miała mieszany charakter rumuńsko-węgiersko-niemiecko-żydowski – oraz zdobyta po 1989 roku wolność słowa pozwoliły im dokonać porównania ich własnej kultury rumuńskiej z kalwińską kulturą węgierskich sąsiadów. Rzecz jasna, wszyscy oni nie znosili burmistrza Funara i wstydzili się za jego poczynania.

*

Z Klużu ruszyłem dalej na południowy wschód w stronę Bukaresztu, najpierw godzinę samochodem z rumuńskim znajomym – zatrzymałem się, żeby odwiedzić cmentarz żydowski w Sărmaş – następnie pociągiem. Wszędzie na falujących transylwańskich wrzosowiskach gleba była czarna i żyzna, a mimo to stałym elementem miejscowego krajobrazu były wozy drabiniaste i pryzmy drewna opałowego. W tym potencjalnym spichlerzu Europy wciąż królowało prymitywne rolnictwo. Pomimo bogactwa złóż ropy naftowej w południowej Rumunii, wycinano las za lasem. Było niewiele dobrych dróg.

Niedaleko Sărmaş odkryłem kilka wielkich, opuszczonych rezydencji – niegdyś własność dziewiętnastowiecznej szlachty węgierskiej. Były otoczone średniowiecznymi murami z kamiennymi łukami, korynckimi kolumnami i wieżami, które łączyły motywy bizantyjskie z gotyckimi. Nie robiono nic, żeby ocalić te wspaniałe zabytki. Po prostu popadały w ruinę. W dachach ziały wielkie dziury. Okna i podłogi były zdewastowane lub nie było ich wcale. Zarośnięte trawniki między topolami i wierzbami były upstrzone brudnymi kałużami, w których taplały się kaczki i inne ptactwo. W jednym z opuszczonych budynków bawiła się obdarta dzieciarnia z pobliskiej wioski. Jeśli nie liczyć zmurszałych słupów telefonicznych i hałd blaszanych puszek, plastikowych opakowań i innych śmieci – niewiele wskazywało, że mamy XX wiek. To miejsce przypominało średniowieczne ruiny Angkor Wat w środku kambodżańskiej dżungli. Straszliwe dziedzictwo komunizmu Ceauşescu – rewolucji przemysłowej w chłopskim wydaniu – jeszcze długo będzie kalać tę ziemię.

W pociągu, do którego wsiadłem koło Sărmaş, było gorąco jak w łaźni. Moje siedzenie było zniszczone. Młody mężczyzna obok mnie jechał z Baia Mare na dalekiej rumuńskiej północy (przy granicy z Ukrainą) szukać pracy w Bukareszcie. „Wiesz, co jest głównym problemem tego kraju? – zapytał po angielsku i sam sobie odpowiedział: – Nasza mentalność, nasz fatalizm, korupcja i przestępczość. W Bukareszcie niczego się nie załatwi bez oszustwa, złodziejstwa i przekupstwa. Dziewięć lat po egzekucji Ceauşescu wciąż czekamy na prawdziwą reformę gospodarczą. No i cały czas istnieje niebezpieczeństwo, że sprawy wymkną się spod kontroli". Miał na myśli Funara i jego nacjonalizm.

Słuchając go, nie odrywałem oczu od krajobrazu za oknem. Za sprawą mniejszości węgierskiej i niemieckiej Transylwania była najdalszym południowo-wschodnim przyczółkiem kultury reformacji i oświecenia, które nie zdołały sforsować Karpat i upowszechnić się na ziemiach, które później stały się Rumunią. Państwo, które powstało w 1859 roku, było unią tylko dwóch byłych tureckich prowincji Mołdawii i Wołoszczyzny[1]. Transylwania została do nich przyłączona dopiero po klęsce i rozpadzie monarchii austro-węgierskiej w czasie pierwszej wojny światowej. Niedaleko Rupei – kilka godzin jazdy z Klużu na południowy-wschód pofałdowaną wyżyną, niegdyś zamieszkiwaną przez Sasów (którzy przybyli w te strony w XII wieku, a wynieśli się stąd pod koniec XX wieku, uciekając przed Ceauşescu[2]) – ujrzałem wzgórza

1 Dziś rumuńska historyczna kraina Mołdawia graniczy na wschodzie z niepodległą byłą sowiecką Republiką Mołdowy.

2 Ceauşescu, który łączył skrajny rumuński nacjonalizm ze stalinizmem, uprzykrzał Sasom życie, jak tylko mógł. W latach osiemdziesiątych zgodził się, by rząd Republiki Federalnej Niemiec wykupił dla nich wizy wyjazdowe – płacąc horrendalne sumy w twardej walucie. Na ten temat zob. rozdział 10. w: Robert D. Kaplan, *Bałkańskie upiory. Podróż przez historię*, Wołowiec 2010.

ociekające w deszczu gęstym czarnym błockiem, a zwieńczone ruinami murów obronnych i strzelistych wież, które pozostawili po sobie Sasi. Pejzaż w oddali zasnuwały dymy, które wypluwały z siebie kominy postkomunistycznych fabryk.

Wysiadłem z pociągu w Braszowie, gdzie przenocowałem. Z Braszowa, niegdysiejszego saskiego Kronstadtu, pochodził Rudolf Fischer. Tutaj kończyła się Europa Środkowa. Kilka kilometrów dalej na południowy wschód – tam gdzie najwyższe pasmo Karpat urywało się nagle u bram Niziny Wołoskiej – zarówno renesansowe królestwo Węgier, jak i cesarstwo habsburskie ustąpiło panowaniu tureckiemu. Przed zachodem słońca z łatwością wspiąłem się na wzgórze w Rişnovie, dawnej niemieckiej osadzie w pobliżu Braszowa, gdzie znajdowały się ruiny trzynastowiecznej cytadeli. Przez kolejne cztery stulecia te ochrowe mury – dziś porośnięte trawą i polnymi kwiatami – powstrzymywały napór Tatarów i Turków na północny zachód. Pod półksiężycem, który właśnie pojawił się na niebie, a który Rumuni nazywają „nowym księciem", przyglądałem się pozostałościom kilku niemieckich wiosek u podnóża góry. Każda wyglądała jak wierna kopia sąsiedniej, takie same czerwone spadziste dachy, wyrastające w idealnym porządku niczym drzewa w parku, który urozmaicały wieże gotyckich lub barokowych kościołów. Jak się miało okazać, oprócz późnośredniowiecznej dzielnicy Braszowa, w której nocowałem, był to ostatni architektoniczny ślad Europy Środkowej, który miałem napotkać w czasie tej podróży.

Tego wieczora, spacerując po barokowym rynku Braszowa, obserwowałem młodych Rumunów – chłopców w skórzanych kurtkach, na motocyklach i dziewczyny w czarnych obcisłych trykotowych sukienkach, modnych żakietach i okularach. Starsi, wszyscy w podobnych workowatych ubraniach, patrzyli na młodych z jawnym osłupieniem. Telewizor w moim obskurnym państwowym hotelu odbierał niemieckie MTV – właśnie grał jakiś heavymetalowy zespół przebrany w futurystyczne mundury wojskowe.

Nazajutrz wsiadłem do pociągu, który zmierzał na południe, do Bukaresztu.

ROZDZIAŁ 4

Trzeci Świat Europy

Bukareszt leży dwie godziny jazdy na południe od Braszowa. Najpierw pociąg wspinał się na najwyższe przełęcze karpackie. Granitowe, ośnieżone szczyty były opasane lasami świerkowymi, dębowymi i bukowymi, rzucającymi długie cienie. Nienaturalnie ciepły koniec lutego przetapiał śnieg w rwące, perłowe potoki. Rumuńscy żołnierze w futrzanych czapach stawali na baczność na widok przejeżdżającego pociągu. Dym z pieców opalanych drewnem i węglem brudził śnieg i górskie powietrze. Potem pociąg stoczył się na nizinę, która wydawała się jeszcze rozleglejsza niż węgierska puszta. W zasięgu wzroku nie było żadnych drzew, a płowy kurz w powietrzu zlewał się z ziemią, przesłaniając horyzont. Całą Nizinę Wołoską, czyli „ziemię Wołochów" – jak do XIX wieku nazywali Rumunów mieszkańcy innych stron – szpeciły obskurne fabryki i miasta pozbawione charakteru architektonicznego.

Pociąg przejechał przez Ploeszti, gdzie przedział wypełnił zapach ropy naftowej, a za szybą pojawiły się żółte rozbłyski gazów wentylacyjnych obok barakopodobnych bloków mieszkalnych. Ploeszti było głównym ośrodkiem rumuńskiego przemysłu naftowego, niegdyś o takim samym znaczeniu strategicznym jak dziś Zatoka Perska. W czasie pierwszej wojny światowej agenci brytyjscy wysadzili w powietrze dziesięć rafinerii, żeby nie zajęli ich Niemcy. W czasie drugiej wojny światowej marionetkowy rząd generała Iona Antonescu postawił sobie za główny cel utrzymanie porządku w Rumunii, aby Niemcy mogli bez przeszkód przepompowywać tutejszą ropę do swej machiny wojennej. W 1944 roku samoloty alianckie dokonały nalotu dywanowego na Ploeszti. Jak mi później powiedziano w Bukareszcie, na początku XXI wieku strategiczne znaczenie Ploeszti znów zaczęło powoli wzrastać.

Nagle na bezkształtnej równinie wyrosły kartonowo-blaszane osiedla, równie szkaradne jak te, które widziałem w Afryce, Azji i Ameryce Łacińskiej. Potem ujrzałem nieotynkowane bloki obwieszone sznurami z praniem i znacznie rzadziej antenami satelitarnymi. To były północno-zachodnie peryferia stolicy Rumunii, Bukaresztu. Na dworcu kolejowym osaczyli mnie taksówkarze. Jeden złapał mnie za ramię, inny chwycił za mój bagaż. Wiedziałem, że opłata za kurs do domu mojego przyjaciela, w centrum miasta, powinna wynieść piętnaście tysięcy lei, czyli około dwóch dolarów. Uparłem się, żeby kierowca włączył taksometr. Włączył, ale „podkręcił". W rezultacie zapłaciłem równowartość pięciu i pół dolara. Miałem szczęście, że mogłem się zatrzymać u przyjaciela. Najtańszy hotel w Bukareszcie liczył sobie sto sześćdziesiąt pięć dolarów za noc. Pokój w Athénée Palace (kupionym przez jakieś tajemnicze konsorcjum, odremontowanym i włączonym do sieci Hiltona) kosztował od trzystu dolarów wzwyż. Znajomi dyplomaci i biznesmeni twierdzili, że to zdzierstwo.

Pierwsze, co rzuciło mi się w oczy, to wszechobecny szary pył, który zawsze przypominał mi Damaszek i Teheran. Pogody w Bukareszcie raczej nie kształtują fronty atmosferyczne z północy (zatrzymywane przez Karpaty), ani z południa (zatrzymywane przez bułgarskie pasmo Bałkanów), lecz ze wschodu i północnego wschodu: znad Ukrainy i Rosji. Pod innymi względami jednak byłem zaskoczony zmianami, które dokonały się w tym byłym stalinowskim „zakazanym mieście", które ostatni raz odwiedziłem krótko po obaleniu muru berlińskiego. Teraz zrozumiałem, dlaczego przybysze z Zachodu, którzy rzadko wychylali nos poza centrum stolicy, z takim optymizmem mówili o przyszłości Rumunii. Zamiast siłą przesiedlonych do miasta zahukanych wieśniaków, których zapamiętałem z moich podróży w latach osiemdziesiątych, ujrzałem w śródmieściu pokaz najnowszych włoskich kreacji i uczesań, telefony komórkowe, prywatne kantory wymiany walut, stragany z książkami i płytami CD, gdzie można było kupić dosłownie wszystko – od *Mein Kampf* po izraelską muzykę pop, przede wszystkim jednak podręczniki do informatyki i zarządzania. Widziałem spacerujące, namiętnie obejmujące się pary. Kluby topless były na każdym rogu, a na trzydziestu kanałach telewizyjnych, w tym kablowych, emitowano głównie meksykańskie telenowele. Jak w Paryżu i Nowym Jorku w modzie królowała czerń. W witrynach niektórych butików występowały żywe modelki. Restauracje z tymi samymi nieszczelnymi oknami i tym samym skromnym menu co w minionej epoce – tłustymi kotletami wieprzowymi i śliwowicą – wciąż działały, ale nie cieszyły się taką popularnością, jak małe lokale, często na kilka stolików, prowadzone przez młodych ludzi i oferujące zdrowszą kuchnię międzynarodową. Kawiarnie rozbrzmiewały dzwonkami wszechobecnych telefonów komórkowych: idealnego urządzenia w krajach o słabej infrastrukturze telefonii stacjonarnej. Zachodni dyplomaci podejrzewali, że przynajmniej część tutejszych kasyn prała brudne pieniądze, pochodzące z handlu narkotykami i innych biznesów mafijnych.

„Dla naszych nuworyszy nie istnieją przeszkody, których nie można pokonać – powiedziała Ioana Ieronim, poetka i była attaché kulturalna Ambasady Rumunii w Waszyngtonie, z którą spotkałem się na kolacji. – Tak samo było w okresie międzywojnia, w latach trzydziestych. Jesteśmy przedsiębiorczymi, łatwo się przystosowującymi, pseudokosmopolitycznymi emigrantami w nowym, globalnym świecie. Jesteśmy jednowymiarowymi romańsko-orientalnymi klonami Zachodu. Wybuch wolności sprawił, że ludzie są tutaj bardziej otwarci i bezpośredni niż Francuzi i Włosi, których rzekomo przypominamy". Ioana była świadkiem, jak w jednym z bukareszteńskich butików „młoda, piękna, szałowo ubrana kobieta próbowała kupić młodego biznesmena". Wyjaśniła mu, ile może na zyskać na tej „transakcji" dzięki jej znajomościom. (Mężczyzna się nie zgodził).

Rumuni przystosowywali się do globalnego kapitalizmu w taki sam agresywny sposób, w jaki kiedyś przystosowali się do faszyzmu, a później do komunizmu.

W przeszłości dali dowody najdzikszego antysemityzmu, ale okazywali szacunek Żydom, bo symbolizowali oni kosmopolityzm, do którego młodzi Rumuni dopiero aspirowali. Ladislau Gyémánt, prodziekan Uniwersytetu Babeş-Bolyai w Klużu, opowiadał mi, że kiedy rozpoczęto nabór na kurs hebrajskiego, to zgłosiło się czterystu studentów, z których tylko garstka była Żydami. Najpopularniejszą bukareszteńską aktorką filmową i kabaretową była rumuńska Żydówka, Maia Morgenstern. W grudniu 1997 roku, kiedy pierwszy raz od drugiej wojny światowej oficjalnie obchodzono święta Bożego Narodzenia, mnóstwo miejsca w mediach poświęcono także Chanuce. Przechodząc pewnego dnia koło Ambasady Polski w Bukareszcie, zauważyłem plakat reklamujący polską „różnorodność kulturową". Jedno z trzech zdjęć umieszczonych na plakacie przedstawiało Żydów świętujących Rosz ha-Szana.

O ile jednak „tygrysia" gospodarka węgierska najwyraźniej przenosiła ten kraj z komunistycznego Drugiego Świata do zachodniego Pierwszego, o tyle Rumunia zdawała się staczać z Drugiego Świata do Trzeciego: ze slumsami, masą ludności wiejskiej i nową klasą konsumencką, ograniczoną do kilku dzielnic stolicy, dwumilionowego miasta w dwudziestotrzymilionowym kraju. W 1997 roku w Rumunii dochód na głowę mieszkańca wyniósł tysiąc pięćset dolarów; na Węgrzech był trzykrotnie wyższy – blisko cztery i pół tysiąca dolarów[1].

*

1 Podaję za: Europejski Bank Odbudowy i Rozwoju.

„Gdy kupujemy komputery, płyty CD i ubrania, korzystamy z materialnych osiągnięć Zachodu, nie przejmując jednak wartości, które legły u podstaw takich technologii" – stwierdził Horia-Roman Patapievici, rumuński filozof i historyk. Odwiedziny u Patapieviciego, mojego drugiego wieczora w Bukareszcie, skupiły w sobie jak w soczewce wszystko, co kiedykolwiek urzekło mnie w Rumunii, kraju przypominającym zmysłowy, zawsze pasjonujący, makabryczny i od czasu do czasu zachwycający film z gatunku *noir*.

Patapievici mieszkał na ostatnim piętrze kiepsko oświetlonego bloku, którego korytarze okupowały hordy bukaresztеńskich bezpańskich psów. Powitał mnie ubrany w niebieskie dżinsy i jedwabny smoking, z krzyżem prawosławnym zawieszonym na szyi, i od razu zaprowadził do pracowni wypełnionej książkami z najróżniejszych dziedzin, ikonami oraz płytami z muzyką klasyczną. Przyjaciele powiedzieli mi już wcześniej, że Patapievici, mężczyzna w średnim wieku, o twardych, wyrazistych rysach, to lekarz, który wypuściwszy się na wody filozofii i historii, szybko zyskał wśród rumuńskich intelektualistów sławę oryginalnego myśliciela. „On żyje całkowicie pogrążony we własnym świecie – stwierdził pewien rumuński dziennikarz. – Jego przemyślenia są głębsze niż polityków i profesorów".

„Kultura rumuńska jest jak cebula – zaczął Patapievici, wzruszając ramionami. – Nie ma rdzenia. Są warstwy ery faszystowskiej, ery komunistycznej i teraźniejszości. Przyszłość, przynajmniej na razie, należy do nowej warstwy amerykańskiej. I jest właśnie amerykańska, nie zachodnioeuropejska: fast food, rap i MTV". Przypomniało mi się, jak rumuńska młodzież pierwszy raz w życiu tłumnie rzuciła się do cerkwi, a to dlatego, żeby modlić się za Michaela Jacksona, kiedy w 1996 roku gruchnęła wieść, że jest ciężko chory. „Wprawdzie moda jest europejska, ale to samo można powiedzieć o modzie w Nowym Jorku. Tak długo będziemy się amerykanizować, aż Rosja wybuchnie lub zaatakuje, a Ukraina padnie".

Innymi słowy, pogłębiająca się przepaść między Bałkanami i Europą Środkową nie musiała okazać się tragiczna w skutkach przynajmniej dopóty, dopóki były Związek Sowiecki pozostawał stosunkowo niewielkim zagrożeniem, a amerykańska wersja demokratycznego kapitalizmu stanowiła wzór dla byłego świata komunistycznego.

„Zadanie, które stoi przed Rumunią – ciągnął Patapievici – to wypracowanie modelu życia publicznego opartego na bezosobowych zasadach, inaczej głównym motorem gospodarki i polityki będzie intryga, a niestety tradycja prawosławna nie jest w tym względzie zbyt pomocna. Rumunia, Bułgaria, Serbia, Macedonia, Rosja, Grecja – wszystkie prawosławne kraje Europy – mają słabe instytucje. To dlatego, że prawosławie jest elastyczne i kontemplacyjne, oparte raczej na przekazach ustnych, niż na tekstach. W przeciwieństwie do polskiego katolicyzmu nigdy nie było w opozycji do państwa. Prawosławie istnieje obok świata, ale toleruje taki, jaki jest, niezależnie od tego, czy faszystowski, komunistyczny, czy demokratyczny, ponieważ stworzyło własny świat, oparty na tradycji wiejskiej. Tym sposobem łączy nasze dziedzictwo ze współczesnością".

Faktycznie, Teoktyst, ostatni przywódca ważnej instytucji, który deklarował niezłomną lojalność wobec Ceauşescu jeszcze kilka dni przed egzekucją, w 1998 roku wciąż piastował funkcję patriarchy rumuńskiego Kościoła prawosławnego. Tutejszy Kościół nadal prześladował grekokatolickich unitów – prawosławnych chrześcijan, którzy przed kilkuset laty uznali zwierzchnictwo papieża. (Historycznie rzecz biorąc, Kościoły prawosławne często łączyły lepsze stosunki z muzułmanami niż z chrześcijanami zachodnimi, ponieważ jako większe zagrożenie dla siebie postrzegały tych ostatnich).

„Zarówno prawosławie, jak i islam są w swym duchu orientalne. A komunizm – powiedział Patapievici, machając ręką – był po prostu orientalną wersją zachodniej pseudonauki. Tak jak nazizm, komunizm był buntem przeciwko nowoczesności i wartościom burżuazyjnym. Ale nazizm i komunizm nie wyczerpują katalogu skrajnych ideologii. Idee są bowiem refleksją nad aktualnie dostępną techniką: hitleryzm i stalinizm, żeby stać się tym, czym się stały, potrzebowały narzędzi ery industrialnej. Tak więc czasy postindustrialne zapewne będą sprzyjać narodzinom wielu niebezpiecznych kultów i nowych ideologii".

*

Przyjechałem do Rumunii w czasie jej pierwszego od ponad sześćdziesięciu lat prawdziwego kryzysu gabinetowego, pierwszego sprawdzianu młodej demokracji. Patapievici stwierdził, że jeśli obecny rząd goni w piętkę, to nie jest to ani przypadek, ani skutek działań jednego czy drugiego ministra. „Znów się powtarza schemat: plotka, brak informacji, spisek i intryga – typowy dla prawosławnych społeczeństw, gdzie instytucje są słabe, a reguły niejasne".

Lata trzydzieste to królewska dyktatura Karola II; czterdzieste – faszystowska junta generała Antonescu; od końca lat czterdziestych do końca osiemdziesiątych – reżim komunistyczny; a od 1989 do 1996 roku – rząd neokomunistyczny, który wprawdzie został utworzony w wyniku demokratycznych wyborów, ale rządził niezbyt demokratycznie.

Rządząca Partia Ludowa była obecnie podzielona w kwestii wprowadzania w życie historycznego porozumienia z Węgrami i nie tylko. Rząd Victora Ciorbei nie dotrzymywał kolejnych terminów wyznaczonych przez Międzynarodowy Fundusz Walutowy na przeprowadzenie prywatyzacji i innych reform. Zamiłowanie premiera do długich nasiadówek, trwających nawet osiemnaście godzin, w czasie których nie podejmowano żadnych decyzji, tylko wzmagało obawy inwestorów. Inflacja gwałtownie rosła, a uchwalenie budżetu odwlekano. Po blisko pół roku takiej mitręgi w kwietniu 1998 roku Ciorbea w końcu podał się do dymisji, ale jego następca, Radu Vasile, również był uwikłany w ciągłe walki frakcyjne i międzypartyjne. Prezydent Rumunii Emil Constantinescu, którego wybór w 1996 roku zakończył siedmioletnie rządy neokomunistów, w tym czasie ograniczał się do wykonywania swych prerogatyw konstytucyjnych i nie próbował zdopingować rządu do skuteczniejszego działania. Rumuni szczerze obawiali się *bulgarizarei* – całkowitego paraliżu władzy, który na krótko dotknął sąsiednią Bułgarię na początku 1997 roku.

Rumuńscy analitycy i zachodni dyplomaci, z którymi rozmawiałem, zgadzali się z Patapievicim, że kryzys miał ścisły związek z „charakterem narodowym". To nie znaczy – zastrzegali – że jednostka się nie liczy. Oczywiście, jednostki są nieprzewidywalne, ale tak samo nieprzewidywalna jest cała historia. Ale jak stwierdził Rudolf Fischer, takie pojęcia jak „habsburska Europa Środkowa", której częścią były niegdyś Węgry, oraz „imperia bizantyjskie i osmańskie", których częścią była niegdyś Rumunia, oznaczają także coś namacalnego, bo czymże jest teraźniejszość, jeśli nie sumą przeszłości w tym momencie?

Na przykład, Rumuni od stuleci sąsiadowali z Rosją, a potem ze Związkiem Sowieckim, doznając licznych najazdów. Przyjęli chrześcijaństwo z Bizancjum; przeżyli anarchię i zacofanie panowania tureckiego; za rządów Ceauşescu przez kilkadziesiąt lat byli ofiarami stalinowskiej odmiany wschodniego despotyzmu; mówili językiem romańskim, podobnym do włoskiego i portugalskiego i zawsze chcieli być częścią Zachodu. To doświadczenie historyczne i kulturowe jest czymś realnym, a będąc czymś realnym, warunkuje sposób, w jaki zachowuje się naród i jego przywódcy. Lekceważenie takich uwarunkowań uniemożliwia poważną dyskusję i nadaje złudzeniom pozór rzeczywistości. Powiedzenie Rumunom – w każdym razie tym, których poznałem – że jako naród nie mają żadnej charakterystycznej cechy opartej na wspólnym doświadczeniu i są po prostu zbiorem jednostek, które z powodu zbiegu okoliczności mówią tym samym językiem i wyznają (w większości) tę samą religię, ale których poza tym nic z sobą nie łączy, byłoby odmawianiem im człowieczeństwa[1]. Kiedy Patapievici formułował tezę, że kultura rumuńska nie ma rdzenia, to traktował to jako jej cechę charakterystyczną, a nie jako brak takowej cechy.

Rumuni są mistrzami sztuki przetrwania. Traugott Tamm pisał w XVI wieku:

> Rumuni żyją dziś tam, gdzie piętnaście wieków temu żyli ich przodkowie. Panowanie w regionie dolnego Dunaju przechodziło z rąk do rąk, ale nie zagroziło narodowi rumuńskiemu w jego narodowym jestestwie. „Woda przepływa, kamienie zostają". Hordy okresu wędrówki ludów, wyrwane ze swej macierzystej gleby, zniknęły niczym mgła w promieniach słońca. Ale żywioł rumuński tylko pochylił głowy, kiedy burza przetaczała się ponad nimi...[2].

Stelian Tănase, redaktor miejscowej gazety, zgadzał się z Patapievicim co do bierności prawosławia. „W naszej religii – powiedział – tylko Bóg podejmuje ryzyko; my nie.

1 Około trzech czwartych lub nawet więcej Rumunów to prawosławni (według The World Almanac – 70%; według oficjalnych danych rumuńskiej Cerkwi – 87%). Wśród mniejszości wyznaniowych są katolicy, unici, protestanci różnych denominacji i żydzi.

2 Zob. Traugott Tamm, *Über den Ursprung der Rumänen* [O pochodzeniu Rumunów], Bonn 1891. Cyt. za: D. Mitrany, *Rumania. Her History and Politics*, w pracy zb.: *The Balkans. A History of Bulgaria, Serbia, Greece, Rumania, and Turkey*, pod red. N. Forbesa, A. J. Toynbee'ego, D. Mitrany'ego i D. G. Hogartha, Oxford 1915.

My mamy się nie wychylać, ambicja jest więc powodem do wstydu. A jednak wielu z nas, zwłaszcza naszych polityków, trawi ambicja, bo pierwszy raz od dziesięcioleci możemy wyrazić siebie. Wypieranie się tego za wszelką cenę owocuje tylko obłudą i intryganctwem"[1].

Opuściwszy gabinet Steliana Tănase, znalazłem się w przestronnym westybulu, pełnym mężczyzn w ciasno opiętych garniturach, którzy najwyraźniej nie mieli nic do roboty poza przyprowadzaniem i odprowadzaniem gości, częstowaniem ich kawą po turecku i odbieraniem telefonu – typowa scenka ze świata tureckiego, arabskiego i perskiego. W czasie tej podróży często miałem ją obserwować, ale pierwszy raz ujrzałem ją w Bukareszcie.

Kryzys polityczny miał jednak mniej wspólnego z rumuńskim dziedzictwem historycznym i geograficznym, niż ze spuścizną komunizmu Ceaușescu. Dorel Șandor, rozchwytywany politolog z Bukaresztu, szef prywatnego ośrodka badania opinii publicznej, powiedział, że – inaczej niż w Polsce czy na Węgrzech – miażdżąc reformistyczne skrzydło partii komunistycznej i w ogóle wszelką opozycję, Ceaușescu zniszczył nie tylko elity polityczne, ale też sam mechanizm ich wyłaniania. Skutkiem tego, stwierdził Șandor, „jest naród kawiarnianych polityków, a za szyldami partii politycznych stoją nie idee, lecz osobowości. Nic z tego nie będzie. Rumuńscy politycy mają mnóstwo energii, ale żadnych osiągnięć. Jesteśmy

1 Potwierdzając to, o. Iustin Marchis, reformistycznie nastawiony duchowny z Bukaresztu, stwierdził w rozmowie ze mną: „Prawosławie kładzie większy nacisk na więź człowieka z Bogiem niż na więź jednostki ze zbiorowością".

Włochami bez włoskiej klasy średniej. Rumuńscy liberałowie nie są centrowo-prawicowymi reformatorami, jak gdzie indziej w Europie. My mamy takich kieszonkowych liberałów, zainteresowanych jedynie własnym, szybkim zyskiem i obawiających się zagranicznej konkurencji, zagrażającej ich nowo zdobytemu bogactwu. Ponieważ nie jednoczy ich żadna idea, są podzieleni. A ponieważ partie są podzielone, a instytucje słabe, to kiedy premier podaje się do dymisji, wszyscy traktują to jak katastrofę, chociaż w ustroju parlamentarnym upadek rządu nie powinien być niczym nadzwyczajnym".

Dobrze skrojony czarny garnitur, czarna przycięta bródka, czarne biurko i czarny laptop z mnóstwem gadżetów ery informatycznej upodabniały Şandora do konsultanta z Manhattanu. „Ponieważ Rumuni tak dobrze się przystosowują – powiedział – zaczynamy od góry, od najnowszych trendów i egzotycznych technologii". Zachodnie metody Şandora świadczyły jednak nie tylko o jego zdolnościach adaptacyjnych, ale także o jego dobrej znajomości Zachodu, pochodzącej jeszcze sprzed upadku komunizmu, którą zawdzięczał stanowisku piastowanemu w rządzie Ceauşescu. Niemniej jego analiza socjo-polityczna była sensowna. To był kolejny paradoks ery postkomunistycznej: ludzie, którzy mieli odpowiednie kwalifikacje analityczne czy urzędnicze, nabyli je dzięki przynależności do elity komunistycznej (i używali ich poza strukturami państwa lub przeciwko nim). Stąd też jedyne osoby, które wiedziały, jak przeprowadzić reformy, zwykle nie miały motywacji, żeby to robić. Şandor – doradca partii postkomunistów, teraz przemianowanych na socjalistów – narzekał na polityczny pat, za który on i jemu podobni byli częściowo odpowiedzialni.

Ten pat kosztował Rumunię mnóstwo czasu, którego ona... nie miała. W latach 1989–1998 na Węgrzech sprzedano zagranicznym inwestorom siedemdziesiąt procent banków, dzięki czemu tamtejsze instytucje finansowe zaczęły funkcjonować zgodnie z międzynarodowymi standardami. W Rumunii w tym samym okresie prywatyzacja ledwo ruszyła. Nieustannie ją odwlekano, czemu towarzyszyły żądania, by zagraniczni nabywcy mogli wchodzić w posiadanie jedynie mniejszościowych pakietów akcji. Zachodni ekspert od prywatyzacji w rozmowie ze mną stwierdził z całym przekonaniem: „To wciąż społeczeństwo chłopskie, z typowo chłopską podejrzliwością traktujące sprzedaż majątku, który uważa za rodzaj narodowej ojcowizny". W Rumunii zazdrośnie strzeżono informacji zamiast puszczać je w obieg. Znajomy dziennikarz opowiadał, że kiedy pracował w Budapeszcie, to z powodu nawału raportów nadsyłanych przez węgierskie ministerstwa codziennie musiał zakładać do faksu nową rolkę papieru; w Rumunii wystarczyła mu jedna rolka na miesiąc.

Zdaniem wielu dyplomatów i inwestorów zagranicznych u podłoża tych problemów leżała brutalna prawda: poza prezydentem i kilkoma ministrami nie było z kim rozmawiać. Nikt z wyższych urzędników, bez wyjątku niekompetentnych, nie znalazłby zatrudnienia w żadnej zachodniej firmie. Lewantyńsko-osmańska Rumunia zniechęcała do inwestycji, które mogły przeobrazić jej kulturę, ponieważ międzynarodowe korporacje hołdowały wartościom zachodnim. Henk Mulder, prezes bukaresztеńskiego oddziału holenderskiego ABN-Amro Banku, powiedział: „Staramy się wpoić personelowi rumuńskiemu ideologię naszej firmy, czyli uczciwość, szacunek, pracę zespołową i profesjonalizm. Powtarzamy im, że nasza polityka to: »płacimy podatki i nie udzielamy kredytów przyjaciołom«. Zachodni menedżerowie nie grzeszą skromnością, ale Rumuni wprost uwielbiają chować się za tytułami. Swoim pracownikom mówię, żeby nie zwracali się do mnie per *Mister* i żeby zgłaszali się do mnie z wszystkimi problemami. Tak właśnie można zmienić Rumunię. Sukces zależy od zachodniego nadzoru właścicielskiego i od prawdziwych przedsiębiorców, którzy zastąpią *nomenbraturę*".

Zachodni biznesmeni, których poznałem w Bukareszcie, przyznawali się do nieoficjalnej polityki zatrudniania wyłącznie Rumunów przed trzydziestką. Starsi, jak uważano, zbytnio już nasiąkli „miejscowym sposobem załatwiania spraw", żeby dało się ich zreformować. W całym świecie postkomunistycznym spisano na straty nie jedno, lecz kilka pokoleń. Pewien mój rumuński znajomy, wznosząc ręce do nieba w swym ciasnym mieszkanku, powiedział: „Choćbyś miał tylko trzydzieści pięć lat, jesteś skończony. Nikt z Zachodu cię nie zatrudni, a dobrą pracę można dostać jedynie w zachodnich firmach".

ROZDZIAŁ 5

Bałkańscy realiści

Silviu Brucan spojrzał na mnie znad rękopisu na biurku, jego siwe włosy były ledwo widoczne na tle bladej skóry, a błękitne oczy świdrowały mnie na wylot. Wyczułem niepospolitą inteligencję. Osiemdziesięciodwuletni Brucan wydawał się niemal bezpłciowy, jak mózg bez ciała: nadworny eunuch, a może bałkański Richelieu w czarnej workowatej tunice i białych pantoflach. Znajdowaliśmy się w pokoju zapchanym starymi gazetami i książkami, w tym dziełami takich wyznawców *Realpolitik*, jak Nixon czy Kissinger. Rozpadający się dom na północnych przedmieściach Bukaresztu wydawał się opuszczony. Przez otwarte okno dobiegało szczekanie psów i wdzierał się dym z pieców węglowych.

Postanowiłem odwiedzić tę żywą ikonę zimnej wojny, ponieważ spuścizna komunizmu na Bałkanach wydawała się bardziej namacalna, niż w czasie mojego poprzedniego pobytu, po upadku muru berlińskiego. Obecnie, dziewięć lat później, Rumunia dopiero zaczęła dochodzić do siebie.

Brucan, który został komunistą w wieku dwudziestu paru lat, a w czasie drugiej wojny światowej był więźniem faszystowskiego reżimu generała Antonescu, później stał się głównym doradcą Gheorghe Gheorghiu-Deja, stalinowskiego dyktatora, rządzącego Rumunią od końca lat czterdziestych aż do swej śmierci w roku 1965. Artykuły publikowane w rumuńskiej prasie u schyłku lat czterdziestych, zionące fanatyczną nienawiścią do Stanów Zjednoczonych, stanowiły jego wkład w rozpętanie zimnej wojny. Następnie Brucan został autorem przemówień protegowanego Gheorghiu-Deja, Nicolae Ceauşescu. Chociaż był Żydem, przetrwał antysemicką czystkę, którą przeprowadził Gheorghiu-Dej, żeby pozbyć się promoskiewskiej frakcji Any Pauker w łonie rumuńskiej partii komunistycznej. Odkąd jednak w 1965 roku Ceauşescu objął przywództwo partii, ten niewykształcony szewc z Wołoszczyzny zaczął traktować swego żydowskiego mentora z chłodnym, acz pełnym szacunku dystansem. W 1987 roku, gdy Ceauşescu trwał u władzy od dwudziestu lat, a Rumunia uwięzła w potrzasku terroru państwa policyjnego i załamania gospodarczego, Brucan odważył się publicznie go skrytykować za represje wobec protestujących robotników z Braszowa. W grudniu 1989 roku, kiedy po zamieszkach w Timişoarze wojsko aresztowało Ceauşescu i jego żonę Elenę, to właśnie Brucan i sześciu innych wysokich członków partii wydało rozkaz egzekucji, zapewniając sobie udział we władzy aż do 1996 roku[1].

– Znów kwitnie analfabetyzm – zaczął Brucan belferskim tonem. – Kiedy my rządziliśmy, prosty wieśniak mógł posłać dzieci na uniwersytet. Teraz nie – machnął ręką. – Cena reform gospodarczych jest bardzo wysoka.

1 Zob. Silviu Brucan, *The Wasted Generation*, Boulder 1993.

Historycznie rzecz biorąc, te reformy przeprowadziły rządy centrowo-prawicowe, takie jak w Polsce i Czechach. Ale u nas prawicowcy to skrajni nacjonaliści w rodzaju Funara czy Vadima Tudora, którzy są prawdziwymi spadkobiercami narodowego komunizmu Ceauşescu. Tudor obiecuje położyć kres chaosowi, ale wie, że dziś nie ma popytu na antysemityzm, a na antyhungaryzm, owszem – powiedział Brucan z uśmiechem.

W rzeczywistości to właśnie on i jego towarzysze uniemożliwili powstanie formacji centro-prawicowej, która, jak twierdził, była tak niezbędna. Niemniej jego analiza sytuacji, jak w przypadku Şandora, była bardzo trafna.

– Czy Antonescu, którego komuniści rozstrzelali w 1946 roku, był postacią tragiczną, czy zbrodniarzem? – spytałem, zmieniając temat.

– Jednym i drugim. Próbował odzyskać Besarabię [wschodnią Mołdawię] i rozbił Żelazną Gwardię. Ale zarazem sprowadził do Rumunii wojska niemieckie i gestapo. No i to, co zrobił z Żydami – dodał Brucan, znów się uśmiechając – też nie było miłe[1].

– Dlaczego został pan komunistą?

– Nie byłem komunistą, byłem stalinistą. Stalin był jednym z największych zbrodniarzy w dziejach. Zafascynował mnie. Uważałem, że tylko on może pokonać Hitlera. W Rumunii stalinizm był ruchem oporu wobec niemieckiej dominacji. W a s tutaj nie było – powiedział, mając na myśli Stany Zjednoczone, które, jak podkreślił,

1 Naddniestrze leży na Ukrainie, na wschód od Mołdawii i Besarabii. To na tych terenach w latach 1941–1942 armia rumuńska zamordowała 185 tysięcy Żydów. Zob. moje *Bałkańskie upiory*.

przystąpiły do wojny, dopiero gdy Niemcy stali pod Moskwą i Leningradem i pierwsi wypowiedzieli wojnę Ameryce.

Przypomniałem sobie, co powiedział kiedyś Corneliu Bogdan, były ambasador Rumunii w Waszyngtonie: „Zachód nie stracił Europy Wschodniej w Jałcie. Stracił ją w Monachium", kiedy troskę o bezpieczeństwo w regionie powierzył Hitlerowi i Stalinowi.

– Słuchałem Stalina przez radio w więzieniu – ciągnął Brucan. – Podziwiałem go z całego serca, bez najmniejszych zastrzeżeń! Nawet kiedy zacząłem sobie uświadamiać ogrom jego zbrodni. Był niezwykle skuteczny. W tej części świata skuteczność jest w cenie[1]. Dlatego na początku mojej kariery sądziłem, że komunizm może coś zdziałać. Jeśli był okrutny, to nie protestowałem, bo byłem jednym z jego beneficjentów. Mnie osobiście odpowiadał. Miałem wszystko: wille nad Morzem Czarnym i w Karpatach. Takie apanaże osłabiają krytycyzm. Aż do referatu Chruszczowa, który w 1956 roku ujawnił część zbrodni, byłem gotów wybaczyć Stalinowi dosłownie wszystko. Teraz sądzę, że demokracja, mimo swoich słabości, gwarantując wolność słowa, chroni przed nadużyciami władzy.

1 To było powszechne odczucie. Milovan Đilas, dowódca jugosłowiańskiej partyzantki w czasie drugiej wojny światowej, wspominał, że Stalin „błyskawicznie ujmował istotę rzeczy, i to w taki sposób, że nie było już nic do dodania. Prawie nie zostawiał miejsca na dyskusję". Zob. M. Đilas, *Fall of the New Class. A History of Communism's Self-Destruction*, New York 1998, i *Rozmowy ze Stalinem*, przeł. A. Ciołkosz, Warszawa 1991.

Ceauşescu, rzecz jasna, miał niewielkie pojęcie o marksizmie. Nawet nie przeczytał *Kapitału* – Brucan skrzywił się szyderczo. – To ja pisałem za niego artykuły na ten temat. Ale wiedział wszystko o Stalinie. I jak Stalin uczył się wszystkiego na pamięć. Obaj mieli fantastyczne wolę i pamięć. Jak Stalin, Ceauşescu był niedoceniany przez swe otoczenie. Przyznaję, nie przypuszczałem, że zajdzie tak wysoko. Był politycznym potworem i gospodarczą katastrofą, ale w czasie zimnej wojny w Europie Wschodniej tylko on i Tito prowadzili znakomitą [niezależną] politykę zagraniczną, która zapewniała Rumunii i Jugosławii znacznie silniejszą pozycję, niż to wynikało z ich rzeczywistego znaczenia.

– To dlaczego Ceauşescu tak głupio skończył? – zapytałem.

– Ceauşescu był naprawdę bystry. To Elena była głupia, taka prawdziwa tępa chłopka. Widzi pan, kiedy Ceauşescu się zestarzał, nabawił się choroby pęcherza. Był to ten rodzaj wstydliwego problemu, który całkowicie uzależnił go od żony i był faktyczną przyczyną jej zawrotnej politycznej kariery. Ostatecznie to właśnie jej wina, że oboje zginęli.

– Ta egzekucja była konieczna?

– Musi pan zrozumieć sytuację militarną w nocy 24 grudnia 1989 roku. Ministerstwa były pod ostrzałem, wiedzieliśmy, że wielu generałów wciąż popiera Ceauşescu, mieliśmy informacje, że planują atak na koszary w Târgovişte (godzina jazdy na północny zachód z Bukaresztu), gdzie trzymano jego i Elenę. Musieliśmy powstrzymać dalszy rozlew krwi. Po licznych naradach ostatecznie uzgodniliśmy, że oboje zostaną nazajutrz, po krótkim procesie, straceni. Byłem najbardziej nieugiętym zwolennikiem egzekucji. Iliescu – Brocan znów skrzywił się szyderczo – jak zwykle nie wiedział, czego chce. (Ion Iliescu zastąpił Ceauşescu na stanowisku prezydenta Rumunii, pełniąc ten urząd aż do 1996 roku).

– Czy były jakieś wątpliwości co do egzekucji Eleny? – spytałem.

Brucan uśmiechnął się zimno.

– Nawet o tym nie rozmawialiśmy. W jej sprawie nie mieliśmy żadnych wątpliwości. Była gorsza niż on.

– A nie powinni mieć normalnego procesu?

Brucan parsknął śmiechem i wbił we mnie spojrzenie błękitnych oczu, jakby zdumiony moją naiwnością.

– Normalny proces? Nie było na to czasu. Mieliśmy czas na proces w trybie doraźnym i to właśnie zrobiliśmy. Chcieliśmy procesu politycznego, żeby wyedukować społeczeństwo, ale sytuacja militarna, jak powiedziałem, była zbyt niebezpieczna.

Jeśli w 1990 roku Rumuni z mieszanymi uczuciami przyjęli rozstrzelanie małżeństwa Ceauşescu, to do 1998 roku wyzbyli się wszelkich skrupułów. Im większa była świadomość trwałych szkód spowodowanych przez rządy Ceauşescu, tym więcej osób, nawet intelektualiści, wykazywało zrozumienie dla użycia plutonu egzekucyjnego. Jeśli chodzi o Brucana, Iliescu i innych członków partii komunistycznej, takie rozwiązanie problemu było z pewnością wygodne: normalna, publiczna rozprawa sądowa, w czasie której małżeństwo Ceauşescu mogłoby się bronić, ujawniłaby dowody obciążające także ludzi, którzy przesądzili o ich losie. Kiedy zapytałem zagranicznego dyplomatę mieszkającego w Bukareszcie, dlaczego w Rumunii nie nastąpił proces „prawdy i pojednania", który miał miejsce w Niemczech czy Republice Południowej Afryki, odparł krótko: „Prawda i pojednanie to nie są wartości romańsko-orientalne". To jednak nie wyjaśniało tego, co się faktycznie stało.

– W innych krajach Europy Wschodniej – tłumaczył Brucan – transformacja miała charakter pokojowy, ponieważ w partii komunistycznej istniało reformatorskie skrzydło, które tymczasowo przejęło władzę. Tak było nawet w Bułgarii. Ceauşescu wyciął reformatorów, więc zamiast „okrągłego stołu" mieliśmy wybuch społeczny. W tym chaosie tylko my byliśmy przygotowani do rządzenia. Wykorzystaliśmy więc powstałą próżnię. W rewolucji nie było niczego tajemniczego. Dominacja i władza są ważniejsze od ideałów. Iliescu był tutaj, na miejscu. Inni kandydaci – powiedział Brucan, machając ręką – byli emigrantami, którzy nie mieli zielonego pojęcia, o co w tym wszystkim chodzi.

A ponieważ Iliescu i inni komuniści wzorujący się na Gorbaczowie działali w próżni, bez wiarygodnej, zorganizowanej opozycji, początkowo wygrywali wszystkie wybory, utrzymując się przy władzy przez kolejnych siedem lat. Teraz wielu Rumunów sądzi, że już za późno na rozpoczynanie procesu „prawdy i pojednania", ponieważ zbyt wiele dokumentów zniszczono lub sfałszowano. Króluje podejrzliwość, jakby mur berliński upadł zaledwie wczoraj. Możliwe, że gdyby w 1991 roku Gorbaczow nie został zmuszony do ustąpienia, to quasi-autorytarne, neokomunistyczne rządy w Rumunii trwałyby do dziś.

Następnie Brucan przeszedł do kwestii bezpieczeństwa międzynarodowego:

– Istnieje jedno supermocarstwo, Ameryka, i cztery inne znaczące potęgi: Europa Zachodnia, Rosja, Chiny i Japonia. Koalicja trzech z tej piątki zdominuje świat. To czysta matematyka.

– A co z Organizacją Narodów Zjednoczonych?

Parsknął śmiechem, tak samo jak wówczas, gdy zapytałem o prawo małżeństwa Ceauşescu do „normalnego procesu".

– ONZ nie ma nic do gadania w żadnej sprawie. Rosja jest słaba – mówił dalej. – Jelcyn od pół roku nie wypłaca wynagrodzeń. [Rozmawialiśmy w 1998 roku]. Czeczenia dowiodła, że armia rosyjska to jeden wielki burdel. Ale Rosja to stare imperium i umie grać słabymi kartami. A Finkelstein – uśmiechnął się szeroko – jest bardzo sprytny.

Użycie przez Brucana prawdziwego, żydowskiego nazwiska Jewgienija Primakowa, ówczesnego rosyjskiego ministra spraw zagranicznych, dowodziło zarówno jego znajomości komunistycznych tajemnic, jak i cynicznego przeświadczenia, płynącego z doświadczenia życiowego, że nawet kiedy Żydzi szkolą Arabów i pomagają Saddamowi Husajnowi unikać inspekcji ONZ, to w tej części świata wciąż należy ich uważać za Żydów. Obecnie problem stał się jeszcze delikatniejszy, zważywszy na filosemityzm zrodzony z globalnego kosmopolityzmu oraz fakt, że tak wielu rosyjskich oligarchów – Primakow, biznesmen Borys Bieriezowski, polityk Grigorij Jawlinski itd. – było Żydami.

Zbierając się do wyjścia, zapytałem Brucana, czy Mircea Răceanu, były wysoki urzędnik Ministerstwa Spraw Zagranicznych, z którym dwukrotnie rozmawiałem w latach osiemdziesiątych, a który teraz mieszkał w Waszyngtonie, należał razem z Brucanem do tej garstki komunistów, którzy w marcu 1989 roku podpisali list krytykujący represyjną politykę Ceauşescu.

– Nie – odparł Brucan z nieskrywaną pogardą. – Răceanu był amerykańskim szpiegiem, agentem CIA.

Później dowiedziałem się, że mówił prawdę. Răceanu, nie uprzedzając nawet żony – żeby jej dodatkowo nie narażać – rozpoczął współpracę z CIA z patriotycznego przekonania, że w Rumunii konieczne są polityczne zmiany. Răceanu chciał obalić ustrój, Brucan – chciał go zachować, obalając Ceauşescu. To Răceanu był prawdziwym bohaterem zimnej wojny. Brucan był bardziej skomplikowany, mniej szlachetny, ale bardziej uparty. Był klasycznym wyznawcą polityki siły, skazanym na uprawianie swego rzemiosła w miejscu, które Zachód opuścił przed półwiekiem.

*

– Nie jestem bohaterem; jestem antybohaterem. Demokracje, w przeciwieństwie do dyktatur, nie potrzebują bohaterów – powiedział prezydent Rumunii Emil Constantinescu. – Nie wycierpiałem tego, co ci, którzy przeszli przez komunistyczne więzienie. To oni są moralnymi przywódcami, nie ja. Funkcjonariusze dawnego reżimu twierdzą, że wszyscy w Rumunii kolaborowaliśmy, że wszyscy uczestniczyliśmy w kłamstwie. Cóż, byłem profesorem geologii i, owszem, członkiem partii. Ale nigdy nie popierałem dyktatury Ceauşescu. Takich jak ja były w Rumunii miliony. Oni nie kolaborowali. Jestem prezydentem, którego nie można szantażować, bo nigdy nie poszedłem na kompromis. Naród musi wiedzieć, że mamy ustrój demokratyczny, oparty na prawdzie, nie na kłamstwie; że nie każdego można kupić, nie wszystkie wartości są na sprzedaż. Opierając się na prawdzie, można dokonać niesamowitych rzeczy, można odrzucić tragiczny spadek historii.

Constantinescu był pierwszym od śmierci króla Ferdynanda w 1927 roku przywódcą Rumunii, mającym moralną legitymację do sprawowania władzy. Dziedzicem Ferdynanda był jego sześcioletni wnuk Michał, ale prawdziwą władzę sprawowała rada regencyjna. Później nadszedł czas skorumpowanych i katastrofalnych rządów Karola II, który panował w latach trzydziestych, przed dojściem do władzy faszystów, a potem komunistów. Ferdynand ze swą angielską żoną, królową Marią, mieszkał w Pałacu Cotroceni, w którym obecnie przyjął mnie Constantinescu. Miał pięćdziesiąt kilka lat, siwe włosy, kozią bródkę i eleganckie okulary – słowem, typowy profesor, ale jego najbardziej uderzającymi cechami były zaraźliwy uśmiech i skoczny chód. Prezydent Rumunii tryskał optymizmem. Trwał kryzys gabinetowy, Constantinescu nie spał od godziny pierwszej poprzedniej nocy, ale nie wyglądał na zmęczonego. Rozmawialiśmy przez dwie pół godziny.

– Moja robota to zaprowadzenie nowoczesnych demokratycznych rządów, nie takich, gdzie władca spogląda z góry na poddany lud, co jest bałkańską tradycją, lecz takich, w których prezydent jest dziś prezydentem, a jutro znów osobą prywatną, kimś, kto musi prosić naród o poparcie w wyborach.

– Z tych wszystkich rzeczy, których musiał się pan nauczyć, co jest najtrudniejsze?

– To, że nie wszyscy jesteśmy równi. Przejście od dyktatury do demokracji jest przejściem od idei kolektywistycznej do idei społecznej. Kolektywizm niszczy jednostki, natomiast społeczeństwo to wolne stowarzyszenie jednostek. Ponownie odkrywając naszą indywidualność, odkrywamy także, że niektórzy z nas są inteligentniejsi od innych, niektórzy pracują ciężej, niż pozostali, inni są bardziej twórczy, a jeszcze inni mają więcej szczęścia i szans na zdobycie bogactwa. Konkurencja to bezlitosna eliminacja najsłabszych. To właśnie uczyniono z całą bezwzględnością w Wielkiej Brytanii i Ameryce. Ważne tylko, żeby istniała równość szans, nie równość rezultatów. Powiedzieć takiemu narodowi, jak Rumuni, których indywidualność została zmiażdżona przez komunizm, że wszyscy są równi, to obelga. Trudno to było zaakceptować w pierwszym okresie industrializacji. Komunizm uwiódł inteligencję mrzonkami o równości, która okazała się rządami najgorszych miernot.

– A co z równością narodów? Czy Rumunia i Węgry są równe?

– Zachód wrzucał nas do jednego worka jako „kraje komunistyczne", ale z upływem czasu stało się jasne, że każdy z tych krajów dźwiga brzemię swojej przeszłości. Uporamy się z naszą przeszłością, ale Zachód musi wykazać cierpliwość. Nie startujemy z tego samego pułapu rozwoju co Węgry, nasze problemy są poważniejsze. Dla przykładu, Ceauşescu zdziesiątkował społeczeństwo rumuńskie, wymuszając przedterminowe spłacanie zadłużenia zagranicznego, by kupić rzekomą „niepodległość" – Constantinescu zaśmiał się z tragicznej głupoty polityki Ceauşescu. – Tymczasem Węgry, Polska pożyczały na rozwój. I kiedy mur berliński upadł, Zachód umorzył im te długi... Prawdziwi demokraci doszli do władzy dopiero w 1996 roku, ale nawet wtedy nie dało się rządzić, bo wszystkie nasze instytucje były skorumpowane. Stabilne są tylko dyktatury: tam nie ma kryzysów, są za to zbrodnie. Właśnie dlatego że nasza sytuacja jest bardziej delikatna, zależy nam na członkostwie w NATO...

To było sedno przesłania prezydenta. Kiedy w 1998 roku analitycy zastanawiali się, jak ekspansja NATO w Europie Środkowej wpłynie na stosunki Zachodu z Rosją, znacznie ważniejsze pytanie, którego wtedy nikt sobie nie zadawał, dotyczyło zaangażowania Paktu na Bałkanach. Pogląd, że rozszerzenie NATO zagraża odbudowie demokracji w Rosji, był absurdalny przede wszystkim dlatego, że nie było specjalnych widoków na prawdziwie demokratyczną Rosję. Rząd niemiecki, dysponujący wszak potężnymi środkami finansowymi, z trudem uporał się z resocjalizacją siedemnastu milionów Niemców z byłej NRD. Szansa na demokratyzację stu czterdziestu milionów obywateli Rosji – zamieszkujących siedem stref czasowych, rozdartych konfliktem między prawosławiem i islamem i mających za sobą siedemdziesiąt lat komunizmu, nie czterdzieści – nigdy nie była zbyt wielka. Tak jak upadek Związku Sowieckiego był głównie skutkiem czynników wewnętrznych, tak też o przyszłości Rosji przesądzą jej własne działania. Rozszerzenie NATO o Węgry, Czechy i Polskę miało mniej wspólnego z Rosją samą w sobie, a więcej z instytucjonalizacją podziału między chrześcijaństwem zachodnim i wschodnim, ponieważ w ten sposób nie tylko Rosja została odcięta od Zachodu, ale także Bałkany. Zamiast przejmować się Rosją, która raczej nie zdoła dostosować się do NATO-wskich standardów, zachodni analitycy powinni skupić się na takich prawosławnych krajach, jak Rumunia czy Bułgaria, które mają pewną szansę.

Ponieważ byłe państwa komunistyczne w Europie Wschodniej i tak w końcu zostaną przyjęte do Unii Europejskiej, członkostwo w NATO nie jest dla nich warunkiem sukcesu. Na Węgrzech, na przykład, członkostwo w Pakcie Północnoatlantyckim uważano za – jak to ujął znajomy budapeszteński politolog – świadectwo „akceptacji produktu", którego Węgry mogą używać, by przyciągnąć więcej prywatnych inwestorów. Jednak w przypadku Rumunii i Bułgarii NATO jest ich jedyną nadzieją, ponieważ, jak doskonale wiedzą ich przywódcy, nie mają szans na szybkie i pełne członkostwo w Unii. W biedniejszych i bardziej izolowanych krajach bałkańskich – ciągle zagrożonych przemocą rozlewającą się z byłej Jugosławii – członkostwo w Pakcie Północnoatlantyckim jawiło się jako najwyższy, wręcz totemiczny symbol cywilizacji zachodniej i amerykańskiej pomocy oraz gwarancja lokalnej demokracji.

„Postrzegamy NATO – powiedział Constantinescu – jako symbol typowo zachodnich wartości: wydajnej gospodarki, demokracji, społeczeństwa obywatelskiego, wartości, od których zostaliśmy brutalnie odcięci, gdy w latach czterdziestych Amerykanie nie zdołali uchronić nas przed Armią Czerwoną. NATO to narodowe marzenie Rumunów".

Stanowisko Constantinescu sprowadzało się do tego, że państwa, jak jednostki, nie są równe, a demokracja to powolność i bałagan. Jeśli więc Ameryka zamierzała na powrót podzielić Europę według kryteriów historycznych i religijnych, to musiała rozciągnąć nad Rumunią taki sam parasol bezpieczeństwa, jakim chroniła Węgry. Kiedy wcześniej spytałem o NATO Brucana, ten odparł, że cieszy się, że rafinerię w Ploeszti kupili Rosjanie, bo to pozwoli Rumunii przerabiać rosyjską ropę i reeksportować ją na Zachód. „Im lepsze nasze stosunki z Rosją, tym lepsze stosunki z Zachodem. W przeciwnym wypadku Europa i Stany Zjednoczone będą nas lekceważyć". Constantinescu bezwarunkowo ufał Zachodowi; Brucan nie ufał nikomu i wolał rozgrywać jedno mocarstwo przeciwko drugiemu.

Strategia Brucana miała pewne historyczne uzasadnienie: średniowieczni książęta wołoscy i mołdawscy również rozgrywali przeciwko sobie ościenne państwa, a Rumunia była jedynym krajem, którego armia w czasie drugiej wojny światowej czynnie wspierała obie strony konfliktu, najpierw walcząc ramię w ramię z Hitlerem, a potem wspierając aliantów. Ceauşescu w takim stopniu, w jakim to było możliwe w ramach struktur Układu Warszawskiego, rozgrywał Związek Sowiecki przeciwko Stanom Zjednoczonym, uzyskując dla swego kraju status najwyższego uprzywilejowania w handlu z tymi ostatnimi.

Było jasne, że jeśli strategia Constantinescu oparcia się na Stanach Zjednoczonych, nie przyniesie szybkiego rezultatu w postaci pełnego członkostwa Rumunii w NATO, to może ją zastąpić strategia Brucana. A taka zmiana – wobec nowej rzeczywistości strategicznej, wyłaniającej się zarówno na Bałkanach, jak i na Kaukazie, którą omówię w następnym rozdziale – byłaby niekorzystna dla Zachodu. Zapewne właśnie dlatego część najbardziej interesujących rozmów w Bukareszcie odbyłem z rumuńskimi wojskowymi.

ROZDZIAŁ 6

Państwo na osi

Siedzieliśmy z generałem (w stanie spoczynku) profesorem doktorem Costache Codrescu w podziemiach Akademii Wojskowej zbudowanej przy Calea Victoriei w latach trzydziestych, w epoce rozkwitu bukareszteńskiej burżuazji. Z półmroku wyłaniały się czerwone bizantyjskie kolumny z ozdobnymi złoceniami. Na stoliku stały filiżanki z kawą po turecku. Tytułomania generała, brak ogrzewania oraz architektura i kawa były typowe dla Bliskiego Wschodu, mimo że sam Codrescu, jak większość jego rodaków, z uporem przekonywał w swym romańskim języku, że Rumunia jest częścią Zachodu. Ten upór był znamienny, bo wskazywał, gdzie Rumuni lokują swoje nadzieje na przyszłość. Ponieważ ich kultura była mieszaniną wpływów zachodnich i wschodnich, obawiali się, że zostaną po niewłaściwej stronie granicy, której realności doświadczali przez czterdzieści cztery lata izolacji.

Codrescu, siedemdziesięciodwuletni historyk wojskowości, teatralnie uniósł głowę i rozłożył ręce, żartując ze swej postury: „Jestem z Mołdawii, a Mołdawianie są niscy, lecz bystrzy – popukał palcem w czoło. – Jak Ştefan cel Mare" – Stefan III Wielki, znany z niskiego wzrostu piętnastowieczny hospodar, który zbudował silne

Księstwo Mołdawskie, zdolne powstrzymać napór Turków osmańskich. Potem Codrescu opowiedział mi o roli wojska w czasie rewolucji w grudniu 1989 roku, która doprowadziła do obalenia Ceauşescu[1].

„W armii zawsze panowało przekonanie, że w przypadku konfrontacji Wschód–Zachód, która może się przerodzić w lokalne wojny, Rumunia będzie osamotniona i bezbronna. Będziemy osamotnieni z powodu historycznego sporu z Węgrami o Transylwanię i z Rosją o Besarabię [wschodnią Mołdawię]. A będziemy bezbronni, bo w czasie katastrofalnej zapaści gospodarczej w latach osiemdziesiątych masowo zwalnialiśmy żołnierzy ze służby, żeby pracowali na polach. Kiedy w listopadzie 1989 roku runął mur berliński, poczuliśmy się jeszcze bardziej bezbronni – upadek komunizmu na Węgrzech i w Bułgarii oznaczał pojawienie się na naszych granicach dwóch państw narodowych.

Ceauşescu nie ufał armii. Trzymał nas w niewiedzy, skazanych na najgorsze domysły. Kiedy więc 16 grudnia 1989 roku doszły nas wieści, że w Timişoarze po aresztowaniu węgierskiego pastora wybuchły antyrządowe zamieszki, nabraliśmy podejrzeń. Natychmiast dostrzegliśmy związek z niedawnymi węgierskimi żądaniami autonomii dla Transylwanii[2]. Wiedzieliśmy, że w rezultacie

1 Zob. Costache Codrescu, *Armata Română in Revolutia din Decembrie 1989* [Armia rumuńska w rewolucji grudniowej 1989 roku], Bucureşti 1994.

2 László Tőkés, Węgier z pochodzenia, pastor kalwińskiego Kościoła ewangelicko-reformowanego w Timişoarze, zasłynął kazaniami, w których krytykował prześladowania Węgrów przez reżim

porozumienia austriacko-węgierskiego z lipca poprzedniego roku, wojska węgierskie zostały przerzucone nad naszą granicę. (Porozumienie austriacko-węgierskie pozwoliło obywatelom Węgier i innych państw Układu Warszawskiego swobodnie wjeżdżać do Austrii. To spowodowało istny exodus Niemców Wschodnich na Zachód, co z kolei doprowadziło do zburzenia muru berlińskiego cztery miesiące później). Bułgarzy i Rosjanie także przerzucali swoje wojska bliżej naszych granic. Wiem, że to brzmi paranoicznie, ale wtedy nie wiedzieliśmy, że protesty w Timişoarze są spontaniczne.

Czekaliśmy więc na rozkaz wymarszu nad granicę węgierską, żeby bronić ojczyzny. Zamiast tego wysłano nas do Timişoary, żebyśmy bronili Ceauşescu. Dopiero wtedy generalicji zaczęło świtać, że to właśnie on jest wrogiem, a nie Węgrzy czy Rosjanie.

Armia rumuńska zawsze myślała w kategoriach narodowej ojcowizny, zwłaszcza jeśli chodziło o Transylwanię i Besarabię. To nadzieja na odebranie Besarabii Stalinowi pchnęła Antonescu w objęcia Hitlera. Ale odkąd Antonescu doszedł do władzy, nie oddaliśmy ani piędzi ziemi. Nie usprawiedliwiam tego, co Antonescu zrobił z Żydami. Ale ocalił integralność terytorialną naszego państwa, więc musimy wybaczyć mu jego grzechy".

Rumuński generał, który wybaczył Antonescu wymordowanie stu osiemdziesięciu pięciu tysięcy Żydów, ponieważ nie dopuścił on do utraty przez Rumunię żadnego

Ceauşescu. Aresztowanie Tőkésa wywołało rozruchy, które przeniosły się do Bukaresztu i dziesięć dni później doprowadziły do egzekucji małżeństwa Ceauşescu.

terytorium, świadczył o trawiącej to społeczeństwo głębokiej niepewności i desperacji. Inny wysoki oficer rumuński, z najbliższego otoczenia Ceauşescu, powiedział w rozmowie ze mną, że sześć tygodni po zburzeniu muru berlińskiego, a krótko przed swoim aresztowaniem, Geniusz Karpat postanowił „zrehabilitować" Antonescu jako rumuńskiego bohatera narodowego, uznając tę decyzję za ostatnią deskę ratunku, która pozwoli mu się utrzymać przy władzy. Podobną taktykę zastosował później Slobodan Milošević, przekształcając partię komunistyczną w ugrupowanie nacjonalistyczno-faszystowskie. Jak dotąd w Rumunii tylko prezydent Constantinescu publicznie odciął się od spuścizny generała Antonescu.

Ponieważ Rumunia wahała się między społeczeństwem obywatelskim a cofnięciem do walczącego nacjonalizmu, Constantinescu wraz z grupą angielskojęzycznych generałów, których świeżo mianował, starali się uszczęśliwić Pentagon armią rumuńską, w nadziei że trwale zwiążą Rumunię z NATO, zanim będzie za późno. Rumunia właśnie reformowała siły zbrojne, zastępując liczne, słabo wykształcone wojsko – bardziej zdatne do wykonywania prac fizycznych niż do walki – mniej licznymi, lepiej wyszkolonymi oddziałami, zorganizowanymi według zachodnich standardów. Pewien ekspert Armii Stanów Zjednoczonych, specjalizujący się w sprawach bałkańskich, tak opisał mi armię rumuńską:

„Pod względem wydajności wyprzedza inne armie regionu. Dowódcy nie boją się odpowiedzialności i nie wyżywają na podwładnych oficerach. To częściowo wpływ łacińskiej tradycji honoru. Cywile twierdzą, że tylko armia może zaprowadzić porządek, ale rumuńskie siły zbrojne mówią »Nie«. Armia rumuńska pragnie być apolityczna w większym stopniu, niż na przykład [armia] grecka, a zwłaszcza turecka. Oficerom rumuńskim nie wolno należeć do partii politycznych. Demokracja w Rumunii tak naprawdę trwa dzięki determinacji wojska".

Ceniono także sprawność bojową armii rumuńskiej. Niemcy zaliczali oddziały rumuńskie do najbardziej walecznych wojsk Osi. Rosjanie przełamali oblężenie Stalingradu tylko dlatego, że przymierający głodem żołnierze rumuńscy zostali zmuszeni do forsownego marszu. Kiedy dziennikarz C. L. Sulzberger spytał hitlerowskiego generała Hansa Speidela o najlepsze nie-niemieckie wojska Osi, ten bez wahania odparł: „Rumuni. Jeśli mają dobrego dowódcę, lepszych się nie znajdzie"[1]. Kiedy w sierpniu 1944 roku Rumunia zmieniła sojusze, także alianci docenili waleczność jej żołnierzy. Obecnie armia rumuńska odnosiła się do Stanów Zjednoczonych z takim samym entuzjazmem, z jakim traktowała obie strony, po których walczyła podczas drugiej wojny światowej. W czasie kryzysu irackiego w marcu 1998 roku szef rumuńskiego sztabu generalnego, generał dywizji Constantin Degeratu powiedział w rozmowie ze mną, że „daliśmy Stanom Zjednoczonym zgodę na przeloty nad naszym terytorium i korzystanie z kilku naszych baz lotniczych. Jesteśmy lojalnym sojusznikiem USA. Jesteśmy gotowi wziąć udział w każdej operacji. Zapewniłem Sheltona

1 Zob. Cyrus L. Sulzberger, *A Long Row of Candles. Memoirs and Diaries 1934–1954*, Toronto 1969.

[generała Hugh Sheltona, przewodniczącego Kolegium Szefów Połączonych Sztabów] o pełnym poparciu, także naszego prezydenta i rządu. Doskonale rozumiemy ich problem z Irakiem".

Siedziba Ministerstwa Obrony była jedną z wielu monstrualnie brzydkich budowli wzniesionych przez Ceauşescu na gruzach zabytkowego dziewiętnastowiecznego Bukaresztu. To tutaj, przy tureckiej kawie, poznałem rumuńskiego szefa sztabu, niskiego, krępego czterdziestokilkulatka o ciemnych włosach i ciepłym uśmiechu. Degeratu wyjaśnił mi sytuację strategiczną Rumunii. „Przed drugą wojną światową staraliśmy się być neutralni i robić interesy z wszystkimi chętnymi. To okazało się niemożliwe. Musieliśmy więc walczyć razem z Niemcami przeciwko Rosjanom, a potem razem z Rosjanami przeciwko Niemcom. Znaleźliśmy się w strefie wpływów rosyjskich. Później próbowaliśmy doprowadzić do konfliktów Rosjan i Chińczyków – i w znacznie mniejszym stopniu – Amerykanów. To też się nie udało. Znaleźliśmy się w izolacji, z kiepsko wyposażoną armią, która nadawała się raczej do wykonywania pracy niewolniczej". Nie zgadzał się z Brucanem. „Neutralność się nie sprawdza. Nie jesteśmy wielkim mocarstwem, nasza pozycja jest zbyt słaba. Rumunia jest jedynym krajem w Europie położonym między dwoma niestabilnymi obszarami niepewności: byłą Jugosławią i byłym Związkiem Sowieckim. Potrzebujemy stabilności – dla własnego dobra i dla dobra Europy. Żaden inny kraj nie potrzebuje NATO tak jak my".

Pułkownik Mihai Ionescu, historyk i strateg wojskowy, rozwinął argumenty Degeratu:

„W epoce nowego imperializmu Rosja zastosuje subtelniejsze środki, żeby nas sobie podporządkować: zorganizowaną przestępczość, operacje wywiadowcze i korumpowanie naszych elit. Teraz jednak mamy jeszcze pole manewru. Rosja już z nami nie graniczy, musi działać za pośrednictwem Ukrainy i Mołdawii. No i od rozpadu Związku Sowieckiego Morze Czarne nie jest już rosyjskim jeziorem. Byłoby jednak niebezpieczną naiwnością zakładać, że taka sytuacja będzie trwać wiecznie. To dlatego Zachód musi się rozszerzyć na wschód!".

Rumuni byli przerażeni tym, co dzieje się w byłym Związku Sowieckim. Dramatyczna różnica w rozwoju, którą zaobserwowałem, wjeżdżając z Węgier do Rumunii, podwajała się, gdy wjeżdżało się z Rumunii do Mołdawii lub na Ukrainę: gehenna fatalnych dróg, gdzie samochód pozostawiony bez opieki prawie na pewno zostałby skradziony. W przeszłości Rumuni bali się rosyjskiej armii; teraz – społecznej anarchii, z której w Moskwie odradzała się hydra tyranii. W pewnym sensie wciąż istniała nie tylko dawna „żelazna kurtyna" – powstała też nowa, między Europą Wschodnią i byłym Związkiem Sowieckim.

Iulian Fota, zawsze elegancko ubrany inżynier, którego Constantinescu mianował wiceministrem obrony, powiedział w rozmowie ze mną: „Strategia Rosji polega na odbudowywaniu strefy wpływów w krajach byłego Związku Sowieckiego i w Bułgarii, a następnie współpracy z Francją i Grecją oraz, być może, Syrią i Iranem, w celu ograniczenia obecności Stanów Zjednoczonych na Bliskim Wschodzie. Po drugiej stronie barykady zawiązał się sojusz Turcji i Azerbejdżanu z Izraelem. Możemy im pomóc. Kiedy ropa z Morza Kaspijskiego zacznie płynąć do Europy przez Morze Czarne, pozycja Rumunii na arenie międzynarodowej wzrośnie. Rumunia nie jest już peryferiami Europy. Z naszymi rafineriami w Konstancy i Ploeszti staniemy się częścią nowej sieci rurociągów. Znajdujemy się w środku nowego, niestabilnego regionu między Europą a basenem Morza Kaspijskiego".

Ta analiza, choć uwzględniająca tylko rumuński punkt widzenia, była przekonująca. Grecja była członkiem NATO, ale w 1992 roku przywódcę bośniackich Serbów, Radowana Karadžicia – oskarżonego o zbrodnie wojenne – witano w Atenach jak bohatera, co wskazuje na więzi silniejsze niż te wynikające z oficjalnych sojuszy świata postzimnowojennego[1]. Rumunia miała jednak dla Zachodu potencjalnie spore znaczenie strategiczne z przyczyn, o których nikt z Ministerstwa Obrony nawet się nie zająknął.

W stabilnej demokracji, do której Rumunia mozolnie zmierzała, polityka bezpieczeństwa jest ściśle uzależniona od opinii publicznej. Ze względu na doświadczenia okresu stalinizmu Ceauşescu i niepewność wynikającą z położenia na wschodnim pograniczu świata zachodniego, Rumuni – zarówno cywile, jak wojskowi – byli równie żarliwie proamerykańscy, jak Anglicy i Francuzi po zakończeniu drugiej wojny światowej w maju 1945 roku.

1 Grecy i Serbowie to narody prawosławne, tradycyjnie sprzymierzone przeciwko muzułmańskim Turkom. O greckiej polityce zagranicznej wobec byłej Jugosławii zob. Nicholas X. Rizopoulos, *Pride, Prejudice, and Myopia*, „World Policy Journal", Fall 1993.

Chociaż prawie cała Europa Zachodnia potępiała Stany Zjednoczone za podżeganie do wojny w Iraku, Rumuni niezrażeni je popierali. W czasie wielu kryzysów – poza kosowskim – Francuzi, Włosi i inni zachodni Europejczycy szukali dziury w całym, byle tylko podważyć politykę amerykańską. Rosnący opór wobec amerykańskiego konsumpcjonizmu, a także postępujące zjednoczenie, wyrażające się w przyjęciu wspólnej waluty, może spowodować powstanie neutralnego lub wręcz wrogiego silnego bloku zachodnio-środkowoeuropejskiego. Stany Zjednoczone musiały więc zadbać o przyjaciół w Europie Południowo-Wschodniej, z których baz wojskowych mogłyby korzystać. W 1973 roku podczas wojny na Bliskim Wschodzie zaopatrywały Izrael z baz portugalskich, bo tradycyjni europejscy sojusznicy – Anglia, Francja i Republika Federalna Niemiec – odmówili pomocy. Rumunia mogła stać się drugą Portugalią na przeciwnym krańcu kontynentu.

Ponieważ Bliski Wschód był regionem wielkich zasobów ropy naftowej, starzejących się dyktatorów, wysokiego bezrobocia wśród młodych mężczyzn, wysokiego bezwzględnego wzrostu zarówno populacji, jak urbanizacji oraz kurczących się zapasów wody pitnej, to problemy Zachodu z Saddamem Husajnem mogły zwiastować w tej części świata nowe konflikty zbrojne w XXI stuleciu. Rumunia, leżąca na północno-zachodnich rubieżach Wielkiego Bliskiego Wschodu, stanowiła naturalną bazę wypadową, szczególnie odkąd centrum wydobycia ropy przesunęło się na północ – z Półwyspu Arabskiego do basenu Morza Kaspijskiego – i wzrosła polityczna pozycja sąsiedniej Turcji, której ogromne rezerwy wody pitnej pozwalały wpływać na politykę ubogich w wodę państw arabskich.

Gdyby jednak Rumunia nie stała się bazą wypadową Zachodu, to zdaniem wojskowych pojawiłaby się realna groźba, że kraj stoczy się w niebyt. W czasie późnej kolacji w klubie oficerskim, po wypiciu znacznych ilości śliwowicy i wina, przedstawiłem teorię Samuela Huntingtona o „zderzeniu cywilizacji"[1]. Pułkownik Ionescu, wysoki i dobroduszny, zareagował z pewną irytacją: „Huntington jest niebezpieczny, zwłaszcza w kontekście rozszerzenia NATO". Ale Ionescu nie podważał słuszności jego teorii. Wręcz przeciwnie. Podobnie jak wszyscy inni rumuńscy oficerowie, z którymi rozmawiałem, bał się utrwalenia w Europie tak rozumianej granicy cywilizacyjnej, z powodu której ekspansja NATO zatrzymywała się na pograniczu węgiersko-rumuńskim, zamieniając wieloetniczną Transylwanię w pole bitwy między chrześcijaństwem zachodnim i wschodnim.

*

Rumunia była osią, wokół której obracały się inne państwa Europy – krajem wystarczająco dużym, żeby wpłynąć na oblicze kulturalne wspólnoty zachodniej, jeśli zostanie jej pełnoprawnym członkiem, i dostatecznie małym (w przeciwieństwie do bezkresnej Rosji[2]), żeby to

1 Zob. Samuel Huntington, *Zderzenie cywilizacji i nowy kształt ładu światowego*, przeł. H. Jankowska, Warszawa 1997.

2 Zob. Robert Chase, Emily Hill i Paul Kennedy, *The Pivotal States. A New Framework for U. S. Policy in the Developing World*, New York 1999.

członkostwo było realne. Przynależność do NATO dwudziestu milionów prawosławnych Rumunów zniosłaby cywilizacyjny podział wzdłuż wschodniej granicy Węgier; bez nich ta granica mogłaby się stać głównym frontem Europy. Z Rumunią jako częścią Zachodu Europa sięga Morza Czarnego, bez niej staje się nową wersją Świętego Cesarstwa Rzymskiego, a Bałkany – częścią Bliskiego Wschodu.

Początek XXI wieku stanowił więc rzadką i ulotną okazję do prowadzenia na Bałkanach polityki godnej tego miana. U progu drugiej wojny światowej Bukareszt był bogatszym i bardziej kosmopolitycznym miastem niż Ateny. A pod koniec tej wojny, jak twierdził Rudolf Fischer, Rumunię, mimo wszystkich jej problemów, łatwiej było uratować niż Grecję, ponieważ ta druga była rozdarta przez wewnętrzny konflikt zbrojny i nie miała nowoczesnej klasy średniej. Niemniej administracja Trumana podjęła ryzyko i Grecję przyjęto do NATO. Wszelkie problemy, których Grecja przysparza Zachodowi, są niczym w porównaniu z tymi, które by spowodowała, pozostając poza Paktem Północnoatlantyckim. Czy Clinton i jego następcy zrobią dla Rumunii to, co Truman dla Grecji?

W tym momencie rumuńscy wojskowi byli proamerykańscy. W czasach politycznego chaosu postrzegali NATO jako gwaranta szybkich karier, przyzwoitych zarobków, wyższego poziomu wyszkolenia i lepszej jakości uzbrojenia, a także dostępu do międzynarodowych sieci kontaktów, w tym częstych podróży za granicę. Gdyby jednak ekspansja Paktu poza Europę Środkową straciła impet, to nawet jeśli rozszerzy się Unia Europejska – a w czasie mojego pobytu w Rumunii były to dwa oczywiste kierunki rozwoju – rumuńscy wojskowi mogliby znowu opowiedzieć się po stronie ciasnego nacjonalizmu i politycznego zaangażowania armii, jak to uczynili za rządów rehabilitowanego dziś generała Antonescu.

*

„Rumunia to kraj, który prawie nigdy nie zaznał normalności" – powiedział Mihai Oroveanu, dyrektor generalny Ministerstwa Kultury, w czasie rozmowy, którą odbyliśmy krótko przed moim wyjazdem z Bukaresztu. Zależało mi na spotkaniu z Oroveanu, ponieważ znajomy opisał mi go jako „przedstawiciela dawnej burżuazji, który w niezrozumiały sposób przetrwał epokę komunizmu". Zastałem go w pomieszczeniu na tyłach Teatru Narodowego, otoczonego książkami i fotografiami ikon kultury rumuńskiej, takich jak dramaturg Eugène Ionesco czy rzeźbiarz Constantin Brâncuşi. Oroveanu, postawny i siwowłosy, w wysokich skórzanych butach, spodniach khaki i skórzanej kamizelce wyglądał jak podstarzały członek gangu motocyklowego. „Przenoszę obrazy – wyjaśnił – dlatego mam robocze ubranie".

„Niemal w każdym stuleciu – powiedział później – bywaliśmy polem bitwy i obszarem klęski żywiołowej. Państwo rumuńskie, które powstało w 1859 roku w rezultacie zjednoczenia Wołoszczyzny i Mołdawii, było jakby przeniesione wprost ze średniowiecza. To dopiero Niemiec, Karol I Hohenzollern-Sigmaringen, stworzył w latach 1866–1914 pierwsze nowoczesne instytucje.

Jednak w czasie I wojny światowej zginęło zbyt wielu najlepszych oficerów i najwybitniejszych naukowców. W okresie międzywojnia klasę średnią zasilili liczni chłopi, ale zabrakło moralnego przywództwa. Potem komuniści wymordowali najbardziej aktywnych chłopów – *chiabur*, kułaków. Teraz grozi nam powrót nietolerancji i przesądów, upowszechnianych za pomocą komputerów. Grozi nam prymitywny materializm bez moralności. Nowi kapitaliści to tylko kiepscy naśladowcy zachodniej burżuazji".

Wszystkiego, co przeżyłem w Rumunii, doświadczyłem w przejmującym skrócie w operze, mojego ostatniego wieczora w Bukareszcie. Po zaniedbanym trawniku przed wejściem uganiały się hordy bezpańskich psów, a obdarta dzieciarnia grała w piłkę nożną, nie zważając na stojące w kolejce nobliwie wyglądające pary, ściskające w rękach bilety po siedemdziesiąt pięć centów za sztukę. Przez następne dwie godziny słuchałem Pucciniego i Verdiego w znakomitym wykonaniu solistów w sfatygowanych butach i frakach, zmagających się z fatalnym nagłośnieniem na zdartej, kiepsko oświetlonej scenie. Publiczność reagowała z żywiołowym entuzjazmem. Ze swego świata w barwach sepii, z pierwszej połowy XX stulecia, apelowała do Europy XXI wieku: „Nie zapomnijcie o nas".

*

Na początku marca 1998 roku wyjechałem z Bukaresztu do Sofii. Przedział był nieogrzewany, brudny i – o 7:30 rano – pełen jadących do pracy robotników, spoconych, pokrzykujących i pociągających śliwowicę z gwinta.

W pewnym momencie weszła dobrze ubrana para w średnim wieku, pokazując miejscówki. Żaden z robotników się nie ruszył. W końcu konduktor kazał dwóm z nich ustąpić miejsca nowo przybyłym.

Pociąg zmierzał na południe, sunąc przez Nizinę Naddunajską, której pejzaż – kryte strzechą chaty, polne drogi, wozy zaprzężone w muły – przypominał afrykańską sawannę. W Giurgiu, jeszcze po rumuńskiej stronie Dunaju, robotnicy wysiedli z pociągu. Pogranicznicy podstemplowali paszporty. Potem i oni, i konduktorzy zniknęli, a w ich miejsce wlała się armia przemytników, z torbami i walizami wypchanymi konserwami, papierosami, świeżą zieleniną i kto wie czym jeszcze. W zatłoczonym przedziale nawet w przejściu stali ludzie: dziwacznie ubrani, z ogolonymi głowami, nieogolonymi twarzami i złowrogimi minami. Spluwali na podłogę, kasłali mi w twarz, deptali po nogach, strzepywali na mnie popiół z papierosów. Wszyscy przeklinali. Para w średnim wieku siedząca naprzeciwko kuliła się ze strachu, kiedy pociąg powoli toczył się nad szerokim Dunajem – do Bułgarii.

ROZDZIAŁ 7

„Wybór cywilizacyjny"

Kilka minut później pociąg zatrzymał się w Ruse po bułgarskiej stronie Dunaju i przemytnicy wysypali się na peron okupowany przez cygańskich handlarzy. Ja także wysiadłem, żeby wymienić resztkę rumuńskich lei na bułgarskie lewy i kupić bułgarską wizę od staruszki urzędującej za przerdzewiałą kratą. Wróciwszy do przedziału, natknąłem się na inną staruszkę, sprzątającą bajzel pozostawiony przez „mrówki", a nowy konduktor sprawdził nasze bilety. Kiedy na początku XX wieku w tutejszej rodzinie sefardyjskich Żydów urodził się przyszły laureat literackiej Nagrody Nobla, Elias Canetti, Ruse było kosmopolitycznym, wieloetnicznym przyczółkiem Europy Środkowej. Teraz zamieszkiwali je wykorzenieni chłopi. Państwa, które powstały po upadku Turcji osmańskiej – nawet jeśli demokratyczne, to jednonarodowościowe – wypędziły część mniejszości, kolejne wygnali naziści. Komunizm pod pozorem sprawiedliwości społecznej zniszczył resztę klasy średniej. Złudzenie, że postęp ludzkości jest nieuchronny, wyrasta z przypadkowego zbiegu pomyślnych okoliczności – historycznych i geograficznych. Canetti wiedział o tym i większość życia spędził, analizując ludzką skłonność do masowej przemocy i histerii[1].

Pociąg potoczył się na południe przez Nizinę Naddunajską, a potem na zachód wzdłuż północnej granicy Starej Płaniny, „Starych Gór", przez cudzoziemców zwanych Bałkanami. Za oknem przesuwały się zielone i brunatne pola poprzecinane urzekająco pięknymi rzekami; drewniane chałupy, wozy drabiniaste i dachy ziejące dziurami po glinianych dachówkach; nieliczne samochody i czasze anten satelitarnych. Kiedy w pewnym momencie pociąg zwolnił, ujrzałem zatłoczony wiejski ryneczek ze straganami z pustaków, na których rozłożono używaną odzież i inne rzeczy, przypominający targowiska Azji Środkowej. Bułgaria wydała mi się drugą Rumunią, kolejnym wschodnim, postkomunistycznym krajem prawosławnym, który przesuwał się z Drugiego Świata do Trzeciego, choć krajobraz był tutaj mniej zdewastowany niż w Rumunii, mniej zeszpecony ruinami obskurnych fabryk.

W pociągu nie można było kupić nic do jedzenia i picia, ale współpasażerowie poczęstowali mnie jajkami na twardo. Pod koniec dnia wjechaliśmy do stromego, krętego wąwozu, który zewsząd otaczały wspaniałe górskie pejzaże. Kiedy po godzinie pociąg wytoczył się na zimny płaskowyż, ujrzałem na horyzoncie stolicę Bułgarii – Sofię.

*

1 Zob. zwłaszcza Elias Canetti, *Masa i władza*, przeł. E. Borg i M. Przybyłowska, Warszawa 1996.

Sofijski dworzec kolejowy był produktem lat siedemdziesiątych, późnożiwkowowskiej epoki gigantyzmu: w miarę jak Todor Żiwkow, komunistyczny przywódca Bułgarii, stawał się coraz bardziej próżny, ale też i bardziej niepewny swego, architektura zmieniała się w coraz bardziej monstrualną i odczłowieczoną. Hall dworcowy o długości półtora boiska piłkarskiego był wykonany z surowego szarego kamienia i brunatnego betonu, a jego ściany ozdobiono betonowymi, industrialnymi rzeźbami. Wrażenie ogromu potęgowały maleńkie budki z jedzeniem i kilka połamanych ławek – jedyne miejsca, gdzie można było usiąść. Na tyłach dworca rozłożyło się miasteczko bezdomnej młodzieży i Cyganów. Krajobraz dzielnicy dworcowej dobitnie świadczył, że każda tyrania wytwarza społeczną próżnię.

Tak jak w Rumunii, również w Bułgarii ujrzałem zaniedbaną prowincję wokół błyskawicznie rozwijającej się stolicy, skąd liczne budowy, korki uliczne, nowe sklepy i restauracje oraz tłum przechodniów, w którym mieszali się żebracy z nuworyszami – wygnały ducha komunizmu. Z okna mojego pokoju hotelowego było widać pomnik Aleksandra II. W kwietniu 1877 roku „Car Oswobodziciel" wypowiedział Turcji wojnę zakończoną niespełna rok później traktatem z San Stefano, uznającym niepodległą Bułgarię, w której granicach znalazła się również większa część Macedonii i Tracji. Dzień przed moim przyjazdem, 3 marca 1998 roku, uroczyście obchodzono sto dwudziestą rocznicę podpisania traktatu. Pomnik tonął w wieńcach. Ludzie na ulicach, starzy i młodzi, ci w garniturach i ci na sportowo, a nawet punki – wszyscy mieli przypięte do płaszczy, marynarek i kurtek czerwono-białe wstążeczki, zwane *martenicami* (od bułgarskiej nazwy marca). Kiedy w marcu 680 roku chan Asparuch, założyciel pierwszego państwa bułgarskiego, toczył nierówną walkę z cesarzem bizantyjskim Konstantynem IV, wysłał do swej matki gołębia z białą nitką na nóżce – znakiem, że wciąż żyje. Nitka była zawiązana tak ciasno, że gołąb trochę krwawił, co dało początek czerwono-białemu symbolowi ostatecznego zwycięstwa Asparucha. Bułgarzy nosili martenice przez cały marzec albo do przylotu z południa pierwszych bocianów. Martenice są też dawnym pogańskim symbolem wiosennego odrodzenia całej przyrody – czerwień symbolizuje płodność, a biel – czystość.

Tak więc w epoce globalnych przemian gospodarczych prowadzących do stopniowego zaniku państw narodowych, tutaj, jak w Rumunii, żył kolejny starożytny naród, mało znany poza granicami swego terytorium, ale zjednoczony przez wspólne doświadczenie historyczne i niepowtarzalne cechy narodowe, ponieważ Bułgarzy chana Asparucha byli turkijskim plemieniem z północnego Kaukazu, które przybywszy na Bałkany, wymieszało się ze Słowianami. Martenice przypominały właśnie o tym przedchrześcijańskim i przedsłowiańskim dziedzictwie, podobnie jak ciemne, kanciaste twarze spotykane na ulicach, jakby żywcem wyjęte z płaskorzeźb trackich wojowników, innego starożytnego bałkańskiego ludu, który wzbogacił bułgarskie rodowody.

Ponieważ Bułgarzy i Rumuni byli skoncentrowani na własnej historii i wzajemnej wrogości – w 1913 roku po drugiej wojnie bałkańskiej Bułgaria straciła na rzecz Rumunii południową Dobrudżę, ale odzyskała ją w 1940 roku wskutek nacisków hitlerowskich Niemiec – nie dbali o los sąsiadów, dopóki razem nie znaleźli się w poczekalni NATO. Ostatniego wieczora w Bukareszcie byłem na kolacji z grupą rumuńskich znajomych, którzy nie mogli się nadziwić, po co jadę do Bułgarii. Nikt z nich nigdy tam nie był. „Za kilka dni wrócisz do Rumunii" – uprzedzali. W Sofii spotkałem się z takim samym podejściem. Mało kto w ogóle interesował się Rumunią. Dla większości Bułgarów, poza tutejszymi „mrówkami" i Cyganami, Dunaj równie dobrze mógłby być granicą znanego świata.

Pod koniec XX wieku – jak na jego początku – zamiast pomagać sobie nawzajem, każda grupa narodowościowa na Bałkanach liczyła na pomoc wielkich mocarstw. (Badania przeprowadzone na zlecenie amerykańskiej Komisji Helsińskiej przez Centrum Studiów nad Demokracją w Sofii i Organizacją Lambrakis w Atenach pokazały, że wśród Albańczyków 86 procent nienawidzi Serbów, 59 procent – Greków, 58 procent – Macedończyków, a 47 procent – Bułgarów; wśród Bułgarów 23 procent nienawidzi Turków, a 51 procent – Cyganów (Romów); wśród Greków 38 procent nienawidzi Słowian, 55 procent – Cyganów, 62 procent – muzułmanów, a 75 procent – Albańczyków)[1].

*

1 Zob. też Krassimir Kanev, *Ethnicity and Nationalism in East-Central Europe and the Balkans*, Hanover 1998.

„Społeczeństwo bułgarskie rozpaczliwie pragnie członkostwa w NATO – powiedział Solomon Passy, prezes sofijskiego Atlantic Club. – Jeśli zostaną przyjęte Rumunia i Słowenia, a my nie, to będziemy mieli drugą Jałtę. Żadne półśrodki nie zdały egzaminu. »Partnerstwo dla Pokoju« nas nie satysfakcjonuje[1]. Po co nam kolejna fikcyjna instytucja? Jedyne, co nam pozostanie, to narodowe samobójstwo. Nie tylko Rumunia pomaga Stanom Zjednoczonym. My także udostępniliśmy korytarz powietrzny amerykańskim samolotom, bombardującym Irak [i Serbię], gdy uznaliśmy, że interwencja wojskowa jest uzasadniona". Passy trochę przesadzał, ale później w Sofii często słyszałem podobne opinie. Dla Bułgarii, małego kraju, który niegdyś był znacznie większy – wszyscy jej sąsiedzi w tym czy innym stuleciu uszczknęli jakąś cząstkę jej terytorium – Ameryka stała się na geopolitycznym firmamencie tym, czym wcześniej Związek Sowiecki: wielkim niedźwiedziem, broniącym przed otaczającymi ją wilkami. Chociaż w czasie mojego pobytu demokratyczny rząd Bułgarii składał dowody znacznie większej skuteczności niż jego rumuński odpowiednik, robiąc dobre wrażenie nawet na Międzynarodowym Funduszu Walutowym, sami Bułgarzy mieli znacznie większe poczucie zagrożenia niż Rumuni. Z wielu powodów.

Jak się przekonałem na dworcu kolejowym, tutaj anarchia społeczna zawsze czaiła się tuż za rogiem. Ten rolniczy kraj, w którym okupacja turecka trwała dłużej i była

1 „Partnerstwo dla Pokoju" było jedną z kilku inicjatyw NATO i Unii Europejskiej, które miały zapewnić quasi-europejski status krajom pragnącym związać się z systemem zachodnich sojuszy.

bardziej dotkliwa niż w Grecji czy Serbii, miał jeszcze mniej liczną historyczną klasę średnią niż Rumunia. Bułgaria graniczy z muzułmańską Turcją i z krajami prawosławnymi (wszystkie dalekie od nowoczesnego rozwoju). Brakuje jej okna na Europę Środkową, którym dla Rumunów – ku ich niezadowoleniu – zawsze były Węgry. Bułgarią często wstrząsały migracje i najazdy. Z ośmiu milionów ośmiuset tysięcy ludności aż sześćset tysięcy to Cyganie, zwani tutaj Romami[1].

Cyganie, ubodzy i prześladowani, byli zwiastunami anarchii, której Bułgarzy się obawiali, gdyby zachwiały się nowe instytucje demokratyczne. Osiemdziesiąt pięć procent bułgarskich Cyganów to bezrobotni. Wysoki jest natomiast wskaźnik przestępczości w tej populacji, podobnie jak współczynnik urodzeń – czworo, pięcioro dzieci na rodzinę. O Cyganach mówi się, że to „bomba z opóźnionym zapłonem". Tylko sześćdziesiąt procent cygańskich dzieci uczęszcza do szkoły. Reszta nie uczy się bułgarskiego. „Za Żiwkowa Romowie mieli zapewnioną pracę z partyjnego rozdzielnika, więc mieszali się z Bułgarami. Teraz są izolowani" – powiedział mi pewien urzędnik. W Budapeszcie Rudolf Fischer mówił o Cyganach jako „problemie społecznym", a nie tylko

1 Według oficjalnych danych – 312 000. Większość specjalistów jednak podaje liczbę 500 000. Ilona Tomova w książce *The Gypsies. In the Transition Period*, opublikowanej w 1995 roku, powołuje się na ustalenia Ministerstwa Spraw Wewnętrznych, szacujące wielkość populacji Cyganów na 600 000. Informacje o Cyganach w Bułgarii są w części oparte na wywiadzie z Antoniną Żeliazkową, szefową sofijskiego International Center for Minority Studies, działającego dzięki wsparciu finansowemu Soros Foundation.

kolejnym przypadku etnicznej nietolerancji. Antonina Żeliazkowa, prezes sofijskiego Instytutu Badań nad Mniejszościami powiedziała, że „wszyscy Bułgarzy chcieliby należeć do klasy średniej, tylko Romowie nie chcą i to wzbudza nienawiść".

„Naszym największym zmartwieniem jest teraz to, że tak jak w przeszłości Zachód zapomni o nas i pozostawi własnemu losowi na tym krańcu Bałkanów" – stwierdził w rozmowie ze mną Atanas Paparizow, były minister handlu. Bułgaria, tak mała, że prawie niezauważalna i oddzielona od Europy Środkowej setkami mil przeważnie górzystych obszarów, a jednocześnie połączona z byłą Jugosławią długą granicą i złożoną kwestią macedońską – wydawała się nie mieścić pod zachodnim parasolem bezpieczeństwa.

Odległość między Waszyngtonem i Sofią stała się dla mnie jasna, kiedy po wywiadzie, w czasie którego wysłuchiwałem bułgarskich obaw związanych z Cyganami, NATO, konfliktem w Bośni i Kosowie oraz rosyjską infiltracją za pośrednictwem zorganizowanych grup przestępczych, wróciłem do hotelu i włączyłem telewizor w chwili, gdy w programie „Larry King Live" waszyngtoński komentator polityczny Chris Matthews wykrzykiwał coś o Monice Lewinsky i Clintonie, który „zachowuje się jak O. J. [Simpson] ścigany przez radiowozy". Wobec tego, czym żyły amerykańskie media – mimo złudzenia bliskości stwarzanego przez telewizję satelitarną – problemy ośmiu milionów ośmiuset tysięcy Bułgarów mogły się wydać zwykłym urojeniem. Nawet wiosną 1998 roku, w samym środku najgorętszej debaty o pierwszym etapie rozszerzenia NATO, w wiadomościach nie było mowy o Rumunii i Bułgarii. W rezultacie każdy amerykański dziennikarz, który raczył się tutaj zjawić, cieszył się bezustannym i niezasłużonym zainteresowaniem. W czasie spotkania z tuzinem bułgarskich politologów w domu amerykańskiego ambasadora Avisa Bohlena jeden z nich zapytał: „No więc, co tak naprawdę myśli pan o Bułgarii, panie Kaplan? Bo nie ma cienia wątpliwości, że to, co pan napisze, może znacząco wpłynąć na politykę USA wobec nas".

Głowa państwa bułgarskiego, prezydent Petyr Stojanow, wręcz podziękował mi, że poświęcam czas na pisanie o jego kraju. Odwiedziwszy tyle państw, których przywódcy woleliby, żebym trzymał się od nich z daleka, byłem zaskoczony przekonaniem prezydenta, że Bułgarii opłaci się niemal każdy rodzaj reklamy. Tutaj obawiano się zapomnienia.

Ze Stojanowem spotkałem się w ponurej scenerii dawnej siedziby partii komunistycznej, wyłożonej brązowymi dywanami i szarymi marmurami. Stojanow, ciemnowłosy czterdziestokilkulatek w dobrze skrojonym garniturze i okularach w drucianych oprawkach, wyglądał jak przemądrzały adwokat, którym był przed objęciem urzędu prezydenta państwa w grudniu 1996 roku. Był zupełnie inny niż prezydent Rumunii, Constantinescu. Ten ostatni, jak na profesora uniwersytetu przystało, wypowiadał się elokwentnie, acz niezbyt merytorycznie, natomiast Stojanow, wszedłszy szybko do gabinetu, przywitał się bez zbędnych formalności, zdjął marynarkę i do razu przeszedł do sedna sprawy.

– Zgłaszając akces do NATO, dokonaliśmy wyboru cywilizacyjnego. Nie chcemy znowu paść ofiarą handlu politycznego, jak to się stało w Jałcie. Przez czterdzieści lat byliśmy jak pacjent, któremu po operacji oczu nie zdjęto bandaży. Za komunizmu żyliśmy bez dostępu do nowoczesnej techniki i wielu dóbr konsumpcyjnych, bez możliwości podróżowania, nie wspominając o stratach psychicznych. Komunizm był fałszywą religią wyposażoną w nowoczesny aparat bezpieczeństwa. Z powodu żelaznej kurtyny inwestorzy więcej wiedzieli o Sri Lance niż o krajach Europy Środkowej i Wschodniej.

– Nie obawia się pan sytuacji w Kosowie? – spytałem.

– Obawa to łagodne określenie. Jestem bardzo zaniepokojony. Jeśli w Kosowie sprawy przybiorą zły obrót, my będziemy najbardziej poszkodowani. Nowe embargo nałożone na Serbię będzie zabójcze dla gospodarki bułgarskiej. Jesteśmy jedynym krajem bałkańskim, który ma dostęp do rynków Europy Środkowej wyłącznie przez Jugosławię. Jeśli Zachód będzie prowadził politykę uległości względem Kosowa, zostaniemy odcięci od świata.

Bułgaria, w przeciwieństwie do Rumunii, była od lat głęboko i tragicznie uwikłana w problemy byłej Jugosławii. W 1878 roku traktat z San Stefano, który był rezultatem zwycięstwa Rosji nad Turcją na Bałkanach, przekazał Bułgarii terytorium dzisiejszej byłej Macedońskiej Republiki Jugosławii. Chociaż kilka miesięcy później ów traktat został zrewidowany przez kongres berliński, Bułgarzy nigdy już nie wyrzekli się przekonania, że macedońscy Słowianie to w gruncie rzeczy zachodni Bułgarzy mówiący w dialekcie języka bułgarskiego. Obszar historycznej

Macedonii częściowo pokrywa się z terytorium Bułgarii, a południowo-zachodnia część tej drugiej zwana jest także Macedonią Pirińską. Jeśli więc niepokoje w Kosowie zdestabilizują kiedyś sąsiednią Macedonię, to spór, który wybuchł przed stuleciem w następstwie rozpadu imperium osmańskiego – w związku z wątpliwościami, gdzie właściwie przebiegają granice Macedonii i czy Macedonia to rzeczywiście osobny kraj – może rozgorzeć na nowo, uderzając w państwo bułgarskie.

Po rozpadzie Jugosławii w roku 1991 kwestia macedońskiej niepodległości wywołała powszechne, żywiołowe protesty w Grecji, której północna część również leżała w granicach historycznej Macedonii. Bułgarzy natomiast, przytłoczeni kryzysem gospodarczym odziedziczonym po dziesięcioleciach komunizmu, w ogóle nie zareagowali, jakby puścili w niepamięć historyczne urazy. Niestety, w rzeczywistości było trochę inaczej.

– Za dwadzieścia lat Macedonia będzie albańska. Przekona się pan, to kwestia czystej demografii. W całej naturze najliczniejsze potomstwo mają zwierzęta na najniższym szczeblu ewolucji – powiedział Stojan Bojadżijew, prezes Macedońskiego Związku Kulturalnego w Bułgarii. Wszedłem do niczym niewyróżniającego się budynku i wjechałem windą do eleganckiego, przestronnego biura, rozbrzmiewającego dzwonkami komórek, w którym sześciu facetów zasiadło przede mną w półkolu i zaczęło opowiadać o swej ojczyźnie, którą była – wedle ich przekonania – „bułgarska Macedonia", skradziona im przez Titę oraz Serbów i przyłączona do Jugosławii. Po rozpadzie Jugosławii ta część Macedonii uzyskała niepodległość.

Oni jednak uważali, że powinna zostać zwrócona Bułgarii. Kazali mi robić notatki i zaczęli mówić jeden przez drugiego. Ówczesnego prezydenta Macedonii, Kiro Gligorowa – osiemdziesięciojednoletniego polityka, którego nawet próba zamachu nie zniechęciła do walki o pokój w tym biednym, etnicznie podzielonym kraju, gdzie albańskich muzułmanów szczuto przeciwko macedońskim Słowianom – opisywali jako „zdeklarowanego stalinistę i największego wroga Stanów Zjednoczonych".

„Musi pan przekazać decydentom w pańskim kraju, żeby przestali popierać tego stalinistę Gligorowa i to bolszewickie państwo macedońskie, bo są tu prawdziwi demokraci, gotowi wziąć na siebie ciężar władzy" – powiedział Bojadżijew. Miał na myśli członków Wewnętrznej Macedońskiej Organizacji Rewolucyjnej, w której siedzibie rozmawialiśmy.

Wewnętrzna Macedońska Organizacja Rewolucyjna wyszkoliła pierwszych dwudziestowiecznych terrorystów, którzy, z bułgarską pomocą, usiłowali zdestabilizować sytuację w Macedonii „skradzionej" Bułgarii przez Serbię i Grecję po drugiej wojnie bałkańskiej (1913). Po upadku komunistycznej Jugosławii WMOR wyszła z podziemia i obecnie była jedną z bardziej umiarkowanych partii działających w Skopju, stolicy Macedonii. Jej radykalni działacze mieszkali tutaj, w Sofii, starzy i zgorzkniali.

„Trzykrotnie wylądowałem w titowskim obozie koncentracyjnym w Bitoli [w południowej Macedonii], bo ośmieliłem się powiedzieć: »Jestem dumny, że jestem Bułgarem«. Jak samodzielnie myśląca jednostka może nie być dumna ze swej narodowości...?".

„Razem z ojcem spędziliśmy dwanaście lat w serbskim więzieniu, bo walczyliśmy o wolną i demokratyczną macedońską Bułgarię. Mam o tym zapomnieć? Nigdy...!".

„Nie istnieje język macedoński. Ten, którym mówi się w Skopju, to po prostu kominternowski dialekt serbskiego. Prawdziwy język macedoński to bułgarski...".

Kiedy oni mówili, wokół nas krzątali się młodzi, potężnie zbudowani faceci w opiętych garniturach, odbierający telefony, serwujący kawę po turecku i bacznie przysłuchujący się naszej rozmowie. Odniosłem wrażenie, że starzy kipią nienawiścią, ale młodzi zwyczajnie chcą się bić. Zgorzkniali starcy i ślepo w nich zapatrzeni młodzi chuligani tworzyli wybuchową mieszankę – mieszankę, z której niegdyś zrodził się rumuński faszyzm. W 1923 roku A. C. Cuza, stary profesor uniwersytetu w Jassach w rumuńskiej Mołdawii, założył antysemicką Ligę Obrony Narodowo-Chrześcijańskiej. Młodym protegowanym Cuzy był student tegoż uniwersytetu, Corneliu Zelea Codreanu, który w 1927 roku założył faszystowski Legion Michała Archanioła. Isaiah Berlin napisał, że najstraszniejsze akty przemocy XX wieku miały początek w niebezpiecznych ideach, które zagnieździły się w ludzkich głowach. To właśnie zobaczyłem w bułgarskiej siedzibie WMOR – w nabożnym podziwie, z jakim młodzi chłopcy wpatrywali się w swych stetryczałych mentorów.

Wyszedłem ze spotkania o zmroku. Megafony pobliskiego minaretu właśnie zaczęły wzywać sofijską mniejszość muzułmańską do modlitwy. To nawoływanie muezina i widok ośnieżonego szczytu Witoszy, górującego nad wąskimi uliczkami w mgnieniu oka przemienił Sofię w bałkańską wioskę, którą była jeszcze pod koniec XIX stulecia, zanim rozkręciła się spirala dwudziestowiecznej przemocy. Wewnętrzna Macedońska Organizacja Rewolucyjna była, rzecz jasna, partią mniejszości i nie miała szans na przejęcie władzy w Bułgarii. Gdyby jednak słaba gospodarka się załamała, to podobnie jak społeczne problemy Cyganów, WMOR mogłaby nadać realny kształt tutejszym podskórnym lękom. Jak powiedział prezydent Stojanow, „stabilność mogą zagwarantować tylko silne instytucje i klasa kompetentnych urzędników średniego szczebla". Na razie w Bułgarii nie było ani jednych, ani drugich.

Bułgarzy wciąż żyli w strachu przed anarchią, o którą otarli się rok wcześniej. Rumuńskie słowo oznaczające niewydolność władzy – *bulgarizarea* – zostało ukute właśnie w tym czasie. Na początku 1997 roku uliczne demonstracje przeciwko skorumpowanym i nieskutecznym rządom postkomunistów przerodziły się w zamieszki zakończone splądrowaniem siedziby parlamentu. Opryszki z WMOR-u pobiły zarówno demonstrujących studentów, jak i trzymających się z boku Cyganów, tych ostatnich, oczywiście, z powodów rasowych. Bułgarzy gromadzili zapasy i szykowali się na najgorsze, które nie nastąpiło. Zamiast tego nowe wybory przywróciły do władzy niekomunistyczną Unię Sił Demokratycznych (USD). Ponieważ w latach 1991–1994 rządy USD, skazanej na koalicję czternastu partii, nie były ani kompetentne, ani stabilne, analitycy nie tryskali optymizmem. Tym razem jednak USD była już jedną partią i powołała rząd młodych technokratów, który z pomocą prezydenta Stojanowa wprowadził kraj na drogę prawdziwych reform.

„Po obaleniu Żiwkowa w listopadzie 1989 roku przeżyliśmy okres postkomunistycznej euforii – powiedział w rozmowie ze mną Stojanow. – Ludziom się wydawało, że z dnia na dzień zamienimy się w drugą Szwajcarię. Kiedy tak się nie stało, a USD spróbowała przeprowadzić reformy, zaczęli tęsknić za komunizmem, bo okazało się, że nie radzimy sobie z kapitalistyczną konkurencją. Potem nastąpiły trzy lata neokomunistycznego letargu. Zubożenie społeczeństwa w tym okresie zmusiło je do wyrzeczenia się neokomunistycznych mrzonek. Wszyscy zrozumieli, że nie ma powrotu do przeszłości. Ta świadomość pozwoliła uniknąć zagrożenia anarchią w 1997 roku".

Problem był jednak głębszy. „Oficjalnie mamy demokrację – stwierdził Ognian Minczew, dyrektor sofijskiego Instytutu Badań Regionalnych i Międzynarodowych. – Pytanie, co się kryje za tą fasadą?". Kryzys w byłej Jugosławii, niepewność w kwestii przyjęcia do NATO oraz kwestia cygańska zostały spotęgowane przez jeszcze coś innego, co zaczęło się dziać w czasie mojego pobytu w Bułgarii – dosłownie na moich oczach.

ROZDZIAŁ 8

Zapaśnicy kontra demokraci

Po dwudziestu czterech godzinach od przyjazdu do Bułgarii miałem wrażenie, że najczęściej używanymi tutaj słowami są: „zapaśnicy" i „grupy"; w tym drugim przypadku zwykle mówiono o Multigrupie, Grupie Oriona i Grupie Tronu. „To one rządzą krajem" – powtarzano i przynajmniej ich obecność w życiu codziennym Bułgarów była równie namacalna, jak wyłonionego w wolnych wyborach rządu. Na początku maja 1998 roku, kilka tygodni po moim wyjeździe z tego kraju, Anna Zarkowa, dziennikarka miejscowego „Trudu", która ujawniła istnienie tych grup, została oblana kwasem siarkowym przez nieznanego sprawcę. W rezultacie straciła lewe ucho i przestała widzieć na jedno oko. Dlatego też nie mogę podać nazwisk moich informatorów, nie narażając ich na śmiertelne niebezpieczeństwo.

W czasach komunizmu Bułgaria była olimpijską potęgą zapaśniczą. Kiedy ulubieńcy władzy stracili państwowe stypendia, wielu z nich – zachęconych przez przyjaciół z służby bezpieczeństwa – zaczęło pracować dla mafii i w okresie próżni władzy, który nastąpił po upadku reżimu, dorobiło się wielkich fortun. Oto, co mi powiedziała moja bliska przyjaciółka, dwudziestokilkuletnia Bułgarka, ekspertka w dziedzinie praw człowieka:

„Ci zapaśnicy to wielcy, napakowani faceci w garniturach od Versacego, z komórkami, sportowymi samochodami i młodymi ciziami uczepionymi do ich ramienia. Wszystkie te dziewczyny wyglądają tak samo: obwieszone złotem, chude blondyny o pustym spojrzeniu. Kiedyś w restauracji, gdzie obiad kosztuje więcej niż tutejsze średnie miesięczne wynagrodzenie, usłyszałam, jak jedna z tych dziewczyn w kółko powtarza: »Tutaj jest tak tanio, nie do wiary, jak tanio«. Ci zapaśnicy ze swoimi ciziami balują w drogich klubach z jazgotliwą muzyką i tancerkami go-go, wyśpiewującymi tandetne przeboje w rodzaju *Uwielbiam szopską sałatkę*. Wszyscy wiemy, że jeśli nie »ubezpieczymy« samochodu w którejś z firm należących do zapaśników, to prędzej czy później zostanie skradziony. Inne określenie zapaśników to *moutras* – »krzywe ryje«. Wszyscy czujemy do nich wstręt, ale jesteśmy na nich skazani. Bułgaria to kraj, w którym z powodu inflacji ludzie wydają oszczędności życia na cukier i mąkę [i gdzie miesięczna pensja to równowartość stu czterdziestu dolarów], ale w którym bandyci jeżdżą kradzionymi audi i mercedesami".

W Sofii często widywałem tych „zapaśników". Samochody najlepszych marek hamowały z piskiem opon, wysiadali z nich modnie ubrani, muskularni faceci z telefonami komórkowymi, tak wyperfumowani, że czuć ich było z kilku metrów. Bossowi czasem towarzyszyły aż dwie piękne dziewczyny, uczepione jego ramion. Wyglądało to zarazem komicznie i przerażająco. Ich luksusowe domy na zboczach Witoszy, powyżej granicy smogu wiszącego nad Sofią, były otoczone wysokimi murami i upstrzone czaszami anten satelitarnych. Nieopodal ulokowały się cygańskie slumsy z hordami ujadających psów.

*

„Grupy mafijne stały się tak potężne, bo zorganizowało je samo państwo. Coś takiego zdarzyło się tylko w Bułgarii. Innym ważnym czynnikiem było embargo na handel z Serbią: ten zakaz był katalizatorem wzrostu zorganizowanej przestępczości na Bałkanach, tak jak prohibicja w Stanach Zjednoczonych" – powiedział Bogomił Bonew, bułgarski minister spraw wewnętrznych. Bonew, wysoki, potężnie zbudowany, o ciemnych, falujących włosach, urzędował w wielkim, ponurym gabinecie pamiętającym czasy drugiej wojny światowej, w tym samym budynku, w którym funkcjonariusze dawnej komunistycznej służby bezpieczeństwa omawiali szczegóły zamachu na Jana Pawła II. Teraz sytuacja była odwrotna: niegdysiejsi bezpieczniacy z Dyrżawnej Sigurnosti razem z byłymi mistrzami w zapasach zakładali grupy przestępcze, które Bonew starał się wytropić. „Najgorsze, że moi policjanci nie uważają zapaśników za przestępców. Jesteśmy zdemoralizowanym społeczeństwem. Dla młodych Bułgarek zapaśnicy stali się symbolem seksu. Mamy dowody na powiązania naszych grup mafijnych z rosyjskimi. Musimy pilnie znowelizować prawo karne. Obecne zawiera przepisy ze stalinowskiego kodeksu Wyszyńskiego". Andriej Januariewicz Wyszyński był prokuratorem generalnym Związku Sowieckiego w czasach Wielkiej Czystki.

Zorganizowana przestępczość to, rzecz jasna, zjawisko typowe dla wszystkich krajów byłego bloku wschodniego. W latach osiemdziesiątych partie komunistyczne przekształciły się w wielkie organizacje mafijne, które po upadku systemu podzieliły się na mniejsze grupy, korumpujące polityków nowych, słabych demokracji. Powszechnie mówiło się o nowym rosyjskim imperializmie, którego narzędziami były ogólnoeuropejskie siatki przestępcze oraz monopole energetyczne w rodzaju Gazpromu. Nigdzie jednak te zjawiska nie były aż tak jawne, jak w Bułgarii AD 1998: małym, biednym kraju, w którym instytucje demokratyczne rozpaczliwie walczyły z rosyjskimi próbami ukrytej, bandyckiej „resatelizacji". Przykład bułgarski pokazuje, że zagrożenia, które przyniosło nowe stulecie, są śmiertelnie poważne właśnie z powodu ich niejednoznaczności: to nie przypadek, że słowo „mafia" zastępuje się słowem „grupa". Siatki przestępcze obejmują legalne przedsiębiorstwa – audytowane przez zachodnie firmy i coraz częściej powiązane z międzynarodowymi korporacjami – oraz osoby prawne, które parają się taką działalnością jak piractwo medialne, handel narkotykami, pranie brudnych pieniędzy czy ściąganie haraczy. Jak stwierdził pewien zagraniczny dyplomata, owe „grupy zastraszają i korumpują polityków, ale tak zacierają ślady, że są nie do ruszenia".

Bułgarskie „grupy" świadczą, że globalny kapitalizm nie zawsze sprzyja rozwojowi społeczeństwa obywatelskiego: wszystko zależy od lokalnych uwarunkowań. To, co wydaje się legalnym biznesem, w rzeczywistości może się okazać półświatkiem ciemnych interesów. Kilka lat wcześniej właściciel znanego bułgarskiego banku pobił na oczach podwładnych jednego ze swoich dyrektorów, który stracił na pewnej transakcji milion dwieście tysięcy dolarów. Zmusił go do podpisania oświadczenia, że będzie pracował za głodową pensję, aż odrobi stratę. Ów właściciel banku, były zapaśnik, jest obecnie wpływowym członkiem kilku tutejszych „grup gospodarczych"[1]. To zdarzenie opisał Jowo Nikołow, nieustraszony dziennikarz śledczy najbardziej opiniotwórczego bułgarskiego tygodnika „Kapitał"; niechlujnie ubrany, nieogolony, odpalający papierosa od papierosa, wyglądał jak żywcem przeniesiony z minionej epoki amerykańskiego dziennikarstwa. To właśnie od Nikołowa, a także od tutejszych wysokich urzędników państwowych oraz od zagranicznych dyplomatów dowiedziałem się, w jaki sposób powstały bułgarskie „grupy" przestępcze, czym się zajmowały i jak realizowały domniemaną nową rosyjską strategię imperialną.

*

Zorganizowana przestępczość w Bułgarii nie ma wielowiekowej tradycji, jak we Włoszech, ani choćby jednego bohaterskiego rabusia, jak ci rosyjscy, serbscy czy albańscy. Nie ma też barwnej etnicznej domieszki, która wyróżnia półświatek na Kaukazie, zwłaszcza w Gruzji i Czeczenii, z ich rodzinnymi mafiami i rozbójnikami. Bułgarskie „grupy" są skutkiem przejścia od komunistycznego

1 Zob. Jowo Nikołow, *Organized Crime in Bulgaria*, „East European Constitutional Review", Fall 1997.

totalitaryzmu do demokracji parlamentarnej. Ponieważ taka transformacja nie miała precedensu w dziejach, nie mają jej także owe grupy. Żelju Żelew, pierwszy postkomunistyczny prezydent Bułgarii i autor książki *Czym jest faszyzm?* (1982)[1], w której *de facto* opisuje komunizm, stwierdził w rozmowie ze mną, że państwo totalitarne powinna zastąpić wojskowa dyktatura, jak w Hiszpanii, gdzie Franco przekształcił reżim faszystowski w juntę wspieraną przez Kościół, tworząc warunki do względnie pokojowego, stopniowego przejścia do demokracji. „Bezpośrednie przejście do demokracji w Europie Wschodniej było możliwe dzięki zwycięstwu Zachodu w zimnej wojnie i pomocy dla państw demokratycznych na świecie" – wyjaśnił Żelew, ale te nowe demokracje, pozbawione silnych instytucji, wytworzyły próżnię władzy, którą wypełniła zorganizowana przestępczość.

Bułgarskie imperium zbrodni powstało w latach osiemdziesiątych, przed zburzeniem muru berlińskiego, gdy pewien bułgarski aparatczyk, Andrej Łukanow, który spędził wiele lat w Związku Sowieckim i miał tam doskonałe partyjne kontakty, uświadomił sobie, że dni ustroju komunistycznego są policzone. Opracował więc plan, który miał zamienić lokalnych sekretarzy partii w biznesmenów. Stary Todor Żiwkow, od 1954 roku przywódca bułgarskiej partii komunistycznej, sądził, że Łukanow to radykalny reformator i szczerze go nienawidził. Ale Łukanow tylko przewidział przyszłość. Tak jak inny aparatczyk, Slobodan Milošewić, zrozumiał, że mimo klęski

1 Wydanie angielskojęzyczne nosi tytuł *Fascism* (Sofia 1997).

systemu serbscy komuniści mogą zachować wille i dacze, głosząc agresywny nacjonalizm, tak też Łukanow zorientował się, że bułgarscy komuniści mogą utrzymać się przy władzy dzięki „reformom" gospodarczym. Łukanow, który na początku lat dziewięćdziesiątych dwukrotnie był premierem demokratycznego, niekomunistycznego rządu, wykorzystał prywatyzację, by założyć Multigrupę – najpotężniejszą z grup oligarchów – transferując państwowe fundusze na prywatne konta przyjaciół.

2 października 1996 roku pięćdziesięciosześcioletni Łukanow, wówczas już były premier, został zastrzelony przed swoim domem w Sofii. Nikogo nie aresztowano, ale powszechnie twierdzono, że Łukanow padł ofiarą bestii, którą sam wyhodował. Jego poglądy stały się zbyt konserwatywne dla Multigrupy, na której czele stał były zapaśnik i były zięć jednego z szefów dawnej komunistycznej służby bezpieczeństwa. Według innej teorii zabójstwo zlecili niegdysiejsi socjalistyczni koalicjanci – Łukanow miał grozić ujawnieniem afer korupcyjnych, w które byli zamieszani. Zdaniem pewnego zachodniego biznesmena pracującego w Bułgarii „Łukanow wiedział, że jego kumple tak doją państwo, że tej krowie musi w końcu zabraknąć mleka. Wiedział, że prędzej czy później będą musieli dogadać się z władzami, żeby ugłaskać MFW i zagranicznych inwestorów", co faktycznie nastąpiło w latach 1999–2000. Jeszcze inni są przekonani, że zamach był dziełem rosyjskiej mafii. W mrocznym świecie, w którym Łukanow zdobywał władzę i pieniądze, wszystkich tych podejrzanych łączyło jedno: byli wrogami demokratycznych reform. Jacyś dawni towarzysze Łukanowa mogli

go zamordować z tego samego powodu, z którego znienawidził go Żiwkow: Łukanow zawsze był zwiastunem przyszłości, która nikomu z nich nie odpowiadała.

Oczywiście „grupy" nie powstały jedynie dlatego, że Łukanow wpadł na taki pomysł. Upadek państwa komunistycznego otworzył przed ludźmi dawnego reżimu wiele możliwości szybkiego zbicia fortuny. Grupa zapaśników przejęła kontrolę nad motelami przy drogach międzynarodowych i na przejściach granicznych, co zapewniało dochody z prostytucji i wymiany waluty oraz dostęp do handlu samochodami kradzionymi zarówno na miejscu, jak w Europie Zachodniej, które przemycano statkami przez Morze Czarne do krajów byłego Związku Sowieckiego. W 1989 roku, ostatnim roku wschodnioeuropejskiego komunizmu, w Bułgarii skradziono 4138 samochodów; w 1991 roku – 12873, w kolejnych latach ta liczba nie zmieniała się znacząco. W tych okolicznościach grupy założyły „towarzystwa ubezpieczeniowe", gwarantujące nietykalność pojazdów w zamian za sowity haracz. W całej Bułgarii widziałem naklejki na samochodach i domach, z nazwą agencji ochroniarskiej, najczęściej VIS-2, prowadzonej przez kolejnego ekszapaśnika. Oznakowane w ten sposób ruchomości i nieruchomości wcale nie musiały być wyposażone w urządzenia alarmowe. Właściciele płacili „składki" i to wystarczyło za całą ochronę. (Latem 1998 roku władze postanowiły rozprawić się z „ubezpieczycielami" i ostatecznie położyły kres tym praktykom).

Grupy zarządzały też firmami energetycznymi, klubami sportowymi, hotelami, zakładami przetwórstwa spożywczego i innymi przedsiębiorstwami, często nabywanymi za rządowe kredyty – pozyskiwane dzięki skorumpowanym urzędnikom i, zdaniem dyplomatów oraz innych znawców tematu, nigdy niespłacane. (Nieściągalność takich niebotycznych „złych kredytów" oczywiście napędzała inflację). Kontrolę nad bułgarskim rynkiem importu i eksportu produktów rolnych grupy zapewniały sobie, jak to ujął dziennikarz Jowo Nikołow, „pobiciami, porwaniami i zabójstwami". On też zauważył, że „największe »grupy gospodarcze« są niczym państwo w państwie: dysponują własnymi rozbudowanymi służbami bezpieczeństwa, wywiadu i przetwarzania danych". Tak więc, podobnie jak coraz potężniejsze międzynarodowe korporacje, również przestępcze oligarchie w byłych krajach komunistycznych stały się nowymi i wciąż ewoluującymi podmiotami życia politycznego, święcąc triumfy pod wspólnym sztandarem „globalnego kapitalizmu".

Spór między Bułgarią i Rosją, który rozgorzał akurat w czasie mojej podróży, pokazał, w jaki sposób Kreml wykorzystuje te grupy do wywierania nacisków na państwo bułgarskie. Bułgaria jest uzależniona od dostaw gazu ziemnego z Rosji rurociągiem, którego z formalnego punktu widzenia oba kraje są równoprawnymi współwłaścicielami. W rzeczywistości jednak Gazprom, rosyjski monopolista energetyczny, za pośrednictwem sieci powiązanych spółek, nadzorowanych przez grupy, w pełni kontrolował nie tylko rosyjską, ale też bułgarską część przedsięwzięcia. Kiedy pod koniec lat dziewięćdziesiątych Sofia zaczęła się domagać kontroli nad bułgarskimi udziałami w rurociągu, Kreml, wspierając Multigrupę i jej sojuszników, zagroził ograniczeniem dostaw energii, jeśli rząd bułgarski nie wycofa się ze swych żądań. Od zagranicznych dyplomatów dowiedziałem się, że ten szantaż energetyczny rozpoczął się w marcu 1997 roku po złożeniu przez Bułgarię wniosku o przyjęcie do NATO.

Współpraca między bułgarskimi grupami i Rosją odbywała się na trzech poziomach. Po pierwsze, ścisłych kontaktów międzypartyjnych z czasów komunistycznych, kiedy Bułgaria była państwem satelickim, które przerodziły się w powiązania gospodarcze; po drugie, silnych więzi między KGB i bułgarską komunistyczną służbą bezpieczeństwa, które zmieniły się w powiązania kryminalne; i po trzecie, ogólnych, towarzyskich kontaktów przestępców z dwóch krajów słowiańskojęzycznych. Najlepiej to widać w bułgarskim czarnomorskim porcie Warnie, punkcie zbornym i przerzutowym rosyjskiego półświatka. Bułgaria jest szczególnie bezbronna wobec rosyjskiej zorganizowanej przestępczości, ponieważ w przeciwieństwie do innych byłych krajów komunistycznych tego regionu, takich jak Węgry czy Rumunia, tutaj – z przyczyn zarówno językowych, jak historycznych – Rosjanie są po prostu bardzo lubiani, nawet jeżeli nielubiany był rosyjski komunizm.

Zatem nawet stabilna demokracja nie uczyni z Bułgarów społeczeństwa obywatelskiego, jeśli nadal będzie ono niszczone przez nowy, wyrafinowany imperializm rosyjski. „Największym zagrożeniem są mieszane rządy formalnej demokracji i rzeczywistej władzy sprawowanej przez półlegalne grupy – stwierdził w rozmowie ze mną prezydent Żelew. – Partie polityczne łatwo mogą stać się fasadami struktur mafijnych, finansujących kampanie wyborcze". Zachód mógłby wówczas ogłosić „zwycięstwo demokracji", umyć ręce i pozostawić Bułgarię własnemu losowi. To niewykluczone, ponieważ Waszyngton woli unikać problemów, przyjmując wersje oficjalne. Bułgarzy mają rację: grozi im zapomnienie.

Podobnie jak rumuński prezydent Constantinescu, szpakowaty Żelew o zafrasowanej, sympatycznej twarzy był pierwszym od dziesięcioleci moralnym przywódcą swego narodu. Powiedział, że „komunizm był doskonalszą formą faszyzmu", bo kontrolował nie tylko struktury polityczne, ale także gospodarcze[1]. „To dlatego komunizm miał dłuższy żywot niż faszyzm: narodził się w 1917 roku, a umarł dopiero w 1989, natomiast faszyzm zdołał przetrwać jedynie od lat dwudziestych do czterdziestych". Komunizm i faszyzm łączyło również to, że oba te systemy polityczne były skrajnymi i wynaturzonymi konsekwencjami centralizacji władzy państwowej, która stała się możliwa wskutek rewolucji przemysłowej.

Jednak nowe zagrożenia robią mniejsze wrażenie niż dawne. Komunistyczny poprzednik Żelewa, Todor Żiwkow, rządził Bułgarią niczym cesarz rzymski. Miał liczne pałace, legiony ochroniarzy i orszak dworzan, nie mówiąc o bezlitosnych tajnych służbach i wrodzonej arogancji wymalowanej na twarzy. Kiedy prezydentem był Żelew, zawsze był otwarty na rozmowę. I nie wzbogacił

1 Żelew był prezydentem Bułgarii w latach 1990–1997, a tym samym jednym z najdłużej sprawujących urząd przywódców w postkomunistycznej Europie Wschodniej, obok Václava Havla w Czechach i Árpáda Göncza na Węgrzech.

się w czasie siedmiu lat pełnienia tego urzędu, jak niemal wszyscy inni władcy w długiej historii tego kraju. W swoim ciemnym mieszkaniu w bloku bez windy poczęstował mnie kawą rozpuszczalną. Demokracja, nawet chora, jest lepsza od wszystkiego, co było. Problem polegał na tym, czy demokracja nie stanie się wygodnym narzędziem w rękach przestępczej oligarchii. O wartości ustrojów politycznych nie świadczą etykietki, ale rzeczywiste funkcjonowanie wewnętrznych mechanizmów władzy.

*

Pod koniec mojego pobytu w Sofii zaobserwowałem dwa przykłady amerykańskiej obecności w Bułgarii: schronisko dla bezdomnych dzieci oraz uniwersytet dla studentów z całych Bałkanów i krajów byłego Związku Sowieckiego.

Schronisko na przedmieściach stolicy prowadziła Fundacja „Wolna i Demokratyczna Bułgaria", założona w 1991 roku przez Yvonne i Johna Dimitriego Panitzów, którzy przez większość zimnej wojny pracowali dla „Reader's Digest". Po upadku komunizmu John „Dimi" Panitza wrócił do ojczyzny, by krzewić amerykańskie wartości. Ośrodek „Wiara, Nadzieja i Miłość" służył głównie dzieciom cygańskim, które inaczej mieszkałyby na ulicy, narażone na ataki skinheadów. Jak wiele takich placówek schronisko mieściło się w ponurym budynku, rozjaśnionym jedynie przez kolorowe, ręczne malunki na ścianach. Najbardziej jednak utkwiły mi w pamięci dzieci, które, kurczowo ściskając moją dłoń, pokazywały mi swoje łóżka. Łóżko to jedyne, co miały, jedyna pewna rzecz w ich niepewnym życiu.

Innego dnia wybrałem się do oddalonego od Sofii o dwie godziny jazdy Błagojewgradu, leżącego pośród majestatycznych, zaśnieżonych pustkowi Macedonii Pirińskiej, gdzie w dawnej siedzibie miejskiego komitetu partii komunistycznej właśnie rozpoczął działalność Uniwersytet Amerykański. Ten uniwersytet to najnowszy dodatek do sieci amerykańskich uczelni na Bliskim Wschodzie, zakładanych od połowy XIX wieku przez nowoangielskich protestanckich misjonarzy, którzy w ten sposób szerzyli swoje idee. Jej częścią są amerykańskie uniwersytety w Bejrucie i Kairze. (Uczelnia bułgarska jest filią University of Main). W stołówce, z której rozciągał się widok na rynek miejski i góry w tle, spotkałem się na lunchu z grupą osiemnasto- i dziewiętnastoletnich studentów z Serbii, Albanii i etnicznie albańskiego Kosowa. Wszyscy mówili nienaganną angielszczyzną i celująco zdali amerykańską maturę. Należeli do nowej globalnej elity, czującej się swobodnie w różnych środowiskach kulturowych. Ponieważ jednak dorastali w krajach zrujnowanych przez komunizm i konflikty narodowościowe, prezentowali realizm, którego często brakowało nawet najbardziej doświadczonym przez życie amerykańskim rówieśnikom.

W tym czasie doszło do kilku potyczek między serbskimi siłami bezpieczeństwa i albańską Armią Wyzwolenia Kosowa. Jeden z serbskich studentów powiedział, że Milošević zdaje sobie sprawę, że nie zdoła utrzymać Kosowa, ale autonomię przyzna Albańczykom dopiero po tak krwawym umiędzynarodowieniu konfliktu, że odpowiedzialność za utratę prowincji będzie mógł zrzucić na Zachód. „Jeśli Stany Zjednoczone szybko nie interweniują – stwierdził – zginie wielu Albańczyków, nim Milošević uzna, że polało się dosyć krwi" (i rok później właśnie tak się stało). Albański student z Kosowa powiedział z kolei, że „nowa przestępcza elita w Serbii może wykorzystać Zachód, prowokując do nałożenia nowych sankcji i zarabiając na ich łamaniu". Cała dyskusja toczyła się na takim poziomie politycznego wyrobienia. Serbscy i albańscy studenci, choć nie we wszystkim się zgadzali, wyszli ze stołówki razem. Duch amerykańskiej demokracji i swobodnych dociekań intelektualnych niezauważenie, cudownie odmieniał te dzieciaki.

W Europie Wschodniej wciąż trwała wojna między wartościami amerykańskimi i rosyjskimi: humanizm symbolizowany przez schronisko dla bezdomnej, prześladowanej mniejszości i tolerancja krzewiona na uniwersytecie walczyły z absolutyzmem i gangsterstwem. Bułgaria była w tej wojnie ważnym, choć mało znanym polem bitwy.

Dwa lata później, w połowie roku 2000, w Bułgarii nastąpiła pewna zmiana. Linia podziału nie przebiegała już między złymi zapaśnikami i dobrymi demokratami, stała się mniej czytelna. Z jednej strony „zapaśnicy" utracili część wpływów i zostali zmuszeni do inwestowania w całkowicie legalne przedsięwzięcia, z drugiej zaś uczciwość nowej bułgarskiej elity politycznej stawała pod coraz większym znakiem zapytania. Jednocześnie zacieśniały się więzi między Bułgarią i Unią Europejską. Innymi słowy, dawna komunistyczna Bułgaria przekształcała się w typową słabą, skorumpowaną demokrację, która, choć bliższa Zachodowi, nie mogła na nim polegać. Zarazem jednak znalazła się bliżej świeżo rozszerzonego NATO niż jakikolwiek inny kraj Bliskiego Wschodu czy Kaukazu. Jej demokrację, choć słabą, z pewnością można było jeszcze uratować. Jej los w znacznej mierze zależał od tego, jak wielką przenikliwością i odwagą wykażą się następny prezydent Stanów Zjednoczonych i jego urzędnicy, by trwale związać Bułgarię z sojuszem państw Zachodu.

ROZDZIAŁ 9

Dziedzictwo prawosławia

Tonczo Żeczew, najsławniejszy żyjący pisarz bułgarski, był typowym bałkańskim intelektualistą, w którego myśli kluczową rolę odgrywała religia. Zajmował duże, ciemne mieszkanie, z którego rozpościerał się widok na las sąsiadujący z Ambasadą Rosji. Sześćdziesięcioośmioletni Żeczew, autor trzydziestu dwóch książek, głównie powieści, ubrany w drogą, sportową koszulę, mógłby uchodzić za bankiera. Pochodził z mało znanego kraju i pisał w mało znanym języku – żadna z jego książek nie została przetłumaczona na angielski.

Najbardziej znaną powieścią Żeczewa jest *Bułgarska Wielkanoc*, pokazująca, że walki duchowe w łonie bułgarskiej Cerkwi zazwyczaj miały charakter bynajmniej nie duchowy, lecz czysto polityczny. „W Bułgarii nigdy nie było prawdziwej duchowej opozycji wobec tyranii – stwierdził pisarz – przede wszystkim dlatego, że tutaj wartości chrześcijańskie zawsze były słabiej zakorzenione niż pogańskie. Nasza Cerkiew kontynuowała bizantyjską tradycję jedności państwa i Kościoła. Na Zachodzie Kościół mógł wpływać moderująco na państwo, natomiast Cerkwie są, historycznie rzecz biorąc, słabo przygotowane do funkcji przywódcy moralnego, jeżeli nie pełni jej świecka władza. Dla przykładu, Cerkiew bułgarska zawsze utrzymywała lepsze stosunki z chorwackim Kościołem katolickim niż z siostrzaną Cerkwią serbską. „To dlatego, że Bułgarię i Serbię podzielił spór o Macedonię".

„Nie sądzę, byśmy zdołali ocalić bułgarską Cerkiew – ciągnął Żeczew. – Za czasów komunizmu w żadnym innym środowisku nie było tylu agentów służby bezpieczeństwa, ilu wśród duchowieństwa. Większość Bułgarów pozostanie obojętna religijnie, niektórzy wstąpią do którejś z sekt protestanckich. Ale wątpię, by protestancki racjonalizm zapuścił korzenie w miejscu tak geograficznie odległym od reformacji. Lepszym rozwiązaniem byłoby wskrzeszenie prawdziwego prawosławia. Świat prawosławny potrzebuje własnej reformacji. Potrzeba nam Lutra, ponieważ religia w Bułgarii to obecnie czysta polityka".

Mówił o schizmie między sędziwym patriarchą Maksymem i duchownymi, którzy potępiali jego współpracę z komunistami. Maksym powiedział kiedyś, że „opozycjoniści" będą musieli odpokutować za swoje grzechy, na co „opozycjoniści" odpowiedzieli, że „bandę tajniaków" Maksyma powinni zastąpić „prawdziwi chrześcijanie, nie sługusi socjalistów"[1]. Prezydent Stojanow zagroził, że nie będzie uczestniczył w nabożeństwach żadnej ze zwaśnionych stron, ani nawet nie pozwoli na tradycyjne poświęcenie sztandarów wojskowych w uroczystość św. Jerzego, dopóki rozłam nie zostanie zlikwidowany.

1 Za: Galina Sabewa, internetowy serwis Reutersa, 6 listopada 1997.

„Uwielbiam waszego Melville'a – rzucił Żeczew, niespodziewanie zmieniając temat, jakby kulturę bułgarską uważał za coś gorszego. – *Moby Dick* to znakomity wyraz amerykańskiej determinacji, by przezwyciężyć naturę, ale ma w sobie cudowną dwuznaczność. W świecie prawosławia tylko Rosja ma wybitnych myślicieli religijnych, opozycyjnych wobec cerkiewnego establishmentu, na przykład Bierdiajewa" – dwudziestowiecznego intelektualistę, który w *Źródłach i sensie komunizmu rosyjskiego* dowiódł, że totalitarne państwo Lenina i Stalina tyle samo zawdzięcza Cerkwi, ile Marksowi.

Żeczew był trzecim Bułgarem, który w rozmowie ze mną wspomniał Nikołaja Bierdiajewa; wszyscy trzej pomstowali na zachodnie przekonanie, że rosyjski komunizm był marksistowski. Dramaturg Georgi Danaiłow powiedział, że „rosyjski komunizm ma tylko rosyjskie korzenie. Nie pochodzi od Marksa ani żadnego innego Niemca! Musi pan przeczytać to, co Bierdiajew ma do powiedzenia o Cerkwi". Tak też zrobiłem.

Bierdiajew twierdzi, że rządy Lenina były „trzecim przejawem imperializmu rosyjskiego"[1] – po osiemnastowiecznym imperium Piotra Wielkiego i carstwie średniowiecznym – który odwoływał się do doktryny „Moskwy jako Trzeciego Rzymu" (po samym Rzymie i Konstantynopolu). Teokratyczne imperium Lenina, mimo deklarowanego ateizmu, było kulturowo zanurzone w bizantyjskiej teokracji, z której mentalnie wyrośli zarówno wódz

1 Nikołaj Bierdiajew, *Źródła i sens komunizmu rosyjskiego*, przeł. H. Paprocki, Kęty 2005, s. 90.

rewolucji, jak i Stalin. (Stalin ukończył prawosławne seminarium duchowne, a jego przemówienia cechowała hipnotyzująca powtarzalność frazy, właściwa prawosławnym modłom). W Rosji prawosławiem oddychały nie tylko masy – chłopi pańszczyźniani – ale także inteligencja. Bierdiajew tak to tłumaczy:

> Rosjanie byli ortodoksami i apokaliptykami wtedy, gdy byli w XVII wieku raskolnikami-staroobrzędowcami, i wtedy, gdy w XIX wieku stali się rewolucjonistami, nihilistami i komunistami. Struktura duszy pozostała taka sama [...]. Podstawą jest zawsze wyznawanie jakiejś ortodoksyjnej wiary [...]?[1]

Rosyjski nihilizm wywodził się z prawosławia i odzwierciedlał prawosławne ascetyczne wycofanie się ze społeczeństwa – przeświadczenie, że „cały świat leży w mocy Złego"[2]. Według Bierdiajewa, bolszewizm był prawosławną formą marksizmu. Kładł nacisk na „totalność". „Integralność chrześcijańskiego Wschodu – pisał – zostaje przeciwstawiona racjonalistycznemu rozbiciu Zachodu"[3] i osiąga kulminację w totalitaryzmie Stalina. Ponieważ prawosławie jest systemem totalnym, nie toleruje sporów doktrynalnych, te więc kończą się schizmą, której formą był rozłam między bolszewikami i mienszewikami.

Poza tym, jak twierdzili Rumuni, z którymi rozmawiałem, Cerkiew jest z natury kolektywistyczna i anty-

1 Tamże, s. 7.

2 Por. 1 J 5,19 (przyp. tłum.).

3 Bierdiajew, dz. cyt., s. 22.

zachodnia, głosząc, jak Dostojewski czy Sołżenicyn, prymat narodu nad jednostką[1]. To przeciwieństwo zachodniego humanizmu. Cerkiew bułgarska, podobnie jak jej rumuńska odpowiedniczka, krytykowała zarówno Watykan, jak i protestanckie sekciarstwo i kapitalistyczne reformy gospodarcze. Kryzys w tych dwóch Cerkwiach był zapewne spóźnioną reakcją na upadek komunizmu, w który obie były głęboko uwikłane.

Według Bierdiajewa Rosjanie „nie wierzyli w trwałość cywilizacji, w trwałość tych wartości, na których opiera się [burżuazyjny] świat". Tonczo Żeczew, jak wielu Bułgarów, podzielał wiarę w rewolucję, bo w Bułgarii burżuazja nigdy nie była liczna ani wpływowa.

Kiedy zbierałem się do wyjścia, Żeczew powiedział: „Duchowa próżnia nie trwa wiecznie. Prędzej czy później coś ją zapełni. Obecna sytuacja jest nie do zniesienia. Nie wiem, dokąd to zmierza. Kiedyś ludzie zrozumieją, że Bóg jest w nas, nie w cerkwi".

*

Nietypowa o tej porze roku ładna pogoda, która uprzyjemniała moją podróż, skończyła się w połowie marca opadami śniegu akurat w dniu mojego wyjazdu na południowy wschód, do Płowdiwu. Kiedy pociąg mknął Niziną Tracką, między bajkową Sredną Gorą na północy i surową Riłą i Rodopami na południu, wyobrażałem sobie pochód średniowiecznych armii i karawan kupieckich,

1 Zob. Michael Radu, *The Burden of Eastern Orthodoxy*, „Orbis", Spring 1998.

wędrujących z i do Konstantynopola: Hunów, Protobułgarów, Słowian, bizantyjskich Greków, średniowiecznych Bułgarów, krzyżowców i Turków. Patrzyłem również na przesuwające się za oknem nędzne miasteczka. Ten sam, co w Rumunii, orientalny i średniowieczny model rozwoju: nowe bogactwo wytwarzane w miastach – modne restauracje i sklepy, które widziałem w centrum Bukaresztu i Sofii – inwestowano raczej za granicą niż na pobliskiej prowincji, która prezentowała się jak za komunizmu. Pewien znajomy bułgarski polityk nazwał to zjawisko „urbanizacją w stylu: mercedes zaryty w błocie".

Podróż do Płowdiwu trwała dwie godziny. Gdyby wielkie mocarstwa na kongresie berlińskim w 1878 roku nie podważyły traktatu z San Stefano, Płowdiw mógłby zostać stolicą Bułgarii. Kongres jednak okroił terytorium gwarantowane Bułgarii przez ów traktat, zostawiając miasto w granicach osmańskiej prowincji Rumelii Wschodniej, która na powrót przyłączono do Bułgarii dopiero w roku 1855, kiedy stołeczność Sofii była już ugruntowana. Płowdiw, w starożytności zwany Filipopolis, został założony przez Filipa II Macedońskiego, ojca Aleksandra Wielkiego, w 342 roku p.n.e. na terenie wcześniejszej osady trackiej. Położony na pograniczu był regularnie plądrowany przez Hunów, Protobułgarów, Słowian, Bizantyjczyków i średniowiecznych carów bułgarskich. Pod panowaniem tureckim stał się zamożnym muzułmańskim miastem handlowym z liczną społecznością bogatych kupców chrześcijańskich. Również współcześnie jest znany z międzynarodowych targów. Po zakończeniu zimnej wojny stał się, ze względu na swą lokalizację, głównym beneficjentem bujnie rozkwitającego handlu z pobliskimi Grecją i Turcją.

W podziemnym przejściu z peronu do dworcowego hallu – pustego, gdy byłem tu ostatnio, w roku 1990 – ujrzałem kioski z biustonoszami, pończochami, perfumami i zachodnią literaturą komputerową w bułgarskich przekładach. Zameldowałem się w hotelu Trimontium, szarym socrealistycznym bunkrze, w którym zatrzymałem się osiem lat wcześniej. Nic się w tym czasie nie zmieniło. Ogrzewanie ledwo działało, gorącej wody jak na lekarstwo, cienkie drzwi z płyty pilśniowej i plastikowe klamki były zniszczone, meble stare i zdezelowane, faks był w nocy nieczynny, a recepcjonistki paliły papierosy. Niektóre z nich wyglądały jak mistrzynie w zawodowym boksie. Jednak poza tym budynkiem, w którym czas się zatrzymał w latach osiemdziesiątych, istniał nowy Płowdiw.

Stare domy wzdłuż głównej ulicy handlowej miały nowe krzykliwe fasady: „REEBOK. THIS IS MY PLANET"; „HAIR SCULPTURES"; „98" itp. Wszędzie było głośno i tłoczno. Jak w Bukareszcie i Sofii, królowała moda paryska i nowojorska ze szczególnym uwzględnieniem purpurowej szminki i czarnych kreacji. Również tutaj kobiety ubierały się lepiej niż mężczyźni (historycznie rzecz biorąc, Bułgaria była pogańskim społeczeństwem matriarchalnym). Na ulicznym straganie kupiłem tłustą, pikantną kiełbasę, usiadłem w kawiarni, zamówiłem rakiję (turecką anyżówkę) i obserwowałem przechodniów.

W byłych krajach komunistycznych są dwa rodzaje restauracji: te całe w pleksi, marmurach i chromach – z drogą whisky i kartą win, międzynarodową kuchnią serwującą doskonałe sałatki, ryby i inną „zdrową żywność" – odwiedzane przez nuworyszy – oraz jadłodajnie z nieszczelnymi, brudnymi oknami, cynkowymi kontuarami i obrusami-popielniczkami, gdzie na taniej zastawie serwuje się tanie jedzenie i gdzie stołuje się cała reszta społeczeństwa. Chociaż w minionych tygodniach widywałem ubogie rodziny rujnujące się w McDonaldzie, beneficjentami konsumpcyjnego kapitalizmu była przede wszystkim dawna komunistyczna elita. Na ulicach żebrało mnóstwo dzieci, głównie cygańskich.

W płowdiwskim klubie dziennikarzy poznałem Iwana Bedrowa, dyrektora Fundacji „Dziennikarze nad rzecz tolerancji" oraz szefa jej pionu wydawniczego, Jordana Danczewa. Obaj mieli niewiele ponad dwadzieścia lat. Nad szklankami coca-coli, z cichą muzyką rockową sączącą się w tle, zawzięcie krytykowali własne społeczeństwo.

W Kiustendile, w Macedonii Pirińskiej – powiedzieli – zbezczeszczono groby żydowskie. Bułgarska telewizja donosiła, że tego aktu wandalizmu „z pewnością dopuścili się Turcy lub Cyganie". Zielonoświątkowców bułgarskie media nazywają „sektą ćpunów". Badania opinii publicznej pokazały, że trzydzieści dwa procent mieszkańców Płowdiwu popiera WMOR – Wewnętrzną Macedońską Organizację Rewolucyjną. Większym poparciem cieszyła się tylko rządząca Unia Sił Demokratycznych. Zbiry z Wewnętrznej Macedońskiej Organizacji Rewolucyjnej napadły na osiedle cygańskie i nawoływały do wypędzenia świadków Jehowy. „Jeśli w Macedonii zaczną się problemy z albańskimi muzułmanami – powiedział

Bedrow – WMOR rozpocznie kampanię przeciwko tutejszym muzułmanom[1]. Wewnętrzna Macedońska Organizacja Rewolucyjna zyskała wiarygodność, bo w 1996 roku pierwsza wystąpiła przeciw neokomunistycznemu rządowi, przyczyniając się do jego upadku".

Innymi słowy, w razie kryzysu gospodarczego Macedonia wybuchnie, a jeśli rząd nadal będzie działał pod dyktando gangsterów, kraj pogrąży się w chaosie. Jednak szanse, że nic złego się nie wydarzy, też były spore. Czyż krytyczne spojrzenie na własne społeczeństwo tych dwóch młodych, niezależnie myślących dziennikarzy nie było znakiem nadziei?

Zostało mi kilka godzin do odjazdu pociągu do Stambułu. Spacerując po starej dzielnicy Płowdiwu, wspiąłem się po schodach do małego parku, kipiącego zielenią ciemną jak mech. Rozciągał się stamtąd widok na całe miasto. Poniżej wił się labirynt brukowanych uliczek i osiemnasto- i dziewiętnastowiecznych kamieniczek, zbudowanych, jak mawiają Bułgarzy, w „stylu odrodzenia narodowego", z ręcznie rzeźbionymi wykuszami, ozdobnymi drewnianymi balkonami, terakotowymi dachówkami, cętkowanymi i spłowiałymi jak zeschłe liście. Te zabytkowe domy były jednak całkowicie zdominowane przez osiedla betonowo-pustakowych bloków mieszkalnych, bez jednego ogródka czy placu zabaw, wżynające się daleko w głąb Niziny Trackiej. Z tego punktu obserwacyjnego XVIII czy XIX stulecie wydawało się nic

1 Tutejsi muzułmanie to zarówno mniejszość turecka, jak i Pomacy – Bułgarzy, którzy przeszli na islam w czasach tureckiej okupacji, mieszkający głównie w Rodopach.

nieznaczące w porównaniu z odhumanizowanym wiekiem XX. A właśnie z tych komunistycznych dziesięcioleci musiała się teraz otrząsnąć bułgarska polityka. Za moimi plecami, na najwyższym wzgórzu Płowdiwu, znajdował się gigantyczny pomnik żołnierza sowieckiego z kałasznikowem. Pomnik najprawdopodobniej pozostanie tam, gdzie stoi. Jego demontaż mógłby zagrozić fundamentom położonych niżej domów.

Zszedłem po schodach i zajrzałem do pobliskiej cerkwi, gdzie za prawosławną liturgią z niebiańskimi śpiewami, wiecznym zapachem świec i bezcielesnymi twarzami spoglądającymi na mnie ze złoconych ikon – w atmosferze mrocznej zmysłowości kryła się pogańska tajemnica. Był to wyższy poziom egzystencji, skutecznie rywalizujący z tym fizycznym, ale zarazem go przyciągający, mimo całej jego niedoskonałości. Być może tylko taki świat – z jego mocą, magią i skarbem narodowej tradycji – mógł zrodzić nowe społeczeństwo. Być może tylko z takiego piękna mogła powstać moralność.

ROZDZIAŁ 10

„Do miasta"

Na płowdiwski dworzec kolejowy dotarłem zdecydowanie przed planowaną godziną odjazdu do Stambułu, by dowiedzieć się, że pociąg ma dwugodzinne opóźnienie i ruszy dopiero o pierwszej nad ranem. Kioski były już pozamykane. Otwarta była tylko jedna kawiarnia ze składanymi krzesełkami na zewnątrz, w przenikliwym chłodzie marcowej nocy serwująca kruche ciasteczka i kawę rozpuszczalną w papierowych kubkach. Tranzystor przy zabytkowej kasie dudnił rockiem. Wycofałem się do zimnego hallu, gdzie koczowali bezdomni Cyganie, i usiadłem na obłażącym z farby kaloryferze, który dawał choć odrobinę ciepła.

Niedługo potem dołączyli do mnie japoński turysta i młody Irlandczyk. Zmienialiśmy się na kaloryferze, jedynym, który działał. Japończyk właśnie skończył studia i miał pracować w banku w Tokio. Zimowa podróż z plecakiem przez Bałkany była zaplanowaną przygodą przed rozpoczęciem bardziej ustatkowanego życia. Irlandczyk był muzykiem, przyjechał do Bułgarii, żeby odwiedzić dziewczynę, którą poznał na koncercie. O 1:20 pociąg do Stambułu w końcu wtoczył się na peron, więc pożegnaliśmy się z Irlandczykiem, który jechał nad Morze Czarne.

W pociągu nie było wody ani ogrzewania. Ukołysany miarowym turkotem, od razu zasnąłem. Obudził mnie bułgarski pogranicznik, żeby podstemplować paszport. Wkrótce zatrzymaliśmy się w miasteczku Kapitan Andrejewo, nazwanym tak ku czci bułgarskiego bohatera wojen bałkańskich, które zdecydowały o przebiegu granicy z Turcją.

Kiedy pociąg mijał granicę turecką, niewidoczną w ciemnościach, przyszło mi na myśl, że istotą podróżowania jest spowolnienie czasu. Z Sofii do Stambułu można dotrzeć w godzinę samolotem, zamiast zbaczać do Płowdiwu, a potem tłuc się dwanaście godzin pociągiem. Ale jak inaczej uchwycić rzeczywistą odległość dzielącą stolicę Bułgarii od największego miasta Turcji? Jak inaczej zrozumieć geograficzne i historyczne związki Bułgarii, niegdyś prowincji Turcji osmańskiej, z Turcją współczesną? Podróż lotnicza skazuje nas na abstrakcyjne wyobrażenia, natomiast lądowa stawia twarzą w twarz z najbardziej podstawowymi, często nieprzyjemnymi prawdami. Dlatego jeździłem wagonami drugiej klasy i nocowałem w tanich hotelach. Tak żyłem i podróżowałem, gdy miałem dwadzieścia lat, mało pieniędzy i nie spotykałem się z głowami państw, dyplomatami i biznesmenami. Chociaż teraz miałem już takie kontakty i trochę więcej pieniędzy, nadal wolałem pociąg i autobus od samolotu, bo w ten sposób stale się czegoś dowiadywałem.

Przekonanie, że internet i inne nowe technologie likwidują odległości jest tylko częściowo prawdziwe. Amerykanie i Bułgarzy mogą pisać do siebie e-maile, ale kiedy odchodzą od komputerów, wracają do całkiem różnych społeczeństw: w jednym trzeba płacić haracz, żeby uchronić samochód przed kradzieżą, w drugim – nie; w jednym zarobki mają jakąś wartość, w drugim – nie; w jednym wojna skończyła się w 1945 roku, w drugim – w 1989...

Z powodu gwałtownego spadku zainteresowania amerykańskich mediów sprawami zagranicznymi, przewidzenie, co czeka podróżnika w takiej na przykład Bułgarii, było teraz trudniejsze niż w latach osiemdziesiątych. Często więc czułem się jak odkrywca. W Rumunii natknąłem się na społeczeństwo, które zostało daleko w tyle za postkomunistycznymi sąsiadami; w Bułgarii – na społeczeństwo, które za granicą postrzegano jako demokratyczne, a które w rzeczywistości tkwiło w kleszczach mafii. Co zastanę w Turcji – kraju, który ze względu na wielkość, członkostwo w NATO i strategiczne położenie między Europą i Bliskim Wschodem, zbyt łatwo uznawano za w pełni przewidywalny? Nie miałem pojęcia.

*

Pociąg zatrzymał się w Kapıkule, gdzie tureccy urzędnicy grubiańsko wyprosili pasażerów na zewnątrz. Było wpół do piątej nad ranem. Mimo ulewy kazano nam przejść do odległego o pięćdziesiąt metrów baraku, żeby podstemplować paszporty. Biegnąc w strugach lodowatego deszczu, usłyszałem nawoływanie muezina, wzywającego wiernych muzułmańskich do modlitwy, dobiegające z jakiegoś pobliskiego minaretu. Rzuciła mi się w oczy czerwona flaga z gwiazdą i półksiężycem oraz portret Mustafy Kemala Atatürka, założyciela Republiki

Tureckiej po upadku imperium osmańskiego w następstwie pierwszej wojny światowej.

– Nie ma wiza! – stwierdził ponuro wąsaty policjant, przekartkowawszy mój paszport.

– Nigdy dotąd nie potrzebowałem wizy do Turcji – zaprotestowałem.

– Musisz iść tam, do tego budynku – pokazał ręką za siebie.

Wyszedłem w deszczową noc, zostawiając bagaż w pociągu, który w każdej chwili mógł odjechać. We wskazanym baraku zastałem tylko jednego, do tego śpiącego policjanta, z nogami na biurku i odchyloną głową; z jego ust wydobywało się donośne chrapanie.

– Wiza! – wrzasnąłem, machając paszportem.

– Czterdzieści pięć dolarów – mruknął jakby przez sen.

– To rozbój w biały dzień! – stwierdziłem wściekły.

Wzruszył ramionami.

– Czterdzieści pięć dolarów. Albo nie ma wiza.

Wcisnąłem mu banknoty, które wrzucił do szuflady, po czym wręczył mi jakiś kwitek i odesłał z powrotem do baraku, z którego przyszedłem, gdzie w końcu dostałem pieczątkę.

Odkryłem, że często kraje pokazują swoje prawdziwe oblicze na małych przejściach granicznych, pozbawionych blichtru nowoczesności międzynarodowych lotnisk. Kapıkule ma szczególnie złą reputację, wynikającą z położenia na narkotykowym szlaku przemytniczym, wzmacnianą przez niemal zawsze napięte stosunki między Bułgarią a Turcją: bułgarscy komuniści zrewanżowali się za pięćset lat osmańskiej okupacji równie brutalnymi prześladowaniami ludności pochodzenia tureckiego. Dopiero niedawno relacje między oboma krajami nieco się poprawiły. Gdybym opierał się tylko na moich „granicznych" doświadczeniach, to pomyślałbym, że to Rumunia i Bułgaria, a nie Turcja, są członkami NATO. Jednak zdzierstwo za wizę, jak się wkrótce miałem przekonać, było elementem szerszej polityki, której światowe media prawie nie zauważały. W Turcji, podobnie jak w Rumunii i Bułgarii, to, co najbardziej zaskakiwało, okazywało się najbardziej oczywiste.

Spałem około godziny i obudziłem się, gdy właśnie wstawał świt nad Niziną Tracką między Edirne i Stambułem, miastami, które jeszcze do początku XX wieku oficjalne nazywano Adrianopolem i Konstantynopolem. Adrianopol był pierwszą stolicą imperium osmańskiego, to stąd w 1453 roku wyruszył sułtan Mehmed II Zdobywca, który rozgromiwszy wojska bizantyjskich Greków, zajął Konstantynopol. Przez poranną mgłę dostrzegłem nagie drzewa na niegościnnej ziemi. Czuło się owo dziedzictwo zdziczenia i tymczasowości, towarzyszących przemarszom armii przez te kontynentalne wrota.

Kiedy pociąg toczył się w stronę Stambułu, widziałem coraz więcej placów budowy i hałd węglowych, świadczących o bliskości miasta znacznie ludniejszego niż pozostałe, które odwiedziłem w czasie tej podróży. Na przedmieściach jakość zabudowy była kiepska, nie lepsza niż w Rumunii czy Bułgarii. Potem jednak pojawiły się wielopasmowe drogi, luksusowe osiedla mieszkalne oraz najnowsze modele samochodów, stojące w cichy niedzielny poranek przed willami, otoczonymi wspaniałymi ogrodami – coś, czego brakuje domom w Sofii i Bukareszcie, noszącym piętno komunistycznej nędzy i obskurnego funkcjonalizmu. Minęliśmy kompleks kortów tenisowych, nowoczesny tor wyścigowy, eleganckie salony samochodowe. Najwyraźniej zbliżaliśmy się do centrum potęgi gospodarczej i społecznej. Nagle odniosłem wrażenie, że Bałkany – z ich tragiczną historią komunistycznego zacofania i osmańskiej okupacji – zostawiłem daleko za sobą.

Otworzyłem okno i pierwszy raz w czasie tej podróży poczułem zapach morskiej bryzy. Po morzu Marmara, które oddziela Półwysep Bałkański od Azji Mniejszej, płynęły tankowce, a wokół pociągu krążyły chmary gołębi. Chwilę potem ujrzałem stare bizantyjskie mury Konstantynopola, nazwane imieniem cesarza Teodozjusza II, chociaż kiedy zaczęto je wznosić, w 413 roku, miał on dopiero dwanaście lat. Myślałem o tym, co musiał czuć Justynian, urodzony siedemdziesiąt lat później w okolicach dzisiejszej Sofii, zbliżając się do miasta, w którym wkrótce ufunduje wspaniałe budowle, jak świątynia Mądrości Bożej (Hagia Sophia). Justynian podróżował tą samą drogą co ja, a jego epoka dziwnie przypominała moją: „Poddani Justyniana byli niezadowoleni z rządów w państwie – pisał Gibbon w *Upadku Cesarstwa Rzymskiego*. – Europę najechali barbarzyńcy, natomiast Azję – mnisi"[1], czyli, jak byśmy dzisiaj powiedzieli, imigranci i fundamentaliści.

Jak wielu podróżników przede mną, przybywałem z prowincji „do miasta" – po grecku: *i stin poli* – ze

1 Gibbon, dz. cyt.

zniekształcenia tego zwrotu wziął się turecki *Istambuł*. Kiedy pociąg ostro skręcił, jadąc teraz wzdłuż Złotego Rogu, nad rozkołysanymi wiatrem wodami wyrosły majestatyczne pomniki Sulejmana Wspaniałego i Kemala Atatürka, którzy, odpowiednio, w wieku XVI i XX niemal dorównali osiągnięciami Justynianowi, a z porannej mgły zaczęły się wyłaniać rozłożyste, szare kopuły meczetów i cienkie jak ołówek wieże minaretów.

Zatłoczony bazar korzenny, agresywni sprzedawcy uliczni przy moście Galata, wierni nawiedzający meczet Yeni Cani wzniesiony w czasach Osmanów oraz tłumy na promach kursujących przez Złoty Róg i pobliski Bosfor – wszystko to napełniało okolice stambulskiego dworca kolejowego Sirkeci egzotycznym, prawdziwie orientalnym zgiełkiem. Postsowiecka degrengolada w Rumunii i Bułgarii była jednak przytłaczająca, więc poczułem się na tym dworcu tak, jakbym wrócił na Zachód. W odróżnieniu od przygnębiających, obskurnych stacji rumuńskich i bułgarskich, tutaj było czysto, a ściany były wyłożone pięknymi, niebieskimi kafelkami. Można było kupić porządne przewodniki, a w punktach informacji turystycznej czekała uśmiechnięta obsługa. Taksówki często wyglądały jak nowe, a kierowcy skracali sobie oczekiwanie na klienta pucowaniem swoich pojazdów. Czuło się tu jakąś energię, której brakowało nawet najnowocześniejszym dzielnicom Sofii i Bukaresztu. Chociaż była niedziela, dzień wolny w tym oficjalnie świeckim państwie muzułmańskim, słyszałem wibrujący warkot młotów pneumatycznych robotników rozkopujących ulicę.

W kantorze wymiany walut dowiedziałem się, że bułgarskie lewy nie mają tutaj żadnej wartości i nie dostanę za nie tureckich lirów, więc podarowałem je japońskiemu turyście. Pożegnawszy się z nim, kupiłem miejscową gazetę i zasiadłem do wczesnego lunchu, złożonego z grillowanego mięsa, jogurtu i gęstej tureckiej kawy. Była dopiero jedenasta przed południem, ale ostatni posiłek zjadłem poprzedniego wieczora, w Płowdiwie.

Gazeta była pełna informacji o cichym przejęciu władzy przez armię. O co chodziło? W zachodniej prasie, którą znalazłem w Bukareszcie czy Sofii, nie było słowa na ten temat. Milczały również wiadomości BBC. Skończyłem lunch, znalazłem pokój za trzydzieści dolarów w hotelu dla bliskowschodnich biznesmenów i wyruszyłem odkrywać oczywiste.

CZĘŚĆ II

Turcja i Wielka Syria

ROZDZIAŁ 11

„Ukryte państwo"

Przez stambulską İstiklâl Caddesi przelewał się tłum miłośników niedzielnych zakupów. W gwarnych, jedno-, a nawet dwupiętrowych fast foodach, serwujących grillowane mięso i brejowate desery, trudno było o wolne miejsce. Na każdym rogu stały kolejki do bankomatów. Jasno oświetlone witryny sklepowe kusiły luksusowymi towarami – od świeżych fig po diamenty. W galeriach handlowych w stylu art nouveau sklepy z płytami kompaktowymi dudniły melodramatycznym rytmem tureckiego popu. Z pobliskiej restauracji dochodził zapach pieczonych kasztanów i smażonych ryb. Księgarniokawiarnie ze stertami czasopism kulturalnych sąsiadowały z kioskami, w których sprzedawano amulety przeciw „złemu oku".

Największe wrażenie jednak zrobiły na mnie fantastycznie zagracone antykwariaty, każdy z tak niepowtarzalnie zaaranżowaną kolekcją litografii, dywanów, lamp, pięknie oprawionych książek itp., jakby właściciel większość życia spędzał na urządzaniu swego skarbca. Antykwariatom w Bukareszcie, Sofii i Płowdiwie zgromadzenie takiego harmonijnego bogactwa zabierze lata. Kupiłem simit (precel z sezamem) i skorzystałem z usług pucybuta, który szczotki i pasty trzymał we wspaniałej kasetce z kutego mosiądzu, z wiekiem ozdobionym miniaturowymi kopułami. Cały rytuał trwał prawie dziesięć minut. Powszechne, acz wyszukane tradycje, takie jak wypiekanie chleba czy konserwacja obuwia – stanowiące treść kultury materialnej – przetrwały całe stulecia w niezmienionej postaci, dzięki czemu Turcy mogli się cieszyć zaletami globalnego materializmu, nie wyrzekając się swojej tożsamości. Turecki dynamizm, którego wyrazem był siedmioprocentowy wzrost gospodarczy, kontrastował ze spustoszeniem, którego dokonał na Bałkanach komunizm.

W 1993 roku, kiedy poprzednio odwiedziłem Stambuł, liczył on dziesięć milionów mieszkańców. Teraz ta liczba wzrosła do dwunastu milionów przy sześćdziesięciu ośmiu milionach mieszkańców całego kraju. Tłum na zakupach był tak zróżnicowany, jak wystawione towary. Brodaci mężczyźni i kobiety w chustach manifestowali swoją wiarę, ale także oni dźwigali torby z zakupami, ramię w ramię ze znacznie liczniejszymi przedstawicielami obojga płci w obcisłych dżinsach i modnych czapkach, zapełniającymi kawiarnie i butiki. Islamizacja była tylko jednym z aspektów rozwoju społeczeństwa, które przeobrażało się z wręcz kosmiczną prędkością. Turcja, tak samo jak Egipt, Iran czy Indie, wsysała podróżnika, jakby świat poza jej granicami był nie całkiem rzeczywisty.

Z İstiklâl Caddesi zszedłem nad Złoty Róg i przez most Galata pieszo wróciłem na dworzec, skąd popłynąłem promem przez Bosfor do Yeniköy po europejskiej stronie cieśniny. Słońce zniżało się nad horyzontem, a ja podekscytowany wdychałem magiczną woń, w której mieszały się zapachy benzyny, wody morskiej i mocnego tytoniu. Zanim dotarłem do mieszkania mojej znajomej, tureckiej pisarki i socjolożki, Nilüfer Göle, z powodu burzy nastąpiła przerwa w dostawie prądu. W saloniku oświetlonym świecami, pełnym dywanów, książek i luster w pozłacanych ramach, z zasłonami poruszanymi przez wiatr znad Bosforu, mówiła o wojsku jako jednej z grup nacisku w społeczeństwie o silnych więziach rodzinnych.

„Wojskowi są jak prawnicy i organizacje kobiece – stwierdziła. – Manipulują mediami i politykami. Kraj staje się coraz bardziej demokratyczny, coraz bardziej zróżnicowany, a to ich przeraża. Boją się globalnych sił społecznych, których nie mogą kontrolować".

Później pojechaliśmy z Nilüfer do Tarabyi, gdzie w nadmorskiej restauracji spotkaliśmy się z jej mężem Asafem. W zalanym księżycowym światłem porcie tłoczyły się jachty i żaglówki. Większość klientów lokalu stanowili zamożni Turcy z wiecznie dzwoniącymi telefonami komórkowymi. Przypominali bogatych Latynosów, których widuje się w kalifornijskich restauracjach – współuczestnicy przemian globalnej cywilizacji.

Zjawił się kelner, by poinformować Nilüfer, że inny pojazd uderzył w jej samochód. Wyszliśmy na zewnątrz, gdzie policjant zrugał ją za brak polisy ubezpieczeniowej. Odparła ostrym tonem, że to ona jest poszkodowana. „Może pan wysiądzie z samochodu i przestanie dłubać w zębach?" – powiedziała. Policjant zaraz ją przeprosił, podobnie sprawca stłuczki. W minutę problem został rozwiązany, choć nikt nikomu nie proponował łapówki. Taka właśnie była Turcja, gdzie w sytuacjach kryzysowych – ku zdumieniu zagranicznych korespondentów – natychmiast znajdowano jakiś kompromis.

*

Kiedyś w Konstantynopolu, a teraz w Stambule, ciągłe intrygi i kryzysy, wynikające z owego stanu chwiejnej równowagi, były na porządku dziennym. Cokolwiek jednak działo się tutaj, kraje sąsiednie były przeważnie słabsze i mniej stabilne. Pod koniec XX stulecia, pomimo sporu między sekularystami i islamistami oraz powstania kurdyjskiego w południowo-wschodniej części Turcji, które od 1984 roku pochłonęło blisko czterdzieści tysięcy ofiar, Turcja stanowiła przykład niespotykanej w światowych dziejach ciągłości władzy, a siła i tradycje wojska tureckiego sięgały korzeniami czasów imperium rzymskiego.

Kiedy w IV wieku cesarstwo rzymskie podzieliło się na części zachodnią i wschodnią, Konstantynopol został stolicą tej drugiej. W następnym stuleciu cesarstwo zachodnie najechali Wizygoci, a bizantyjscy Grecy z Konstantynopola stali się jedynymi spadkobiercami cesarskiego Rzymu. Dzierżyli władzę w Bizancjum przez tysiąc lat, aż do zajęcia Konstantynopola przez Turków osmańskich w roku 1453. Zwycięstwo Osmanów było zwieńczeniem długotrwałego procesu migracji tureckich koczowników z Azji Środkowej do Azji Mniejszej i jego wpływu na kulturę bizantyjską. Sułtanowie osmańscy z ich wielkimi dworami i eunuchami byli *de facto* współczesnymi cesarzami bizantyjskimi, których meczety naśladowały architektoniczny styl wczesnobizantyjskich świątyń. Owi sułtanowie rządzili imperium przez ponad czterysta pięćdziesiąt lat, aż do jego upadku w następstwie pierwszej wojny światowej. Angielski historyk Arnold Toynbee nazwał sułtanat osmański „prawdziwym odrodzeniem cesarstwa rzymskiego na Bliskim i Środkowym Wschodzie”[1].

Republika Turecka Kemala Atatürka, która powstała na gruzach imperium, była dziełem wojska: jedynej zachowanej instytucji państwa osmańskiego, a zarazem trzonu jego elity. W imperium osmańskim władza i wojsko były nierozdzielne. Janczarzy – zawodowa piechota – byli „niewolnikami sułtana”. Atatürk, osmański bohater wojenny, który w 1915 roku dowodził armią turecką w czasie zwycięskiej bitwy o Gallipoli, rządził Turcją jak oświecony dyktator wojskowy. Po drugiej wojnie światowej rozpoczął się trwający do dziś demokratyczny eksperyment, przerywany co jakiś czas przez wojskowe zamachy stanu.

Kiedy w 1960 roku wojsko tradycyjnie obaliło cywilny rząd, premier Adnan Menderes został oskarżony o korupcję i spiskowanie z islamistami i po krótkim procesie rozstrzelany. Później armia starała się działać bardziej subtelnie. Nasilający się terroryzm doprowadził w 1971 roku do „zamachu przez zastraszenie”, który wymusił dymisję cywilnego premiera Süleymana Demirela.

1 Cyt. za: Lord Kinross, *The Ottoman Centuries. The Rise and Fall of the Turkish Empire*, New York 1977.

Wojskowi powołali wtedy rząd bezpartyjnych cywilów[1]. W 1980 roku nowa fala ataków terrorystycznych i groźba wojny między lewicową i prawicową partyzantką spowodowały kolejną interwencję armii, która jednak znów wyłoniła cywilny rząd.

Turgut Özal, premier Turcji w latach 1983–1989, a potem jej prezydent, pełniący ten urząd aż do śmierci w roku 1993, był pierwszym cywilnym przywódcą, który przeprowadził śmiałe reformy bez zgody wojska. Sprywatyzował państwowy sektor gospodarki, tworząc przedsiębiorczą klasę średnią, składającą się głównie z praktykujących muzułmanów. Chociaż armia nie była tym zachwycona, to jednak zwycięstwo Zachodu w zimnej wojnie i jego poparcie dla nowych demokratycznych rządów powstrzymały dalsze zamachy stanu.

Paradoksalnie jednak potępianie przez Zachód jawnych przewrotów wojskowych w Turcji, która była już wtedy członkiem NATO, nie zaszczepiło w tym kraju demokracji w zachodnim stylu, lecz zagwarantowało wojsku jeszcze większy udział w sprawowaniu władzy. Przewrót, tak jak wojna, ma swoje granice – początek i koniec. Kiedy w przeszłości tureccy generałowie ogłaszali zamach stanu, jednocześnie obiecywali rozpisać wybory i w ustalonym czasie wycofać armię do koszar. Obecnie ich rzeczywiste wpływy były bardziej zakamuflowane i wszystko wskazywało, że staną się trwałym elementem tureckiej polityki.

1 Zob. Paul B. Henze, *Turkey. Toward the Twenty-First Century*, Santa Monica 1992.

Turcy, których poznałem, nadawali temu zjawisku rozmaite nazwy: „miękki zamach stanu", „przewrót paszów", „zamach przez zastraszenie", „medialny przewrót", „pierwszy ponowoczesny zamach stanu", w rezultacie którego „państwo ukryte" wyłoniło się na powierzchnię, by przejąć władzę nad „państwem oficjalnym, choć tylko pozornym".

Każde z tych określeń miało w sobie coś prawdziwego. A oto fakty.

Kiedy po wyborach w 1996 roku skłócone świeckie partie nie zdołały utworzyć żadnej koalicji, premierem został islamista Necmettin Erbakan. Stanął na czele rządu mniejszościowego i zawarł porozumienia z Libią oraz Iranem, chociaż tureccy generałowie zacieśniali współpracę z Izraelem. Rozpoczęła się walka o wpływy. Na początku 1997 roku turecka Rada Bezpieczeństwa Narodowego, zdominowana przez wojskowych, wymusiła na słabym rządzie Erbakana podpisanie kilku rozporządzeń, które w efekcie doprowadziły do bankructwa wiele przedsiębiorstw należących do jego fundamentalistycznych zwolenników. Wizyty Erbakana w Iranie i Libii, zakładanie szkół religijnych, kształcących islamskich fanatyków, plany budowy meczetów na placu Taskim w centrum Stambułu i nieopodal siedziby prezydenckiej w Ankarze, wprowadzanie islamistów do administracji publicznej i samorządowej oraz zapraszanie duchownych islamskich na oficjalne uroczystości państwowe – wszystko to doprowadzało do furii zarówno wojskowych, jak i większość świeckiej klasy średniej. Poza wszystkim Erbakan otrzymał w wyborach zaledwie dwadzieścia dwa procent głosów i zdołał utworzyć rząd jedynie dzięki czysto taktycznemu porozumieniu z inną partią, która w zamian zażądała postawienia w stan oskarżenia poprzedniego premiera. Liczne głosy w mediach odzwierciedlały powszechne zaniepokojenie karkołomną polityką Erbakana i oczekiwanie, że wojsko coś z tym zrobi. W kontrolowanym przez partię Erbakana miasteczku pod Ankarą zorganizowano „Noc Jerozolimy" – manifestację, w czasie której potępiono Arafata za wysługiwanie się Żydom, a gość honorowy, irański ambasador w Turcji, wezwał młodzież turecką do chwycenia za broń przeciwko Stanom Zjednoczonym i Izraelowi. Tymczasem ogólnokrajowe badania opinii publicznej pokazały, że sześćdziesiąt procent Turków krytycznie ocenia rządy Erbakana, a trzydzieści procent opowiada się za usunięciem go ze stanowiska za pomocą wszelkich dostępnych środków. Według Turków, którzy sekularyzm pojmują nie jako konkurencję wobec islamu, lecz jako rozdzielenie polityki i religii, Erbakan posunął się za daleko. Jak pokazywały badania opinii publicznej, w czasie tego kryzysu sekularyzm okazał się dla Turków ważniejszy od demokracji. Kiedy w połowie 1997 roku wojsko zalało media doniesieniami o fatalnej polityce rządu i zagroziło akcją przeciwko fundamentalistom, Erbakan podał się do dymisji. Zastąpił go Mesut Yılmaz, bezbarwny centrysta, który także nie przypadł do gustu armii. Gdy zwlekał z rozprawieniem się ze studentkami uniwersytetu stambulskiego, które demonstracyjnie nosiły na głowach islamskie chusty, wojskowi ponownie zwrócili się do mediów i zwołali Radę Bezpieczeństwa Narodowego, która zażądała stanowczych działań przeciwko „ekstremistom". W odpowiedzi Yılmaz publicznie oświadczył, że to cywilny rząd, a nie armia będzie decydować o tempie deislamizacji. W marcu 1998 roku ponownie zebrała się Rada Bezpieczeństwa Narodowego i wydała komunikat, że rząd ostatecznie zaakceptował pogląd, iż w świeckim państwie religia nie może odgrywać żadnej roli, i położy kres budowie nowych meczetów oraz islamskim przedsięwzięciom gospodarczym.

Jak powiedział mi pewien turecki politolog, „na posiedzenia Rady Bezpieczeństwa Narodowego wojskowi przynoszą sterty dokumentów, które ze swadą referują, natomiast ministrowie cywilnego rządu występują jedynie w roli publiczności". W rezultacie „łagodnego", „postmodernistycznego" procesu, dokonującego się poza sferą oficjalnej polityki, gdzie jedna władza chowa się za fasadą innej, „ukryty" reżim wojskowy funkcjonujący pod przykrywką cywilnego państwa umocnił się i wciąż poszerzał wpływy. W oczach tureckiej klasy średniej generałowie byli nie tyle generałami, ile osmańskimi „paszami", dobrymi i opiekuńczymi możnowładcami. Tutejsze badania opinii publicznej wielokrotnie pokazywały, że – nawet w jeszcze większym stopniu niż w Rumunii – to właśnie armia jest instytucją, której najbardziej ufają wyborcy z tej warstwy społecznej.

Chociaż dla NATO funkcjonowanie cywilnej kontroli nad wojskiem było warunkiem rozmów o członkostwie, a prezydent Clinton w tym właśnie czasie przebywał w Afryce, zachwalając zalety cywilnej demokracji parlamentarnej, Amerykanie nie zgłaszali poważniejszych obiekcji względem „łagodnego zamachu stanu" w wykonaniu współczesnych „paszów".

W Turcji uświadomiłem sobie, że administracja Clintona chce wprowadzać demokratyczny porządek w regionach o marginalnym znaczeniu strategicznym i ekonomicznym, gdzie zawiodły wszelkie inne rozwiązania, jak w subsaharyjskiej Afryce. Propaguje też demokrację w regionach, gdzie klasa średnia jest już dobrze rozwinięta, a dalszy rozwój gospodarczy wymaga większej wolności, jak w basenie Oceanu Spokojnego. Natomiast w krajach, które są ważne z punktu widzenia interesów energetycznych Stanów Zjednoczonych, a jednocześnie potencjalnie niestabilne, czyli w większości państw muzułmańskiego Bliskiego Wschodu – jak to ujął w rozmowie ze mną pewien wysoko postawiony dyplomata amerykański – „nie wymawiamy słowa »demokracja«".

Przykładem takiego kraju była Turcja. Tutaj wprawdzie oficjalnie panowała demokracja, jednak rzeczywistość była bardziej złożona, a Zachód nabrał wody w usta. Obalenie rządu Erbakana zostało przeprowadzone w białych rękawiczkach i przy poparciu większości świeckiej części społeczeństwa tureckiego, które postrzegało generałów jako swą najskuteczniejszą grupę nacisku. W Stanach Zjednoczonych władza jest podzielona między prezydenta, Kongres i Sąd Najwyższy, natomiast w Turcji – między generałów i polityków, ale mimo ciągłych trudności daje to w sumie podobny rezultat: względną stabilność i umiarkowaną politykę. Problem w tym, że tureccy generałowie nie są ministrami; działają raczej jak wpływowe lobby, które zdołało przejąć kontrolę nad cywilnym rządem.

*

Jak większość wysokich oficerów tureckich, których poznałem, osiemdziesięciodwuletni emerytowany generał broni İhsan Gürkan wyglądał jak bankier lub dyrektor wielkiej firmy: łysina, okulary, władczy wyraz twarzy. Wszedł do ciemnego hotelowego hallu z aktówką w ręku; garnitur w prążki leżał na nim jak mundur. „Byłem jednym z młodych adiutantów Atatürka – powiedział. – Rodzina nie miała pieniędzy, więc wybrałem karierę wojskową[1]. Dla tureckich oficerów liczą się nie zarobki czy majątek, ale obowiązek i misja. Ingerujemy w politykę tylko wtedy, gdy to konieczne, i w przeciwieństwie do generałów w Ameryce Łacińskiej szybko oddajemy władzę. Naszym zadaniem jest stać na straży demokracji i sekularyzmu oraz Atatürkowej ideologii dynamicznych zmian i zdrowego rozsądku. Wojsko jest elitą, pierwszą turecką instytucją, która zetknęła się z ideami Zachodu. Na początku XVIII wieku sułtan Selim III zakazał studiowania map, ale dla nas zrobił wyjątek".

Zważywszy na jego butne zachowanie i sztampową obronę wojskowych interwencji, łatwo byłoby mu przypiąć łatkę reakcjonisty. Tymczasem tak naprawdę tureccy wojskowi byli rewolucjonistami. „Generałowie to jakobini – stwierdził İlkay Sunar, profesor nauk politycznych na stambulskim Boğaziçi Üniversitesi. – Rewolucja Atatürka miała wprawdzie charakter świecki, ale nadal

1 Trzy czwarte tureckich oficerów wywodzi się z niższej klasy średniej. Uważa się, że to właśnie drobnomieszczański charakter armii tureckiej przesądza o jej dobroczynnym wpływie na tutejszą politykę. Zob. Mehmet Ali Birand, *Shirts of Steel. An Anatomy of the Turkish Armed Forces*, London 1991.

była rewolucją, jak jej islamskie odpowiedniczki, generałowie zaś dbali o podtrzymanie rewolucyjnego ognia. Chyba nie zdawali sobie sprawy, że społeczeństwo tureckie zdążyło już zinternalizować rewolucję. W pewnym sensie nawet tutejsi islamiści zaakceptowali sekularyzację". Chciał przez to powiedzieć, że fundamentaliści prowadzili swą działalność w ramach istniejącego ustroju, nie uciekając się do terroryzmu.

Generałowie pamiętają, że imperium osmańskie upadło wskutek walk frakcyjnych, separatyzmu narodowego i skłócenia tradycyjnej burżuazji ze Stambułu z muzułmańskimi nuworyszami z Anatolii. Wśród cieszącej się względami armii starej burżuazji stambulskiej są zamożne od pokoleń żydowskie rodziny, które równoważą wpływy kupców greckich i ormiańskich, uważanych przez wojskowych za „antytureckich". Żydzi, Grecy i Ormianie tworzą wspólnie quasi-bizantyjską elitę, skupioną w Stambule, z którą nikt nie mógł konkurować dopóty, dopóki reformy gospodarcze Özala z 1983 roku nie wykreowały muzułmańskich nuworyszy w całej reszcie kraju. Erbakan reprezentował właśnie tych islamskich nowobogackich, armia zaś identyfikowała się ze stambułczykami. Fakt, że wielu generałów pochodzi z rodzin o tradycjach sięgających imperium osmańskiego, zwłaszcza jego prowincji bałkańskich i kaukaskich, natomiast muzułmanie wywodzą się z Anatolii, jedynie pogłębia podział. Żeby skutecznie rywalizować z wojskowymi, nowa muzułmańska klasa średnia Özala w Anatolii potrzebowała politycznej stabilności i przewidywalności, którą zapewniała armia. Niemniej podział w Turcji był realny, a kością niezgody był Izrael.

*

Chociaż media zachodnie informowały o nowym strategicznym sojuszu turecko-izraelskim, to jednak w tym czasie nie przywiązywano do niego należytej wagi. Nie była to jednak wymiana dyplomatycznych uprzejmości, która miała zaowocować przy następnej akcji Izraela przeciwko Palestyńczykom, lecz polityczne trzęsienie ziemi, według bliskowschodnich standardów porównywalne z konfliktem chińsko-sowieckim.

W 1996 roku kraje te podpisały trzynaście porozumień wojskowych[1]. Na początku roku 1997 podczas wzajemnych wizyt doszło do spotkań prawie wszystkich wyższych oficerów obu armii. Izrael zgodził się zmodernizować tureckie phantomy i przeszkolić tureckich pilotów w kwestiach związanych z wojną elektroniczną. Uzgodniono, że oba państwa rozpoczną wspólną produkcję rakiet przenoszonych przez te myśliwce, wymianę informacji wywiadowczych na temat Iranu i państw arabskich, a następnie ratyfikowano układ o wolnym handlu.

Sojusz został zawiązany w niezbyt sprzyjającej sytuacji politycznej – przez izraelski rząd Likudu oraz fundamentalistyczny turecki rząd Erbakana. Żaden z poznanych tureckich intelektualistów – z racji tradycyjnie lewicowych poglądów, zwykle propalestyńskich – nie był przeciwnikiem aliansu podyktowanego oczywistym interesem narodowym.

1 Zob. Daniel Pipes, *A New Axis. The Emerging Turkish-Israeli Entente*, „The National Interest (Washington)", Winter 1997–98.

Z historycznego punktu widzenia stosunki turecko-żydowskie, podobnie jak stosunki irańsko-żydowskie przed rewolucją islamską, były raczej przyjazne. Kiedy w 1492 roku Żydzi zostali wygnani z Hiszpanii, Turcy udzielili im gościny w imperium osmańskim. Przed pierwszą wojną światową rewolucjoniści młodotureccy zachęcali Żydów do osadnictwa w imperium, traktując je jako zaporę przeciwko żywiołowi arabskiemu. Częściowo wskutek antysemityzmu carów rosyjskich, świat żydowski jest tradycyjnie proturecki. W 1949 roku Turcja uznała nowe państwo izraelskie, choć długi czas łączyły je relacje czysto symboliczne.

Pod koniec XX wieku Izrael w oczywisty sposób potrzebował bliskiego sojusznika w świecie muzułmańskim. Przyjazne nastawienie Turcji było wypadkową kilku czynników. Jak usłyszałem od wielu miejscowych, społeczeństwo tureckie było już zmęczone nieskutecznymi próbami dyplomatycznego ukrócenia arabskiego poparcia dla Partii Pracujących Kurdystanu, odpowiedzialnej za powstanie w południowo-wschodniej Turcji. Stosunki Turcji z Syrią – głównym sponsorem Partii Pracujących – dodatkowo pogorszyły syryjskie roszczenia do Hatayu. Z kolei Turcja nie rezygnowała z pretensji do zasobnego w ropę Mosulu. Sojusz z Izraelem, jak sądzono, miał wesprzeć zabiegi dyplomatyczne skuteczną akcją militarną.

Turcy mieli też nadzieję, że Żydzi pomogą im rozwiązać problem Greków. Pewien dyplomata powiedział mi, że „Turcy są proizraelscy, bo mogą używać żydowskiego lobby w Ameryce jak srebrnej kuli przeciwko lobby grecko-ormiańskiemu, utrudniającemu Turcji zakup nowoczesnego uzbrojenia w Stanach Zjednoczonych. Jeśli brzmi to przewrotnie, to witamy w Bizancjum". Również Izraelczycy nie mieli nic przeciwko takiemu sojuszowi, bo grecki Cypr od dawna odgrywał rolę wygodnego azylu palestyńskich terrorystów.

Dla Turków jednak decydującym czynnikiem musiała być świadomość, że quasi-militarne rządy, powstanie kurdyjskie, nieszczelne granice z państwami Bliskiego Wschodu i ogólne antymuzułmańskie nastawienie Zachodu mogą uniemożliwić przyjęcie Turcji do Unii Europejskiej. Potrzebowali więc innego sojusznika. Traktowani z nieufnością przez Arabów z racji kolonialnej przeszłości osmańskiej oraz trzymani na dystans przez Unię, dzielili z Izraelem los outsidera. Jak powiedział generał Gürkan w hotelowym hallu, gdzie na sąsiednich sofach rozpierali się arabscy biznesmeni, „Izrael to jedyny kraj na Bliskim Wschodzie, z którym możemy się porozumieć. To trwały związek". W każdym razie trwały z punktu widzenia armii. Muzułmanie, których ciągle przybywało, zapatrywali się na to inaczej.

*

Pod koniec XX wieku Turcja próbowała prężyć muskuły, ale miała znaczenie wyłącznie regionalne, nie stała za nią potęga Zachodu. Tureckie okręty kręciły się u wybrzeży Albanii. Tureccy biznesmeni byli wszechobecni na Bałkanach i, jak się miałem wkrótce przekonać, w świecie arabskim, na Kaukazie i w Azji Środkowej. Turcja rywalizowała z Grecją o zorganizowanie systemu zbiorowego bezpieczeństwa na Bałkanach na własnych warunkach. Teraz, z pomocą Izraela, stawała się ważnym graczem na Bliskim Wschodzie, a jej kartą przetargową była możliwość odcięcia dostaw wody pitnej do Syrii i Iraku. Nawet starania o przyjęcie do Unii Europejskiej nie mogły przesłonić pewnej obojętności wobec Zachodu.

Z pewnością przesadą byłoby stwierdzenie, że oto zaczęło się wyłaniać jakieś nowe imperium bizantyjsko-osmańskie. Nie ulegało jednak wątpliwości, że Turcja była filarem potęgi i stabilności Bliskiego Wschodu, nieformalnym centrum regionalnej geografii i polityki. Chociaż jej subtelny autorytaryzm był znacznie bardziej stabilny niż jednoosobowe zbirokracje w krajach arabskich na południu, kierunek rozwoju społeczeństwa tureckiego był nieprzewidywalny, częściowo ze względu na dynamikę gospodarki tego kraju.

Powoli zbierałem się, by ruszyć w głąb Anatolii, szlakiem wiodącym do historycznej „Wielkiej Syrii", czyli do dzisiejszych Syrii, Libanu, Jordanii i Izraela. Stamtąd miałem wrócić do Turcji jako bazy wypadowej do dalszych podróży na Kaukaz i do Azji Środkowej.

ROZDZIAŁ 12

„Trup w zbroi"

Z plecakiem na ramionach potykałem się na dziurawych chodnikach wąskich i krętych uliczek, które wiodły do stambulskiej przystani Karaköy, znajdującej się po przeciwnej stronie Złotego Rogu niż dworzec kolejowy. Droga do Izraela – którą miałem przebyć promem, a następnie pociągiem, autobusem i wreszcie taksówką – wiodła przez Syrię, Liban i Jordanię. Za panowania Rzymian, Bizantyjczyków, Arabów, Mameluków, Seldżuków i Turków osmańskich większość terytoriów tych jakże odmiennych krajów była zjednoczona. I z pewnością pochopne byłoby twierdzenie, że obecne podziały mają trwały charakter.

Z przystani na promy i z promów na przystań wylewały się tłumy pasażerów. Kupiłem bilet za równowartość czterdziestu pięciu centów i wszedłem na pokład. Maszyny zahuczały, a statek odbił od europejskiego nabrzeża Stambułu i zaczął wolno płynąć w kierunku azjatyckiego, podskakując na wzburzonych falach Bosforu. Blankowane mury pałacu Topkapı, szaroróżowe o świcie, i cały Półwysep Bałkański oddalały się razem z resztą Europy. Ogrzałem dłonie, obejmując szklankę jabłkowej herbaty, i siorbałem ją pośpiesznie, by nie rozlała się od kołysania. Po dwudziestu minutach przybiliśmy do przystani vis-à-vis dworca kolejowego Haydarpaşa, z pawilonem zdobnym w jaskrawobłękitne kafelki i kute w żelazie wachlarzowate markizy. Za pawilonem znajdował się budynek dworca: barokowe, żółto-zielone gmaszysko, pomnik minionej chwały imperium osmańskiego. Kiedy sprzątacze szorowali podłogi i okna ekspresu, który miał mnie zawieźć do Ankary, stolicy Turcji, ponad trzysta kilometrów na południowy wschód, siedziałem na ławce i obserwowałem statki wypływające przez wąski Bosfor na morze Marmara. Zastanawiałem się, co mnie tam czeka.

Był październik 1998 roku. Za kilka dni przez góry Anatolii dotrę do Syrii, gdzie, jak to ujął turecki premier Mesut Yılmaz, knuto „mroczne spiski" przeciwko Turcji. Wojna między Turcją i Syrią wydawała się wisieć na włosku. Turcja rozpoczęła manewry wojskowe w rejonie nadgranicznym. Zaledwie dzień wcześniej przedstawiciele rządu tureckiego oskarżyli Syrię o prowadzenie czternastoletniej, niewypowiedzianej wojny przeciwko Turcji poprzez wspieranie Partii Pracujących Kurdystanu (Partiya Karkerên Kurdistan), lewicowej organizacji zbrojnej, która regularnie ścierała się z armią turecką przy granicy syryjskiej.

Dwadzieścia pięć milionów Kurdów zamieszkujących graniczne regiony Turcji, Syrii, Iraku, Iranu i Armenii stanowiło jedyną ważną bliskowschodnią mniejszość narodową, którą traktaty kończące pierwszą wojnę światową pozostawiły bez własnego państwa[1]. Ponad połowa

1 Kurdowie to największy naród na świecie pozbawiony własnego państwa.

tych Kurdów mieszka w Turcji, gdzie do niedawna nie wolno było nadawać wiadomości, ani nawet rozmawiać w języku kurdyjskim, a także nauczać historii Kurdystanu w szkołach. Prześladowani od dziesięcioleci, w końcu zaczęli upominać się o swoje prawa. Syria zaś od lat wykorzystywała kurdyjskich partyzantów, by nękać Turcję, tak samo jak wcześniej wykorzystywała szyitów w południowym Libanie, by nękać izraelskie wojska okupacyjne. Pewien turecki generał stwierdził publicznie, że armia turecka „przetoczy się jak burza przez Syrię", jeśli ów kraj nie przestanie wspomagać kurdyjskich rebeliantów i nie wydali ich przywódcy, Abdullaha Öcalana, z Damaszku, miasta, które zachodni spece od wywiadu nazywali „Watykanem partyzantów z Partii Pracujących Kurdystanu"[1].

Syria wypierała się powiązań z Öcalanem i PPK, twierdząc, że Turcja wywołała sztuczny konflikt na zlecenie swojego nowego sojusznika, Izraela. Syryjczycy oskarżyli też Turków, że odcinają ich od zasobów wody pitnej i okupują historyczne ziemie syryjskie w arabskojęzycznym Hatayu. Na te wszystkie zarzuty turecki minister spraw zagranicznych İsmail Cem odparł: „Jest tylko jeden problem: Syria musi przestać wspierać terroryzm".

Konflikt turecko-syryjski nie był dla Bliskiego Wschodu jedynie newsem, lecz zwiastunem losów regionu w XXI stuleciu. Popierając terroryzm, Syria brała odwet

1 W czasie mojego pobytu w Turcji wypowiedzi tureckiego premiera, generałów i innych wysokich urzędników państwowych oficie cytowała miejscowa prasa. Opinie niezależnych ekspertów pochodzą z wywiadów, które przeprowadziłem.

na Turcji za budowę tamy – a ściślej, systemu dwudziestu dwóch zapór – na Eufracie. Gdyby nie one rzeka nadal toczyłaby wody dalej na południe, do Syrii. Kiedy problem wody pitnej stał się przedmiotem debaty publicznej w obu krajach, zaprowadził je niemal na krawędź wojny. Osmańskie upiory, uśpione przez większość XX wieku, znów się zmaterializowały, tym razem we wrogości między Turkami i ich byłymi arabskimi poddanymi. Pierwszy raz w dziejach współczesnych Turcja była postrzegana bardziej jako kraj Bliskiego Wschodu niż Europy, popierający Izrael w sporze z Syrią. Urzędnicy z ambasady amerykańskiej w Turcji powtarzali w rozmowach ze mną, że dotąd rzadko współpracowali ze swymi kolegami z Damaszku i Tel Awiwu, ale teraz to się musi zmienić.

W kraju, w którym „arabami" bywają nazywane bezpańskie psy, łatwo było rozpętać antyarabską histerię wymierzoną przeciwko Syrii, i na jakiś czas wyparła ona z tureckich mediów spór Turcji z Grecją o Cypr i wyspy Morza Egejskiego. Jak na ironię, Turcy często wydawali się bardziej skorzy do wybaczenia prawosławnym Grekom, Bułgarom i Serbom niż Arabom – braciom w wierze muzułmańskiej. Chociaż wszystkie te narody buntowały się przeciwko panowaniu osmańskiemu, „arabska rewolta" wobec Turcji w czasie pierwszej wojny światowej jest postrzegana jako zdrada imperium właśnie dlatego, że dopuścili się jej współwyznawcy. W gruncie rzeczy im bardziej pobożny Turek, tym bardziej niechętny Syryjczykom i innym Arabom. Dla przykładu, ze szczególnie zjadliwą antysyryjską diatrybą wystąpił Recai Kutan, przewodniczący nowej islamistycznej Partii Cnoty

(Fazilet), która po obaleniu Erbakana przez wojsko zajęła miejsce Partii Dobrobytu. Kutan, czyniąc zawoalowaną aluzję do wyznania syryjskiego prezydenta Hafeza al-Assada, stwierdził publicznie, że Syria jest rządzona przez „nusajrytów, znieprawiony odłam sekty alawitów”[1].

Kilka słów wyjaśnienia. Fundamentaliści tureccy, podobnie jak syryjscy, należą do dominującego, sunnickiego odłamu islamu. Jedni i drudzy nienawidzą zamieszkującej oba te kraje mniejszości alawickiej. Alawityzm to z kolei odłam szyityzmu, którego członkowie od dziesięcioleci korzystają z ochrony świeckiego nacjonalizmu tureckiego i syryjskiego przed muzułmańskim fundamentalizmem sunnickim. Dlatego też muzułmanie tureccy nienawidzą Syrii z dwóch powodów: ponieważ Syryjczycy są Arabami, zgodnie z tureckim powiedzeniem – „kurzem na drodze”, i ponieważ władza w Damaszku jest w rękach muzułmanów, którzy są zarazem heretykami i apostatami. Prezydent Assad od dawna odwzajemniał tę nienawiść. Kiedy pod koniec lat sześćdziesiątych XX wieku spotkał się z Leonidem Breżniewem, przywódca Związku Sowieckiego nieopatrznie zapytał, dlaczego Syria czuje się zagrożona przez Turcję. W odpowiedzi Assad wygłosił tyradę przeciwko osmańskiemu imperializmowi.

Chociaż przyczyny tureckich zaczepek wobec Syrii były zrozumiałe – te same legły u podłoża strategicznego sojuszu z Izraelem – zagadkowy był wybór momentu.

1 Dnia 6 października 1998 roku; przemówienie zamieścił turecki „Daily News”.

Dlaczego teraz? Według pewnego zagranicznego dyplomaty, z którym wówczas rozmawiałem, odpowiedź była prosta: Turcją tak naprawdę rządziła ośmiusettysięczna armia, a 30 sierpnia został mianowany nowy szef sztabu, Hüseyin Kıvrıkoğlu. Nowy szef domagał się bardziej stanowczych działań przeciwko PPK. W Turcji to nie cywilne ministerstwo, ale właśnie sztab generalny – mówił ów dyplomata – jest ciałem, które prowadzi politykę zagraniczną. W sztabie generalnym studiowano dzieje wojny między armią i islamistami w Algierii (na wypadek podobnego konfliktu w Turcji) oraz roztrząsano scenariusze dla Bliskiego Wschodu – post-Assadowskie, a nawet postsyryjskie, gdyby Syria nie przetrwała Assada.

Zręczność, z jaką Turcja wciągnęła Syrię w ten kryzys, wzbudziła podziw wśród izraelskich oficjeli, choć oficjalnie starali się oni za wszelką cenę zdystansować od polityki tureckiej (do tego stopnia, że odwołali manewry wojskowe na wzgórzach Golan, żeby Assad nie poczuł się wzięty jednocześnie w dwa ognie). „A zatem rozumie pan, że Assad przegrał – stwierdził z niekłamanym entuzjazmem w głosie pewien pracownik wywiadu izraelskiego, którego poznałem w Tel Awiwie. – Wydalił Öcalana. Przestał wspierać PPK. Oczywiście, kiedyś znowu będzie pomagać Kurdom, ale chwilowo jest skończony"[1]. Izrael z szacunkiem odnosił się do potęgi

1 Sprawa wydalenia Öcalana z Damaszku była relacjonowana przez media. Przywódca Kurdów przybył następnie do Włoch, gdzie 13 listopada 1998 roku został aresztowany. Rok później służby tureckie ujęły go w Kenii. Obozy szkoleniowe PPK w libańskiej dolinie Bekaa podobno zostały zlikwidowane.

militarnej, która była gotowa zadrzeć z opinią publiczną całego regionu, byle chronić własne interesy – sam również wielokrotnie to czynił.

*

Zbliżała się pora odjazdu pociągu do Ankary, skąd miałem wyruszyć do Damaszku. Jeszcze dwadzieścia cztery godziny wcześniej nie byłem pewny, czy otrzymam wizę syryjską. Przez dwa miesiące zabiegałem o nią za pośrednictwem ambasady Syrii w Waszyngtonie. Odmówiono mi jednak zarówno wizy dziennikarskiej, jak i turystycznej, zapewne z powodu krytycznych artykułów o tym kraju, które publikowałem w minionych latach. Z przewodnika *Lonely Planet* dowiedziałem się, że konsul syryjski w Stambule wydaje turystyczne wizy od ręki, więc założyłem, że nie trudzi się konsultowaniem każdej decyzji z Damaszkiem.

Konsulat mieścił się na piętrze starej kamienicy. Chociaż tego ranka nagłówki tureckich gazet zapowiadały rychłą wojnę z Syrią, policjant z pistoletem maszynowym wpuścił mnie, nie sprawdziwszy zawartości mojego plecaka. Była 9:45 rano. Konsulat oficjalnie urzędował od 9:30 do 11:00, ale kiedy wysiadłem z windy, okazało się, że drzwi są zamknięte. Hiszpański turysta czekający na korytarzu powiedział, że pielgrzymuje na rowerze z Hiszpanii do Ziemi Świętej. Kiedy zrezygnowani zbieraliśmy się już do wyjścia, o 9:55 drzwi się uchyliły i jakiś mężczyzna bez słowa podał nam formularze wizowe. Jedno z pytań we wniosku brzmiało: „Czy kiedykolwiek odwiedzał / odwiedzała Pan / Pani okupowaną Palestynę?”.

Napisałem „Nie”, co było nieprawdą. Pięć minut później, uiściwszy opłatę wysokości sześćdziesięciu pięciu dolarów, stałem się posiadaczem syryjskiej wizy i postanowiłem nazajutrz wyjechać ze Stambułu.

Lśniący czystością, klimatyzowany pociąg, który wyruszył z dworca Haydarpaşa do Ankary, był równie komfortowy jak ten, którym na samym początku mojej podróży jechałem z Budapesztu do Debreczyna. Przyglądając się współpasażerom, zauważyłem dużo eleganckich skórzanych aktówek, telefonów komórkowych oraz chust muzułmańskich. Niektóre kobiety w chustach także miały aktówki i komórki. To właśnie ten melanż nowoczesności i tradycji sprawiał, że społeczeństwo tureckie wydawało się takie dynamiczne.

W ciągu pierwszych dziewięćdziesięciu minut podróży po prawej stronie rozpościerało się morze Marmara, które w słońcu, od czasu do czasu wychylającym się zza chmur, zmieniało barwę z rdzawoburej na szarobłękitną. Morze było upstrzone tankowcami i wysepkami z domami o czerwonych dachówkach. Był to region północno-zachodniej Anatolii, gdzie pod koniec XIII wieku zjawili się Turcy osmańscy pod wodzą Ertuğrula i jego syna, Osmana. Z czasem wyparli inną turecką dynastię, Seldżuków. Tutaj też, na południowych wybrzeżach morza Marmara i pobliskich wyspach, spędzali lato cesarze bizantyjscy i sułtani osmańscy. (W 1999 roku miało zaś miejsce tragiczne trzęsienie ziemi).

Przeszedłem do wagonu restauracyjnego i zjadłem trzydaniowy obiad, podany na białym obrusie, obserwując kobiety zbierające z pól cebulę i ładujące ją do czerwonych worków. W końcu morze Marmara zniknęło z pola widzenia, a pociąg wjechał w zieloną dolinę rzeczną, kończącą się skalnym wąwozem, skąd otwierał się widok na półpustynny i przerażająco piękny krajobraz. Był to step anatolijski, lądowy most długi na kilkaset kilometrów i szeroki na przeszło sto, łączący Europę z sercem Azji, zwany Azją Mniejszą.

Ten step był geologicznym obrazem rewolucji i nietrwałości, mozaiką żółto-czarnych pagórków, którą całe tysiąclecia tworzyły woda i wiatr. Pejzaż Anatolii był jak kronika – będę się w niej zaczytywał przez całą podróż po Wielkiej Syrii – zapis bezustannego niszczenia starych form, niepostrzeżenie ustępujących miejsca nowym. Pola dosłownie stały w ogniu – wypalane przez rolników, by użyźnić glebę przed następnym zasiewem. Nowe meczety i bloki mieszkalne, które wczesnym wieczorem pojawiły się na horyzoncie, zwiastowały bliskość Ankary.

Z trudem ją rozpoznałem. Kiedy przyjechałem tu pierwszy raz w 1983 roku, Ankara wyglądała jak typowe miasto pobliskich komunistycznych Bałkanów – obskurne, górzyste, cuchnące dymem węglowym. Teraz zamieniła się w iluminowany labirynt wiecznie zakorkowanych ulic, butików, galerii otwartych do późnej nocy, francuskich restauracji i zamożnych przedmieść z domami o ścianach z polerowanego kamienia i oknach z przyciemnionymi szybami, wspinających się wysoko na wzgórza i ciągnących daleko w step. W 1993 roku, w czasie mojej poprzedniej wizyty, zaskoczyło mnie nowoczesne centrum handlowe koło Sheratona. Teraz, po pięciu latach, takie centra były dosłownie wszędzie. Tego wieczora i następnego dnia zauważyłem wiele elegancko ubranych kobiet, samotnie przesiadujących w kawiarniach i restauracjach, rzadki widok w społeczeństwach muzułmańskich. Odsetek kobiet wśród prawników, lekarzy i maklerów giełdowych w Ankarze jest wyższy niż w wielu krajach Zachodu[1]. Skojarzyło mi się to z Chinami z dziesiątkami milionów nowych mieszkańców miast, marzących o awansie do klasy średniej, której członkowie z kolei stawali się częścią bardziej wyrafinowanej klasy globalnej.

Rankiem następnego dnia zwiedziłem Muzeum Cywilizacji Anatolijskiej, mieszczące się w starej osmańskiej hali targowej, czyli *bedesten* – odpowiedniku suku w krajach arabskich. Obejrzałem tabliczki klinowe, które wędrowni kupcy przywieźli tu przed około czterema tysiącami lat z Mezopotamii, czyli dzisiejszego Iraku, wprowadzając do Anatolii pismo, a tym samym historię. Później, w drugim tysiącleciu przed naszą erą, Hetyci, lud indoeuropejski, zjednoczył małe, rozproszone państwa-miasta Anatolii w federację ze stolicą w Hattusie, położonej kilkadziesiąt kilometrów na wschód od Ankary. Widziałem stele hetyckie z modłami o dobre zbiory, a także naczynia z terakoty i rzeźby przedstawiające rogate zwierzęta z wyłupiastymi oczami. W 1190 roku p.n.e. federacja hetycka rozpadła się pod naporem kolejnych inwazji Traków, Frygijczyków, Protoormian i Asyryjczyków. Hetyckie pismo klinowe wyszło z użycia, a cała populacja zaczęła migrować z północnej Anatolii do południowej, tworząc

1 Zob. Nicole i Hugh Pope, *Turkey Unveiled. A History of Modern Turkey*, Woodstock 1998.

nową grupę państw-miast wzdłuż linii obecnych granic turecko-syryjskiej i turecko-irackiej, w 700 roku p.n.e. wchłoniętych przez nowo powstałe imperium asyryjskie. W muzealnych gablotach te katastrofy znajdowały odbicie w przejściu od surowej terakoty Hetytów do misternie obrabianego drewna i metalu Frygijczyków. Zauważyłem też płytę bazaltową z Karkemiszu, największego z miast południowej Anatolii, które przejęły schedę po federacji hetyckiej. To właśnie od wykopalisk archeologicznych w Karkemiszu w 1910 roku rozpoczął swoją bliskowschodnią przygodę T. E. Lawrence („Lawrence z Arabii"), brytyjski przywódca arabskiej rewolty przeciwko imperium osmańskiemu.

Siedząc na ławce, przyglądałem się bazaltowym i wapiennym płaskorzeźbom z IX–VIII wieku p.n.e., przedstawiającym defiladę wojowników z Karkemiszu z włóczniami i w hełmach zdobionych piórami, defiladę, która jak pejzaż anatolijski odzwierciedlała marsz historii z jej niekończącym się powstawaniem, rozkwitem i ginięciem państw i imperiów. Przypomniałem sobie rozważania Arnolda Toynbee'ego o upadku Asyrii, które równie dobrze mogły być zapowiedzią politycznych burz w regionie na początku XXI stulecia[1].

Toynbee powiada: „Kataklizm, który położył kres asyryjskiej potędze militarnej w latach 614–610 p.n.e., był jednym z najstraszniejszych, jakie zna historia... Po społeczności, która istniała od ponad dwóch tysiącleci

1 Zob. Arnold J. Toynbee, *Studium historii*, przeł. J. Marzęcki, Warszawa 2000.

i odgrywała coraz ważniejszą rolę w południowo-zachodniej Azji, w ciągu zaledwie dwu i pół stulecia nie został prawie ślad". Zaledwie dwieście lat po upadku Asyrii, greccy kupcy, na których powołuje się Ksenofont, a za nim Toynbee, uciekając z Persji i mijając asyryjskie Kalach i Niniwę, „byli zdumieni nie tyle ogromem fortyfikacji [...], ile faktem, że tak wspaniałe dzieła rąk ludzkich pozostają niezamieszkane"[1]. Jeszcze bardziej zdumiewające jest to, że choć Asyria przez wieki odgrywała kluczową rolę na Bliskim Wschodzie, to Ksenofont, wykształcony grecki generał, prawie nic o niej nie wiedział. Jak pisze Toynbee, „sama nazwa »Asyria« była mu obca".

Jak to możliwe?

Asyria została ponownie odkryta dopiero przez archeologów i epigrafów. Asyryjska machina wojenna należała do najstraszniejszych w dziejach, „bezustannie – jak powiada Toynbee – przeglądana, unowocześniana i wzmacniana, aż do chwili ostatecznej klęski". Toczyła wojny z Babilonią (w Iraku), Elamem (w Iranie) i Egiptem i wydała jednych z pierwszych znanych historii megalomanów w osobach Aszurnasirpala II, tyrana z IX wieku p.n.e., w którego posągach nie sposób było dostrzec „cienia uśmiechu, pobożności, wręcz człowieczeństwa"; Tiglatpilesara III panującego w VIII wieku, sprawcy masowych deportacji; oraz Sancheryba, który w 689 roku p.n.e. podbił Babilonię, porównując siebie do

1 Toynbee opierał się na *Anabazie* Ksenofonta, znanej też pod tytułem *Wyprawa Cyrusa*.

„huraganu”[1]. Władcy asyryjscy zrównali z ziemią Damaszek i Samarię (na Zachodnim Brzegu), Sydon w Libanie, Suzę w Iranie oraz Memfis i Teby w Egipcie. Sieją grozę na kartach starotestamentowych ksiąg prorockich. Jedynie Tyr w Libanie i Jerozolima nie zostały przez nich podbite, nim w 612 roku p.n.e. koalicja Babilonii, Medei i Scytii zdobyła stolicę Asyrii, Niniwę (nieopodal Mosulu w północnym Iraku). Kiedy jednak padła Niniwa, cała Asyria dosłownie rozsypała się w proch i niemal nic nie zostało po tej cywilizacji. Nawet jej język, akadyjski, został natychmiast zastąpiony przez aramejski. Toynbee nazywa Asyrię „»trupem w zbroi«, szkieletem utrzymującym się na nogach tylko dzięki ciężarowi wojskowego ekwipunku”, który ostatecznie jednak przygniótł i zdruzgotał ciało państwa asyryjskiego.

Historia jest pełna „trupów w zbroi”: Sparta, Macedonia Aleksandra Wielkiego, imperium osmańskie i, oczywiście, hitlerowskie Niemcy to tylko kilka przykładów, choć żaden z tych krajów (ani jego język) nie został całkowicie unicestwiony, jak Asyria. Toynbee zauważa, że podbój Bliskiego Wschodu przez Aleksandra został powtórzony blisko tysiąc lat później, po śmierci proroka Mahometa, przez armie muzułmańskich Arabów. „W tym akcie arabskiego zbójectwa [...] dwanaście lat podbojów zostało zwieńczone dwudziestoma czterema latami walk bratobójczych”, które zaciążyły nad całą ich późniejszą historią. Schemat jest zawsze ten sam: skrajnie zmilitaryzowane i scentralizowane państwa i imperia,

1 Zob. Georges Roux, *Ancient Iraq*, London 1964.

niepokonane w jednym dziesięcioleciu czy pokoleniu, w następnym upadają lub same zostają podbite.

Los starożytnej Asyrii, obejmującej dzisiejsze Syrię i Irak, wydaje się szalenie prawdopodobnym scenariuszem dla Bliskiego Wschodu początków XXI wieku. Asyryjski militaryzm wyrósł z konieczności obrony mieszkańców Pustyni Syryjskiej i Mezopotamii przed wrogimi górskimi plemionami z Anatolii i Kurdystanu na północy i Iranu na południu oraz przed faraonami z Egiptu na południowym zachodzie. Ta skrajna militaryzacja wytworzyła kruchą asyryjską kulturę polityczną, przypominającą silnie scentralizowane, dyktatorskie państwa dziś okupujące Pustynię Syryjską i Mezopotamię oraz inne kraje świata arabskiego, gdzie jedynymi mocnymi instytucjami są wojsko i siły bezpieczeństwa.

Z wcześniejszych podróży wiedziałem, że Irak i w mniejszym zakresie Syria są krajami, gdzie pod nagą skorupą reżimu brutalnie eliminuje się wszelkie rodzaje więzi społecznych poza rodzinnymi i klanowymi, wytwarzając niebezpieczną próżnię. Czy rozpad Syrii i Iraku był tylko kwestią czasu? A może nawet Turcja – dziś tryskająca energią i stanowiąca na pozór stabilne połączenie demokracji i dyktatury wojskowej – przeobrazi się w swoje przeciwieństwo? Przed budynkiem Muzeum Cywilizacji Anatolijskiej powiewały tureckie flagi, jakby Republika Turecka czerpała swą legitymację z historii wielkich imperiów, które powstawały i upadały na tych ziemiach[1].

1 To właśnie w Muzeum Cywilizacji Anatolijskiej przechowywano ciało Atatürka po jego śmierci w 1938 roku, zanim wzniesiono mauzoleum pod Ankarą.

Eksponaty zgromadzone w gablotach uczyły jeszcze czegoś: żaden ustrój państwowy nie jest wieczny i historia starożytna może być równie dobrym przewodnikiem po przyszłych dziejach Bliskiego Wschodu, jak współczesne doniesienia medialne. Być może nawet lepszym.

*

„Atatürkizm, baasizm i syjonizm to ustandaryzowane ideologie. Są jak sieci handlowe z lat pięćdziesiątych, które przestały zaspokajać zindywidualizowane potrzeby coraz bardziej zróżnicowanych i złożonych społeczności" – powiedział Doğu Ergil, socjolog z uniwersytetu w Ankarze, którego gabinet był udekorowany kurdyjskimi dywanikami, meblami z czasów imperium osmańskiego, afrykańskimi maskami i podkładkami pod piwo z Holandii i Niemiec. Ergil przewodniczy fundacji praw człowieka, która pomaga tureckim Kurdom. Na drzwiach nie było żadnej informacji i miałem problem z trafieniem po ciemku pod właściwy adres. „Dostawaliśmy pogróżki, więc się nie afiszujemy" – wyjaśnił.

Ergil nie sugerował moralnej czy instytucjonalnej równorzędności tych trzech ideologii. Atatürkizm był wojującym sekularyzmem, który wydźwignął państwo tureckie z ruin wielonarodowego imperium osmańskiego; syjonizm – ruchem na rzecz utworzenia państwa żydowskiego w Palestynie, gdyż życie w Europie i carskiej Rosji stało się dla Żydów trudne do wytrzymania; baasizm zaś odmianą sowieckiego komunizmu, ideologicznym zapleczem dyktatur w Syrii i Iraku. Ergilowi chodziło jedynie o to, że owe trzy ruchy, trzy warianty budowania państwa w XX wieku, były narzędziami wyzwolenia całych narodów – Turków, Żydów i Arabów – „w których wolność, zwłaszcza w społecznościach arabskich, często myli się z niezależnością”. Kiedy w Turcji, Izraelu i w świecie arabskim „pogłębi się kryzys tożsamości, a ustrój tych państw będzie coraz słabiej zaspokajał potrzeby społeczne – mówił Ergil – te ideologie staną się bardziej represyjne, każda w sobie właściwy sposób”.

Wyjaśnił, że tureckie partie polityczne różnią się od swych zachodnich odpowiedniczek. Mają charakter *stricte* wodzowski, nie istnieje demokracja wewnątrzpartyjna. Parlament jest niemal permanentnie sparaliżowany, w stopniu niewyobrażalnym w Stanach Zjednoczonych. Islamski fundamentalizm rośnie w siłę, bo w Turcji odwołuje się nie tyle do teologii, ile do tradycyjnych wartości chłopskich, a masy ludności napływowej przekształcają ubogie przedmieścia tureckich miast w olbrzymie wioski. Ponieważ wielu z tych przybyszów to Kurdowie, to według Ergila „następuje zbliżenie między islamską Fazilet [Partią Cnoty] i ruchem kurdyjskim, choć żadna ze stron się do tego nie przyznaje”. Tymczasem „porządek, a nawet stabilność zapewnia wojsko”.

Rozwiązaniem, powiedział Ergil, nie jest federacja, bo dziś Kurdowie mieszkają na obszarze całej Turcji, lecz decentralizacja. „Obecnie Ankara jest dla mniejszych miast tym, czym Słońce dla planet. To przestarzały system. Wodzostwo w polityce sprzyja korupcji. Istnieje w Turcji wielki głód demokracji i rządów prawa. Wskaźniki gospodarcze, już teraz znakomite, mogą poszybować, gdy tylko państwo się zreformuje. W Turcji chusty muzułmańskie noszone przez kobiety na uniwersytetach i w parlamencie są jak komputery – to postmodernistyczna broń przeciw stagnacji i niemoralności tradycyjnych partii politycznych. Tutaj te chusty pełnią identyczną funkcję, jak kiedyś u was hipisowskie pacyfy".

Przez dziesięciolecia – ciągnął Ergil – najstarsza turecka partia polityczna, Republikańska Partia Ludowa, głosiła „republikanizm, sekularyzm, nacjonalizm, etatyzm i populizm", ale nigdy „demokrację". To przyszło znacznie później, ale nawet teraz „westernizacja jest rozumiana jako sekularyzacja, a nie demokratyzacja". Jedyną liczącą się siłą polityczną w Turcji, która publicznie opowiadała się za demokratyzacją i decentralizacją, byli islamiści, którzy za wszelką cenę starali się obalić świecką republikę Atatürka.

ROZDZIAŁ 13

Nowy kalifat

Z Ankary zamierzałem wybrać się dwieście pięćdziesiąt kilometrów na południowy wschód, do Kayseri, miasta w środkowej Anatolii, które nabrało większego znaczenia pod panowaniem frygijskim na początku pierwszego tysiąclecia p.n.e. Dowiedziałem się jednak od znajomego, że właśnie w Kayseri odbędzie się wiec Partii Cnoty i że organizatorzy podstawią specjalny autobus dla dziennikarzy z Ankary. Tak więc o 7:30 następnego ranka zjawiłem się w ankarskiej siedzibie partii, przed którą już czekał autobus.

Siedziba partii, niedawno oddana do użytku, wyposażona była w komputery i stylowe meble. Elegancko ubrani mężczyźni o starannie przystrzyżonych brodach roznosili kawę i świeże pieczywo. Wśród dziennikarzy dostrzegłem kilka kobiet w chustach. Gdziekolwiek na Bliskim Wschodzie stykałem się z ruchami islamistycznymi, miały one pewne wspólne cechy: znakomitą organizację i wymagających zwolenników, skąd czerpały ową szczególną energię. Często to właśnie islamiści pierwsi w okolicy mieli własne strony internetowe, e-maile, telefony komórkowe i inne gadżety nowoczesnego świata.

Świeckie partie w Turcji miały silną pozycję i długą tradycję rządzenia, ale to właśnie Partia Cnoty, która dopiero się formowała, wydawała się jedynym autentycznym ruchem. Ponieważ jej członkowie pochodzili z robotniczych rodzin, kładziono nacisk na kształcenie w zakresie nauk ścisłych, a nie humanistycznych, domenę bogatych Turków, których stać na edukację bez żadnego praktycznego celu. Wielu islamistów było inżynierami. Murat Mercan, szef Centrum Badań nad Polityką, ankarskiego *think tanku* powiązanego z Partią Cnoty, wręczył mi wizytówkę, a następnie wygłosił krótki wykład o sytuacji politycznej w środkowej i południowo-wschodniej Turcji. „Na południowym wschodzie świeckie partie właściwie nie istnieją. Aktywnie działają tylko dwie: my [Partia Cnoty] i Kurdowie. Kayseri to ośrodek biznesowy z mnóstwem pieniędzy, zasługa Özala. Większość nuworyszy to islamiści".

Autobus wyjechał z Ankary i wkrótce mknęliśmy drogą wijącą się wśród bezkresnych, spalonych słońcem, żółtawych wzgórz, łagodnie falujących w ciszy i pustce, którą gwarantowały jałowość ziemi i brak drzew. Później pojawiła się zielona dolina ze srebrzystobłękitną rzeką o brzegach porośniętych topolami, następnie wysokie góry, potem znowu blade pagórki. Między rzędami foteli przeszedł steward, oferując wody perfumowane, ciastka i pepsi. Wdałem się w pogawędkę z kobietą w chuście na głowie, pisującą dla jakiejś islamistycznej gazety. Mówiła bez skrępowania o fundamentalizmie talibów w Afganistanie i o cichej rywalizacji między muzułmańskimi nuworyszami z Anatolii i żydowskimi biznesmenami ze

Stambułu. Przez resztę dnia była *de facto* moją tłumaczką. Była zwyczajną, sympatyczną kobietą, przedsiębiorczą i religijną. „Islam", jak „chrześcijaństwo" czy „judaizm", to ogólne pojęcie. Chrześcijanie w Libanie w krwawych latach siedemdziesiątych i osiemdziesiątych nie przypominali ewangelików z amerykańskiego Środkowego Zachodu i podobnie islamiści tureccy nie przypominają islamistów algierskich, egipskich czy irańskich. Kobiety w Turcji cieszą się znacznie większą wolnością niż w krajach arabskich i mogą swobodnie rozmawiać. Ponieważ tureckie odrodzenie religijne było skutkiem reform gospodarczych i politycznych, te zaś umożliwiły powstanie autentycznej klasy średniej – nie sztucznej, jak w Iranie, wyprodukowanej z dnia na dzień na rozkaz za petrodolary – tureccy islamiści różnią się od swych irańskich odpowiedników. (W Afganistanie w ogóle nie przeprowadzono żadnych reform, więc tamtejszy ruch islamistyczny, wytwór przeludnionych obozów dla uchodźców w Pakistanie, był jeszcze bardziej prymitywny niż w Iranie).

Zatrzymaliśmy się na parkingu koło nowoczesnego supermarketu z pamiątkami, żywnością i napojami. Pozostali dziennikarze, sami Turcy, zabrali dyktafony i otoczyli mężczyznę w ciemnym garniturze, który jechał z nami autobusem, a teraz wygłosił żarliwe przemówienie. Był gorliwym muzułmaninem i właścicielem biura podróży, jeden z jego autobusów uległ tragicznemu wypadkowi. Biznesmen winił zań producenta pojazdu, a manifestacja Partii Cnoty dawała mu sposobność przebicia się ze skargą do mediów.

Autobus ruszył w dalszą drogę, pokonując kolejne pasma wzgórz ciągnących się na spieczonym, żółtawym stepie. Cztery godziny po wyjeździe z Ankary dotarliśmy do przedmieść Kayseri i zatrzymaliśmy na parkingu ekskluzywnego salonu samochodowego, zwanego Toyota Plaza. Nad salonem znajdowała się restauracja z tarasem, z którego rozciągał się widok na rzędy nowych aut. Właściciel salonu, zwolennik Partii Cnoty, podjął nas wystawnym obiadem. Jego asystenci krążyli między stolikami z tacami – ze słodyczami oraz telefonami komórkowymi na wypadek, gdyby któryś z gości musiał zadzwonić.

Kayseri, pod względem wielkości dziewiąte miasto Turcji, z obskurnymi dzielnicami przemysłowymi, nieotynkowanymi blokami mieszkalnymi i hałaśliwymi placami budowy, wydawało się nie mieć końca. Po obiedzie zawieziono nas do dwóch fabryk: ręczników i wędlin. Obie były fascynująco brzydkie: skupiska kanciastych budynków, ciasno zbitych pośrodku zakurzonego stepu. Przypomniałem sobie, co powiedział mi pewien dyplomata w Ankarze, porównując Turcję i Grecję, dwie odwieczne rywalki: „Grecja jest krajem o wykształconej klasie średniej, dziesięciu milionach ludności i niskim wskaźniku urodzeń. Już się nie rozwija. Natomiast turecka klasa średnia i gospodarka wciąż dynamicznie się rozwijają, a w tym procesie coraz ważniejszą rolę odgrywają zarówno islamiści, jak armia".

Wysiadłem z autobusu, żeby poszukać hotelu, a potem wróciłem na główny plac Kayseri na wiec Partii Cnoty. Już z daleka dobiegło mnie skandowanie. Mówca stojący na tle meczetu z czasów osmańskich i czarnych bazaltowych murów cytadeli zbudowanej w XIII wieku przez Seldżuków, zwracał się do tysięcy słuchaczy, tak stłoczonych, że z trudem przepchnąłem się do trybuny. Mężczyźni w tłumie mieli brody, wełniane mycki, robocze kombinezony i ciemne sportowe kurtki. Kobiety, znacznie mniej liczne, w chustkach na głowach i czarnych płaszczach, stały osobno. Było sporo dzieci, które się bawiły, i starców, którzy gawędzili, popijając pepsi. Wystąpił entuzjastycznie przyjęty zespół tańca ludowego. Widzowie chwytali się za ręce i obejmowali – widać było, że łączy ich autentyczna więź.

Znałem tych ludzi, nie osobiście, ale znałem. Byli to mieszkańcy *gecekondular*, ubogich osad otaczających tureckie miasta, dosłownie „budowanych w nocy" przez ludność napływającą z prowincji – lumpenproletariat, który zalewał Turcję, szukając pracy w fabrykach. Był to jednak specyficznie turecki proletariat. Ponieważ wielu robotników stopniowo dołączało do klasy średniej, nie czuli się zmarginalizowani i często głosowali na rządzące partie świeckie. Również islam, który przyciągał tę podklasę, nie był tak surowy jak fundamentalizm, który bałamucił proletariat algierski czy irański. Kiedy francuski uczony Olivier Roy opisuje „islamskie przestrzenie", to ma na myśli warstwy społeczne pozbawione życia towarzyskiego, rozrywek i w ogóle kultury, poza ideologią, biznesem i systemem pomocy społecznej. „Dzisiejszy neofundamentalizm – pisze Roy – to lumpenislamizm"[1].

1 Zob. Olivier Roy, *The Failure of Political Islam*, Cambridge 1994.

Jednak w „islamskiej przestrzeni" na głównym placu w Kayseri były i tańce, i śpiewy.

Największą dekoracją, widoczną z oddali była waga sprawiedliwości, wykonana z kolorowych serpentyn, na której „Demokracja" ważyła mniej niż czarny znak zapytania. Kolejni mówcy powtarzali, że Partia Cnoty to jedyna partia, która reprezentuje prawdziwą demokrację, ponieważ wojsko i partie świeckie chcą autokracji. Symbolem autokracji był w tych przemówieniach Zachód, który wspierał obecny układ sił politycznych.

Temat wrócił podczas kolacji. Sympatycy partii mieszkali w nowym hotelu na zboczu Erciyes, wygasłego wulkanu o wysokości czterech tysięcy metrów. Wybrałem się tam wieczorem w nadziei, że uda mi się przeprowadzić wywiad z Abdullahem Gülem, odpowiedzialnym za resort spraw zagranicznych w gabinecie cieni Partii Cnoty. Gül był zajęty, ale właśnie zaczęła się kolacja i zostałem zaproszony do stołu. W dużej sali dostrzegłem zaledwie kilka kobiet. Większość stolików okupowali brodaci mężczyźni, którzy posilali się zupą i grillowanymi mięsami, a zamiast alkoholu zamawiali pepsi i oranżadę.

„Kiedy Ameryka poprze demokrację w Turcji? – zapytał sąsiad przy stoliku. – Bo teraz popiera armię". I nie czekając na odpowiedź, dodał: „Byłem w Izraelu, tam demokracja jest lepiej rozwinięta niż w Turcji, Partia Cnoty musi upodobnić Turcję do Izraela".

Nie zdziwiło mnie takie podejście do sprawy. Strategiczny sojusz turecko-izraelski zachęcił wielu Turków z wszystkich opcji politycznych, także z Partii Cnoty, do odwiedzenia Izraela. Izraelczycy zdawali sobie sprawę, że tureccy islamiści mają przed sobą jasną przyszłość i że ich stosunek do judaizmu jest znacznie łagodniejszy niż do innych ruchów islamistycznych, więc uznali ich za otwartych na wpływy. Z kolei islamiści wiedzieli, że gdyby Turcja stała się równie demokratyczna jak Izrael, to Partia Cnoty miałaby znacznie silniejszą pozycję niż obecnie i mogłaby stosować zachodnie reguły gry wbrew strategicznym interesom Zachodu. Roy napisał, że „Zachód wciąż jest niewolnikiem oświeceniowego poglądu, jakoby istniała tylko jedna forma postępu [...] ucieleśniana przez demokrację parlamentarną, której nieodłącznie towarzyszą [...] rozluźnienie moralne i zeświecczenie"[1]. Zachód jednak zaczynał rozumieć, że demokracja parlamentarna może wynieść do władzy siły polityczne skrajnie purytańskie, antysekularystyczne i nieuchronnie antyzachodnie.

Z tego względu miałem ambiwalentny stosunek do islamistycznego ruchu w Turcji. Partia Cnoty z jej systemem pomocy społecznej przypominała amerykańską organizację Tammany Hall, a w świecie arabskim – Stowarzyszenie Braci Muzułmanów (Dżamijjat al-Ichwan al-Muslimin) w Egipcie i Hamas w Gazie i na Zachodnim Brzegu. W Partii Cnoty zdawały się ujawniać dwie frakcje: umiarkowana, wywodząca się z Partii Ojczyźnianej Özala, i radykalna, karmiąca się teoriami spiskowymi o zagrożeniu ze strony Żydów i Zachodu.

Kolacja się skończyła i członkowie partii przenieśli się do sali telewizyjnej, gdzie dopingowali tureckich piłkarzy

1 Tamże.

walczących z Niemcami (tego wieczora wygrali Turcy). Tam podszedł do mnie wysoki, dobrze zbudowany, szpakowaty mężczyzna. Nazywał się Abdullah Gül. Gül był uważany za polityka umiarkowanego i wyraziciela opinii znacznej części tego coraz bardziej tradycjonalistycznego – ale z pewnością niezradykalizowanego – społeczeństwa. Kiedy rozmawialiśmy, zgromadził się wokół nas tłumek gapiów.

– Jesteśmy religijnymi nacjonalistami jak pierwsi chrześcijańscy socjaliści niemieccy. Chcę przez to powiedzieć, że jesteśmy konserwatystami. Tolerancja religijna jest głęboko zakorzeniona w tradycji osmańskiej. Kościół chrześcijański w Kayseri przetrwał nawet początek XX wieku, chociaż CNN nie pofatygowała się, żeby o tym poinformować. Skrajny republikanizm [odpowiedzialny za ludobójstwo Ormian w czasie pierwszej wojny światowej] ma tutaj znacznie słabsze korzenie. Fundamentaliści nigdy nie dojdą do władzy, bo fundamentalizm nie znajduje w Turcji wystarczającej pożywki kulturowej. Kalifat osmański czuł się tak pewnie, że nie zaprzątał sobie głowy Kurdami i chrześcijanami. W Anatolii nie było waśni religijnych. Do aktów przemocy dochodziło wyłącznie w okresie republikańskim.

Niezbyt precyzyjne pojęcie „okres republikański", którym się posługiwał, obejmowało zarówno sekularyzm Atatürka (o silnym zabarwieniu nacjonalistycznym), jak i zbrodnie popełnione przez młodotureckich reformatorów w czasie pierwszej wojny światowej.

– Owszem – ciągnął Gül – istnieje zbieżność między naszymi dążeniami i kurdyjskimi. Jesteśmy partią tureckiego społeczeństwa obywatelskiego. Inne partie są częścią tej samej machiny świeckiej ideologii i politycznej korupcji. Oczywiście, nasza demokracja i tak jest silniejsza niż gdzie indziej w świecie muzułmańskim. Turcy cieszą się pewnym zakresem wolności i jawności. Dzięki Özalowi istnieją setki stacji radiowych, piętnaście kanałów telewizyjnych i tak dalej. Teraz nikt już nie może kontrolować informacji. Jeśli wojskowi spróbują manipulować naszą przyszłością, znajdą się w społecznej izolacji.

– A co z Syrią? – zapytałem.

– Mówiąc o Syrii, jak również o Iraku, zawsze trzeba odróżniać rząd od społeczeństwa. W tych krajach społeczeństwo jest zniewolone przez własny rząd. Dalsza demokratyzacja Turcji, zwłaszcza jeśli będzie miała zabarwienie religijne i tradycjonalistyczne, wywrze ogromny wpływ na Syrię i Irak. Największym błędem Atatürka było oddanie w 1926 roku terenów roponośnych w północnym Iraku Brytyjczykom[1].

– A co z Izraelem? – sondowałem.

– Nie jesteśmy zachwyceni porozumieniami, które wojskowi zawarli z Izraelem. Ale to rzeczywistość, z którą trzeba się liczyć. Uznajemy państwo izraelskie i chętnie gościmy Izraelczyków w naszym kraju. Ale nie byłoby dobrze ani dla nas, ani dla nich, gdyby w oczach świata

1 W 1926 roku Atatürk przekazał Brytyjczykom sporną prowincję Mosul, zamieszkaną głównie przez rdzennych Turków i Kurdów. Później stała się ona częścią Iraku. Wyczerpujący opis negocjacji można znaleźć w: Lord Kinross, *Atatürk. The Rebirth of a Nation*, London 1964.

Turcja uchodziła za państwo w jakiś sposób uzależnione od Izraela.

Innymi słowy, islamistyczny rząd zmieniłby image, a nie zasady nowego sojuszu. Nie rzuciłby wyzwania generałom. Moim zdaniem to zdradzało kierunek, w którym zmierza Turcja. Islamiści z góry oddawali wojsku, co wojskowe: kontrolę nad makropolityką, strategią rozwoju państwa i porządkiem wewnętrznym, który był warunkiem tego rozwoju. Ale armia nie mogła kontrolować mikropolityki – codziennego życia politycznego i kulturalnego – nawet gdyby taka polityka skutkowała powrotem do osmańskiego tradycjonalizmu. Obecnie trwał spór między islamistami i wojskowymi, ale nie był on nieunikniony. Na przykład Gül, podobnie jak generałowie, nie pogodził się z utratą północnego Iraku i w razie upadku tego państwa, poparłby akcję wojskową. Turcja XXI wieku rzeczywiście mogła być jeszcze bardziej zmilitaryzowana i jeszcze bardziej zislamizowana. Przez osiemset pięćdziesiąt lat – od zwycięstwa Seldżuków nad Bizantyjczykami pod Manzikertem w 1071 roku do zakończenia pierwszej wojny światowej – kierunek rozwoju świata islamskiego wyznaczała Turcja, nie Iran czy Arabia[1]. Teraz zaś coraz potężniejszy ruch islamistyczny, coraz silniejsza armia i coraz prężniejszy rozwój gospodarczy, który był formą demokratyzacji, mogły przywrócić Turcji tę utraconą pozycję.

1 Dominacja Turków w świecie islamskim zaczęła się nawet wcześniej, w 861 roku, kiedy tureccy mamelucy zamordowali kalifa Al-Mutawakkila, stając się wpływową siłą polityczną na całym Bliskim Wschodzie.

Kiedy szofer Güla odwiózł mnie do hotelu na zboczu wulkanu, było już po północy. Jechaliśmy w ciemnościach, które rozjaśniał tylko księżyc w pełni, wiszący nisko nad minaretami. Nie ma nic piękniejszego niż samotna wędrówka, bez przyjaciół czy znajomych, którzy, chcąc nie chcąc, narzucają swoje opinie. To właśnie samotność jest sednem podróży: owo sam na sam z jedynymi przewodnikami: historią, pejzażem i książką. Musiałem wstać o świcie. Przeprawa przez góry Taurus do Antiochii zajmie mi ponad siedem godzin.

*

Autobus żwawo pokonywał kolejne pasmo gór. Jadąc nowiutką autostradą, poprowadzoną środkiem żyznej doliny, mijaliśmy bloki mieszkalne i sztucznie zalesione zbocza. Z upływem czasu jednak krajobraz stawał się coraz bardziej pusty i jałowy. Grzbiety górskie były tak wypalone, że było widać najmniejszą fałdę terenu. Na obiad zatrzymaliśmy się w motelu ze sklepami, restauracjami, kawiarniami i straganami: przy autostradach w Turcji było ich pełno. Restaurację opanowała wycieczka amerykańskich turystów, ostatnia duża grupa rodaków, którą spotkałem przed Izraelem. Po posiłku przebyliśmy następne morze gór. Potem, wczesnym popołudniem, pejzaż zaczął się zmieniać: zbliżaliśmy się do Morza Śródziemnego.

Pierwszy raz w czasie tej podróży zobaczyłem kaktusy, palmy, bananowce, gaje oliwne i jeszcze więcej cyprysów niż w Taurusie. Temperatura wzrosła, a pył stał się drobniejszy. Potem ujrzałem Morze Śródziemne, szklistoperłowe za mgiełką, a także rdzewiejące okręty, elewatory zbożowe i parkingi zapchane pojazdami wojskowymi. Twarze na ulicach były ciemniejsze niż gdzie indziej w Turcji, rysy ostrzejsze. Po długotrwałym przedzieraniu się przez szumy i trzaski kierowcy udało się złapać w radiu stację, która nadawała muzykę arabską zamiast tureckiej. Właśnie przejeżdżaliśmy przez İskenderun (Aleksandrettę), port założony przez Aleksandra Wielkiego na pamiątkę jego zwycięstwa nad Persami w 333 roku p.n.e. Był to najdalszy północno-zachodni kraniec Wielkiej Syrii[1].

Syria to greckie słowo pochodzące od semickiego *Siryon* – w Księdze Powtórzonego Prawa określenia góry Hermon, na której szczycie zbiegają się dziś granice Syrii, Libanu i Izraela. Przez cały wiek XIX, aż do upadku imperium osmańskiego po pierwszej wojnie światowej podróżnicy zwali Syrią obszar rozpościerający się od południowych zboczy Taurusu w Turcji na północy do Egiptu i Pustyni Arabskiej na południu oraz od Morza Śródziemnego na zachodzie do Mezopotamii na wschodzie. Obejmował on południową Turcję, Syrię, Liban, Jordanię, Izrael i zachodni Irak. Po pierwszej wojnie światowej Atatürk dołączył do nowego państwa tureckiego skrawek północnej Syrii. Ten pas ziemi leżał na pustyni na wschodzie i nigdy nie stał się przedmiotem sporu. Kiedy jednak autobus ruszył na południowy wschód od İskenderun, pokonując kolejne łańcuchy urwistych gór (północny skraj Libanu i Antylibanu) i wjeżdżając

1 Zob. Daniel Pipes, *Greater Syria. The History of an Ambition*, New York 1990.

w wąski pas gruntów uprawnych, znaleźliśmy się w sercu Hatayu, regionu o powierzchni trzech tysięcy kilometrów kwadratowych i wyglądzie uchwytu od „tureckiej patelni", wciśniętego między Morze Śródziemne i Syrię, który niegdyś zamieszkiwało więcej Arabów i Ormian niż Turków. Kiedy w lipcu 1938 roku do Hatayu wkroczyła armia turecka, znaczna część ludności arabskiej i ormiańskiej uciekła. To ułatwiło Turcji aneksję tych terenów przy biernej postawie Francji, która wówczas sprawowała kontrolę nad Syrią. Jednak na oficjalnych mapach syryjskich İskenderun (Aleksandretta) i reszta Hatayu – podobnie jak Wzgórza Golan – do dziś figurują jako część Syrii.

U podnóża gór dostrzegłem miasto i wkrótce autobus wjechał w gąszcz zakurzonych uliczek, rozbrzmiewających warkotem samochodów i starych motocykli. To była Antiochia, zwana przez Turków Antakyą, główne miasto Hatayu. Antiochia była jednym z wielkich miast starożytności. Została założona w 300 roku p.n.e. przez Seleukosa, generała armii Aleksandra Macedońskiego, i tak nazwana ku czci jego ojca Antiocha. W 64 roku p.n.e. Pompejusz przyłączył Antiochię do Rzymu i miasto położone na skrzyżowaniu dwóch ważnych szlaków handlowych – do Arabii i do Chin – stało się kwitnącym ośrodkiem kupieckim i wojskowym, sławnym ze szkoły filozoficznej. Odwiedzili je Juliusz Cezar i cesarz Dioklecjan, apostołowie Piotr i Paweł. W Antiochii pierwszy raz nazwano uczniów Jezusa chrześcijanami. Antiochia była jednym z trzech pierwszych patriarchatów Kościoła, obok Rzymu i Aleksandrii. W IV i V stuleciu, za panowania

Bizantyjczyków, elita antiocheńska ufundowała słynne mozaiki. Tutejsze muzeum archeologiczne ma jedną z najwspanialszych kolekcji na świecie. W szczytowym okresie rozwoju w czasach rzymsko-bizantyjskich Antiochia miała amfiteatr, łaźnie publiczne, akwedukty oraz kanalizację i zamieszkiwało ją pół miliona osób. Dziś liczy sto dwadzieścia pięć tysięcy mieszkańców. Wskutek napiętych stosunków między Syrią i Turcją oraz niestabilnej sytuacji na całym Bliskim Wschodzie dzisiejsza Antiochia jest miastem prowincjonalnym – zapuszczonym, na poły zrujnowanym, rzadko odwiedzanym przez turystów. Zakochałem się w niej od pierwszego wejrzenia.

Wędrując tego wieczoru ulicami Antiochii, dziwiłem się, jak niewiele trzeba, żeby stworzyć niepowtarzalną atmosferę i że miasta o wiele zasobniejsze bywają całkowicie pozbawione uroku. Zajrzałem do restauracji w podwórzu, gdzie w rozkosznym zapachu świeżego chleba i oliwy z oliwek, między stolikami zastawionymi bliskowschodnimi potrawami i karafkami białego wina spało kilka bezpańskich kotów. W narożniku rosło stare drzewko cytrynowe, a rdzewiejącą altankę oplatała winorośl. Goście palili papierosy i gawędzili – po turecku i arabsku – prawie do północy. W centrum miasta mężczyźni spacerowali, wschodnim obyczajem trzymając się za ręce (wśród mieszkańców Antiochii wciąż przeważali Arabowie). Minąłem zapuszczone warsztaty kowalskie i obskurne sklepiki z laminowanymi meblami i czarno-białymi fotografiami na ścianach. Zauważyłem więcej maszyn do pisania niż komputerów. Zajrzałem do meczetów i cerkwi, a potem obserwowałem mężczyzn siedzących na tysiącpięćsetletnich kapitelach przed Muzeum Archeologicznym, popijających kawę i bawiących się kluczykami do samochodów. Antiochia była miejscem, w którym aura niezwykłości często emanowała nawet z najzwyczajniejszych rzeczy.

– Czy granica z Syrią jest otwarta? – zapytałem miejscowych.

– Oczywiście.

Manewry wojskowe armii tureckiej odbywały się dalej na wschód, na pustyni. Sklepikarz, który jak prezydent Syrii Hafez al-Assad był alawitą, powiedział: „Naród syryjski to nasi bracia. Mówimy tym samym językiem, wyznajemy tę samą religię. W Syrii tylko jeden człowiek jest problemem – Hafez al-Assad. Zamienił Syrię w kraj *muchabarat* (arabskie określenie służb wywiadowczych, którego mój znajomy użył jako synonimu państwa policyjnego). W Antiochii wszędzie słyszałem podobne opinie. Antiocheńscy Arabowie nie kryli niechęci do reżimu syryjskiego. Wszystko to słyszałem już pięć lat wcześniej, podczas poprzedniej wizyty w Turcji[1]. Assad odmówił uznania tureckiego zwierzchnictwa nad Hatayem, ale miejscowi Arabowie unikali bliższych kontaktów z Syrią za jego rządów.

Wówczas zarówno przeszłość, jak przyszłość Antiochii wydawały mi się o wiele atrakcyjniejsze niż jej teraźniejszość. Mieszanka turecko-arabska wciąż nadawała

1 O Antiochii zob. więcej w: Robert D. Kaplan, *The Ends of the Earth*, New York 1997.

miastu kosmopolityczny charakter i gdyby w Syrii doszło do przemian politycznych, zapewne jeszcze raz podniosłoby się ono z ruin, które spoczywały pod warstwami współczesnego betonu.

*

Pewnego popołudnia, tuż przed wyjazdem z Antiochii, uświadomiłem sobie, że mam przy sobie bilet lotniczy z Tel Awiwu do Bostonu oraz notatnik z telefonami wielu osób w Izraelu, z którymi chciałem się spotkać: znajomych, przyjaciół, przedstawicieli rządu, wojskowych. Podróżowanie po Syrii z takim bagażem nie było dobrym pomysłem, zwłaszcza po odmowie wydania wizy przez ambasadę w Waszyngtonie. Powiedziałem o moim kłopocie pracownikowi antiocheńskiego oddziału DHL. Arab uśmiechnął się i wziął ode mnie trefne papiery. Jak wszyscy, których tutaj poznałem, zaczął narzekać na brak wolności w Syrii. Nawet jak na miejscowe standardy sytuacja była dość nietypowa. Nikt na Bałkanach, w Turcji, Libanie czy Jordanii nie drążył, kim jestem, gdzie byłem ani dokąd jadę, w każdym razie nie do tego stopnia, by uniemożliwić mi dalszą podróż. We wszystkich tych krajach wydawano mi wizę od ręki, choć czasem za paskarską opłatą. Panika w ambasadzie syryjskiej w Waszyngtonie skojarzyła mi się z podobnymi przygodami w Europie Wschodniej za czasów zimnej wojny.

Kiedy w hotelu włączyłem syryjskie wiadomości telewizyjne i ujrzałem tłumy smutnych ludzi na wiecach, na tle portretów Assada, znów pomyślałem o komunistycznej Europie Wschodniej.

Autobus odjeżdżający o dziewiątej rano do syryjskiego Aleppo był w dwóch trzecich pusty. Za towarzystwo miałem jordańskiego studenta metalurgii podróżującego ze Stambułu do Ammanu, holenderskiego turystę, Włoszkę z pudlem i tuzin miejscowych Arabów. Przez godzinę droga wiodła pośród pól bawełny i zbóż, potem wąwozem z kilkoma wioskami, który kończył się rozległym parkingiem dla ciężarówek. To była turecka część przejścia granicznego. Dostrzegłem stare tory kolejowe, jeszcze z czasów imperium osmańskiego, które do końca drugiej wojny światowej były popularnym szlakiem, łączącym Stambuł z Arabią. W zrujnowanym budynku turecki urzędnik podstemplował mi paszport. Ostatni raz w czasie tej podróży dane mi było oglądać czerwoną flagę z białą gwiazdą i półksiężycem.

ROZDZIAŁ 14

Sacrum i profanum

Autobus wyjechał z Turcji przez rzymski łuk na pustyni, odnowiony w czasach osmańskich i zwany Bab al-Hawa – „Brama Wiatru". Potem zajechaliśmy przed syryjski posterunek graniczny, z szeregiem kamiennych budynków i krawężnikami pomalowanymi w czarno-białe pasy: ta sama powściągliwa architektura, łącząca elementy sztuki krzyżowców i Osmanów, harmonizująca z pustynnym krajobrazem, którą będę podziwiał w całej Syrii, Jordanii i na Zachodnim Brzegu. Nad posterunkiem powiewała syryjska flaga w czerwono-biało-czarne poziome pasy, z dwiema zielonymi gwiazdami, symbolizującymi Syrię i Egipt, które w latach 1958–1961 tworzyły Zjednoczoną Republikę Arabską, efemeryczne państwo będące nieudaną próbą zjednoczenia świata arabskiego. Flaga turecka, z białą gwiazdą i półksiężycem na krwistoczerwonym tle, wykorzystywała symbolikę wojenną i religijną, natomiast flaga syryjska była wyzywająco postkolonialna: naśladowała świeckie flagi krajów europejskich, wyrażając marzenie Arabów o jedności, której odmówiły im Francja i Wielka Brytania, zaprowadzając własne porządki na Bliskim Wschodzie. Flaga syryjska symbolizowała niedawno odzyskaną niepodległość. Była to flaga z połowy

XX stulecia. Flaga Turcji – kraju, który nigdy nie został skolonizowany – miała status wieczności.

Wysiedliśmy z autobusu i weszliśmy do sali przyjazdów, wielkiej i niemal pustej, gdzie w rogu siedział jeden jedyny urzędnik i stemplował paszporty. Poza odprawą transportu bananów z Turcji reszta procedur granicznych okazała się czystą formalnością. Kiedy syryjski celnik przez dwie godziny targował się z arabskim importerem bananów, reszta pasażerów czekała w palącym słońcu. Ponieważ wiedziałem, że Syryjczycy są chorobliwie podejrzliwi wobec dziennikarzy i miałem tylko wizę turystyczną, ograniczyłem się do sporządzania notatek w pokojach hotelowych i innych miejscach niepublicznych. Pogodziłem się, że w Syrii będę tylko turystą. To mi zresztą nie przeszkadzało. Najciekawsi ludzie, których spotykałem w czasie moich podróży, często byli właśnie turystami i trampami.

Kiedy zmierzaliśmy na wschód, w stronę Aleppo, krajobraz za oknem zdecydowanie różnił się od anatolijskiego. Zniknęły góry i romantyczne widoki, a zastąpiła je surowa monotonia piaszczystej, rudawej gleby i nagich wapiennych skał. Jedynymi zielonymi akcentami były nieliczne sosny i oliwki. Wszystko, co zbudował człowiek, w tym ciągnące się w nieskończoność murki, wyznaczające granice między gospodarstwami, było tutaj zrobione z kamienia. Nie dostrzegłem żadnego rdzewiejącego żelastwa czy drutu kolczastego. Ten wysuszony płaskowyż między Taurusem na północy a bezdrzewnymi pustkowiami Arabii na południu czynił Wielką Syrię łatwą do zdefiniowania, nawet jeśli granice wewnątrz niej wywoływały ostre spory. Pojąłem, dlaczego wybitni angielscy podróżnicy z początków XIX wieku T. E. Lawrence, Gertrude Bell i Freya Stark zakochali się w tej krainie od pierwszego wejrzenia: pejzaż syryjski był jak dobra poezja – piękny w swej skromności.

Pojawiły się pierwsze wioski i autobus od czasu do czasu przystawał, pozbywając się kilku pasażerów. Zwróciłem uwagę na góry śmieci i zniszczone krawężniki. Widziałem mnóstwo kamieniołomów i placów budowy, ale domy i sklepy były zaniedbane.

Było wczesne popołudnie i ze szkół wysypały się dzieci, wszystkie w zielonych mundurkach wojskowego kroju, dziewczynki dodatkowo w białych chustkach na głowie. Wielu mężczyzn na ulicach również nosiło się po wojskowemu, na brunatno lub ciemnozielono. Dostrzegłem młode i stare kobiety w czarnych islamskich szatach, wiele z zasłoniętymi twarzami, inne jednak w tradycyjnych, kolorowych strojach. W stylu ubierania nie było śladu tureckiej postnowoczesności ani bałkańskiego świeżego indywidualizmu. Nawet islamiści z Partii Cnoty hołdujący modzie proletariackiej byli mniej tradycyjni niż mieszkańcy syryjskich wiosek. No i te zdjęcia – w każdej witrynie sklepowej, za szybą każdego mijanego samochodu zdjęcia prezydenta Assada z wielką głową, czarnym wąsem, i świdrującym spojrzeniem, a także fotografie jego synów, Baszara i Basila, w mundurach lotników i okularach przeciwsłonecznych. Starszy, Basil, zginął w 1994 roku, rozbijając swego mercedesa na przedmieściach Damaszku, potencjalnym następcą był więc teraz Baszar. Syria, w przeciwieństwie do wszystkich innych krajów, które odwiedziłem po wyjeździe z Budapesztu, była państwem zmilitaryzowanym: wszyscy – żołnierze, chłopi, duchowni muzułmańscy – paradowali w takich czy innych mundurach, ścigani czujnym spojrzeniem przywódcy. Jedynym zwiastunem zmian, jaki dostrzegłem, były wszechobecne anteny satelitarne, które pozwalały Syryjczykom oglądać stację Al-Dżazira – arabski odpowiednik CNN – szanowaną za obiektywizm: wiedzieli zatem, co się dzieje na świecie.

Stupięćdziesięciokilometrowa podróż na wschód z Antiochii do Aleppo, wraz z postojami na dwóch posterunkach granicznych i negocjacjami w sprawie transportu bananów, trwała pięć i pół godziny. Poprzednio byłem w Aleppo w 1976 roku. Zmiany biły po oczach. Autobus wjechał do miasta od zachodu, gdzie w latach dziewięćdziesiątych nowoczesne suburbia wyrastały jak grzyby po deszczu, na fali liberalizacji gospodarczej, później zatrzymanej w oczekiwaniu, aż rządowi doradcy uzgodnią kolejny ruch[1]. Te przedmieścia, szeregi bliźniaczych willi zajmujących obszar większy niż dawna miejska starówka, były teraz przeważnie opuszczone. Dostrzegłem niewiele drzew i parków, za to mnóstwo nowych meczetów: w ten sposób alawicki prezydent starał się udobruchać sunnickich fundamentalistów, których zmiażdżył na początku lat osiemdziesiątych. Było też nowe rondo z olbrzymim posągiem z brązu: galopującym koniem z jeźdźcem, który miał rysy Basila Assada. Kiedy zbliżaliśmy się do centrum

1 O współczesnej gospodarce syryjskiej zob. m.in. *Syria's Economy. The Party's Over*, „The Economist", 17 January 1998.

miasta, widziałem coraz więcej billboardów z podobizną prezydenta. W latach siedemdziesiątych i na początku osiemdziesiątych, w czasie moich wcześniejszych podróży do Syrii, zdjęcia Assada mniej rzucały się w oczy – teraz przedmieścia budziły skojarzenia z bukareszteńskim Centrul Civic, zakazanym miastem o socrealistycznej architekturze, które Ceauşescu zdążył zbudować, nim został obalony.

Kolejny szok przeżyłem po wyjściu z autobusu na rogu ulic Baron i Al-Maari. Czyste, nowoczesne arterie, które zapamiętałem z roku 1976, były teraz skupiskiem niszczejących budynków i szyldów reklamowych, otoczonych hałdami śmieci. Ponownie zdumiał mnie całkowity brak dbałości o otoczenie, uderzający nawet w porównaniu z ubogą Antiochią.

Pieszo dotarłem do hotelu Baron, ładnej kamienicy, niczym oaza na pustyni brudu. W hallu ze starym pianinem, kamienną imitacją łukowatego sklepienia, wielkimi pozłacanymi żyrandolami, litografiami w zaśniedziałych złotych ramkach oraz plakatami w stylu art déco ze złotej ery podróży niemal od progu poczułem odór środków owadobójczych.

– Macie wolny pokój? – zapytałem.

Niska, pulchna kobieta chciała wiedzieć, czy mam rezerwację. Odparłem, że nie.

– To bez znaczenia – stwierdziła. – Pokój kosztuje dwadzieścia osiem dolarów za noc, w gotówce.

– W porządku.

Kiedy zapytałem, czy mogę u niej wymienić trochę dolarów na walutę syryjską, szepnęła wyraźnie spłoszona:

– Szybko, dawaj pan te dolary, zanim tamten zobaczy. – Pokazała na jakąś postać siedzącą w ciemnym kącie.

Pokój miał jedną gołą żarówkę, obdrapane ściany, skołtunione łóżko, stary telefon z wystrzępionym kablem i pęknięte drzwi ze sklejki skrywające obskurną łazienkę. Na biurku stała lampka, ale nie było gniazdka, żeby ją podłączyć. Wracając do hallu, wpadłem na mężczyznę, który wcześniej siedział w ciemnym kącie i przed którym ostrzegła mnie recepcjonistka. On też chciał wymienić dolary, domyśliłem się, że robił jej konkurencję. Następnego ranka w hotelu podszedł do mnie jeszcze inny facet i zaproponował wymianę czeków podróżnych po kursie siedemdziesiąt funtów syryjskich za dolara, co mnie zaskoczyło, ponieważ oficjalny kurs wynosił zaledwie czterdzieści cztery funty za dolara. Nie rozumiałem, o co chodzi w tym pokrętnym systemie. Wiedziałem tylko, że chociaż czarny rynek jest nielegalny, to wszyscy z niego korzystają. W Syrii ani razu nie byłem w banku.

Byłem spragniony po podróży, wszedłem więc do hotelowego baru, ciemnego i przestronnego, gdzie wiekowy barman o miedzianej cerze i pedantycznie przystrzyżonej siwej brodzie, ubrany w białą wykrochmaloną koszulę i krawat, wstał i zaprosił mnie takim gestem do półki z whisky, jakbym miał na sobie frak, a nie dżinsy i koszulkę. Był rozczarowany, kiedy zamówiłem wodę sodową. Ponownie stanął mi przed oczami Bukareszt za Ceauşescu, gdzie także spotykałem barmanów pielęgnujących atmosferę dawnych czasów i dekadencji.

Wracając, zauważyłem w hallu gablotę ze starożytną ceramiką i kartą meldunkową podpisaną przez Lawrence'a z Arabii, który gościł w Baronie. Podobnie jak Freya Stark, Kemal Atatürk, Charles Lindbergh, Theodore Roosevelt, Doris Duke, Agatha Christie, Lady Louis Mountbatten, zawodowy bokser Gene Tunney, Jurij Gagarin, David Rockefeller i inne sławy. Oczywiście oni mieszkali tu w czasach, gdy Baron, zbudowany w 1909 roku, był luksusową knajpą na obrzeżach miasta, otoczoną przez bujne ogrody, a Aleppo było przystankiem na szlaku kolejowym z Londynu do Bagdadu. Prawowitych ormiańskich właścicieli zmuszono do przekazania hotelu rządowi syryjskiemu i odtąd jakość usług spadła. Dzwonić za granicę można było tylko z hallu. Co drugi dzień w kranach nie było wody. Kiedy regulowałem należność za pokój, musiałem kilka razy prosić o wystawienie rachunku. Baśniowymi korytarzami zdawały się przechadzać duchy niegdysiejszych gości. Zawsze przystawałem przy żółknącej reklamie linii lotniczych BOAC (British Overseas Air Company, przemianowanych na British Airways). Hotel Baron miał się okazać Syrią w miniaturze.

*

Aleppo, liczące półtora miliona mieszkańców, jest drugim co do wielkości miastem Syrii po Damaszku i jak Damaszek zalicza się do najstarszych miast świata, nieprzerwanie zamieszkiwane od pięciu tysięcy lat. W eblaickim tekście z trzeciego tysiąclecia przed naszą erą Aleppo występuje jako Hal-pa-pa, czyli „Mlecznie białe", aluzja do miejscowych białych wapieni[1]. Istnieje również legenda, że Abraham w drodze z Ur do Kanaanu zatrzymał się tutaj, żeby wydoić swoją krowę. Za Hetytów, Amorytów, Asyryjczyków, Babilończyków i Persów Aleppo było głównym miastem kupieckim na odcinku Jedwabnego Szlaku łączącym Morze Śródziemne z Eufratem. Jego znaczenie wzrosło po założeniu Antiochii w epoce późnohellenistycznej. Za Rzymian i Bizantyjczyków było chlubą Syrii i dopiero w VII wieku zaczęło chylić się ku upadkowi wraz z narodzinami pierwszej islamskiej dynastii Umajjadów, którzy przenieśli ośrodek władzy politycznej i gospodarczej z pobliskiej Antiochii do odległego Damaszku. Po założeniu Bagdadu na wschodzie fortuny damasceńskie stopniały, a Aleppo odzyskało dawną świetność. W X wieku obrała je za stolicę dynastia Hamdanidów, wywodząca się z północnego Iraku. Dwukrotnie zostało zniszczone przez Mongołów, pod wodzą Hulagu w 1260 roku i Tamerlana w 1400 roku; w obu przypadkach część mieszkańców została wymordowana, a reszta wypędzona w głąb stepów Azji Środkowej. Mimo odkrycia dróg morskich do Azji, konkurujących z Jedwabnym Szlakiem, Aleppo dźwignęło się z ruin. Po upadku imperium osmańskiego

1 Język eblaicki to dialekt semicki odkryty w latach siedemdziesiątych przez włoskich badaczy w czasie prac wykopaliskowych w Tall Mardich, pięćdziesiąt kilometrów na południe od Aleppo, gdzie znajdują się ruiny starożytnego miasta Ebla. Wykopaliska wywołały mnóstwo kontrowersji, głównie dlatego że władze syryjskie nie mogą pogodzić się z faktem, iż język eblaicki cechuje bliskie pokrewieństwo ze starohebrajskim.

w wyniku pierwszej wojny światowej, wraz z powstaniem mandatów kolonialnych i państw narodowych, ośrodek władzy ponownie przeniósł się do Damaszku i Aleppo znowu straciło na znaczeniu. Strategiczne położenie na północnym krańcu Pustyni Syryjskiej – u samych wrót do Anatolii, z wielojęzyczną ludnością złożoną z Arabów, Turków, Ormian, Kurdów, Czerkiesów itd. – gwarantowało dobrobyt, dopóki nie zniszczyło go panowanie arabskiego Damaszku. Obecnie Aleppo sprawiało wrażenie bardziej zniszczonego niż kiedykolwiek w przeszłości.

Aleppo było bliskowschodnią wersją miast komunistycznej Europy Wschodniej, z popękanymi parapetami, przegniłymi drzwiami, łuszczącą się farbą i uprzejmymi, zmęczonymi ludźmi o zmierzwionych włosach i sfatygowanych workowatych ubraniach, pchającymi rozklekotane wózki, chociaż pośród mnóstwa starych gratów dostrzegłem kilka nowych toyot i mercedesów. Brak było wszechobecnych w Turcji krzykliwych reklam. Wedle tureckich standardów Aleppo było głuchą prowincją, a podróż z Antiochii do Aleppo była jak przełączenie się z filmu nakręconego w technikolorze na czarno-biały. Widziałem długie rzędy terkoczących maszyn do szycia ustawionych wprost na chodniku oraz warsztaty szewskie. Ulice były pełne dzieci i nastolatków. Od lat Syria ma jeden z najwyższych współczynników urodzeń na świecie: od 1980 roku jej populacja wzrasta średnio o ponad trzy procent rocznie, tym samym podwajając się przynajmniej co dwadzieścia lat[1]. Ludzie sprawiali

1 Zob. Bank Światowy, *World Development Report 1997*, New York 1997.

wrażenie zamkniętych w sobie i przygniecionych strapieniami. Jak usłyszałem od pewnego ekonomisty z Damaszku, tutejsza klasa średnia kurczy się, niższa klasa średnia popada w nędzę, natomiast wyższa, powiązana z reżimem, jeszcze bardziej się bogaci.

Przemierzałem kilometry średniowiecznych suków i karawanserajów, z których słynie to kupieckie miasto, z pasiastymi fasadami i stalaktytowymi kondygnacjami z czasów mameluckich i osmańskich. Wczesnym wieczorem, w porze zakupów, obserwowałem syryjskie chłopki, stojące w kolejce po wełnę na dywany, i mnóstwo zatłoczonych sklepików z tkaninami, mydłem, przyprawami i mięsem. Walące się ściany i góry tanich brązowych skarpetek i jutowych worków nadawały przykopconym sadzą i oświetlanym przez jarzeniówki marketom dość mizerny wygląd, sprawiając, że stare Aleppo wydawało się jednym wielkim, żywym dagerotypem. Wszędzie unosiła się mocna woń kawy przyprawionej kardamonem. Usłyszałem zawodzenie imama – głośniejsze niż zwykle, gdyż reżim Assada, wymordowawszy tak wielu islamistów, usiłował zjednać sobie ocalałych – którego głos wznosił się i opadał niczym jaskółki kołujące nad srebrną kopułą kościoła ormiańskiego. Meczety pękały w szwach, ale niewielu mężczyzn nosiło brody. Pewien dyplomata wyjaśnił mi, że fundamentaliści, którzy przeżyli assadowskie masakry, starali się nie zdradzać strojem. Jeśli w Syrii istnieje jakiś ruch islamistyczny, to pozostanie w podziemiu, aż reżim zacznie zdradzać oznaki słabości. Jednak Aleppo może być już gotowe do szerzenia radykalnej wersji islamu. Chrześcijanie byli mniej widoczni niż kiedyś z powodu emigracji współwyznawców i większej dzietności muzułmanów[1]. Na ulicach rzadziej było słychać kurdyjski i turecki. Aleppo traciło wyjątkowy charakter i przekształcało się w północny odpowiednik sunnickiego Damaszku, Hims i Hamy. Opuściłem suk przez zachodnią bramę, przy nowym luksusowym hotelu Amir Palace, którego przyciemniane, lustrzane szyby skrywały hall i restaurację przed spojrzeniami ciekawskich przechodniów.

Na ulicach było ciemno i tam, gdzie brakło latarni, z trudem odnajdywałem drogę. Dobrze oświetlone były jedynie portrety Assada. Zapamiętałem Aleppo jako piękne miasto – teraz chaotyczna, betonowa zabudowa, pozbawiona drzew i jakiejkolwiek zieleni, zaniedbana i brudna, nadawała mu upiorny wygląd, odzwierciedlający poczucie estetyki ciemnego, mściwego chłopstwa, które od kilkudziesięciu lat rządziło tym krajem. W całym Aleppo widziałem tylko jeden sklep bez portretu Assada – zamiast niego wisiało zdjęcie księżnej Diany. W przeciwieństwie do mieszkańców Stambułu, Ankary czy Antiochii tubylcy prawie nie czytali gazet i w ogóle nie rozmawiali o polityce. W sklepach trudno było zobaczyć komputer, bo internet był zakazany, podobnie jak telefony komórkowe. Było niewiele księgarni, a te, które zauważyłem, świeciły pustkami. Nie było bankomatów. Oblicze Aleppo określały tradycja, ucisk i zastój gospodarczy. Pary nie śmiały się i nie trzymały za ręce, nie

1 Zob. *As Christians Vanish From Their Cradle*, „The Economist", 18 July 1998.

zauważyłem ani jednej kobiety siedzącej samotnie w kawiarni. Wszyscy robotnicy nosili jednakowe kombinezony i, jak się miałem przekonać, nie tylko robotnicy.

Następnego wieczoru wybrałem się na kolację do dzielnicy ormiańskiej, położonej na północny wschód od centrum i suku. Podobnie jak dzielnica dyplomatów, również ta część Aleppo była odizolowana od reszty miasta. Wszystko lśniło czystością i ociekało bogactwem. Nie było kurzu. Kamienne fasady musiały być odnawiane i piaskowane. Okna w restauracjach były wypolerowane i ozdobione logo kart kredytowych. Pośród marmurowych fontann, połyskujących marmurowych podłóg, rzeźbionych drewnianych balkonów oraz drzewek jaśminowych i cytrynowych siedzieli przystojni mężczyźni i piękne kobiety w modnych kreacjach, z efektownymi makijażami i w okularach przeciwsłonecznych. Buty, torebki i inne dodatki były najwyższej jakości. Wszyscy wyglądali olśniewająco, ale również oni byli ubrani podobnie. Inaczej niż w Turcji, Bułgarii czy Rumunii, w Syrii nie spotkałem nikogo w spranych dżinsach i bawełnianej koszulce, czy w ogóle w ubraniu – mniejsza, czy gustownym, mniejsza, czy kosztownym – będącym wyrazem kreatywności lub buntu.

Nie wszyscy goście ormiańskiej restauracji pochodzili z bogatych chrześcijańskich rodów kupieckich. Część z nich to muzułmanie, którzy zbili majątek dzięki koneksjom politycznym w gospodarce – przepisy walutowe, zasady udzielania koncesji i warunki przepływu kapitału stanowiły tak mroczny labirynt, że kariera w biznesie zależała od orientacji, komu dać łapówkę i w jakiej wysokości. Pewien zagraniczny ekonomista stwierdził, że to „system, który zrodził najgorszy kapitalizm i najgorszy socjalizm".

Przy kolacji znajomy biznesmen opowiedział mi o historyku z Damaszku, który twierdził, że przywódca partyzantów kurdyjskich Abdullah Öcalan nigdy nie był w Syrii ani w Dolinie Bekaa w Libanie, a tureckie oskarżenia, że Syria wspiera Öcalana, są wyssane z palca. Zaskoczył mnie. Prasa zachodnia od lat pisała o kurdyjskich bazach w Syrii i Libanie. W Dolinie Bekaa Öcalan organizował nawet konferencje prasowe[1]. Jego pobyt na terenach kontrolowanych przez Syrię był poza wszelką dyskusją. Wszędzie można spotkać ludzi źle poinformowanych, ale historyk święcie wierzący w oczywiste kłamstwa reżimowej propagandy był jednak pewnym zaskoczeniem. Przypomniałem sobie pobyt w Syrii w 1983 roku, kiedy to zbulwersowałem pewnego profesora filozofii z uniwersytetu w Damaszku pytaniem, dlaczego nie ogłoszono żałoby narodowej po zestrzeleniu pilotów syryjskich nad Libanem – jak w Izraelu po śmierci pilotów izraelskich. Odparł, że nie powinienem „w ogóle zadawać takich pytań" i poskarżył się w Ministerstwie Informacji, które umożliwiło mi przeprowadzenie wywiadu, że dopuściłem się jawnej prowokacji. Syryjczycy od lat tak obawiali

1 Na przykład 16 marca 1993 roku Öcalan poinformował prasę o zawieszeniu broni w wojnie z Turcją w Bar Elias, w Dolinie Bekaa. Na ten temat zob. też: Nicole i Hugh Pope, *Turkey Unveiled*. Zdjęcie z obozu szkoleniowego PPK w Dolinie Bekaa zob. w: Susan Meiselas, *Kurdistan In the Shadow of History*, New York 1998 (zdjęcie wykonał Ed Kashi z „National Geographic").

się jakiejkolwiek krytyki reżimu, że wielu dziennikarzy odwiedzało Damaszek tylko po to, żeby porozmawiać z zagranicznymi dyplomatami. Ponieważ śmielszy reportaż mógł stać się przyczyną deportacji, media w zasadzie ograniczały doniesienia z Damaszku do informacji, że rząd syryjski coś potwierdził albo czemuś zaprzeczył w kwestii uwolnienia kolejnych zakładników w targanym wojną Libanie itp.

„Żaden Syryjczyk nie odważy się na krytykę reżimu w obecności innego Syryjczyka, chyba że ten należy do najbliższej rodziny" – wyjaśnił mi amerykański dyplomata, którego poznałem w Damaszku. Tę zwyczajową ostrożność wzmacniała wrodzona powściągliwość tubylców. Ten sam dyplomata powiedział, że w Syrii „zupełnie inaczej pojmuje się gościnność. Nikt cię nie poklepuje po ramieniu i nie próbuje się od razu zaprzyjaźnić, jak w Egipcie. Tutaj ludzie otwierają się i bawią wyłącznie za zamkniętymi drzwiami".

Syria to dramat polityki XX wieku.

*

O ile pojęcie Wielkiej Syrii jest geograficznie łatwe do zdefiniowania, o tyle terytorium „Syryjskiej Republiki Arabskiej" pozostaje nieokreślone. Państwo syryjskie nie ma też jednoznacznej tożsamości narodowej. Jak Liban, jest zlepkiem skłóconych grup etnicznych.

Jedyny patriotyzm, jaki tu kiedykolwiek istniał, miał charakter panarabski, ale upadek imperium osmańskiego uwikłał miejscowych Arabów w polityczne sprzeczności. Angielsko-francuska rywalizacja o łupy zaowocowała podziałem Wielkiej Syrii na sześć części[1]. Turcy odzyskali terytoria północne, Brytyjczycy otrzymali mandaty Palestyny, Transjordanii i Iraku, Francuzi zaś podzieli swoją strefę na Liban i Syrię.

Francuzi jednak rozciągnęli historyczne granice Libanu, by poddać liczną populację sunnickich muzułmanów pod panowanie maronickich chrześcijan, sympatyzujących z Francją, mówiących po francusku i chlubiących się konkordatem z Watykanem. „Syria", która pozostała, była już tylko bladym cieniem niedoszłego narodu. Chociaż jej terytorium zostało okrojone z wszystkich możliwych stron, pozostała areną działań nie tylko zwalczających się sekt, religii i klanów, ale także ruchu panarabskiego, którego celem była likwidacja wszystkich granic ustanowionych przez Europejczyków. Tak więc nowa Syria, choć mniejsza od Wielkiej Syrii, była organizmem jeszcze mniej spójnym.

Co gorsza, każda sekta i religia była związana z konkretnym regionem geograficznym, czyniąc z Syrii lewantyński odpowiednik Jugosławii: Aleppo na północy było wielonarodowym miastem kupieckim, historycznie silniej związanym z Mosulem i Bagdadem niż z Damaszkiem; na południe od Aleppo leżały sunnickie Hims, Hama i Damaszek, a na południe od Damaszku – tereny zamieszkane przez druzów, kolejną sektę muzułmańską. Na zachodzie, po sąsiedzku ze świeżo powiększonym Libanem, znajdowały się górskie siedziby alawitów, którzy

1 Więcej na ten temat w: Robert D. Kaplan, *The Arabists. The Romance of an American Elite*, New York 1993.

pewnego dnia pod wodzą Hafiza al-Assada przejmą władzę w Damaszku.

Zarówno alawici, jak druzowie to pozostałości fali szyityzmu, która przed tysiącem lat napłynęła do Wielkiej Syrii z Persji i Mezopotamii. Określenie „alawita" oznacza „ucznia Alego", zamordowanego zięcia Mahometa, otaczanego kultem przez miliony szyitów w Iranie i całym świecie muzułmańskim. Jednak w oczach sunnitów związek alawitów z szyitami to najlżejsza z herezji, o które ich oskarżają. Cięższym zarzutem jest powinowactwo z fenickim pogaństwem i chrześcijaństwem. Alawici obchodzą własne święta Bożego Narodzenia, Niedzieli Palmowej i Wielkanocy, a w swych obrządkach używają chleba i wina.

Próbując zablokować nacjonalizm tutejszych sunnitów, Francuzi celowo podsycali aspiracje mniejszości, nadając alawitom i druzom regionalną autonomię, obniżając im podatki oraz rekrutując ich do kolonialnych sił okupacyjnych. Sunniccy Arabowie z Damaszku – trzymani w szachu przez alawitów, druzów, Kurdów, a także bezwzględnych najemników, których Francuzi sprowadzili z Senegalu – czuli się bardziej prześladowani niż kiedykolwiek pod panowaniem Turków osmańskich. Paramilitarne ugrupowania sunnickie odpowiadały rozruchami ulicznymi i zbrojnymi ruchawkami. Podziały w Syrii lat trzydziestych XX wieku były równie głębokie jak te między Arabami i Żydami w zarządzanej przez Brytyjczyków Palestynie. Po odzyskaniu niepodległości w 1946 roku napięcie jeszcze bardziej wzrosło, gdy nowe państwo syryjskie rozpisało wolne wybory.

Ponieważ tak wiele głosów padło na rzecz regionalnych sekciarskich interesów, po wyborach z lipca 1947 roku mógł powstać jedynie słaby rząd mniejszościowy[1]. Kiedy więc w marcu 1948 roku szef sztabu generał Husni az-Zaim dokonał zamachu stanu, na ulicach Damaszku tłumy tańczyły z radości. Zaim jednak nie umiał porozumieć się z nacjonalistami, wkrótce został obalony i stracony. Nowy reżim wojskowy zarządził kolejne wybory, ale głosy były równie rozproszone jak w 1947 roku i kraj pogrążył się w anarchii, z której wydobył go dopiero zamach stanu przeprowadzony przez pułkownika Adiba asz-Sziszakliego w grudniu 1949 roku. Sziszakli został obwołany przez zagranicznych obserwatorów „syryjskim Atatürkiem", ale już w 1953 roku sam przyznał, że Syria to tylko „aktualna oficjalna nazwa kraju o sztucznych granicach nakreślonych przez zachodni imperializm"[2]. W 1954 roku został odsunięty od władzy przez sekciarzy z wewnątrz i spoza armii. Jesienią tego samego roku w Syrii odbyły się następne wybory i ponownie większość miejsc w parlamencie przypadła reprezentantom drobnych klanów i sekt. Najwięcej miejsc zdobyła partia Baas (po arabsku „Odrodzenie", ruch zainicjowany przez intelektualistów arabskich, zarówno muzułmańskich, jak i chrześcijańskich), która starała się wznieść ponad sekciarskie waśnie poprzez odwołanie do świeckiego arabskiego nacjonalizmu i socjalizmu we wschodnioeuropejskim stylu. W 1958 roku Syria

1 Najlepszą analizę polityki syryjskiej w tym okresie można znaleźć w: Patrick Seale, *The Struggle for Syria. A Study of Post-War Arab Politics 1945–1958*, Oxford 1965.

2 Zob. Seale, *The Struggle for Syria*.

zrezygnowała z dalszych prób zaprowadzenia demokratycznej samorządności i połączyła się z Egiptem Gamala Abdela Nasera. Nowo utworzone państwo, Zjednoczona Republika Arabska, rozpadło się jednak w roku 1961, częściowo z powodu niechęci niesunnickich Syryjczyków, takich jak alawici, do sunnickich Egipcjan. W 1963 roku, w rezultacie kolejnego zamachu stanu, do władzy w Damaszku doszli wojskowi, wśród których przeważali alawici. Alawici, którzy stanowili tylko dwanaście procent społeczeństwa, postrzegali socjalizm partii Baas jako świecką przeciwwagę dla islamu sunnickiego. Do kolejnego zamachu stanu doszło w 1966 roku; następny w 1970 roku wyniósł do władzy Hafiza al-Assada.

Assad nie zdławił syryjskiej demokracji. Po prostu w naturalny sposób wypełnił próżnię po upadku demokracji i dwudziestu jeden rządów w ciągu pierwszych dwudziestu czterech lat niepodległości. To wyjątkowo długie urzędowanie robi szczególne wrażenie w kontekście jego pochodzenia. „Alawita rządzący Syrią to jak… Żyd w koronie carów Rosji”[1] – napisał Daniel Pipes. Assad korzystał z najnowocześniejszych technik inwigilacji elektronicznej, a także z pomocy sowieckich doradców, zagarniając więcej władzy niż którykolwiek średniowieczny despota. Jego panowanie w Syrii, jak komunizm w Europie Wschodniej, było jednak raczej epoką przejściową, niż znakiem jedności narodowej.

Ponieważ islam zrodził się jako wizja idealnej, bezklasowej społeczności – z prorokiem Mahometem jako

1 Zob. Pipes, *Greater Syria*.

jedynym przewodnikiem[1] – od VII wieku świat muzułmański znajdował się w stanie permanentnej wojny z samym sobą. Taki brak mechanizmów legitymizacji władzy umożliwił powstanie rozmaitych mafijnych klanów, które, opierając się na współczesnej technice i europejskich modelach ustrojowych, sprawowały bezwzględną, w pełni zcentralizowaną władzę[2]. Przykładem Hama, sunnicki bastion w środkowej Syrii.

W lutym 1982 roku władzę w Hamie przejęli sunnici ze Stowarzyszenia Braci Muzułmanów. Wymordowali wszystkich alawickich urzędników, dokonawszy wcześniej masakry alawickich żołnierzy stacjonujących w Aleppo. Assad odpowiedział wysłaniem do Hamy dwunastu tysięcy alawickich żołnierzy, którzy zabili aż trzydzieści tysięcy sunnickich cywilów, a następnie zrównali miasto z ziemią. Pod sterylnym pancerzem rządów Assada żyło społeczeństwo rozdarte konfliktami, nieprzypominające bardziej narodu w latach osiemdziesiątych niż wówczas, gdy wycofali się Turcy. Ostatecznie Syria jest częścią tego samego poosmańskiego świata co Bałkany – świata wciąż dochodzącego do siebie po upadku imperium, wciąż uwikłanego w spory graniczne, które ów upadek spowodował.

W przeciwieństwie do Bałkanów z okresu zimnej wojny w Syrii nie istniała jednak inteligencja, która mogłaby odegrać rolę opozycji czy przywódcy okresu przejściowego. Tacy ludzie dawno wyemigrowali lub zostali wyeliminowani. Co do samego Assada, to jest on arabskim

1 Zob. Roy, *The Failure of Political Islam*.

2 Zob. Roy, dz. cyt., a także: Bernard Lewis, *The Middle East. A Brief History of the Last 2000 Years*, New York 1995.

odpowiednikiem Vita Corleone z powieści Maria Puzo, wytwornego dżentelmena-samouka, który, otoczony świtą ochroniarzy, potrafi godzinami raczyć swoich gości anegdotami z czasów kolonializmu bizantyjskiego, frankijskiego, osmańskiego i europejskiego. Na podobieństwo Breżniewa, Tity i Ceaușescu, blokuje przyszłość największego kraju Wielkiej Syrii i tym samym kształtuje współczesność Bliskiego Wschodu.

*

W hotelu zjawił się kierowca, który miał mnie zawieźć do Kala'at Seman, ruin bazyliki św. Szymona Słupnika, znajdujących się na północny zachód od Aleppo, w pobliżu granicy tureckiej. Na szybie zielonego studebakera z 1955 roku naklejone były kalkomanie przedstawiające Assada i jego synów. „Ładne kalkomanie" – powiedziałem do kierowcy, który miał na imię Walid. Uśmiechnął się i w najbliższej wiosce zatrzymał przed straganem z warzywami, gdzie kupił parę takich naklejek i wręczył mi w prezencie. Nie dostrzegłem w tym geście nic sztucznego. Dla Walida kult jednostki był czymś zupełnie naturalnym, jakby Syria nie była państwem, lecz związkiem plemiennym, a Assad jego wodzem.

Zjechaliśmy z głównej drogi i wspięliśmy się na pustynny płaskowyż. W Kala'at Seman kierowca pozwolił mi godzinę wałęsać się bez opieki, a sam wdał się w pogawędkę z miejscowym rolnikiem. Budowę bazyliki ukończono w 490 roku. Została wzniesiona wokół kolumny, na której według tradycji św. Szymon Słupnik spędził ostatnie trzydzieści lat życia, od 429 do 459 roku, z żelazną obręczą na szyi, zapobiegającą upadkowi podczas snu. Wcześniej Szymon, pasterz z północnej Syrii, który nawet życie pustelnicze uważał za niewystarczająco ascetyczne, spędził sześć lat na szczycie mniejszej kolumny. Gibbon tak pisze o Szymonie Słupniku: „To dobrowolne męczeństwo musiało z czasem stępić wrażliwość umysłu i ciała; trudno też przypuszczać, by fanatycy, sami sobie zadający tortury, ogarnięci religijną nienawiścią... żywili jakiekolwiek ciepłe uczucia do reszty ludzkości"[1]. Szymon Słupnik faktycznie był znany z nieprzejednanej postawy wobec wyznawców innych religii i odłamów chrześcijaństwa. Ten skrajny monastycyzm miał korzenie w Egipcie, gdzie sto lat wcześniej św. Antoni, młody analfabeta, rozdał wszystko, co miał, i odszedł na pustynię, by żyć w samotności. Swoim przykładem zaraził licznych naśladowców na Bliskim Wschodzie w czasach politycznego i duchowego wrzenia, gdy upadało Cesarstwo Rzymskie, szerzyło się chrześcijaństwo, a pogaństwo zaczynało ustępować pierwszeństwa islamowi.

Zbliżyłem się do ruin bazyliki, największej w starożytnym świecie, zajmującej powierzchnię pięciu tysięcy metrów kwadratowych na wzgórzu, z którego rozciągał się widok na Pustynię Syryjską i turecki Taurus. Byłem sam. Cisza, barwy i ogrom świątyni miały w sobie coś magicznego. Romańska fasada z trzypoziomowymi arkadami, zwieńczonymi korynckimi kapitelami, w świetle przedpołudniowego słońca przybrała kolor łososiowo-grafitowy, z żółtawymi refleksami. Misterne ornamenty

1 Zob. Gibbon, dz. cyt, tom 4.

roślinne na reliefie równoważyły ascetyzm kamiennych murów i kolumn. Na bliskowschodniej pustyni mieszały się style greckie, rzymskie i bizantyjskie, przywołując wspomnienie dawnej, kosmopolitycznej Syrii, bezkształtnej mieszanki kultur pod słabym imperialnym parasolem Rzymu i Konstantynopola.

Przez każdy łuk można było dostrzec labirynt ścian i przejść, kolumn i pilastrów z wyrzeźbionymi krzyżami i pogańskimi słońcami. Przez lekką mgiełkę i tumany pyłu na tle bladych wzgórz poprzecinanych ciemniejszymi pręgami murów było widać cyprysy i powykręcane oliwki. Przypomniałem sobie zdanie Freyi Stark, że „w naturze syryjskiego pejzażu leży rezygnacja z wszystkiego, co zbędne, aby przemówić mogło to, co istotne"[1].

Wróciłem do Walida i po kilku minutach jazdy dotarliśmy do Deir Seman, greckiego miasteczka z V wieku, schronienia chrześcijańskich mnichów i uciekinierów przed ówczesnym fiskusem. Teraz było to zaledwie luźne skupisko ruin, wśród których szwendało się bydło i osły. Następnie zatrzymaliśmy się przy Wadi al-Katura, gdzie Walid urządził piknik składający się z pity, koziego sera i oliwek. Widoczność na płaskowyżu była znakomita, ale w promieniu wielu kilometrów nie dostrzegłem żywego ducha. W pobliskim wąwozie był rzymski cmentarz: z miękkiej wulkanicznej skały wyłaniały się rzeźbione twarze zmarłych we wszystkich odcieniach całej palety zimnych barw. Okolica opustoszała, kiedy szlaki handlowe zmieniły bieg i wyczerpały się zapasy wodny pitnej.

1 Freya Stark, *East Is West*, London 1945.

Kala'at Seman i otaczająca pustynia wyglądały dokładnie tak, jak opisywali je podróżnicy w XIX i na początku XX wieku. Kiedy jednak w drodze powrotnej do Aleppo, znów pojawiły się jednolite betonowe klockowate osiedla, urozmaicone jedynie billboardami z podobizną Assada, zbudowane w latach osiemdziesiątych, tuż przed masakrą w Hamie, zacząłem się zastanawiać, co by dziś powiedziała Freya Stark. Zapewne zignorowałaby brutalność syryjskiej polityki, kontemplując suk tonący w pyle lub fascynujące krzywizny średniowiecznej cytadeli. Była utalentowaną pisarką, ale nie miała rozeznania w polityce: przewidywała zjednoczenie świata arabskiego, zwycięstwo demokracji w Iraku, pokojowe rozwiązanie konfliktów politycznych w Syrii i wygnanie Żydów z Palestyny, jeśli tylko syjoniści stawią czynny opór[1]. Dlatego zawsze miałem ambiwalentny stosunek do jej książek. Ku konsternacji archeologów, bizantyjskie ruiny z VI wieku zamieszkiwali bezdomni wieśniacy[2]. Rozkład polityczny był widoczny jak na dłoni i nasuwał nieodparte skojarzenia z upadkiem Rzymu w IV i V stuleciu, w czasach św. Antoniego i św. Szymona. Obawiałem się, że tak powstałą próżnię może wypełnić fundamentalizm religijny.

*

Następnego ranka wymeldowałem się z Barona i pojechałem taksówką na dworzec autobusowy. Wybierałem się na południe do Hims, a potem na wschód, w głąb Pustyni

1 Tamże.

2 Zob. *To Dismay of Scholars, Syrians Use 'Dead Cities'*, „The New York Times", 6 September 1998.

Syryjskiej, do ruin Palmiry. Powietrze o świcie było rześkie i wonne. Na dworcu pachniało cytrynami, grejpfrutami, świeżym chlebem, kurzem i olejem napędowym. Zanim wsiadłem do autobusu, musiałem udać się na posterunek policji, gdzie sprawdzono mój paszport. W autobusie jeszcze raz musiałem pokazać paszport, a reszta pasażerów swoje dokumenty tożsamości. To była zmiana w porównaniu z latami siedemdziesiątymi i osiemdziesiątymi, kiedy podróżowałem po Syrii bez urzędowego nadzoru. Później dowiedziałem się, że w 1996 roku w Damaszku podłożono bombę w autobusie. Od tego czasu kontrolowano wszystkich pasażerów na trasach międzymiastowych. Dostrzegłem dwóch niechlujnie ubranych mężczyzn z pistoletami wystającymi z toreb na zakupy – jakiś rodzaj tajniaków. Hims leży ponad sto pięćdziesiąt kilometrów na południe od Aleppo, w połowie drogi do Damaszku. Autobus był brudny. W latach siedemdziesiątych to w Turcji autobusy były obskurne, w Syrii zaś nowe i kolorowe. Teraz sytuacja się odwróciła. Patrzyłem przez okno na rdzawy wapienny płaskowyż, szczelnie pokryty betonowymi domkami. W Hims z dworca, na którym wysiadałem, nie odjeżdżały autobusy do Palmiry, więc zapakowałem się do starej, zdezelowanej taksówki, która zawiozła mnie na inny dworzec, na drugim końcu miasta, przez gehennę szarych budynków, starych i zrujnowanych oraz nowych i na wpół wykończonych, ale bez żadnych oznak, że prace będą kontynuowane. Wszędzie piętrzyły się góry śmieci.

Wkrótce siedziałem w autobusie, który ruszył do Palmiry, sto pięćdziesiąt kilometrów na wschód. Było mniej niż tuzin pasażerów, w większości robotnicy jadący dalej niż ja, na pola naftowe Deir Ez-Zur. Z trzeszczącego radia kierowcy dobiegała rytmiczna pieśń, w której powtarzały się słowa: *Baladna Suriye, Hafez Assad* (Naród Syrii, Hafiz Assad). Kiedy wyjeżdżaliśmy z Hims, widziałem szeregi zniszczonych dwu-, trzypiętrowych domów z balkonami. Dalej rozciągały się dzielnice nowszych budynków, setek i tysięcy, ciasno stłoczonych, bez jednego drzewa, jednego źdźbła trawy, znów przypominających miejski pejzaż komunistycznej Europy Wschodniej. Widok był upiorny. Kiedy jednak Hims zostało z tyłu i pojawiły się oliwki i sosny, a następnie pustynia, znów objawiła się romantyczna Syria.

Zaczęło się od wapiennego płaskowyżu, jaki widziałem między Aleppo i Hims, tutaj porośniętego zieloną szczeciną. Później zieleń się przerzedziła, a miękka czerwona gleba zamieniła w twardą, płaską ochrową pustynię, przyprószoną czarnym żwirem. W końcu pustynia przybrała barwę brunatną, a żwir rozsypał się w drobny miał, tworząc niewielkie wydmy mocno zbitego piasku. Monotonny krajobraz urozmaicały jedynie płaskie namioty Beduinów i stada owiec tak ogromne, że z początku brałem je za ciemne formacje skalne w oddali. Od czasu do czasu mijaliśmy Beduina wędrującego wzdłuż drogi, w czarnej marynarce i biało-czerwonej kefii. Znajdowaliśmy się na pustkowiu, na którym tacy brytyjscy politycy jak Winston Churchill wytyczyli arbitralne granice, tworząc „Syrię", „Irak" i „Transjordanię", a które wcześniej było po prostu Pustynią Syryjską, rozciągającą się od wybrzeży Morza

Śródziemnego do gęsto zaludnionych dolin rzecznych Mezopotamii[1].

Po dwóch godzinach gąszcz palm daktylowych obwieścił bliskość oazy – z posterunkiem policji i pomalowanym na złoto popiersiem Assada – w której zatrzymaliśmy się na krótki postój. Potem – jakby się podniosła kurtyna w hollywoodzkim widowisku biblijnym – ujrzałem brzoskwiniowe morze piasku, a pośrodku monumentalne ruiny Palmiry. Kierowca wysadził mnie przy stanowisku archeologicznym, skąd pieszo dotarłem do oddalonego o sto metrów hotelu Zenobia, małego neoklasycystycznego budynku z jaskrawożółtą fasadą, misternie kutą balustradą i cicho szemrzącą fontanną. Pokój, który dostałem, z wysokim sufitem i bardzo skromnym umeblowaniem, był dosłownie skąpany w świetle. Z łóżka miałem widok na starożytne miasto, po którym hulał wiatr.

Niewiele klasycznych starożytnych historii dorównuje pięknem, romantycznością, majestatem i siłą politycznej intrygi opowieści o upadku Palmiry w latach 271–273.

Kiedy na przełomie I i II wieku Cesarstwo Rzymskie rozszerzyło się na wschód, tutejsza oaza zyskała na znaczeniu jako przystanek karawan kupieckich i bufor między Rzymem i Persją. Rzymianie nazwali oazę Palmira, „Miasto Palm"; miejscowi Arabowie mówili o nim Tadmor, „Miasto Daktyli". Ta ulubiona polityczna satelitka Rzymu – dogodnie położona między Morzem Śródziemnym a Zatoką Perską i uprzywilejowana przez

1 Nazwa „Mezopotamia" znaczy po grecku „między dwoma rzekami" i bezpośrednio odnosi się do żyznych terenów między Tygrysem i Eufratem, stanowiących centrum dzisiejszego Iraku.

wcześniejsze rzymskie podboje nabatejskich miast kupieckich na południu (w tym Petry) ze 106 roku, sławna ze swych wspaniałych świątyń, pałaców, willi i kolumnadowych ulic – czerpała zyski z handlu z Indiami. Obyczaje zapożyczyła z Rzymu, architekturę z Grecji, a obrzędy ze Wschodu. W 256 roku cesarz rzymski Walerian nadał palmirskiemu królowi Odenatowi tytuł „Wodza Wschodu", sprawującego władzę nad pograniczem z Persją. W 267 roku Odenat został zamordowany, a schedę po nim objęła jego macedońska żona Zenobia.

Powiadano, że Zenobia dorównywała urodą samej Kleopatrze. Mówiła po łacinie, grecku, syryjsku i egipsku, znała historię Wschodu i grecką filozofię. Była utalentowaną amazonką, łowczynią i zaprawioną w wędrówkach piechurką[1]. Co ważniejsze, była też zręczną i, jeśli trzeba było, bezwzględną władczynią, być może szarą eminencją jeszcze za życia męża. Po zamachu królowa Zenobia ogłosiła całkowitą niezależność od Rzymu, zaczęła bić w Aleksandrii własną monetę i szukać sojuszników w Arabii, Armenii i Persji.

Aurelian, który został cesarzem po Walerianie, nie zamierzał tolerować nieposłuszeństwa samozwańczej „królowej Wschodu". Nowy cesarz, który przeszedł wszystkie szczeble kariery wojskowej i którego pierwsze osiągnięcia – zwycięstwo nad Gotami i zjednoczenie prowincji naddunajskich – rozpoczęły proces terytorialnej odbudowy Rzymu, zwrócił spojrzenie na Wschód. Maszerując z Bałkanów do Anatolii, podbił Bitynię (region między

1 Zob. Gibbon, dz. cyt., t. 1.

Stambułem i Ankarą), a następnie w dwóch wielkich bitwach, pod Antiochią i Emesą (Hims), rozgromił wojska Zenobii. W każdej z tych bitew Zenobia dzielnie walczyła ramię w ramię ze swoimi żołnierzami, ale nie mogła wystawić kolejnej armii i ostatecznie schroniła się w murach Palmiry w nadziei, że głód i ataki Beduinów osłabią wojska Aureliana lub że nadciągną z odsieczą jej wschodni sojusznicy. Przeprawa przez pustynię z Emesy do Palmiry (tym samym szlakiem dziś kursował autobus) rzeczywiście była pasmem utarczek z Beduinami. Pod koniec niezwykle kosztownej kampanii Aurelian zaproponował Zenobii bardzo łagodne warunki kapitulacji, ale królowa je odrzuciła. Cesarz miał słabe zaplecze polityczne w ojczyźnie. W liście kipiącym frustracją pisał: „Lud rzymski mówi z pogardą o wojnie, którą toczę z kobietą. Nie zdaje sobie wszakże sprawy z usposobienia i potęgi Zenobii. Nie sposób wymienić wszystkich jej poczynań wojennych..."[1].

Kiedy Aurelian okrążył Palmirę, Zenobia uciekła na dromaderze na północny wschód. Została pochwycona nad Eufratem, zakuta w łańcuchy i przewieziona do Rzymu, gdzie obwożono ją po ulicach. Palmirę oszczędzono, ale po kolejnym buncie, w 273 roku, Aurelian nakazał spalić miasto i wyciąć w pień wszystkich jego mieszkańców.

O zachodzie słońca poszedłem na drinka i wczesną kolację do restauracji w hotelowym ogrodzie. Nad stolikami

1 Źródłem jest tzw. *Historia Augusta*, część autorstwa Flawiusza Wopiskusa (cyt. za: Gibbon, dz. cyt.).

cicho szumiały liście palm i oleandrów, a z głośników płynęła *Mona Lisa* Nat King Cole'a. Obok wiktoriańskiej dwukółki stały uwiązane dwa, barwnie osiodłane dromadery. Dalej z trzech stron rozciągał się widok na ruiny miasta zdobytego przez Aureliana: smukłe kolumny, kapitele i gzymsy fantastycznie inkrustowane piaskiem i rzeźbione wiatrem. W oddali majaczyła żółta świątynia Baala, której ogrom przywoływał na myśl egipski Karnak. Na starożytnej agorze dostrzegłem odłamek skalny, tkwiący na korynckim kapitelu niczym urwana w pół zdania opowieść z przeszłości. Turystów było jak na lekarstwo – skutek fatalnej sytuacji politycznej. Powstanie społeczeństwa obywatelskiego w Syrii spowoduje masowy napływ turystów i koniec złotego wieku podróży, który trwa jeszcze w takich miejscach jak hotele Baron czy Zenobia. Jak na ironię, w pobliżu znajdowało się osławione assadowskie więzienie Tadmor, gdzie wciąż stosowano „terapię" elektrowstrząsami i gdzie pewnego ranka zamordowano pięciuset islamistów[1]. Podróżowanie po Syrii było spotkaniem z *sacrum* i *profanum*. Zanurzenie się w jednej z tych rzeczywistości, usuwało z pola widzenia drugą. Syryjska polityka z jej bezwzględną i absolutną wiarą w siłę fizyczną nie różniła się zbytnio od polityki Rzymu za panowania Aureliana.

*

1 Do masakry doszło 27 czerwca 1980 roku, dzień po nieudanym zamachu na Assada. Zob. Patrick Seale, *Assad. The Struggle for the Middle East*, London 1988. Komitety obrony praw człowieka regularnie wymieniają więzienie Tadmor pośród najcięższych w Syrii.

Kiedy wjeżdżaliśmy do Damaszku po trzech godzinach podróży przez pustynię, z Palmiry na południowy zachód, znów wszystko przesłoniły bloki z pustaków i wielkie podobizny Assada. Przytłaczająca wszechobecność portretów przywódcy w witrynach sklepowych, na murach i billboardach redukowała miasto do dwóch wymiarów. Wszystkie kulty jednostki i przemoc, którą rodzą, są odrażające. Zachować godność w takich warunkach można tylko dzięki pesymizmowi, cynizmowi i poczuciu humoru. W Syrii nieczęsto słyszałem śmiech, ale przygnębiająca atmosfera wyczuwalna na ulicach wskazywała na olbrzymie pokłady cynizmu i pesymizmu.

Niewielu Syryjczyków, do których zatelefonowałem, oddzwoniło, a ci, którzy to zrobili, twierdzili, że nie mają czasu, żeby się ze mną spotkać. Jedyni znajomi dziennikarze, którzy mieli w Syrii dobre kontakty, przyjeżdżali tu od dawna i czasem musieli powściągać swój krytycyzm wobec reżimu, żeby móc powrócić. Jeden z dyplomatów, których poznałem w Damaszku, powiedział, że najprawdopodobniej jego biuro jest na podsłuchu i że ochrona przekazuje listę wszystkich jego gości syryjskiemu wywiadowi.

W 1983 roku byłem w Damaszku dwukrotnie, przedtem odwiedzałem to miasto w latach siedemdziesiątych. Teraz pierwszy raz zszokował mnie stopień zniszczenia infrastruktury miejskiej. Tak jak Aleppo, centrum Damaszku przedstawiało obraz nędzy i rozpaczy – zdezelowane samochody, zapiaszczone fasady budynków, wybite szyby, połamane reklamy i hałdy śmieci nawet przy luksusowych rezydencjach i estakadach. Dworzec kolejowy Hejaz z drewnianym, ażurowym sufitem, był zaśmiecony i obwieszony propagandowymi transparentami. Plac Męczenników, gdzie w 1965 roku powieszono izraelskiego szpiega Eli Cohena, który infiltrował najwyższe kręgi władzy w Syrii, był teraz terenem budowy. Zaglądałem za mury otaczające wiele bloków mieszkalnych, by ujrzeć ten sam widok: sterty potłuczonego szkła i odpadków. Stan miejsc publicznych, poza kilkoma ładnymi parkami, był tragiczny. Śródmieście Damaszku był równie zatłoczone i brudne jak miasta egipskie, które pamiętałem z połowy lat siedemdziesiątych, z czasu mojego pierwszego pobytu w tym kraju: pełne młodych znudzonych mężczyzn, ubranych w koszule non-iron, spędzających czas pod kinami, gdzie wyświetlano filmy o karate. Mimo to, jak we wszystkich arabskich miastach, w których gościłem, ludzie byli życzliwi i gonili za mną przez pół ulicy, żeby oddać drobniaka, którego upuściłem przy straganie z napojami. Społeczeństwo arabskie było zagadką: między nimi, w zaciszu ich domostw, królowały uprzejmość, czystość i uczciwość, ale żadna z tych zalet nie przenikała do życia i przestrzeni publicznych. Meczety, rzecz jasna, były nieskazitelnie utrzymane. To być może jednak pomaga wyjaśnić zagadkę: perfekcja islamskiego systemu wierzeń rodzi naiwny absolutyzm, który uniemożliwia kompromis w normalnym życiu politycznym. Tylko niektóre monarchie, na przykład w Maroku i Jordanii, mogą zachować polityczną legitymację, nie uciekając się do ideologii.

*

W 1976 roku szyickie mauzoleum Saidy Zeinab (wnuczki Mahometa), położone na południowych obrzeżach Damaszku, było pełne Beduinów oraz pielgrzymów z Iranu i Afganistanu w tradycyjnych plemiennych strojach, którzy zamieniali tę część meczetu – ze złotą kopułą i olśniewającymi minaretami, zdobionymi błękitnym i turkusowym fajansem – w scenę wielkiego, egzotycznego spektaklu. Teraz mauzoleum leżało pośrodku betonowej aglomeracji, zamieszkanej przez ludność napływową ze wsi, obok marketu z artykułami gospodarstwa domowego. Było udekorowane portretami ajatollaha Chomeiniego (który doszedł do władzy w Iranie w roku 1979) i pełne mężczyzn w tanich zachodnich ubraniach i kobiet spowitych w czerń. Od mojej ostatniej wizyty w mauzoleum przed dwudziestu dwu laty islam oddalił się jeszcze bardziej od wiecznych rytmów pustyni i wtopił w upolitycznione środowisko mas proletariackich, które potrzebowało zbroi wiary przeciw miejskim demonom.

Później na damasceńskim bazarze zatrzymałem się na herbatę w cichej alejce i wdałem w pogawędkę z siwobrodym mężczyzną, który powiedział, że jest artystą. „Wszyscy teraz narzekają – mówił – na spaliny, korki, brak wody i rosnącą [jak na syryjskie standardy] nieuprzejmość. Ludzie są zmęczeni i zabiegani, bardziej materialistyczni. Religia zawsze była czymś naturalnym. To się zmieniło". Na ścianie nad nami wisiał portret Assada. Mężczyzna nie dał się wciągnąć w dyskusję o polityce.

Spacerując po bazarze, odkrywałem stare, osmańskie kafejki, ciche uliczki, cieniste pergole i piękne fontanny z białego i czarnego marmuru. Przy stoliku z kutej miedzi, nad kawą zaprawioną kardamonem, obserwowałem pracę ekipy rekonstruującej zabytki. Wspiąwszy się wąską uliczką z domami o ukwieconych balkonach, ujrzałem w oddali nagie, różowawe góry otaczające Damaszek i odniosłem wrażenie, że tutaj wciąż trwa walka ze zniepprawioną nowoczesnością.

Nazajutrz wybrałem się na północ od bazaru i do śródmieścia, gdzie zwiedziłem dzielnice bogatszych Damasceńczyków.

W pobliżu hotelu Cham Palace było kilka pizzerii i cukierni – dobrze oświetlonych, nowoczesnych, czasem bez choćby jednej fotografii prezydenta – odwiedzanych przez młodych ludzi w obcisłych dżinsach, kobiety w pantoflach od Gucciego i islamskich chustach na głowach. Na zewnątrz dostrzegłem mercedesa, który podjechał po dwie eleganckie kobiety, obwieszone złotą biżuterią, a potem ruszył w stronę przedmieścia.

Sam udałem się pieszo do części miasta zwanej Abu Roumaneh, gdzie w chodnikach nie brakowało płytek i były mniej zaśmiecone. Tutaj na ulicach widziało się więcej kobiet, a sklepy wypełniały zachodnie ubrania i perfumy. Było już późno w nocy, ale latarnie nadal świeciły. Jeszcze dalej na północ chodniki były nieskazitelne, żadnych śmieci. Było też więcej drzew, poczułem słodką woń jaśminu. Dostrzegłem wiele nowych samochodów i budynków w stylu art déco. Dzieci były lepiej ubrane i sprawiały wrażenie nieśmiałych w przeciwieństwie do hałaśliwej dzieciarni z biedniejszych dzielnic. Okolica nie różniła się od Rahavii czy Talbiyeh, luksusowych dzielnic żydowskiej Zachodniej Jerozolimy. Potem natknąłem się na młodych mężczyzn po cywilnemu, z pistoletami maszynowymi. Strzegli biur i rezydencji wysokich urzędników reżimu. Ulice były tutaj ciche i puste.

Damaszek był bardziej religijny niż w latach siedemdziesiątych i osiemdziesiątych, a zarazem bardziej zniszczony i bogatszy – jak w miastach Zachodu, klasy społeczne dzieliła coraz większa przepaść. Sądząc po wszechobecnych antenach satelitarnych, można było założyć, że Damasceńczycy są zorientowani w światowej polityce. Ale kiedy rozmawiałem z zagranicznymi dyplomatami, słyszałem jedynie plotki i domysły. Tęskniłem za Libanem.

ROZDZIAŁ 15

Korporacyjny satelita

Wyjechawszy z Damaszku na zachód kolejną drogą okoloną billboardami z podobizną Assada, autobus zaczął się wspinać na nagie, luźno rozrzucone wzgórza Antylibanu. Po godzinie zajechaliśmy na syryjski posterunek graniczny. Jako jedyny pasażer, który nie był ani Syryjczykiem, ani Libańczykiem, zostałem odprawiony w pierwszej kolejności i czekałem, aż urzędnicy syryjscy skontrolują pozostałych. Potem autobus przejechał libański posterunek graniczny, przypominający bazar z mnóstwem kantorów wymiany walut. Tutaj z kolei najpierw odprawiono resztę pasażerów, ja musiałem czekać na wizę libańską.

„Osiemnaście dolarów" – powiedział z uśmiechem libański pogranicznik. Sącząc kawę i nie przerywając rozmowy z kolegą, wziął pieniądze i niedbałym ruchem wbił pieczątkę do paszportu. W Libanie z miejsca uderzył mnie zakres osobistej wolności. Pierwszy raz od wyjazdu z Turcji odważyłem się robić notatki w miejscu publicznym. Wymieniłem trochę pieniędzy i biegiem wróciłem do autobusu, który już ruszał. Kierowca krzyknął, żebym się pośpieszył. Wskoczyłem do środka. Wszystko trwało pięć minut.

Szybko zjechaliśmy na wschodnią stronę Antylibanu, przecięliśmy Dolinę Bekaa, zielony kobierzec usiany gajami oliwnymi i winnicami, a potem ruszyliśmy w dół skalistych, nagich zboczy Libanu, zatrzymując się dopiero w Chtaurze. Kiedy się przybywało z Syrii, nawet to miasteczko robiło wrażenie: od razu rzucały się w oczy wielkie reklamy, stan budynków i naklejki z logo kart kredytowych w witrynach sklepowych. Ale tutaj też było widać portrety Assada z dwoma synami – „Trójcy Świętej", jak zażartował jeden ze współpasażerów, Libańczyk, gdy już przekroczyliśmy granicę. Była też czwarta osoba, pojawiająca się na billboardach z Assadem zamiast jego synów: wojskowy o czarnych włosach, tłustej cerze i surowym spojrzeniu, w białym mundurze z mnóstwem baretek. Był to Émile Lahoud, nowy prezydent Libanu. Wyglądał jak latynoski dyktator z lat pięćdziesiątych.

W Chtaurze zatrzymaliśmy się na kawę przy wiejskim sklepiku. Nie było w tym miejscu nic szczególnego, ale przybysza z Syrii uderzało jasne oświetlenie, obfitość towarów, gustowny wystrój, sprawna obsługa, uśmiechnięte twarze za ladą, na której stały osobne kasy dla różnych walut. Różnica między prawdziwym kapitalizmem i syryjskim pseudokapitalizmem była dramatyczna. Najdobitniejszym symbolem wolności był fakt, że billboardy przy drodze wyjazdowej z Chtaury politycy dzielili z gwiazdami filmu i piosenki.

Kiedy minęliśmy szczyty Libanu i zjeżdżaliśmy do Bejrutu, góry nagle się zazieleniły i cienie zbladły. Brzozy, wiecznie zielona makia i bugenwille tworzyły iście sielski krajobraz. Ciemne kamienne mury pokrywała patyna wieków i warstewka soli z Morza Śródziemnego, stykającego się na horyzoncie z niebem. Droga w dół wiła się ostrymi serpentynami, widoki przyprawiały o dreszcz grozy. Widziałem pranie suszące się na słońcu i domy z czerwonymi dachówkami, jak w Turcji. Była niedziela, grupka dzieci otoczyła klauna, który sprzedawał słodycze. Dostrzegłem też dom podziurawiony kulami, wciśnięty między nowe budynki.

Po kilku następnych zakrętach rozpostarła się przed nami rozległa panorama biało-różowego miasta na półwyspie oblanym mgliście błękitnym morzem: Bejrut. Widok tchnął łagodnością i spokojem, w niczym nie przypominał ostrych konturów pustyni. Patrzyłem jednak na krajobraz po wielkiej bitwie – wojnie i anarchii lat siedemdziesiątych i osiemdziesiątych – w której chrześcijanie walczyli z Palestyńczykami i druzami; w której rywalizujące milicje chrześcijańskie zwalczały się nawzajem; w której frakcje palestyńskie robiły dokładnie to samo; w której przestano już liczyć kolejne zerwane rozejmy; w której setkom chrześcijan i muzułmanów podcięto gardło na ulicach dzielących miasto wedle kryteriów religijnych; w której rabunki i porwania stały się wojenną codziennością; w której Izrael zastosował naloty dywanowe; w której w zamachach zginęło dwóch prezydentów, jeden premier i kilku lokalnych przywódców[1]. A ponieważ to

1 Zamordowani zostali dwaj prezydenci Libanu, Beszir Dżemajel i René Moawad – pierwszy w 1982 roku, drugi w 1989 roku. Premier Raszid Karami zginął w 1987 roku. Inni zabici politycy to: przywódca druzów Kamal Dżumblat (1977), mufti Hasan Chaled (1989) i dowódca milicji chrześcijańskiej Dany Szamun (1990).

wszystko wydarzyło się w tak sielskiej scenerii, niedaleko od luksusowych hoteli i eleganckich restauracji, z których wiele nadal funkcjonowało, dziennikarze opisywali tę wojnę z najdrobniejszymi szczegółami, zamieniając Bejrut w mityczny pejzaż wiecznego konfliktu.

Teraz pobocze drogi eksplodowało reklamami, nowymi domami ze szkła i marmuru i budynkami podziurawionymi kulami jak sito. Potem pojawiły się slumsy z blokami z pustaków i portretami zmarłego duchownego szyickiego, Musy al-Sadra[1]: ni z tego, ni z owego zniknęły wszystkie podobizny Assada i Lahouda. Był to miejski pejzaż, opowiadający o wydarzeniach półtorej dekady, których gdzie indziej starczyłoby na całe półwiecze. Autobus zakończył bieg pod nową estakadą, w roju taksówek i ulicznych sprzedawców. Pierwszy raz od wyjazdu z Turcji widziałem ludzi tłoczących się wokół kiosku z gazetami.

Taksówka, która wiozła mnie do hotelu w zachodnim Bejrucie, przejechała przez śródmieście zniszczone w czasie wojny, zrównane z ziemią jak Berlin Zachodni po drugiej wojnie światowej: półtora kilometra kwadratowego pustkowia w centrum metropolii, z którego tylko gdzieniegdzie wyrastały kikuty ruin i pojedyncze nowe futurystyczne budynki ze stali, marmuru i przyciemnionego szkła. Panoramę miasta zdominował las wielkich, obracających się żurawi, a terkot młotów pneumatycznych prawie nie milkł. Było coś niesamowitego w tym

1 Imam Musa al-Sadr zaginął w Libii w 1978 roku, prawdopodobnie zabity z rozkazu tamtejszego sunnickiego przywódcy, Muammara al-Kaddafiego. Zob. Fouad Ajami, *The Vanished Imam. Musa al--Sadr and the Shia of Lebanon*, Ithaca 1986.

widoku: przeszłość została wymazana; przyszłość była tajemnicą.

Hotel był o jedną trzecią tańszy niż w Damaszku, ale obsługa sprawniejsza, a pokój lepiej wyposażony. Zadzwoniłem do kilku osób, od których spodziewałem się uzyskać informacje, i wszystkie natychmiast oddzwoniły: co za zmiana w porównaniu z Syrią! Wybrałem się na spacer na rue Hamana, główną ulicę handlową w muzułmańskim Bejrucie Zachodnim. Były tam fast foody z kanapkami i piwem, stylowe kafejki, punkty kserograficzne z najnowocześniejszymi kopiarkami otwarte do późnych godzin nocnych, butiki z modną odzieżą, liczne salony fryzjerskie i sklepy optyczne z drogimi okularami. Niektóre kobiety nosiły chustki na głowach i skromne sukienki, inne – obcisłe dżinsy i niezakrywające pępka bluzeczki na ramiączkach. Widok samotnej kobiety na ulicy czy w kawiarni albo rozmawiającej przez komórkę nie był niczym niezwykłym. W jednym ze sklepów menedżerka w topie rozmawiała ze swoją indyjską asystentką po angielsku, z jedną klientką po francusku, a z inną po arabsku. Okazało się, że większość służących w Bejrucie pochodzi ze Sri Lanki – Libańczycy nie zniżali się już do wykonywania takich zawodów. Z kolei w Izraelu, gdzie dochód na głowę był ponad czterokrotnie wyższy niż w Libanie, dowiedziałem się, że wiele pokojówek w galilejskich hotelach to Libanki[1].

1 Libanki pracujące jako pokojówki w hotelach nad Jeziorem Galilejskim są krewnymi żołnierzy Armii Południowego Libanu, formacji działającej pod izraelskim dowództwem na terenach okupowanych przez Izrael. W ubogim południowym Libanie izraelskie zezwolenie na pracę to nie lada gratka.

Promenada Corniche była niczym różowy półkolisty amfiteatr, w którym sceną było atramentowe morze. Widziałem dzieci na łyżworolkach, nową Hard Rock Café, której reklama, wypisana złotymi literami na czarnym marmurze, głosiła: „Przyjdzie czas, że zrozumiesz: wszyscy jesteśmy tacy sami", a także wiele innych reklam nowych restauracji i butików. Na przybrzeżnych skałkach piknikowały całe rodziny, mężczyźni w szytych na miarę garniturach bawili się kluczykami od samochodów. Bejrut był pełen nowych audi, bmw, mercedesów, jeepów i fordów. Eleganckie kamienice z ukwieconymi balkonami przywodziły na myśl nadmorskie przedmieścia Aten, gdzie kiedyś mieszkałem: Bejrut był miastem śródziemnomorskim, a tutejszy arabski po prostu kolejnym językiem basenu Morza Śródziemnego, jak grecki czy włoski. Wyły klaksony, piszczały opony, królowały materializm i *machismo*. Libańska wojna domowa była już przeszłością. Można jednak było odnieść wrażenie, że to Syria, a nie Liban dopiero się dźwiga ze zniszczeń wojennych.

Kupiłem magazyn dla biznesmenów i dowiedziałem się, że na górskich przedmieściach Bejrutu trwa budowa zamkniętych osiedli i nowoczesnego spa, chociaż jedna trzecia społeczeństwa libańskiego żyje w nędzy[1].

1 „Lebanon Opportunities" z października 1998 roku. Dane statystyczne podaję za: *The Mapping of Living Conditions in Lebanon* (United Nations Development Programme). Jeśli chodzi o pogłębiającą się przepaść między bogatymi i biednymi, to Liban nie jest wyjątkiem. Strzeżone osiedla i luksusowe apartamentowce wyrastają jak grzyby po deszczu w Egipcie, gdzie jedna trzecia populacji

Przespacerowałem się do hotelu Commodore, gdzie w latach osiemdziesiątych zatrzymywała się większość korespondentów wojennych – teraz był to jeszcze jeden luksusowy hotel z białego marmuru i z nowym właścicielem. Podróż z Syrii do Libanu przypominała podróż z Niemiec Wschodnich do Niemiec Zachodnich w czasach zimnej wojny: ten sam język, przez wieki ten sam kraj, a tyle różnic. Mimo to, obok billboardów z podobiznami prezydenta Lahouda, duchownych muzułmańskich i Nabiha Berriego (przewodniczącego libańskiego parlamentu i przywódcy miejscowych szyitów), dostrzegłem portrety Assada – znak wpływów syryjskich w tym kraju.

*

Uniwersytet Amerykański w Bejrucie (UAB), na wzgórzu nieopodal Corniche i Hamry, to chyba najpiękniej zlokalizowany campus na świecie: okazałe kamienne budowle między strzelistymi cyprysami i przystrzyżonymi trawnikami, a zewsząd oszałamiający widok na Morze Śródziemne. Założony przez amerykańskich misjonarzy w 1866 roku jako Syrian Protestant College, stał się pomnikiem Wilsonowskiego idealizmu – krzewił ideały demokracji, samostanowienia i swobody dociekań naukowych, na długo zanim Wilson został prezydentem Stanów Zjednoczonych i ukuto to wyrażenie. Z uwagi na otwartość na nowe idee i lokalizację w muzułmańskim Bejrucie, UAB stał się wylęgarnią muzułmańskiego,

mieszka w domach z klepiskiem (za: Anthony Shadid, „Associated Press", 27 October 1998).

głównie sunnickiego, nacjonalizmu arabskiego[1]. Środowisko skupione wokół Wydziału Amerykanistyki UAB stało się proarabskim kontrapunktem dla proizraelskich sentymentów Żydów amerykańskich – w obu subkulturach emocjonalne zaangażowanie występowało w masce obiektywizmu. Teraz, po zakończeniu wojny domowej, gdy zawiedzione nadzieje zaczęto pokładać w świeckim nacjonalizmie, a na UAB było więcej studentów z Libanu i mniej z reszty świata arabskiego, materializm zaczynał wygrywać na uniwersytecie z polityką: największą popularnością cieszyły się kierunki informatyczne i biznesowe[2].

Nazajutrz po przyjeździe odwiedziłem Farida el-Chazena, młodego profesora nauk politycznych na UAB. Jak wszyscy arabiści, których poznałem w Libanie (i potem w Jordanii), el-Chazen smętnie pokiwał głową, gdy opowiedziałem o swych wrażeniach z Syrii.

– Zacznijmy od Libanu – powiedział. – W Libanie nie było klasycznej wojny domowej – wyjaśnił – bo nie obyło się bez udziału cudzoziemców, bez interwencji sił zewnętrznych.

W 1975 roku uchodźcy palestyńscy, wspierani przez muzułmanów libańskich, walczyli z libańskimi chrześcijanami. Potem Syryjczycy walczyli z Palestyńczykami, bo obawiali się, że zradykalizowany Liban wciągnie ich do wojny z Izraelem. Izraelczycy jednak i tak najechali

1 O historii AUB więcej w mojej książce *The Arabists...*

2 O dziejach i przyczynach klęski arabskiego nacjonalizmu zob. Fouad Ajami, *Szejkowie, myśliciele, terroryści*, przeł. M. Dziekan, Warszawa 2002.

Liban w roku 1978 i ponownie w 1982, sprzymierzając się z chrześcijanami przeciwko Palestyńczykom, druzom i sunnitom. W 1982 roku przybyły do Libanu międzynarodowe siły pokojowe pod dowództwem Amerykanów. Kiedy jednak terroryści szyiccy, wspierani przez Syrię i Iran, wyparli zarówno Amerykanów, jak Izraelczyków, Syryjczycy musieli jakoś zapełnić tę próżnię władzy. Walki zaczęły ustawać dopiero w 1990 roku, kiedy Syryjczycy rozbroili swych byłych sojuszników chrześcijańskich.

– Nie było żadnej konferencji pokojowej – powiedział el-Chazen – jedynie dyplomatyczne porozumienie, które zatwierdziło syryjskie rozwiązanie militarne.

Tak więc metodą prób i błędów po szesnastu latach wojny Assad w końcu zaczął pełnić funkcję faktycznego wojskowego namiestnika Libanu, skutecznie naprawiając zło, którego dopuścili się Francuzi, oddzielając Liban od syryjskiej macierzy.

– Teraz Syria sprawuje tutaj bezpośrednią kontrolę – ciągnął el-Chazen. – Można bez przesady powiedzieć, że za przyzwoleniem międzynarodowej społeczności Syria rządzi Libanem. Syryjczycy muszą akceptować wszystkie ważniejsze decyzje. Nic istotnego nie może się wydarzyć bez ich zgody. W polityce wewnętrznej mają decydujący głos. W sprawach zagranicznych nie mamy żadnej swobody działania. Społeczność międzynarodowa uznaje Liban za kraj niepodległy i demokratyczny, a w rzeczywistości żyjemy pod okupacją. W epoce postzimnowojennej żaden inny kraj nie znajduje się w takiej sytuacji jak Liban. Jesteśmy satelitą, jak państwa komunistycznej

Europy Wschodniej przed rokiem 1989. Nie kolonią ani mandatem, ponieważ Syryjczycy pozwalają nam zarządzać systemem kanalizacyjnym, ruchem ulicznym i przeprowadzać wybory do samorządów lokalnych.

– Ale w porównaniu z państwami Europy Wschodniej sprzed zburzenia muru berlińskiego – powiedziałem – Liban to wolny kraj.

– Liban ciągnie na rezerwach wolności z czasów wojny domowej. Ale te rezerwy są na wyczerpaniu. Jest coraz więcej nacisków na dziennikarzy, wymiar sprawiedliwości jest coraz bardziej upolityczniony. W Libanie nigdy dotąd nie było więźniów sumienia. Teraz są.

– To trochę jak z Hongkongiem po przejęciu przez Chiny – dodałem.

– Tylko w pewnym sensie – odparł. – Nie pochlebiajmy sobie: Syria to nie Chiny, a Liban to nie Hongkong.

Poza tym Libańczycy to blisko jedna czwarta populacji Syrii, „dla Syrii – jak to ujął inny znajomy arabista – potencjalny rak polityczny, nie zwykła cysta".

Co do samej Syrii, to el-Chazen nazwał ją „państwem policyjnym", w którym „klasa polityczna została całkowicie zniszczona" i w którym „zlikwidowano wszelkie enklawy wolności. To najprawdziwszy reżim zimnowojenny – mówił dalej. – Ideologia partii Baas, jak wszystkie ideologie, jest ekspansjonistyczna. Innymi słowy, im stabilniejszy jest reżim syryjski, tym gorzej dla Libanu. Jeśli Syria znów pogrąży się w politycznym chaosie, Liban odetchnie, jak w latach pięćdziesiątych, gdy myśmy byli wolni, a Syria niestabilna.

– A jak pan ocenia prezydenta Lahouda? – spytałem.

– To apolityczny człowiek silnej ręki, a więc właśnie taki polityk, jakiego Syryjczycy tutaj potrzebują. Zajmuje się walką z korupcją, ochroną środowiska i innymi „bezpiecznymi" sprawami. Wypowiada się na wszystkie tematy poza polityką.

Stanowisko prezydenta jest w Libanie zarezerwowane dla maronity, podobnie jak teka premiera – dla sunnity, a fotel przewodniczącego parlamentu – dla szyity. Pewien ważny polityk chrześcijański wyjawił mi, że Syria wybrała Lahouda, odrzuciwszy wpierw kilka cywilnych kandydatur. „Ale od czasu formalnego sojuszu izraelsko-tureckiego Syria znalazła się między młotem i kowadłem i czuje się bezpieczniej z prosyryjskim wojskowym u władzy w Bejrucie. Armia libańska przekształca się w armię syryjską, odwody w potencjalnym konflikcie z Izraelem i Turcją". Faktycznie, jeżeli Syria kiedykolwiek zawrze układ pokojowy z Izraelem, to wyłącznie dlatego, że Assad poczuje się przyparty do muru przez sojusz izraelsko-turecki.

Podobnie el-Chazen postrzegał ówczesnego libańskiego premiera, Rafika Haririego, jako kolejnego apolitycznego człowieka silnej ręki, akceptowalnego dla Syrii. Hariri, libański multimiliarder, który zbił fortunę w Arabii Saudyjskiej, był kontrowersyjną postacią. Jako jeden z kilku potentatów w historii, *de facto* kupił sobie kraj, gdy po wojnie domowej został premierem Libanu. Jego pieniądze i władzę było widać na każdym kroku: w kamieniołomach, w mediach, na uniwersytetach, na placach budowy itd. Określenie „konflikt interesów" to najłagodniejszy z możliwych opisów premierostwa Haririego. Liban stał się po prostu jego prywatnym przedsiębiorstwem.

– Hariri robi interesy w stylu saudyjskim, nie zachodnim – wyjaśnił el-Chazen. – Nie ma mowy o przetargach, konkurencyjności ani przejrzystości.

– Ale czy nie można spojrzeć na Liban inaczej? – spytałem el-Chazena. Hariri, jak wielu bezwzględnych, utalentowanych biznesmenów, sprawia, że interes się kręci. Odbudowa centrum Bejrutu, pochłaniająca miliardy, była zdumiewającym triumfem przedsiębiorczości i techniki. W innych krajach taka odbudowa ugrzęzłaby na lata w bagnie biurokracji. Poza tym czyż syryjska „czapka władzy" – przynajmniej w pierwszych latach po wojnie domowej – nie była w sumie wygodna? Czy nie gwarantowała stabilizacji, która w połączeniu z obrotnością Haririego umożliwiła prawie niewyobrażalną transformację? Czy historia nie dała Libańczykom gorzkiej lekcji? Czy demokracja libańska sprzed wojny domowej nie sprowadziła nowożytnej walki klas do poziomu dawnych zatargów plemienno-religijnych? Czy demokracja nie stała się wówczas przykrywką dla rządów plemiennych mafiosów i watażków – Dżemajelów, Szamunów, Dżumblatów itd.[1]? Czy Libańczycy nie powinni się cieszyć z choćby częściowej demokracji, w której Assad nadzoruje libańską politykę w mniej więcej podobny sposób, jak tureccy generałowie politykę własnego kraju? I wreszcie, czego Libańczycy oczekują, zważywszy wszystko, co się tutaj wydarzyło?

– A co ze społeczeństwem obywatelskim? – zapytał z kolei el-Chazen, spokojnie, lecz dobitnie, unosząc

1 Zob. Ajami, *The Vanished Imam...*, a także: Robert Fisk, *Pity the Nation. The Abduction of Lebanon*, New York 1990.

w górę brwi. – Proszę spojrzeć, co się dzieje w Europie Środkowej. Czy my także nie powinniśmy walczyć o rządy prawa?

To było ważne pytanie. Według arabskich intelektualistów w rodzaju el-Chazena dawne bliskowschodnie wartości i standardy były anachronizmem.

– Przepaść między najbogatszymi i najuboższymi pogłębia się – powiedział na koniec el-Chazen. – Mamy slumsy w szyickim południowym Bejrucie i luksusowe zamknięte osiedla w górach, a wszystkim rządzi kontrolowana przez Syrię oligarchia, z Haririm odpowiedzialnym za gospodarkę i Lahoudem – za bezpieczeństwo.

Rosnąca apolityczność społeczeństwa libańskiego – częściowo rezultat ogólnoświatowej tendencji, częściowo zmęczenia szesnastoletnią wojną domową – jedynie ułatwiała Syrii zwiększanie swych wpływów. Tak przynajmniej twierdzili znajomi el-Chazena z libańskiej organizacji praw człowieka. Ich zdaniem Syria miała nieograniczony dostęp do wszystkich danych wywiadowczych. Syryjczycy mogli aresztować, kogo chcieli. Rząd libański był pełen „nietykalnych" – urzędników mianowanych przez Syryjczyków. Niewiele dużych przedsięwzięć można było zrealizować bez udziału Syryjczyków, którzy często pobierali z tego tytułu słony haracz. Dziennikarze otrzymywali pogróżki od przedstawicieli libańskiego wywiadu wojskowego, podporządkowanego Syryjczykom. Niepokornym gazetom odbierano dotacje na druk i zakazywano pisania na pewne tematy.

Intelektualiści, których poznałem w Bejrucie, skarżyli się, że „Syria to druga Kuba", anachronizm, któremu powinien był położyć kres upadek komunizmu. Wybory do rad miejskich wprowadziły do lokalnych samorządów wykształconych ludzi, którzy zajmowali się nowymi problemami, takimi jak ochrona środowiska, ale odcięte od prawdziwej polityki, rady stały się areną „rywalizacji klanów". Oczywiście, nie była to wyłącznie libańska specyfika – intelektualiści domagający się debaty o ideach i reszta społeczeństwa, pragnąca tylko spokoju i skuteczniejszych rządów, nawet jeśli tutaj oznaczało to rządy „stalinowskiego Damaszku". Niemniej ci arabscy intelektualiści zaczynali się stawać częścią światowego ruchu na rzecz społeczeństwa obywatelskiego i praw człowieka – sytuacja nowa w porównaniu z minionymi dekadami, kiedy świecki arabski nacjonalizm był tylko pustym sloganem, oznaczającym dominację sunnickiej większości nad rozmaitymi sektami chrześcijańskimi i szyickimi[1].

*

Farid el-Chazen, z którym rozmawiałem w małym gabinecie szczelnie wypełnionym książkami, był w gruncie rzeczy myślicielem akademickim. Gebran Tueni, redaktor „An-Nahar", najbardziej prestiżowego i szanowanego arabskiego dziennika, był natomiast typowym baronem medialnym: w drogim garniturze, w gabinecie, przez który przewijał się zastęp asystentów. Niemniej jednak Tueni zgadzał się z el-Chazenem.

1 Zob. Ajami, *The Vanished Imam*... Mówi o tym również jordański książę Hassan bin Talal, cytowany w dalszych rozdziałach niniejszej książki.

„Syria w pełni kontroluje Liban. Wywiera naciski na telewizję i poszczególnych dziennikarzy, choć »An-Nahar« jako gazeta-instytucja ma więcej swobody. W Syrii trwa walka o sukcesję. A mniejszościowy alawicki rząd Assada potrzebuje tutejszych maronitów jako sojuszników". Tuani wyjaśnił, że prezydent Lahoud, maronicki „człowiek silnej ręki", który z pomocą Syryjczyków odbudował armię libańską, może być częścią strategii starzejącego się Assada, zmierzającej do utrzymania władzy przez alawitów po jego śmierci.

Spokrewnieni z szyitami alawici, którzy rządzili Syrią, i spokrewnieni z katolikami libańscy maronici potrzebowali siebie nawzajem jako przeciwwagi dla liczebnie dominujących w obu krajach sunnitów. Świecki patriotyzm, który na Zachodzie jednoczy różne grupy społeczne wokół wspólnego rządu, tutaj nie istniał. Na Bliskim Wschodzie „państwo" było narzuconą przez Europejczyków strukturą, która obecnie pozwalała jednemu plemieniu zapanować nad innym w stopniu niemożliwym do pomyślenia w XIX stuleciu, gdy nie dysponowano takimi środkami bezpośredniej inwigilacji, jak elektroniczny podsłuch, ani takimi środkami politycznego nacisku, jak Organizacja Narodów Zjednoczonych. Stąd też nazwy „Liban" i „Syria" miały znaczenie niemal wyłącznie geograficzne. Arabowie zdawali sobie z tego sprawę. Kiedy w 1976 roku Assad wsparł maronitów w ich wojnie z Palestyńczykami w Libanie, w jego ojczyźnie nie postrzegano tego posunięcia jako dalekowzrocznej decyzji politycznej – którą w istocie była, zmniejszając ryzyko wojny z Izraelem – lecz jako pomoc jednej heterodoksyjnej mniejszości, alawickiej, dla innej, maronickiej. Taka opinia legła u podłoża licznych sunnickich akcji terrorystycznych na terenie Syrii, których celem było obalenie Assada, a które zostały powstrzymane dopiero w 1982 roku, gdy Assad kazał wymordować znaczną część mieszkańców piątego co do wielkości miasta tego kraju, Hamy. To nie były państwa, lecz zgromadzenia feudalne[1].

„W każdej chwili może nastąpić trzęsienie ziemi – powiedział Tueni. – Wszystko jest możliwe. W Turcji najważniejszą partią polityczną jest armia, a świat arabski jest pełen słabych jednoosobowych reżimów. Można sobie wyobrazić nową mapę regionu, z nowymi krajami, która zastąpi Sykesa-Picota [tajne porozumienie angielsko-francuskie z 1914 roku, wynegocjowane przez Marka Sykesa i Georgesa Picota, o podziale imperium osmańskiego; wiele dzisiejszych państw bliskowschodnich istnieje w wówczas ustalonych granicach]. Liban

1 Gaetano Mosca w klasycznym już dziele *The Ruling Class* [Klasa panująca] dzieli państwa na „feudalne" i „biurokratyczne". Państwa feudalne „to taki rodzaj politycznej organizacji, w której wszystkie wykonawcze funkcje społeczeństwa – gospodarcze, sądownicze, administracyjne, wojskowe – sprawują te same jednostki, samo państwo zaś składa się z małych wspólnot społecznych", a każda z nich jest samowystarczalna. Liban i Syria, rządzone przez garstkę polityków w Damaszku, a jednocześnie stanowiące zbiór lokalnie zakorzenionych wspólnot religijnych (maronitów, druzów, sunnitów, szyitów, alawitów...), wyczerpują powyższą definicję feudalizmu. Mają swoją biurokrację, ale nie są państwami biurokratycznymi, zbudowanymi na prawach i instytucjach, stabilnymi i przewidywalnymi. To samo można powiedzieć o wielu innych państwach arabskich.

ma więcej wolności. Nasze problemy są jawne. Nie rozpadniemy się jak Syria".

Z kolei Elias Choury, stały felietonista „An-Nahar", sceptycznie podchodził do prognoz masowych upadków reżimów arabskich. Z ciętym dowcipem, w sportowej koszuli i modnych drucianych okularach sprawiał wrażenie typowego dziennikarza-intelektualisty, wolnego od wszelkich uprzedzeń etnicznych. Kiedy zapytałem, czy reżim syryjski ma przed sobą przyszłość, odparł: „Mam nadzieję, że nie. Ale niestety może trwać. Takie reżimy nie tylko niszczą własne społeczeństwa, ale także wszelką sensowną alternatywę. A w takiej sytuacji jedyne, co pozostaje, to wybór między totalną władzą i totalnym chaosem".

*

Mówiąc o syryjskiej dominacji w Libanie, wszyscy miejscowi intelektualiści i dziennikarze dawali do zrozumienia, że wolność, którą cieszy się ich kraj, jest bardzo krucha. Dla mnie, po samotnej podróży przez Syrię, Liban był ucztą interesujących rozmów w pięknej scenerii.

Przyjazd z Damaszku do Hamry, dzielnicy w muzułmańskim zachodnim Bejrucie, był jak powrót na Zachód. Nawet Hamra jednak miała zdecydowanie bliskowschodni charakter w porównaniu z Achrafieh, dzielnicą w chrześcijańskim wschodnim Bejrucie z biurowcami ze stali i przyciemnianego szkła, marmurowymi balkonami, brukowanymi alejkami wysadzanymi drzewami, eleganckimi kobietami i kafejkami. W niektórych uliczkach Achrafieh można było poczuć się jak w Rzymie lub którymś z miast południowej Francji. We francuskiej restauracji w Achrafieh rozmawiałem z libańskim dyplomatą o zagrożeniu, jakie dla świata arabskiego stanowi Turcja, sprzymierzona obecnie z Izraelem. Posiłek zakończyliśmy filiżanką „café blanc" (*ma zahr*, czyli serwowaną na ciepło „wodą różaną"). Potem wróciliśmy pieszo do Ministerstwa Spraw Zagranicznych, ogromnej, sennej willi, w której się zgubiłem. Wędrowałem samotnie labiryntem korytarzy, zaglądając do biur zawalonych rządowymi dokumentami, ale nikt nie zwracał na mnie uwagi, nikt nawet nie spytał, kim jestem. Ta scena symbolicznie oddaje różnicę między Libanem i Syrią.

Po zakończeniu wojny domowej Libańczyków ogarnął szał kupowania samochodów. Znaczną część pobytu w Bejrucie spędziłem w korkach, obserwując kierowców rozmawiających przez telefony komórkowe. W kółko słyszałem o libańskich rodzinach z trójką a nawet piątką dzieci, z których wszystkie miały samochody. Bejrut był jednym wielkim garażem i nie było żadnych planów rozbudowy komunikacji miejskiej. „To nie w stylu Haririego" – usłyszałem. Dowiedziałem się także, że Libańczycy są zbyt wielkimi indywidualistami, żeby korzystać ze środków transportu publicznego. W rezultacie przejazd z Hamry na północne przedmieścia, gdzie dwóch libańskich prawników zaprosiło mnie na kolację, zabrał godzinę. Był dzień powszedni, ale w restauracji był tłok. Muzyka była głośna, ceny astronomiczne, a *mezzes* (przystawek) tyle, że nie było widać obrusa. W drodze do restauracji minąłem wielopiętrowy McDonald's

Playplace, najbardziej odpicowany McDonald, jaki widziałem. Wszystko w Libanie było przesadne: wojna, hałas, samochody, jedzenie, rozmowy, liczba butików, uroda – zarówno ludzi, jak i sosnowo-cyprysowych wzgórz nad urzekająco błękitnym morzem. Surową osobowość Syrii kształtowała pustynia, a barokową osobowość Libanu – Morze Śródziemne, tak w czasie wojny, jak pokoju. (Porównajmy choćby zimne wyrachowanie Assada w czasie rozprawy ze Stowarzyszeniem Braci Muzułmanów w Hamie w 1982 roku oraz spontaniczne, operetkowe barbarzyństwo milicyjnych potyczek w Bejrucie). Mimo to Liban był tak naprawdę częścią Syrii i ta rzeczywistość historyczna miała zasadnicze znaczenie dla przyszłej polityki.

Przy kolacji obaj prawnicy raczyli mnie opowieściami o niegodziwości Turków. „Turcy siedzieli tutaj przez czterysta lat, a nie zbudowali nawet jednej drogi! Cała infrastruktura, którą odziedziczyliśmy, jest z czasów mandatu francuskiego... Każdy może zawierać układy z Izraelem i nic nam do tego, ale to nie dotyczy Turków: Izrael i Turcja to niebezpieczne połączenie". Dyskusja zeszła na geografię. Dowiedziałem się, że ponieważ Liban jest górzystym krajem, to maronici i inne sekty mogły się ukrywać przed średniowiecznymi armiami muzułmańskimi, natomiast Żydzi w Palestynie – gdzie nie ma gór – musieli uciekać. (Judaizm kwitł w Palestynie jeszcze przez kilkaset lat po zburzeniu przez Rzymian Drugiej Świątyni w roku 70; dopiero inwazja muzułmańska w VII wieku radykalnie ograniczyła populację żydowską na tych terenach). Geografia była źródłem sekciarstwa, ale także osobistej wolności: ponieważ liczne wyznania nie mogły ustalić wspólnych kanonów stroju, kobiety nosiły, co chciały: czarczafy lub topy.

*

Kentucky Fried Chicken, Baskin-Robbins, Timberland Coming Soon – głosiły reklamy w Dżuniji, kolejnym celu mojej podróży: miasteczku pośród malowniczych skał wokół piaszczystej plaży na północ od Bejrutu. To tutaj w czasie wojny domowej chrześcijanie mieli swoją bazę, później zamienili ją w nadmorski kurort. Na morzu roiło się od motorówek i skuterów wodnych; na ulicach – od nowych samochodów i brygad budowlanych, które okrywały zielone wzgórza kołdrą z betonu. Dżunija była architektonicznym koszmarem: żadnych chodników, żadnej spójności estetycznej między poszczególnymi luksusowymi osiedlami, żadnej prawdziwej przestrzeni publicznej poza pustymi działkami między willami, gdzie składowano śmieci. Publiczne plaże były w całości zajęte przez kluby jachtowe i wytworne restauracje. Późnym popołudniem na ulicach pojawiły się modnie ubrane mieszkanki Dżuniji, które sportowymi autami odwoziły do domów swoje cejlońskie służące. Jedynymi przedstawicielami klasy średniej, których spotkałem w tym mieście, była grupa muzułmańskich turystów w tramwaju, w czarczafach, skromnych koszulach non-iron, z torbami z suchym prowiantem. Kiedy się posilili, zajęli się oglądaniem wystaw sklepowych.

Liban zdaje się świadczyć, że „końcem historii" nie jest demokracja ani humanizm, lecz materializm. Ludziom bardziej zależało na zaopatrzeniu sklepów w dobra konsumpcyjne i na pieniądzach, za które mogliby je nabywać, niż na rządach prawa. Oczywiście, to drugie zwykle bywa warunkiem pierwszego, ale nie zawsze. Przykładem Liban. „Hariri działa za przyzwoleniem Syrii i omija parlament, który jest całkowicie bezużyteczny" – stwierdził Dżamil Mroue, redaktor naczelny anglojęzycznego „Daily Star". We wstępniaku zatytułowanym *Parlamentarzyści bez kręgosłupa* napisał, że ograniczenie suwerenności to w mniejszym stopniu rezultat aktywności Syrii, a w większym – nieodpowiedzialności parlamentu, który *de facto* ceduje swoje kompetencje na Syryjczyków, podobnie jak parlament turecki zostawia rozwiązywanie najważniejszych problemów wojskowym[1].

„Hariri to samouk – ciągnął Mroue. – Nie zna się na niczym poza zarabianiem pieniędzy. Jest nowobogackim, ale saudyjskim, nie amerykańskim. W Ameryce zarabianie pieniędzy wymaga pewnych zdolności intelektualnych, bo podejmuje się skalkulowane ryzyko w granicach prawa, natomiast w Arabii Saudyjskiej wszystko załatwia się przez znajomych z rodziny królewskiej". Mroue dodał, że nuworysze na Zachodzie wyznają wartości właściwe społeczeństwu obywatelskiemu, natomiast tutejsi „wręcz przeciwnie".

Krajobraz libańskiego boomu gospodarczego imponował nie tyle nowymi przestrzeniami publicznymi, ile przestrzeniami zagospodarowanymi przez inicjatywę prywatną i korporacyjną – butiki, wille, zamknięte

1 „The Daily Star", 8 October 1998.

osiedla, restauracje i jachtkluby – których było tyle, że nie zauważało się nędzy i śmieci. „Zmierzamy do całkowitego oddzielenia bogatych od biednych – stwierdził Choury. – To dlatego firma [w którą Hariri przekształcał Liban] potrzebuje armii" – to znaczy Lahouda i Syryjczyków.

Państwo libańskie rzeczywiście zaczęło być utożsamiane z prawdziwą firmą, Solidere – ukochanym dzieckiem Haririego, którego nazwa była francuskim akronimem Libańskiej Kompanii na rzecz Rozwoju i Odbudowy Śródmieścia Bejrutu. Solidere przebudowywało centrum Bejrutu w bardzo podobny sposób, jak Napoleon III przebudował dziewiętnastowieczny Paryż, a wykonawcy planu Marshalla – dwudziestowieczne Niemcy. Ponieważ wojna domowa zniszczyła zarówno prawdziwy rząd, jak i społeczny konsensus, górę wzięło, jak to ujął pewien miejscowy architekt, „planowanie korporacyjne"[1]. Innymi słowy, po anarchii nastała firma. Jak Bułgaria ze swoimi „grupami" i Turcja ze swą armią, tak Liban pod wojskowo-korporacyjną kuratelą – kontrolowany przez Syrię i zarządzany w saudyjskim stylu – był hybrydowym reżimem: pół demokratycznym, pół autorytarnym.

W czasie mojej podróży Liban był pochłonięty kwestią pieniędzy, nie suwerenności. Fundusze Solidere pochodziły z kredytów i teraz musiały zostać spłacone. Żeby zrozumieć, jak to działa, poprosiłem o spotkanie Riada Salamiego, szefa Libańskiego Banku Centralnego.

1 Zob. Warren Singh-Bardett, *Deconstructing Beirut*, „The Daily Star", 22 October 1998.

„Czterdzieści pięć procent naszej gospodarki to wpływy z zagranicy – wyjaśnił. – Małe kraje bez zasobów naturalnych zawsze mają duże diaspory, bo nie mają dość miejsca, żeby wszystkich zadowolić. A bogate diaspory i tajemnica bankowa w ojczyźnie to ciągły strumień gotówki z zagranicy". (Niektóre nowe drapacze chmur w Bejrucie Zachodnim zostały zbudowane za pieniądze libańskich szyitów z Afryki Zachodniej, którzy swoje zyski inwestowali tutaj, nie tam). Ponieważ te inwestycje były umotywowane etycznie, wyjaśnił szef Banku Centralnego, nie zagrażał im chaos na nowo powstającym rynku. Za te pieniądze wyemitowano obligacje na rzecz odbudowy kraju. Skutkiem tego Liban, liczący niewiele ponad trzy miliony mieszkańców, był zadłużony na szesnaście miliardów dolarów i uważany za kraj wysokiego ryzyka kredytowego. Salami miał nadzieję, że po odbudowaniu dróg i infrastruktury do Libanu napłyną inwestycje i turyści, bo jego kraj był regionalnym centrum finansowym, medycznym, edukacyjnym i konferencyjnym. „My, Libańczycy, zawsze byliśmy dobrzy w finansach i innych usługach" – stwierdził Salami, zapalając papierosa.

Był to czysty hazard, oparty głównie na przesłankach kulturowych, od którego jednak zależała przyszłość polityczna Syrii. Liban był dojną krową Syrii i rynkiem dla nadmiaru syryjskiej siły roboczej. Według Salamiego, czterdzieści procent libańskich akredytyw otwierano dla przedsięwzięć w Syrii. Rocznie Syria wyprowadzała sześć miliardów dolarów z gospodarki Libanu, w którym na kiepsko płatnych stanowiskach w budownictwie były zatrudnione tysiące Syryjczyków. Ponieważ średni dochód na głowę mieszkańca w Libanie wynosi trzy tysiące siedemset pięćdziesiąt dolarów, a w Syrii dziewięćset, Liban jest dla Syrii tym, czym południowo-zachodnie Stany Zjednoczone dla Meksyku: gospodarczą tratwą ratunkową. Dlatego też dobrze prosperujący Liban mógł w XXI wieku zreformować Syrię, natomiast Liban pogrążony w kryzysie mógł zamienić Syrię w to, czym sam był w wojennych latach siedemdziesiątych i osiemdziesiątych. Czym bowiem tak naprawdę była Syria, jeśli nie łudząco podobnym, bezładnym zbiorowiskiem sekt, siłą utrzymywanych w jedności?

*

„Liban opłaca czynsz za Syrię" – powiedział Walid Dżumblat, przywódca miejscowych druzów. Dżumblat, wysoki, chudy, łysy, z wyłupiastymi oczami, ubrany w stare dżinsy i zwykłą koszulę – zaprzeczenie śródziemnomorskiej obsesji na tle elegancji – był najbardziej interesującą osobą, jaką poznałem w Libanie. Średniowieczny watażka, który w najgorętszych dniach wojny domowej desperacko bronił swej górskiej twierdzy w Szuf, na południowy wschód od Bejrutu. Był on także znawcą wina, muzyki i archeologii. Dżumblat to esteta, który balansował między kulturą Wschodu i Zachodu, mieszając rozpacz z sarkazmem. Pierwszy raz spotkałem się z nim w Bejrucie, przed jego willą, gdzie odpoczywał w fotelu, czytając gazetę. Popijał kawę po turecku z tradycyjnego miedzianego kubka. Jego służący i asystenci tytułowali go osmańskim Walid *bej*. Turcja, choć w świecie arabskim nie cieszyła się zaufaniem, zawsze była w nim obecna, podobnie jak na Bałkanach.

„Hariri, jak Soros, jest częścią nowego zjawiska – powiedział Dżumblat. – To bogaci przedsiębiorcy, którzy wykorzystują nieudolność rządu. Hariri lubi rozmach. Śródmieście będzie monumentalne, zdehumanizowane, betonowe, zupełnie jak Dżudda [w Arabii Saudyjskiej] – skrzywił się z pogardą. – Koszmarna zabudowa Bejrutu rozlewa się na całą okolicę, niedługo góry Szuf znajdą się na przedmieściach". Nie pierwszy raz zetknąłem się z takim zarzutem wobec nowego ładu w Libanie: jedną z zalet wojny domowej była decentralizacja, ale teraz ponownie cała władza skupiała się w Bejrucie.

„Ludzie mają dość wojny – ciągnął Dżumblat. – I dlatego godzą się na kontrolowaną przez Syrię dyktaturę w stylu latynoskich junt z lat pięćdziesiątych. Prezydent Lahoud reprezentuje szihabism *à rebours*". To była aluzja do byłego prezydenta i głównodowodzącego armii Fuada Szihaba, który na przełomie lat pięćdziesiątych i sześćdziesiątych utrzymywał równowagę sił między chrześcijanami i muzułmanami. „W całym kraju nędza, tylko w kilku dzielnicach Bejrutu *dolce vita*" – wzruszył ramionami.

Walid Dżumblat nienawidził Lahouda. W oczach Dżumblata, który w latach osiemdziesiątych był dowódcą polowym w partyzanckiej wojnie między druzami i maronitami, Lahoud był malowanym żołnierzykiem, który paradował w mundurze, ale nigdy nie odznaczył się w boju. Co do Syryjczyków, to właśnie z ich ręki zginął w 1977 roku ojciec Dżumblata, Kamal, gdy odmówił uznania syryjskiego zwierzchnictwa nad maronitami. Tym większą goryczą napełniało Walida obecne uzależnienie od Syrii. Liban nie był jednak nowoczesnym państwem biurokratycznym i Walid oraz inni przywódcy lokalnych społeczności byli właścicielami przedsiębiorstw, których posiadanie zawdzięczali wyłącznie swej feudalnej pozycji, co stawiało pod znakiem zapytania szlachetne idee, które głosili.

Machiavelli powiada, że tam „gdzie lud ogarnia takie zepsucie, że prawo staje się bezsilne, tam konieczna jest [...] silniejsza władza, mianowicie królewska, która mocą swojego absolutnego i nieograniczonego autorytetu może okiełznać nadmierne ambicje i zepsucie możnych”[1]. Syria Assada nie była przykładem władzy królewskiej, o której mówili humaniści w rodzaju Machiavellego. Nie była też jednak przesadnie opresyjna, przynajmniej na razie.

Dżumblat zaprosił mnie na niedzielny obiad do Muchtary, jego rodzinnego domu w górach Szuf. Kiedy taksówka przejeżdżała przez szyickie slumsy w Bejrucie Zachodnim, żeby dotrzeć do nadmorskiej szosy wiodącej na południe, zagadnąłem kierowcę, mówiąc, że w latach osiemdziesiątych to właśnie tutaj Hezbollah przetrzymywał zachodnich zakładników. „To Damaszek ich przetrzymywał – odparł. – Hezbollah od początku był kontrolowany przez Syryjczyków. Zakładników uwolniono, kiedy tak było wygodniej dla Syrii. Proszę popatrzeć –

1 Niccoló Machiavelli, *Discourses on Livy*, New York 1997 (w polskim przekładzie *Rozważań nad pierwszym dziesięcioksięgiem historii Rzymu Liwiusza* brak tego fragmentu).

ciągnął. – To niby posterunek drogowy armii libańskiej. Żołnierze mają ładne mundury, ale jedynie na pokaz". Taksówkarz przeceniał wpływ Syrii na los zakładników, ale w Libanie tylko raz widziałem blokadę drogową, na której rzeczywiście zatrzymywano i przeszukiwano samochody – dowodzili nią Syryjczycy po cywilnemu.

Dwadzieścia kilometrów na południe od Bejrutu skręciliśmy w góry, wspinając się długimi serpentynami na poszarpane, rudawe zbocza Szufu i mijając kamienne domy z drewnianymi balkonami, wierne kopie dziewiętnastowiecznej architektury osmańskiej, którą widziałem w bułgarskim Płowdiwie. Były tam potoki, wyspy mgieł i zatrzęsienie sosen i cyprysów. Zatrzymaliśmy się w Bajt ad-Din (co znaczy: „Dom Wiary"), pałacu zbudowanym w XIX wieku dla emira Baszira asz-Szihaba II, jednego z władców „Góry Libanu" – pasma górskiego obejmującego Szuf, które pokrywało większość kraju i pierwotnie wyznaczało granicę między Libanem i resztą Syrii. Nieregularna bryła Bajt ad-Din skupiała w sobie wszystko, co najlepsze w architekturze tureckiej, arabskiej, perskiej i frankijskiej: sklepione wejścia, błękitny fajans, biało-czarne marmurowe fontanny, lampy z barwionego szkła, rzeźbione cyprysowe boazerie, meble pomalowane najintensywniejszą czerwienią i zielenią, dziedzińce ozdobione bizantyjskimi mozaikami, gdzie spomiędzy bugenwilli rozpościerał się widok na pola tarasowe i lasy tak spowite mgłą, że nabierały niemal niebieskiego odcienia.

Tutejsza historia nie była tak okazała jak pejzaż i architektura. To właśnie niepowodzenie emira Baszira, który usiłował pogodzić chrześcijańskich maronitów z muzułmańskimi druzami, doprowadziło do głębszego zaangażowania Francji i Wielkiej Brytanii: Francuzów po stronie maronitów, a Brytyjczyków (i amerykańskich misjonarzy) po stronie druzów. W 1845 roku wybuchła otwarta wojna między tutejszymi chrześcijanami i muzułmanami, a w 1860 roku druzowie wymordowali w Szufie jedenaście tysięcy maronitów. Również w Bajt ad-Din został podpisany fatalny układ pokojowy, który wywołał jedynie kolejną falę przemocy. W 1982 roku Izraelczycy najechali Liban i zorganizowali w Szufie maronicką milicję. Doprowadziło to do podobnych rzezi jak w roku 1860: maroniccy i druzyjscy harcownicy, czasem uzbrojeni tylko w noże rzeźnickie, wysyłali na tamten świat niewinnych cywilów. Maronici uprowadzali druzyjskich kierowców i pchnąwszy nożem, zrzucali ich w przepaść. W sali tortur w Bajt ad-Din druzowie oblewali nagich chrześcijan wrzątkiem[1]. W 1983 roku Izraelczycy wycofali się z Szufu, zostawiając walczące strony samym sobie. W 1985 roku druzowie Dżumblata zwyciężyli, biorąc szturmem ostatni maronicki bastion w nadmorskiej Dżiji. Tego właśnie dnia brytyjski dziennikarz Robert Fisk spotkał się w Muchtarze z Dżumblatem, „ubolewającym nad moralną niegodziwością wojny".

> Walid obiecał, że wszyscy wysiedleni chrześcijańscy cywile będą mogli powrócić do swych domów i otrzymają stosowne odszkodowanie za utracone mienie. Oczywiście, nie wypłacono żadnych odszkodowań i na własne oczy widziałem, jak domy chrześcijan – setki

1 Zob. Fisk, *Pity the Nation*.

domów, łącznie z maronickim kościołem w Dżiji – były wysadzane w powietrze i równane z ziemią przez buldożery. Druzowie, jak to druzowie, nie brali jeńców[1].

W Dżiji jednak nie wszystko zniszczono. Oszczędzono część wspaniałych bizantyjskich mozaik z IV–VI wieku, które dziś stanowią część ekspozycji w podziemnych sklepionych stajniach pałacu Bajt ad-Din. Podobnie jak zgromadzona tam kananejska, fenicka, grecka, rzymska i bizantyjska ceramika, oraz rzymskie szkło i złota biżuteria, owe mozaiki były osobistą własnością Dżumblata. W Libanie nikomu nawet nie przychodziło do głowy, że właścicielem tych skarbów powinno być państwo lub wspólnota chrześcijańska, której je zrabowano. Gabloty z ceramiką opatrzono informacją, że „Wszystkie obiekty archeologiczne należą do Walida Dżumblata". Mozaiki były po prostu łupem wojennym.

Za Bajt ad-Din, wyżej i głębiej w górach, znajduje się pałac Dżumblata w Muchtarze: zwarte skupisko budynków pośród chmur i przepastnych lasów, otoczone cyprysami i geranium. Zawsze słychać tam szum wody tryskającej z marmurowych fontann. Okna ozdabiają różowe łuki. W ogrodzie stoją bizantyjskie posągi, wielkie gliniane dzbany, i rzymsko-bizantyjskie sarkofagi. Przemierzałem osmańsko-syryjskie salony z cyprysową boazerią, ale nigdzie nie mogłem znaleźć Dżumblata. Okazało się, że siedzi na podwórzu, sącząc białe wino z wodą mineralną w towarzystwie francuskiego konsultanta, który pomagał

1 Tamże.

mu opracować strategię promocji wina produkowanego w pobliskich winnicach. Wkrótce weszliśmy do środka na obiad, uświetniony mnóstwem białych i czerwonych win. W salonie całą ścianę zajmowała witryna z ceramiką fenicką. Przypomniała mi się opowieść znajomego izraelskiego archeologa, który odwiedził byłego izraelskiego ministra obrony, bohatera wojennego, Mosze Dajana i zażądał, by zwrócił on pewne zabytki archeologiczne, prawnie należące do państwa. Dajan bezzwłocznie to uczynił. Tutaj państwo nie cieszyło się autorytetem wystarczającym, żeby wywrzeć taką presję na Dżumblata. Państwo w Libanie było jedynie grupką zwalczających się nawzajem osobistości, z których jedną był Dżumblat.

Kiedy jedliśmy, rozległ się huk przelatujących myśliwców, od którego zatrzęsły się szyby. Pokazując w górę, Dżumblat powiedział: „Przepraszam za moich południowych sąsiadów. Są źle wychowani". Dodał, że zamiast straszyć Libańczyków, którzy nie mają wpływu na politykę zagraniczną swego kraju, izraelskie samoloty powinny latać nad Damaszkiem. To skierowało rozmowę na Assada. „Kiedy byłem młodszy – rzekł Dżumblat – ojciec zabrał mnie na spotkanie z Naserem. To było przeżycie! Naser był humanistą. Assad jest inny – to człowiek ze stali. Potrafi godzinami zamęczać szczegółami historycznymi z czasów krucjat czy Osmanów. Wie wszystko na ten temat. Naturalnie, te anegdoty mają zmęczyć rozmówcę, żeby zapomniał, o co chciał zapytać". Potem Dżumblat opowiedział znaną historię o swoim spotkaniu z Assadem w 1977 roku, sześć tygodni po śmierci swojego ojca. Dżumblat wiedział, że to Assad kazał zamordować ojca, a Assad wiedział, że Walid wie. Prezydent Syrii powiedział do Dżumblata juniora: „Wyglądasz dokładnie jak twój ojciec". Dla Assada zabójstwo Kamala Dżumblata było kwestią interesów, nie było w tym nic osobistego. A Walid, odtąd nowy przywódca druzów, musiał powściągnąć osobistą urazę i nawiązać stosunki z syryjskim „namiestnikiem". Przypomniało mi się, co Dżumblat powiedział w innym kontekście: że wprawdzie na Bliskim Wschodzie osmańscy Turcy nie dopuszczali się takich zbrodni jak na Bałkanach, ale pozostawili po sobie w spadku feudalną anarchię.

Dżumblat uczcił pamięć ojca wystawą w Bajt ad-Din, która pokazuje go jako subtelnego estetę, kawalera Orderu Lenina, znajomego Tity, Czou En-laja, Nehru, Houariego Boumedienne'a i innych lewicowych przywódców. I jako człowieka, który sypiał na podłodze z karabinem u boku, wśród książek i orientalnych dywanów. Kiedy napomknąłem, że to komuniści wymordowali miliony muzułmanów w Afganistanie, Dżumblat odparł: „Ale mojemu narodowi dali broń i pomoc humanitarną". Powiedziałem, że bliskowschodni politycy są jak żywcem wyjęci ze starożytności – dawnym Grekom czy Rzymianom byłoby łatwiej ich zrozumieć, niż Amerykanom. Dżumblat tylko pokiwał głową z zadumą.

W drodze powrotnej do Bejrutu kierowca zatrzymał się w Deir al-Kamar, maronickiej wiosce w Szufie, gdzie znajdowało się prywatne muzeum, Musée Marc Baz. Za równowartość czterech dolarów można było obejrzeć woskowe figury ważnych osobistości, w tym Kamala i Wadima Dżumblatów. Poczesne miejsce zajmowali jednak politycy chrześcijańscy: francuski prezydent Jacques Chirac (Francja tradycyjnie wspierała maronitów) i dawni przywódcy maroniccy z synami: Kamil Szamun i jego syn Dan; Sulajman Farandżija; Pierre Dżemajel i jego synowie Amin i Baszir. Z muzeum sąsiadowała elegancka kawiarnia dla turystów. Zważywszy, jak wiele z tych osób zginęło gwałtowną śmiercią, wystawa wydawała mi się nieprzyzwoita. Woskowe figury przypominały gwiazdy filmowe.

Wojna domowa pochłonęła ponad sto tysięcy ofiar, ale w Bejrucie nigdy nie ogłoszono żałoby narodowej[1]. Chociaż plan odbudowy śródmieścia przez Solidere obejmował ścieżki do miejsc najważniejszych odkryć archeologicznych, to nie było mowy o pomniku ku czci poległych. Nie zamierzano też, jak w Berlinie czy Dreźnie, pozostawić choćby kilku zniszczonych budynków jako przestrogi dla przyszłych pokoleń. Zamiast reform i rachunku sumienia Liban wybrał zbiorową amnezję i rozpasany konsumpcjonizm.

*

Tyr leży osiemdziesiąt kilometrów na południe od Bejrutu, dwadzieścia pięć kilometrów od granicy izraelskiej. Odkąd Izrael zajął południowe obrzeża Libanu, tworząc „strefę bezpieczeństwa", wojska izraelskie były jeszcze bliżej. Wybrałem zwykły autobus, który zatrzymywał się

1 Zdjęcia Dany'ego Szamuna i jego rodziny można było obejrzeć na wystawie w Deir al-Kamar. Młodszy Szamun, dowódca maronickiej milicji, został zamordowany wraz z żoną i dziećmi w 1990 roku, gdy Syryjczycy wzmocnili swą pozycję w Libanie. Wiele osób winą za to zabójstwo obciąża Assada.

na każdym przystanku, więc podróż trwała ponad dwie godziny. Bilet kosztował dwa dolary. Kierowcy zawsze mieli kilka zwitków banknotów, zarówno libańskich, jak i amerykańskich. Gospodarka libańska, jak wcześniej turecka, uległa „dolaryzacji". Autobus minął plantacje bananowców nad spokojnym morzem.

Tyr sprawiał wrażenie miasta z jakiejś sennej, minionej epoki, żywcem wyjętego z dziewiętnastowiecznych litografii brytyjskiego badacza Bliskiego Wschodu, Davida Robertsa: sepiowy świat sielskich osmańskich wiosek w cieniu starożytności, pasterzy odpoczywających ze swymi stadami pod świątynnymi kolumnadami. Roberts przedstawił Tyr jako zespół czarujących budowli otoczonych majestatycznymi ruinami na tle wspaniałego pejzażu morskiego. Gdyby na chwilę zapomnieć o najnowszej historii, a także o brudzie, samochodach i drapaczach chmur, to miasto wciąż wyglądało podobnie. Wysiadłem z autobusu w miejscu, gdzie spotykały się zapuszczone meczety, walące się domy o czerwonych dachówkach, obłażące z farby kawiarnie i cichy suk, a wszystko to pośrodku rozległych ruin, wypalonych na szaro i biało przez słońce i gnijących w morskich bryzach. Półwysep z trzech stron oblewało stalowoniebieskie morze, w którym mężczyźni i chłopcy łowili ryby, stojąc z długimi wędkami w płytkiej wodzie między kołyszącymi się drewnianymi łodziami. Byłem gotów wybaczyć Freyi Stark jej sentymentalny opis:

> Tyr ze swego cypla słucha fal. Jego kolumny
> zostały zniszczone, wywiezione lub leżą

> w morzu, gdzie padły strzaskane, a woda, bardziej przejrzysta niż szkło, tańczy wokół, śpiewając starą pieśń, wyuczoną u zarania Czasu[1].

Stark, która napisała to w czasie drugiej wojny światowej, słusznie powiada, że Tyr leży „na syryjskim wybrzeżu". Aż do 1946 roku – gdy w wyniku podziału terytorium Mandatu Francji powstały jako dwa niezależne państwa: Liban i Syria – Liban w powszechnej świadomości był częścią Syrii. Tym bardziej Tyr, gdyż południowy skrawek Libanu był mniej libański niż połać, którą wyszarpywali sobie dwaj regionalni hegemoni – Izrael i Syria. W czasie wojny domowej Tyr został tak bardzo odcięty od Bejrutu, że nazwany Ludową Republiką Tyru, dostał się we władzę grupki sunnickich lewaków i Palestyńczyków. Jednak liczebnie w Tyrze przeważają szyici i u wjazdu do miasta wszędzie było widać podobizny szyickiego duchownego, Abbasa al-Musawiego, zamordowanego przez Izraelczyków. Tyr miał własną tożsamość, lokującą go w sferze wpływów syryjskich.

Historia Tyru toczyła się tymi samymi koleinami co dzieje Bejrutu i Aleppo. W starożytności przeżywał okresy rozkwitu, gdy słabły największe państwa Pustyni Syryjskiej i Mezopotamii – Asyria, Babilonia i kalifat damasceński[2]. Przez blisko tysiąc lat, w epoce fenickiej i następnie rzymsko-bizantyjskiej, Tyr dorównywał znaczeniem współczesnemu Nowemu Jorkowi, Rzymowi

1 Zob. Stark, *East Is West*.

2 Zarys historii Tyru można znaleźć m.in. w: Ali Khalil Badawi, *Tyre and Its Region*, Beirut [b.d.w.].

czy Londynowi. To tyryjscy żeglarze zakładali kolonie wokół całego Morza Śródziemnego aż po Hiszpanię i Maroko i zanieśli do Europy alfabet. Herodot około 450 roku p.n.e. zapisał, że Tyr istnieje już od dwóch tysięcy trzystu lat, co oznaczałoby, że według jego obliczeń miałby teraz co najmniej 4750 lat[1]. Za króla Hirama, który panował trzydzieści cztery lata w X wieku p.n.e., Tyr skolonizował Sycylię i Afrykę Północną oraz handlował z Indiami. Morze Śródziemne zwano wówczas Morzem Tyryjskim. To właśnie Hiram, przyjaciel królów Izraela: Dawida i Salomona, dostarczył drewno cedrowe na budowę Pierwszej Świątyni. Biblia jest pełna wzmianek o Tyrze: Izebel, występna żona izraelskiego króla Achaba, który panował w IX wieku p.n.e., była księżniczką tyryjską. (Inną księżniczką tyryjską była Dydona, legendarna założycielka Kartaginy). Na początku VI stulecia p.n.e. Tyryjczycy przetrwali trzynastoletnie oblężenie miasta przez babilońskiego króla Nabuchodonozora, o którym mowa w starotestamentowej Księdze Ezechiela.

Fenicjanie czasów biblijnych przypominali dzisiejszych Arabów: tworzyli sieć niezależnych państw-miast, z których Tyr był największy, połączonych wspólnym językiem – była to więc raczej przestrzeń kulturowa niż rzeczywistość polityczna. Fenicki Tyr upadł w 332 roku p.n.e. po siedmiomiesięcznym oblężeniu przez Aleksandra Wielkiego, który splądrował miasto i wymordował jego mieszkańców. To groble usypane przez szykujące się do szturmu wojska Aleksandra, wraz z wałami Hirama,

1 Herodot, *Dzieje*, przeł. St. Hammer, Warszawa 1959, s. 139.

zamieniły przybrzeżną wyspę, na której leżał Tyr, w półwysep. W 64 roku p.n.e. Tyr został zdobyty przez Pompejusza (który w tym samym roku zajął Aleppo) i stał się dużym rzymskim miastem. W II wieku Tyr był stolicą rzymskiej Syrii. W czasach bizantyjskich został siedzibą arcybiskupstwa. W czasach wypraw krzyżowych był jedynym miastem, którego Saladyn nie zdołał podbić.

Wszędzie było widać ruiny. Według Alego Badawiego, młodego archeologa i absolwenta AUB, obszar wykopalisk, którymi kierował, liczył pięć tysięcy metrów kwadratowych. „To, co widać, pochodzi z czasów rzymskich i bizantyjskich – wyjaśnił. – Warstwa fenicka leży głębiej, dopiero czeka na odkopanie". Ruiny starożytnego portu znajdowały się pod wodą, niedaleko brzegu. Służył Tyrowi przez szesnaście stuleci, zanim w VI wieku zniszczyło go trzęsienie ziemi. Nic już nie chroniło mozaik, którymi wyłożono kolumnadową aleję prowadzącą do portu. Patrzyłem z zadumą na gruz, pod którym leżał świat Hirama i Aleksandra. Skorupy starożytnych naczyń chrzęściły pod butami. Rzymski hipodrom miał około pięciuset metrów obwodu i dwadzieścia tysięcy miejsc na widowni; pył unoszący się w powietrzu prawie uniemożliwiał zobaczenie przeciwległego krańca.

Przenosząc się w czasie do następnej epoki, wróciłem na mały, malowniczy suk, pełen świeżych owoców i warzyw, a także artykułów gospodarstwa domowego, ale pozbawiony stoisk z pamiątkami. Spotkałem tam szyickich mułłów, Arabów w kefijach i Arabów w strojach plażowych. Było egzotycznie i brudno jak na dziewiętnastowiecznych litografiach. W pobliżu biegła nowa autostrada, która, jak mi powiedziano, zostanie przedłużona do Hajfy, gdy nastanie pokój z Izraelem. Historycznie rzecz biorąc, Tyr był związany z Galileą, jak Aleppo z Mosulem i Bagdadem. Przywrócić mu świetność mogła tylko zmiana granic.

*

Po kilku dniach ruszyłem z Bejrutu na północ, do Trypolisu. Wybrzeże między tymi miastami było jednym wielkim placem budowy. Trypolis ewidentnie znajdował się w strefie wpływów syryjskich – wszędzie było widać portrety Assada, a taksówkarze reklamowali kursy do Hims i innych miast Syrii. Miejscowy suk z krętymi uliczkami i sklepionymi bramami przywodził na myśl czasy krucjat i Mameluków. Pojechałem taksówką na Uniwersytet Balamand. To prywatna szkoła wyższa, z której okien rozpościera się widok na Morze Śródziemne. Jej rektor, Elie Salem, w latach osiemdziesiątych był libańskim ministrem spraw zagranicznych.

„Wszystkie te kraje: Liban, Syria, Jordania – powiedział Salem – stają się wielkimi państwami-miastami, podobnymi do fenickich państw-miast. Proszę zwrócić uwagę, jak rozrasta się Bejrut, jak Damaszek zaczyna dominować nad resztą kraju, jak szybko rozwija się Amman. Tak więc będziemy mieli do czynienia z wielkomiejską polityką zaprawioną ideologią: baasizmem, fundamentalizmem. W Syrii czas się zatrzymał. Zdemilitaryzować społeczeństwo syryjskie i jego rząd mogłoby tylko zawarcie pokoju z Izraelem. Dlatego reżim obawia się tego pokoju, ale obawia się również pozostania w tyle za resztą świata. Syria,

Irak – te reżimy są w pewnym sensie tak autonomiczne, że nawet zburzenie muru berlińskiego nie wywarło na nie żadnego wpływu. Powstały po kataklizmie pierwszej wojny światowej. Imperium osmańskie było już takie słabe, że *de facto* stanowiło zlepek odrębnych państw. Oczywiście takie państwa są tylko sztucznym tworami. Ale będą istnieć do kolejnego politycznego trzęsienia ziemi. Otwartość Libanu i mobilność jego mieszkańców – korzyść z diaspory – mogą pomóc mu przetrwać następną katastrofę. Pożyjemy, zobaczymy".

ROZDZIAŁ 16

Państwo karawanowe

Z Bejrutu wróciłem autobusem do Damaszku, skąd wyruszyłem w dziewięciogodzinną podróż na południe do Ammanu, stolicy Jordanii. Na mapie granica między Syrią i Jordanią wygląda sztucznie, choć w rzeczywistości biegnie wzdłuż rzeki Jarmuk, nad którą w 636 roku armie muzułmańskie pokonały Bizantyjczyków, co rok później wraz z upadkiem Ktezyfonu, stolicy Persji, zapowiadało islamski podbój Bliskiego Wschodu. Za granicą niemal natychmiast teren zaczyna się wypiętrzać i żółtawe wzgórza ustępują wysokim górom, poprzecinanym głębokimi, majestatycznymi dolinami, upstrzonymi gajami oliwnymi, sosnami i eukaliptusami. Sztuczne zalesianie stosowano tutaj na znacznie większą skalę niż w Syrii, chociaż na peryferiach Ammanu, wyłaniających się z szachownicy placów budowy na górskich zboczach, znaleźliśmy się dobrą godzinę przed wjazdem do samej metropolii.

Amman rozrósł się daleko poza granice, które zapamiętałem z moich poprzednich odwiedzin w 1985 roku. Większość Damaszku jednak, łącznie ze śródmieściem, popadała w ruinę, natomiast Amman pulsował światłem. Przed wieloma domami, jak w Stanach Zjednoczonych, stały plastikowe kontenery na śmieci. Podróż z Damaszku do Ammanu, tak jak z Damaszku do Bejrutu, była niczym podróż z Europy Wschodniej do Zachodniej w czasach zimnej wojny. O ile jednak dynamizm Bejrutu był kwestią śródziemnomorskiego entuzjazmu, wyrażającego się w działalności gospodarczej, o tyle rozwój Jordanii był rezultatem świadomej polityki – tym większe robił wrażenie. „To nie dobro jednostki, lecz dobro wspólne czyni nasze miasta tak wspaniałymi"[1] – pisał Machiavelli.

Mimo neonów, nowych samochodów i nowoczesnych budynków ze stali i marmuru z reklamami międzynarodowych korporacji, Jordańczycy byli konserwatywnym, pustynnym narodem, a w ich górzystej stolicy wciąż przeważały zaciszne dzielnice, małe herbaciarnie i tradycyjne restauracje. W nocy wezwanie do modlitwy odbijało się głośnym echem od kamiennych budowli i stromych, skalistych zboczy. Rankiem centrum Ammanu zapełniało się mężczyznami w kefijach i kobietami w chustkach na głowie, kupującymi tradycyjne stroje, garnki, fajki wodne itp. Z powodu kryzysu gospodarczego w Syrii i Iraku oraz rozwoju samego Ammanu z jego dzielnicami handlowymi dla nuworyszy, śródmieście tego miasta stało się jednym wielkim sukiem dla niższej klasy średniej całego regionu: Jordańczyków, Palestyńczyków, Syryjczyków i Irakijczyków, którzy z daleka przyjeżdżali tu na zakupy.

W Jordanii widywało się mniej mundurów niż w Syrii. Fotografie króla Husajna nie zajmowały nawet w przybliżeniu tyle miejsca, co podobizny Assada w Syrii. I place

1 Zob. Machiavelli, *Discourses on Livy* (w polskim przekładzie *Rozważań nad pierwszym dziesięcioksięgiem historii Rzymu Liwiusza* brak tego fragmentu).

nie były w całości zajęte przez billboardy i pomniki głowy państwa. Mimo obaw intelektualistów i dziennikarzy, wskazujących na kruchość jordańskiej monarchii, tutejsza rodzina panująca sprawiała wrażenie dużo pewniejszej siebie niż jej syryjska odpowiedniczka.

*

„Ustrój jordański stworzyli drobni przedsiębiorcy; syryjski – trzeciorzędni intelektualiści" – stwierdził Kamal Salibi, emerytowany profesor historii na UAB i dyrektor Królewskiego Instytutu Studiów Międzywyznaniowych. Salibi, autor licznych książek o dziejach Arabów, cierpliwie objaśniał mi wszystko, czego nie rozumiałem w czasie moich arabskich podróży.

Jordania, mówił Salibi, rozwija się, nie odwołując do żadnej ideologii, dzięki współpracy rodziny królewskiej z Beduinami i społecznością kupiecką. Syria Assada jest zaś tworem baasizmu, ideologii ukutej w czasie drugiej wojny światowej przez dwóch niedokształconych członków damasceńskiej niższej klasy średniej – chrześcijanina Michela Aflaqa i muzułmanina Salaha al-Din al-Bitara. Baasizm był mieszanką arabskiego nacjonalizmu, marksizmu, którego Aflaq liznął w czasie studiów w Paryżu oraz „niemieckich teorii romantycznego i idealistycznego nacjonalizmu", którymi zaraził się pod koniec lat trzydziestych od nazistów[1]. W latach sześćdziesiątych to nie kupcy ani notable z czasów Osmanów czy Mandatu, lecz właśnie tacy ludzie jak Aflaq czy al-Bitar mieli wpływ na

1 Zob. Seale, *The Struggle for Syria*.

wojskowych w rodzaju Assada. To, co Olivier Roy pisał o wykształconych fundamentalistach islamskich, stosuje się również do członków partii Baas: ponieważ własne społeczeństwa nie doceniły przemądrzałych synów niższych klas średnich, wstydzili się oni proletariackiego pochodzenia i marzyli o rewolucji i „nowym, silnym, scentralizowanym państwie"[1].

Salibi uważał, że muzułmański fundamentalizm ostatecznie poniesie jeszcze większą klęskę niż świecki baasizm. „Islam nie ma mas zwolenników, które miał nawet arabski nacjonalizm, bo jest mniej niejasny – stwierdził. – Masy wolą mgliste idee. Nie lubią być przypierane do muru i tak naprawdę nikt nie chce rządu, który przemawia w imieniu Boga. To właśnie dlatego na Bliskim Wschodzie zrodziło się tyle odszczepieńczych sekt".

Salibi nie sądził, żeby reżim Assada mógł się długo utrzymać. „W przeszłości Syria bywała zjednoczona jedynie pod imperialnym panowaniem Persów, Seleukidów, Mameluków i Osmanów. Dzisiejsza Syria składa się z sześciu mameluckich prowincji i trzech osmańskich wilajetów. Aleppo zawsze było silniej związane z Irakiem, a Damaszek z Egiptem i Arabią. To była przyczyna fiaska demokratycznych wyborów i rządów wojskowych w latach czterdziestych i pięćdziesiątych. Syrią nie da się rządzić inaczej jak siłą – ciągnął Salibi. – Potrzebuje ideologicznego bożyszcza, którego wpływy sięgają poza jej granice, w rodzaju arabskiego nacjonalizmu czy fundamentalizmu. Te ideologie zawiodły. Ponieważ jednak

1 Zob. Roy, *The Failure of Political Islam*.

Syria to kraj politycznie niedorozwinięty, jej mieszkańcy są podatni na takie idee. Tutaj drogą do społeczeństwa obywatelskiego mógłby stać się tylko biznes, bo przekracza granice klanów". Salibi powiedział, że w takich krajach jak Syria czy Irak społeczeństwo obywatelskie może powstać jedynie pod parasolem nowego reżimu wojskowego, reprezentującego interesy burżuazji, który zagwarantuje integralność państwa, jednocześnie rozpoczynając proces reform. Według Żelju Żelewa, pierwszego postkomunistycznego prezydenta Bułgarii, przed taką samą perspektywą stanęłyby państwa Układu Warszawskiego po upadku komunizmu, gdyby Zachód nie odniósł tak miażdżącego zwycięstwa w zimnej wojnie, doprowadzając w Europie Wschodniej do powstania niemal z dnia na dzień rządów parlamentarnych.

Salibi nazwał Jordanię „szczęśliwym zbiegiem historycznych okoliczności". Gdyby Francuzi po pierwszej wojnie światowej nie przejęli kontroli nad Syrią, pozwalając Brytyjczykom przekazać w 1921 roku pustynny wschodni brzeg Jordanu, jako nagrodę pocieszenia, ich wojennemu sojusznikowi, emirowi Abdullahowi, to ów kawałek spornej ziemi pewnie zostałby podzielony między Syrię, Palestynę i Irak. Jordania to sztuczny twór, ale panowanie rodu Abdullaha nie było całkiem pozbawione legitymacji. Abdullah był synem Husajna ibn Alego, trzydziestego siódmego wielkiego szarifa Mekki, i pochodził w prostej linii od Mahometa i rodu Haszymidów z zachodniej Arabii, regionu zwanego Hidżaz. Haszymidzi byli tradycyjnymi opiekunami muzułmańskich miejsc świętych w Mekce i Medynie. Co więcej, to właśnie Husajn i jego synowie – Abdullah, Ali, Fajsal i Said – z pomocą brytyjskich oficerów (w tym Lawrence'a z Arabii) wszczęli w czasie pierwszej wojny światowej arabską rewoltę przeciwko chwiejącemu się imperium osmańskiemu. Rodzina Husajna nie została nagrodzona za swe poświęcenie. Syria i Liban stały się francuskimi mandatami; w 1926 roku Ibn Saud i jego wahabiccy wojownicy wyparli Haszymidów z Hidżazu, dając początek Arabii Saudyjskiej; większość Palestyny weszła zaś w skład państwa żydowskiego. Wprawdzie brat Abdullaha, Fajsal, został królem Iraku, ale w 1958 roku tamtejsza dynastia haszymidzka została obalona wskutek pierwszego z trzech wojskowych zamachów stanu, które doprowadziły do dyktatury Saddama Husajna. Jordania była wszystkim, co zostało z haszymidzkiej ojcowizny. W 1951 roku arabski ekstremista zamordował Abdullaha na Wzgórzu Świątynnym w Jerozolimie, w obecności jego piętnastoletniego wnuka, Husajna, który dwa lata później wstąpił na tron, gdy cierpiący na schizofrenię ojciec, Talal, został uznany za niezdolnego do sprawowania władzy.

„Jordańscy królowie – powiedział Salibi – wiedzą, co to dyscyplina. Zanim zaczęli rządzić Jordanią, przez stulecia władali Hidżazem. Zarówno Abdullah, jak Husajn, byli wystarczająco rozsądni, by tolerować opozycję i autentyczny parlament, a zarazem dostatecznie stanowczy, by przywrócić porządek siłą, gdy sprawy publiczne zaczynały wymykać się spod kontroli". Tak więc w latach 1970–1971 król Husajn brutalnie rozprawił się z Organizacją Wyzwolenia Palestyny, która groziła obaleniem monarchii. W 1989 roku, po zwycięstwie muzułmańskich fundamentalistów w wyborach, znacznie ograniczył władzę parlamentu. A w 1998 roku powstrzymał parlament przed wypowiedzeniem traktatu pokojowego z Izraelem.

„Państwo jordańskie w takim kształcie, w jakim istnieje obecnie, jest tworem króla Husajna – ciągnął Salibi. – To on patronował narodzinom klasy kupieckiej i stworzył nowoczesną administrację. A ponieważ nie miał w zwyczaju, jak Assad i jego poprzednicy w Syrii, aresztować i mordować eksministrów, istnieje spora grupa byłych wysokich urzędników państwowych – dziś prowadzących firmy i utrzymujących zespoły doradców – żywotnie zainteresowanych przetrwaniem monarchii". Zacytowałem Salibiemu słowa Gaetana Moski, włoskiego teoretyka polityki z początku XX wieku, stwierdzającego, że „jeśli klasa rządząca jest dobrze zorganizowana" wokół „licznych interesów materialnych" i nie jest moralnie lub intelektualnie „chwiejna", to nie grozi jej los „marionetki w rękach uniwersalnej religii czy doktryny", takiej jak islamski fundamentalizm czy arabski nacjonalizm[1].

Salibi nie wierzył, że któraś z tych ideologii odniesie sukces. Przyszłość wyobrażał sobie zupełnie inaczej: „Pierwsza wojna światowa, upadek imperium osmańskiego, Holokaust – to właśnie ten ciąg nadzwyczajnych, niepowtarzalnych zdarzeń doprowadził do powstania Izraela i państw arabskich. Przyszłość jednak może bardziej przypominać starożytność i średniowiecze".

1 Zob. Mosca, *The Ruling Class*.

Ówczesny układ sił w świecie arabskim, którego politycznymi ośrodkami nerwowymi były Damaszek, Bagdad i Kair, przypominał rywalizację między średniowiecznymi kalifatami Umajjadów, Abbasydów i Fatymidów – państwami-miastami połączonymi szlakami handlowymi. Zmierzch rewolucji przemysłowej i silnych państw mógł zwiastować epokę lokalnych wojen, migracji i ekspansji kulturowej typowych dla starożytności. Wydawało się wręcz prawdopodobne, że po upadku Saddama Husajna Irak podzieli się wzdłuż granic dawnych prowincji osmańskich: na kurdyjski Mosul na północy, sunnicki Bagdad w centrum i szyicką Basrę na południu, co zapewne doprowadziłoby do odnowienia silnych haszymidzkich wpływów w Bagdadzie, pierwszy raz od 1958 roku, gdy wojsko obaliło kuzyna króla Husajna, króla Fajsala II. Co do Izraela, to mógłby on odegrać podobną rolę jak gminy żydowskie na średniowiecznym Bliskim Wschodzie: gospodarczych pośredników między zwalczającymi się klanami i przemieszczającymi się ośrodkami władzy.

Zapytałem Salibiego, czy istnieją jakieś historyczne przesłanki dla sojuszu Jordanii z Turcją i Izraelem przeciwko Syrii. „W Jordanii – odparł – wciąż żywa jest nostalgia za Osmanami". Syria i Bułgaria miały długie granice lądowe z Turcją osmańską i doświadczyły wszystkich płynących stąd konsekwencji. Haszymidzi jednak, jako opiekunowie miejsc świętych za panowania sułtanatu, mieli znacznie lepsze doświadczenia z Osmanami. W latach 1893–1908 emir Husajn z synami, przebywający z rozkazu sułtana Abdulhamida II na wygnaniu, mieszkał w Stambule, w pięknej willi nad Bosforem. Ponieważ Husajn i jego rodzina wszczęli udaną arabską rewoltę przeciw Turkom, mniej się ich obawiali niż inni Arabowie. Kiedy w 1926 roku ostatni sułtan osmański Mehmed VI zmarł w nędzy na wygnaniu w San Remo, rodzina Husajna w Hidżazu opłaciła pogrzeb. Wiele zasłużonych rodów jordańskich, w tym rodzina byłego premiera Zaida al-Rifaiego, to potomkowie osadzonych tutaj osmańskich urzędników. Książę Hassan, brat Husajna, mówił po turecku.

Opuściłem gabinet Salibiego przeświadczony, że chociaż przyszłość jest w zasadzie niepoznawalna, to historia wciąż jest najlepszym przewodnikiem po tym, co może nas czekać. Spacerując tego wieczora po Ammanie, zdałem sobie jednak sprawę, jak nieobliczalny jest bieg dziejów. Pierwszego dnia XX wieku Amman był pustynną wioską bez perspektyw, na peryferiach imperium osmańskiego, niewiele różniącą się od innych wiosek regionu. Dziś wędrowałem ulicami wspaniałych willi, ambasad, rezydencji, luksusowych restauracji i kwiaciarni. Myśl o łańcuchu zdarzeń, który to spowodował, przyprawiała o zawrót głowy.

*

Amman był kiedyś, jak Palmira i Petra, miastem karawanowym, przystankiem na szlakach handlowych. W pewnym sensie nadal odgrywa tę rolę. Syryjczycy, Irakijczycy i Saudyjczycy przyjeżdżają i przylatują z daleka na zakupy, a także kuszeni ofertą miejscowych firm konsultingowych, reklamowych czy ubezpieczeniowych. Mimo braku bogactw naturalnych, Jordania rozwija się, pełniąc funkcję pośrednika; jej klasa średnia jest liczniejsza niż w sąsiednich państwach arabskich. Dzisiejszy Amman, jak starożytne Palmira i Petra, jest uzależniony od szlaków handlowych i warunków, które na nich panują. Tutejszy ekonomista Fahed Fanek powiedział w rozmowie ze mną, że zdjęcie sankcji z Iraku podniosłoby jordański produkt narodowy brutto o 10 procent, nie tyle wskutek zwiększenia obrotów handlowych, ile dlatego że Irakijczycy potrzebują jordańskiego *know-how*, by odbudować swą zrujnowaną ojczyznę.

Jordania jest w gruncie rzeczy państwem-miastem połączonym szlakami handlowymi z innymi komercjalnymi oazami. Blisko czterdzieści procent populacji zamieszkuje korytarz Irbid–Zarka–Amman, biegnący od granicy syryjskiej na południe do stolicy. Jednak takie miasta jak Irbid czy Maan w południowej Jordanii przysparzają wielu problemów. Regularnie wybuchają w nich zamieszki o podłożu ekonomicznym, zmuszając władze w Ammanie do interwencji.

*

Dwieście kilometrów na południe od Ammanu leży Petra (gr. „skała"), od IV wieku p.n.e. do I wieku n.e. stolica królestwa Nabatejczyków, zachodnioarabskiego plemienia kontrolującego szlaki handlowe aż po Syrię, podbitego przez Rzym dopiero po zawarciu niefortunnego sojuszu z wrogami Rzymu, Partami. W 1976 roku wypożyczyłem konia za pięć dolarów i zapuściłem się w głęboki wąwóz zwany *siq*, którym dotarłem do Chazne, nabatejskiego skarbca z klasyczną fasadą w stylu hellenistyczno-rzymskim wykutą w litej skale. Z wszystkich zabytków Petry ten robił największe wrażenie. Tamtej nocy spałem na kamiennej posadzce Chazne, całkiem sam: nigdy nie zapomnę tej ciszy. Układ pokojowy z Izraelem w 1994 roku spowodował masowy napływ turystów i budowę hotelu, a wejście do wąwozu kosztuje sześćdziesiąt dolarów, więc podczas tej podróży zamiast na południe, wybrałem się na wschód od Ammanu, na pustynię usianą wczesnośredniowiecznymi arabskimi fortami.

Amman tak się rozrósł, że wschodnie przedmieścia zdawały się nie mieć końca. A kiedy już się skończyły, ujrzałem bezkresne, bezkształtne pustkowie i zbity szary piach przyprószony bazaltowym żwirem i otoczakami. Haszymidzkie królestwo Jordanii skurczyło się do drogi oraz biegnących wzdłuż niej linii telefonicznej i wysokiego napięcia. Sześćdziesiąt kilometrów na wschód od Ammanu dotarliśmy do kwadratowej budowli z okrągłymi przyporami w narożnikach i popękanymi ścianami. Surowa architektura i otaczająca pustka nadawały mu wygląd potężnej twierdzy. Był to Kasr (zamek) al-Charana. Inskrypcja wskazywała, że został zbudowany w 710 roku, co czyniłoby go pierwszą tego typu budowlą wzniesioną przez muzułmanów. Nic nie rosło na płaskiej, jałowej równinie. Wartownik wskazał na południe i rzekł: „Hidżaz"; była to nazwa części Arabii Saudyjskiej, położonej pięćset kilometrów dalej, od której dzieliła nas wyłącznie pustynia.

Jadąc dalej na wschód, minąłem sznur ciężarówek i pomarańczowo-białych taksówek, wszystkie na irackich rejestracjach, zmierzających do Ammanu z Bagdadu. Dla obłożonego sankcjami, głodującego Iraku, Jordania była jedynym legalnym rynkiem zbytu.

Piętnaście kilometrów za Kasr al-Charana dotarliśmy do następnego pustynnego zamku: zachowała się sala audiencyjna ze sklepieniem beczkowym, wieżyczki i mała kopuła. To był Kasr Amra, fort Umajjadów, pierwszej dynastii muzułmańskiej. W połowie VII wieku islam dopiero zaczynał rozwijać własną kulturę materialną, architektura wczesnych budowli umajjadzkich, w tym Kasr Amry, była jeszcze wolna od surowych, geometrycznych abstrakcji, które później będą się kojarzyć ze sztuką islamską, odzwierciedlała natomiast zmysłowe dziedzictwo stylu greckiego, rzymsko-bizantyjskiego i perskiego. Freski w mrocznych wnętrzach Amry nieuchronnie przywodziły na myśl świątynie bizantyjskie.

Tajemnicze oblicza zdawały się wyłaniać z mgły czasu. W czasie pierwszej wojny światowej T. E. Lawrence przybył tutaj z grupą angielskich znajomych. W *Siedmiu filarach mądrości* napisał:

> Zdumieni wspaniałymi salami i freskami
> żołnierze zasypywali mnie pytaniami
> o dynastię Ghassanidów. Podzieli-
> łem się z nimi mętnymi wiadomościami
> o poezji i krwawych wojnach tamtych
> czasów; jakże odległa i pretensjonalna
> wydała mi się ta epoka![1].

1 T. E. Lawrence, *Siedem filarów mądrości*, przeł. J. Schwakopf, Warszawa 1971, s. 540–541.

Sądząc po nagich postaciach oraz wizerunkach cesarza i Chrystusa Pantokratora, zamek mógł być pierwotnie zbudowany przez Ghassanidów, pogańską dynastię arabską, według niektórych źródeł, nawróconą w VI wieku na chrześcijaństwo, a później obaloną przez Umajjadów, którzy przejęli zamek i wykorzystywali go jako bazę do wypraw myśliwskich.

Moje rozmyślania przerwał przyjazd dwóch autokarów z włoskimi turystami, na wyścigi pstrykającymi zdjęcia i zbyt pochłoniętymi obserwacją światłomierzy i zmianą obiektywów, by słuchać opowieści przewodnika. W Tyrze „dzięki" wojnie Izraela z Hezbollahem byłem sam pośród ruin, tutaj układ pokojowy utrudniał medytację.

Azrak leżał dwadzieścia kilometrów dalej na wschód, sto kilometrów od Ammanu: rozległa, tonąca w pyle oaza i postój ciężarówek u północnego wjazdu do Wadi as-Sirhan, głównej arterii komunikacyjnej, którą od dwóch tysiącleci, od czasów Nabatejczyków, podróżowano na Półwysep Arabski. Czarny bazaltowy zamek, od trzęsienia ziemi w 1927 roku już tylko rumowisko wielkich głazów, leży przy głównej ruchliwej szosie. Chociaż sam fort pochodzi z XIII wieku (zbudowały go oddziały Saladyna w epoce krucjat), greckie i łacińskie inskrypcje zdradzają, że już w czasach rzymskiego cesarza Dioklecjana około 300 roku istniały w tym miejscu jakieś umocnienia wojskowe, wykorzystywane następnie przez sprzymierzonych z Bizantyjczykami Ghassanidów, Umajjadów i Turków osmańskich. Lawrence mieszkał jakiś czas w tym zamku podczas pierwszej wojny światowej, służył mu on za bazę wypadową do akcji przeciwko tureckiej linii kolejowej na zachodzie. Pisał o „niezgłębionej ciszy" i „lśniących sadzawkach" Azraku[1]. Dziś obok mizernych palm, przykurzonych i okopconych spalinami, z łoskotem toczyły się ciężarówki. Azrak wciąż jednak był tym, czym za czasów Dioklecjana: ważną oazą, odzwierciedlającą więzi między osadami położonymi wzdłuż szlaków handlowych, migracyjnych i pielgrzymkowych.

Półtora kilometra od zamku znajdowała się restauracja z typowymi ceratowymi obrusami, z nadrukowanymi alpejskimi pejzażami, cytatami z Koranu nad wejściem do sal modlitwy, które mieściły się obok jadalni. Grillowane mięso z cebulą i humusem oraz kawa zaprawiona kardamonem były wyborne. Przy stolikach tłoczyli się szyiccy pielgrzymi, podróżujący autokarami i samochodami z przyczepami, mężczyźni w nieskazitelnie białych galabijach, kobiety w czarnych chimarach, dźwigające plastikowe wiadra na wodę. Ci pielgrzymi podróżowali ze wschodniej Arabii Saudyjskiej do Ammanu – około tysiąca pięciuset kilometrów – gdzie w ambasadzie irackiej zamierzali ubiegać się o specjalne zezwolenia na przejazd przez pustynię do szyickich miejsc świętych w Nadżafie i Karbali w środkowym Iraku. Innymi słowy, Azrak był wrotami do Iraku Saddama. Zwycięstwa i klęski rzymskich cesarzy, średniowiecznych kalifów, tureckich paszów i współczesnych arabskich dyktatorów znajdowały odbicie w rodzaju i natężeniu ruchu przez tę pustynię, gdzie z powodu braku osad mieszkalnych i złóż ropy ziemia miała znaczenie czysto strategiczne.

1 Tamże.

*

Po kilku godzinach byłem z powrotem w Ammanie, z którego nazajutrz znów wyjechałem, tym razem zatłoczonym minibusem do Zarki, oddalonej od stolicy Jordanii o godzinę jazdy samochodem na północny wschód przez niekończące się nowe osiedla, porozdzielane jedynie nowymi placami budowy. W Zarce znajdowała się baza wojskowa, parking dla ciężarówek zmierzających do Iraku, obóz dla uchodźców palestyńskich i robotnicze dzielnice, zamieszkane przez pół miliona Arabów i Czerkiesów (lud muzułmański z północnego Kaukazu). Wokół bloków mieszkalnych pasły się osły i owce. Centrum Zarki wypełniały cukiernie, stragany z napojami i sklepy z tanią odzieżą z tworzyw sztucznych, plastikowymi grzebieniami i szczotkami, rozmaitymi narzędziami i częściami samochodowymi. Widziało się tutaj znacznie więcej bród i chust na głowę niż w Ammanie, i wielu mężczyzn w butach bez sznurowadeł. Na tej betonowej pustyni co krok natykałem się na grupki wałęsających się nastolatków. Tam, gdzie mieszkałem w Ammanie, liczyło się dinary, tutaj – file (1000 fili = 1 dinar = 1,40 dolara). Zarka była dobrym miejscem do zastanawiania się nad przyszłością Jordanii i Wielkiej Syrii.

W miastach takich jak Zarka mieszka siedemdziesiąt pięć procent Jordańczyków[1]. Coraz większe niedobory wody musiały spowodować ograniczenie nawadniania, więc miasta te będą się rozrastać wraz z migracją ze

1 Dane demograficzne i gospodarcze pochodzą z wywiadów z jordańskimi specjalistami – w tym z ekonomistą i pisarzem Fahedem Fanekiem – oraz z opublikowanych raportów.

wsi. Ponieważ rozwój gospodarki jordańskiej nie nadążał za przyrostem ludności, dochód na jednego mieszkańca spadł z tysiąca ośmiuset dolarów w 1982 roku do tysiąca sześciuset pięćdziesięciu dolarów w roku 1998. Bezrobocie od dekady wahało się na poziomie dwudziestu procent. Zarazem jednak krewni pomagali sobie nawzajem w stopniu niespotykanym na Zachodzie: trzy czwarte jordańskich gospodarstw domowych miało na utrzymaniu kogoś z bliskiej rodziny. Również usługi publiczne, jak opieka zdrowotna czy oświata, stoją w Jordanii na wyższym poziomie niż w innych nienaftowych krajach arabskich: osiemdziesiąt pięć procent etatów państwowych przypada na służbę zdrowia i szkolnictwo[1]. Ale monarchia nie będzie mogła utrzymać wydatków państwa na tym poziomie ani zapobiec wzrostowi bezrobocia poprzez zatrudnianie połowy siły roboczej, jak czyni to obecnie.

„Ludzie przyzwyczaili się, że rząd ich przekupuje, ale gotówka powoli się kończy" – stwierdził pewien specjalista od spraw jordańskich. Skutkiem tego przepaść między bogatymi i ubogimi stale się pogłębiała. Chociaż w Izraelu dochód na jednego mieszkańca był niemal dziesięć razy wyższy niż w Jordanii, w Ammanie widziałem więcej mercedesów i innych luksusowych marek niż w całym Izraelu. Jordania wydawała się stabilnym państwem tylko w porównaniu z Syrią czy Irakiem. Nad całym światem arabskim zbierały się czarne chmury demografii: w większości tych krajów liczba ludności podwajała się

1 Zob. raport o warunkach życia w Jordanii za rok 1998, sporządzony przez norweski Fafo Institute for Applied Sciences.

co pokolenie – czterdzieści procent wszystkich Arabów miało nie więcej niż czternaście lat – a zapasy wody pitnej, wedle dostępnych prognoz, miały w latach 1995–2025 zmniejszyć się o blisko połowę[1].

„Młodzi ludzie są podatni na nowe idee i ideologie, dobre i złe, ale nie poczuwają się do żadnej lojalności – powiedział Abdullah Hasanat, wydawca angielskojęzycznego „Jordan Timesa". – Wszyscy narzekają, nawet dzieci rodzin panujących. Rządy będą musiały się wykazać nie lada roztropnością, by utrzymać w ryzach tak zróżnicowane społeczeństwa". W Zarce, pełnej młodych ludzi, którzy najwyraźniej mieli niewiele do roboty, przyszło mi do głowy, że chociaż demokratyzacja może okazać się nieunikniona, to wcale nie musi prowadzić do powstania społeczeństwa obywatelskiego; w tej części świata, gdzie ludzie nie byli przygotowani na ustrój parlamentarny (z wszystkimi samoograniczeniami, które taki ustrój narzuca obywatelom), mogła równie dobrze zapowiadać jego liczne spaczone warianty. Demokratyzacja w byłej Jugosławii na początku lat dziewięćdziesiątych spowodowała prześladowania mniejszości przez tyrańskie większości. Na arabskim Bliskim Wschodzie mogła doprowadzić do czystek etnicznych, skierowanych przeciwko chrześcijanom, jak te w Bośni były wymierzone w Muzułmanów[2]. Jordania i świat arabski są demograficznie

1 Powyższe dane zostały uzyskane m.in. z CIA przez profesora Michaela Handela z U.S. Naval War College.

2 Chrześcijanie stanowią 2–4 procent populacji Jordanii, Zachodniego Brzegu, Strefy Gazy i Iraku, 10 procent populacji Syrii i 30–40 procent populacji Libanu (za: „The Economist", 18 lipca 1998).

zdominowane przez młodzież, która ma coraz mniej możliwości edukacji i pracy. W społeczeństwach, w których wiek zawierania małżeństw wzrasta z powodu braku pieniędzy na posag, rygorystyczna interpretacja islamu wydaje się usprawiedliwiać seksualną frustrację młodych ludzi[1]. W społeczeństwach rozdartych głębokimi podziałami ekonomicznymi, gdzie przyjemność seksualna jest zastrzeżona dla bogatych, potrzeby ubogiej młodzieży może zaspokoić wyłącznie religia.

Dlatego tolerancja religijna i prawa mniejszości miały się lepiej pod rządami dyktatury. Dla chrześcijan w Syrii mniejszym zagrożeniem jest heterodoksyjny alawicki reżim Assada, niż ewentualne rządy sunnickiej większości. W Jordanii muzułmańscy fundamentaliści mają liczną reprezentację w parlamencie utrzymywanym w ryzach przez rodzinę królewską.

Ilustracją skutków pogłębiającej się nierówności ekonomicznej jest kwestia palestyńska. Powstanie przeciwko Izraelowi, czyli intifada, która zaczęła się w grudniu 1987 roku i trwała z przerwami do końca lat dziewięćdziesiątych, była rewolucją rosnących oczekiwań. Młodzi Palestyńczycy, którzy wylegli tłumnie na ulice Gazy i Zachodniego Brzegu nie zazdrościli swoim pobratymcom w Jordanii czy Syrii – którzy często byli jeszcze ubożsi i bardziej uciemiężeni niż oni – lecz Izraelczykom z klasy średniej, których spotykali w drodze do pracy jako niewykwalifikowani robotnicy i których życie i rozrywki znali jedynie z telewizji. Kiedy w latach siedemdziesiątych

1 Zob. Roy, *The Failure of Political Islam*.

i osiemdziesiątych palestyńscy chłopi masowo porzucali swoje ziemie, żeby spróbować szczęścia na izraelskim rynku pracy, zrywali tradycyjne więzi rodzinne i klanowe[1]. To właśnie ta nowo wyemancypowana i zradykalizowana miejska niższa klasa średnia wszczęła intifadę. Chociaż Palestyńczycy stanowią mniej więcej połowę ludności Jordanii, mają jedynie czternaście z osiemdziesięciu miejsc w parlamencie i zaledwie kilka z trzydziestu tek ministerialnych. W jordańskich wyborach parlamentarnych w 1997 roku głosowało dziewięćdziesiąt procent Beduinów, którzy zamieszkują tereny wiejskie, i zaledwie dwadzieścia pięć procent mieszkańców miast, ponieważ tamtejsi Palestyńczycy wyrazili swój protest, bojkotując wybory. Zdaniem ekspertów, wskutek wyższego wskaźnika urodzeń Palestyńczyków, jordańskie państwo-miasto w XXI stuleciu stanie się w osiemdziesięciu pięciu procentach palestyńskie. Zapobiec jordańskiej intifadzie może mniejsza, nie zaś większa liberalizacja: tutejsze media mają nieporównanie słabszy wgląd w działania tajnych służb niż izraelskie. Intifada wymaga zakresu wolności, którego brakuje w Jordanii.

Tę tłumioną presję na poszczególne kraje mógłby złagodzić wolny rynek pracy na pokojowym, pozbawionym granic Bliskim Wschodzie. Jak to ujął mój palestyński znajomy z Ammanu, „kiedy w latach czterdziestych moim rodzicom znudziło się aktualne miejsce zamieszkania, to przenosili się z Jaffy do Hajfy albo Bejrutu, albo Damaszku,

1 Zob. Ira M. Lapidus, *The Middle East's Discomfiting Continuities*, „Orbis", Fall 1998.

albo Kairu. Potem arabscy nacjonaliści wymyślili paszporty, granice i odrębny dialekt dla każdego państwa i teraz wszyscy tkwimy w naszych więzieniach". Trzeba jednak wziąć pod uwagę jeszcze coś innego. Izraelsko-palestyński układ pokojowy, ustanawiający na Zachodnim Brzegu nowe chimeryczne państwo, mógł wymazać z mapy świata haszymidzką Jordanię, gdyby Palestyńczycy z Zachodniego Brzegu połączyli siły z rodakami ze Wschodniego Brzegu, żeby wspólnie obalić beduińską monarchię. Traktaty pokojowe są porozumieniami elit, które, czy to izraelskie, czy to arabskie, posługują się językiem angielskim i często należą do tej samej globalnej arystokracji. Problemem są polityczne, demograficzne i społeczne siły, które wcielają takie układy w życie, na co zwykle potrzeba lat, i które skutecznie kontrolują masy.

*

Haszymidzka rodzina królewska rządzi tutaj od 1921 roku, kiedy to Abdullah został królem Transjordanii (późniejszej Jordanii), co czyni ją najdłużej utrzymującym się u władzy reżimem w regionie. Według danych za rok 1998, blisko dziewięćdziesiąt procent żyjących Jordańczyków urodziło się za panowania króla Husajna. Haszymidzka Jordania, jak starożytne Palmira i Petra, jest miejscem, przez które przepływają towary, usługi i idee. Nikt nie uosabia kosmopolityzmu tego kraju lepiej niż książę Hassan, który był głównym pretendentem do tronu, ale jego miejsce nieoczekiwanie zajął najstarszy syn Husajna, Abdullah (noszący to imię na cześć dziadka Husajna), który objął tron po śmierci króla Husajna w 1999 roku[1].

Pałac w Ammanie nie jest zbyt okazały: kilka dostojnych kamiennych budynków w stylu dawnych angielskich rezydencji, ozdobionych królewskimi herbami. Tutaj tradycję darzy się większym zaufaniem niż ideologię. „Kiedy mój dziadek Abdullah został królem – powiedział książę Hassan – już od stuleci rządziliśmy Hidżazem. Sądzę, że jesteśmy tradycyjnym totalitarnym reżimem, który ewoluuje w stronę demokracji. Na Zachodzie jednak definicja demokracji jest nazbyt prawnicza. Plemiona i klany mogą być demokratyczne na swój własny sposób. Myślę, że trzeba przesunąć akcent z *civitas* – społeczności politycznej, na *humanitas*. Pomaganie uchodźcom i dzieciom ulicy to właśnie *humanitas*. Walka z antysemityzmem i zachodnią islamofobią to też *humanitas*".

Książę miał tubalny głos, który zdawał się wypełniać skromny gabinet. Był spięty i kiedy mówił, nerwowo bawił się kablem od telefonu. Powiedziałem, że mniej interesuje mnie bieżąca polityka – negocjacje z Izraelem i tym podobne – a bardziej przeszłość w odniesieniu do przyszłości. „Kto dziś czyta książki historyczne? – wybuchnął książę. – Media cierpią na amnezję. Brakuje głębszej refleksji historycznej, wszyscy fascynują się nowinkami intelektualnymi, zamiast czerpać z tradycji. Co wieczór staram się zaglądać do kronik rodzinnych i jestem pod wrażeniem podobieństwa między przełomem

1 Hassanowi, rasowemu intelektualiście, brakowało chłodnego realizmu najstarszego syna zmarłego króla, tego syna, który wybrał karierę wojskową.

XIX i XX wieku a współczesnością. Winston Churchill analizuje problem kurdyjski w północnym Iraku... Churchill i inni kolonialni oficjele w rodzaju Gertrude Bell wytyczają na mapie granice nowych państw w sposób, w jaki dzisiejsze kompanie naftowe planują bieg nowych rurociągów. Zachód wciąż postrzega Bliski Wschód w kategoriach strategii i zasobów energetycznych. Nie ma mowy o altruistycznej misji, opartej na oświeceniowych wartościach, jaką Zachód prowadzi względem Europy Wschodniej. Mimo że baasizm odegrał w Syrii i Iraku podobną rolę, jak komunizm w tamtych krajach". Książę Hassan uważał baasizm za „intelektualną modę, która przerodziła się w antysemityzm i antychrystianizm".

– Czy takie kraje jak Syria i Irak mogą długo przetrwać? – spytałem.

– Spotkajmy się za dziesięć lat, to się przekonamy – skrzywił się książę. – Ale całkowicie się zgadzam: to nienaturalna sytuacja. Te państwa mogą upaść i wtedy będziemy mieli zbałkanizowany Bliski Wschód, rozdarty konfliktami etnicznymi. Wciąż napawamy się upadkiem imperium osmańskiego, ale nie korzystamy z jego osiągnięć, takich jak system milletów [w którym mniejszości religijne były samorządnymi „narodami" pod opieką sułtana].

Inną zaletą ustroju osmańskiego, o której wspomniał książę, był kalifat, islamska teokracja, w której „były reprezentowane wszystkie szkoły tradycji sunnickiej". Hassan wyjaśnił, że „likwidacja kalifatu po rozpadzie imperium osmańskiego odebrała umiarkowanej tradycji muzułmańskiej legitymację do sprawowania rządu dusz, wytwarzając próżnię, którą zapełniali fundamentaliści. Zapotrzebowanie na islamski centryzm wciąż istnieje – przekonywał – ale trzeba się skupić na fatwie [opiniach prawnych], zamiast wdawać w dyskusje. My, Turcy i inni muzułmanie, możemy stworzyć nowoczesną tradycję islamską, podobną w założeniach do tego, co reprezentuje chrześcijańska demokracja w Europie.

Książę Hassan stwierdził, że Bliski Wschód potrzebuje „przestrzeni wolności", która byłaby „pluralistyczną syntezą" ustrojów politycznych Zachodu i Wschodu. Obawiał się jednak, że nowym pokoleniom przywódców zachodnich brakuje zarówno motywacji, jak i mądrości historycznej, która pomogłaby jego rodzinie zrealizować ten cel.

ROZDZIAŁ 17

Po drugiej stronie Jordanu

Leopold Weiss, wnuk rabina, urodził się w 1900 roku we Lwowie, w Polsce. W 1922 roku przyjechał do Palestyny, żeby odwiedzić wuja, który był psychiatrą w szpitalu żydowskim w Jerozolimie. Z Jerozolimy Weiss ruszył w podróż po Afryce Północnej i Arabii, gdzie zafascynowało go życie arabskich koczowników. Przeszedł na islam, zmienił nazwisko na Muhammad Asad, ożenił się z Arabką i odbył rytualną pielgrzymkę do Mekki. Prócz tego, że jako jeden z niewielu ludzi Zachodu odwiedził Mekkę i Medynę, był także badaczem pustyń Arabskiej i Libijskiej. Zaprzyjaźnił się z królem Arabii Saudyjskiej Abdulem Azizem Ibn Saudem i został królewskim posłem i mediatorem. Asad pomógł także zorganizować pierwsze współczesne państwo islamskie, Pakistan, które reprezentował jako minister pełnomocny w Organizacji Narodów Zjednoczonych. Z powodu konwersji na islam ojciec Asada na dziesięć lat zerwał wszelkie kontakty z synem. Ale w 1935 roku zaczęli do siebie pisywać. Ta korespondencja trwała do 1942 roku, kiedy to hitlerowcy posłali ojca i siostrę Asada do obozu koncentracyjnego, gdzie oboje zginęli.

W autobiografii *The Road to Mecca* Asad szuka zrozumienia u Abrahama:

> Mój przodek, którego Bóg przywiódł do nieznanej ziemi, a tym samym do odkrycia samego siebie, zrozumiałby, dlaczego jestem tutaj [w Arabii], gdyż on także przewędrował wiele krain, zanim nadał swemu życiu realny kształt, i musiał gościć u obcych, zanim mógł zapuścić korzenie. Z takim bagażem doświadczeń zapewne nie dziwiłby się moim drobnym rozterkom[1].

Asad, który wspominał swoje żydowskie dzieciństwo jako „szczęśliwe" i „beztroskie", był wolnym człowiekiem, stale jednak rozdartym i zmiennym, a przez to nieobliczalnym. Jego autobiografia zafascynowała mnie z powodu sprzeczności w moim własnym życiu.

Kiedy w latach siedemdziesiątych jako dwudziestokilkulatek podróżowałem po islamskiej Afryce Północnej i Bliskim Wschodzie, w końcu osiedliłem się w Izraelu, gdzie wstąpiłem do wojska. Tam z kolei, odkryłem swoją amerykańskość, gdyż pobyt wśród ludzi mojej wiary okazał się klaustrofobicznym przeżyciem. Stałem się nie tyle syjonistą, ile realistą: chociaż izraelska obsesja na punkcie bezpieczeństwa może się wydawać chorobliwa, życie w Izraelu nauczyło mnie, że liberalno-humanistyczna skłonność do postrzegania polityki głównie w kategoriach moralnych może być równie niezdrowa. W Izraelu często spotykałem zagranicznych dziennikarzy, którzy domagali się absolutnej sprawiedliwości dla Palestyńczyków

1 Muhammad Asad, *The Road to Mecca*, New York 1954.

i w kółko opowiadali o moralności w polityce, co oznaczało, że „niemoralny" w ich oczach stawał się każdy, kto był innego zdania. Nie dało się z nimi dyskutować. Tymczasem moi prawicowi sąsiedzi w ubogiej, orientalnej części żydowskiej Jerozolimy chcieli absolutnego bezpieczeństwa. Z nimi też dyskusja była niemożliwa, ale przynajmniej ich argumenty opierały się na „zdrowym egoizmie", a nie na mrzonkach o absolutnej moralności. (Jeden z bliskich doradców króla Husajna i księcia Hassana zdradził mi, że obaj darzą Icchaka Rabina takim zaufaniem właśnie dlatego, że jego argumenty za pokojem zawsze mają na względzie interesy jego kraju, a nie moralność). Zdrowy egoizm szanuje egoizm innych, a tym samym umożliwia kompromis. Sztywne zasady moralne nie zostawiają wiele miejsca na kompromis. Tego właśnie nauczyłem się w Izraelu.

Dwa dni po zakończeniu służby wojskowej poleciałem na Bałkany: chciałem wrócić do zawodu dziennikarza. Kilka tygodni później byłem z powrotem w świecie arabskim, podróżując po Syrii, Iraku, Algierii i innych krajach, nigdzie nie przyznając się do izraelskiego epizodu. Od korespondentów zagranicznych w Izraelu nauczyłem się, że to żadna sztuka być outsiderem i mogłem nim być zarówno w świecie arabskim, jak na Bałkanach. W Izraelu jednak, choć moja hebrajszczyzna mocno już kulała, nigdy nie będę prawdziwym outsiderem. Dlatego też ostatniego wieczora w Ammanie przed wyjazdem do Izraela byłem pełen mieszanych uczuć. Tam nie będę tylko podróżnikiem, lecz także kimś, kto wrócił do domu.

*

Żeby dostać się z Jordanii do Izraela, musiałem najpierw złapać poranny autobus z Ammanu do Irbidu. Irbid był syntezą moich wcześniejszych arabskich doświadczeń. Jak w wielu miastach Jordanii ulice i inne miejsca publiczne zaskakiwały czystością. Ale było też niewiele zieleni, przeważali nędznie ubrani ludzie, gońcy roznosili po biurach tace z kawą i herbatą, a dworzec autobusowy był kłębowiskiem straganów i pojazdów kursujących bez rozkładu jazdy – co nie stanowiło większego problemu, gdyż było to społeczeństwo tradycyjne, w którym cudzoziemiec zawsze może liczyć na pomoc. Irbid leży około trzydziestu kilometrów na wschód od Jordanu, rzeki na granicy z Izraelem. Dworzec autobusowy był zatłoczony, ale okazało się, że jestem jedyną osobą podróżującą do granicy, musiałem więc wziąć taksówkę, która kosztowała równowartość piętnastu dolarów.

Dolina Jordanu jest częścią głębokiego rowu tektonicznego, który ciągnie się od Syrii po Afrykę Północną. Zjazd do doliny ze spalonego słońcem płaskowyżu był niezwykle emocjonujący. Temperatura rosła z każdą chwilą, która zbliżała nas do mglistego pasma zielonych pól wzdłuż rzeki, a ściana gór na jej drugim brzegu była równie stroma. Od czasu do czasu mijaliśmy wyblakłe znaki „Przejście graniczne". Żaden nie informował, że to granica z Izraelem. Wzdłuż drogi, jak to w świecie arabskim, ciągnęły się warsztaty samochodowe i stragany z owocami. Tu i ówdzie stały grupki młodych mężczyzn, rozmawiających i palących papierosy. Za posterunek graniczny służyło kilka starych kontenerów, w których mieścił się urząd celny, punkt kontroli paszportów, kantor wymiany walut i jakieś biura. Istniał już cztery lata, ale emanował sennością i tymczasowością. Nikt nie zajrzał do mojego bagażu i po chwili miałem już pieczątkę w paszporcie. Jedyną oznaką, że trzydzieści metrów dalej leży Izrael, był kantor, w którym wymieniłem dinary na szekle.

Nie można było przekroczyć granicy pieszo, kazano mi wsiąść do pustego autobusu, który czekał z włączonym silnikiem. Wkrótce sąsiednie miejsca zajęło dwóch Arabów w garniturach i krawatach. Potem zjawił się kolejny pasażer, krępy, brodaty, w brudnych, workowatych dżinsach i jarmułce, ze sfatygowaną teczką. Być może wracał z jednej z izraelskich fabryk otwartych niedawno w Irbidzie. Był zarazem czujny i opryskliwy, nawet nie skinął głową jak dwaj Arabowie. Więcej pasażerów nie było. Ruszyliśmy w stronę mostu.

Jordan jest w tym miejscu nieskazitelnie błękitny, co uderza tym bardziej, że jest też dość wąski. Na drugim brzegu dostrzegłem zielony trawnik z palmami, rozdzielający dwie nitki szosy – na tylu drogach Zachodu to zwykłe wysepki, tutaj to małe dziwo, jeśli się napatrzyło na szare, pokryte wiecznym pyłem miejsca publiczne w świecie arabskim i wielu miastach Turcji. Autobus zatrzymał się przy dwóch młodych mężczyznach w koszulach od Timberlanda, tylko częściowo wetkniętych w dżinsy, bo uniemożliwiały to pistolety u boku. Włosy byle jak obcięte na jeża i świdrujący wzrok jasno wskazywały, że nie zgrywają bohaterów filmowych jak ochroniarze, których spotykałem w innych krajach. Wsiedli do autobusu, rzucili okiem na nasze paszporty i poprosili, żebym wysiadł razem z nimi.

Po wyszukanej kwiecistości tureckiego i arabskiego uderzyła mnie dziwna zwięzłość hebrajskiego – a ściśle rzecz biorąc, jego współczesnej odmiany, liczącej zaledwie sto lat. Rozmawiając z ochroniarzami, przerzucałem się między hebrajskim i angielskim. Nie interesowały ich moje arabskie wojaże. Chcieli tylko sprawdzić urzędnika imigracyjnego, który tego dnia zaczął pracę. Wręczyli mi izraelski paszport jakiegoś Araba – nic niezwykłego, bo w pobliskiej Galilei mieszka wielu Izraelczyków pochodzenia arabskiego. Wyjaśnili, że paszport jest fałszywy, ale ponieważ mężczyzna na zdjęciu jest do mnie podobny, chcieli, żebym spróbował przejść z tym dokumentem przez punkt kontrolny.

– A co z moim paszportem? – spytałem.

– Będzie w mojej kieszeni – odparł jeden z ochroniarzy. – Proszę się nie obawiać. Będę kilka kroków za panem. Nawet na chwilę nie spuszczę pana z oczu.

– W porządku – zgodziłem się. Izraelczycy często przeprowadzają takie kontrole.

Sala przyjazdów z urządzeniem do prześwietlania bagażu wyglądała jak każdy terminal lotniczy w Stanach Zjednoczonych. Podałem paszport urzędniczce w cywilu, na oko dwudziestokilkuletniej. Oglądała go dziesięć sekund, a potem nie zadawszy żadnego pytania, nawet na mnie nie spojrzawszy, podeszła do ochroniarza i z udawanym wyrzutem trzepnęła go paszportem w pierś. Oboje się roześmiali, a ochroniarz oddał mi prawdziwy paszport.

Wyszedłszy na zewnątrz, ujrzałem nowe chodniki z ławkami, przystanek autobusowy, postój taksówek, stojaki z mapami turystycznymi, rząd budek telefonicznych i bank. Urzędniczka w banku oderwała wzrok od książki tylko na chwilę niezbędną do wymiany pieniędzy. Kiedy spytałem, gdzie mógłbym kupić kartę telefoniczną, burknęła „Tam" i wskazała głową na kiosk po drugiej stronie asfaltowej drogi. Ponieważ było zupełnie pusto, wszystko dokoła wydawało się bardzo duże. Tutaj nikt nie miał czasu dla cudzoziemca. W *East Is West* Freya Stark cytuje brytyjskiego dyplomatę w Transjordanii, który powiedział: „Doświadczenie arabskiej kurtuazji wywołuje alergię na zachodnie nieokrzesanie". Choć za takim stwierdzeniem mogły kryć się przewrotne sympatie polityczne (jak to miało miejsce także w przypadku Freyi Stark), to niezależnie od tego było po prostu prawdziwe.

Zaopatrzywszy się w kartę telefoniczną, zadzwoniłem do przyjaciela, który mieszkał w środkowej Galilei. Powiedział, żebym wziął taksówkę do dworca autobusowego w Bet Szean, kilka minut jazdy na zachód, gdzie będzie na mnie czekał. W drodze do Bet Szean zauważyłem drogowskazy z napisami „Most Pokoju" i „Jordania". Jordańskie znaki drogowe próbowały ukryć fakt zawarcia pokoju i otwarcia granicy, izraelskie go świętowały.

*

Bet Szean jako jedno z niewielu miejsc w Izraelu nie skorzystało na masowej imigracji z Rosji, liberalizacji gospodarki oraz boomu na komputery i telefony komórkowe, które na przełomie lat osiemdziesiątych i dziewięćdziesiątych przeobraziły izraelskie społeczeństwo. Dworzec autobusowy Bet Szean i całe miasteczko, zamieszkane głównie przez marokańskich Żydów, stanowiły równie przygnębiający widok jak w latach siedemdziesiątych, z których je zapamiętałem. Wszystko przez kumoterstwo: Bet Szean było świadectwem politycznej klęski Dawida Lewiego, chluby miasteczka i izraelskiego ministra spraw zagranicznych w kliku rządach. Rodzinno-polityczny biznes Lewiego nie przyciągał inwestorów, którzy wybierali inne miasteczka, z wysokim odsetkiem Żydów sefardyjskich – te błyskawicznie rozkwitały. O polityku świadczy przede wszystkim to, co zrobił dla swoich wyborców, ale w Bet Szean trudno się dopatrzeć śladów dwudziestoletniej obecności Lewiego w izraelskich rządach.

Mój przyjaciel jeszcze nie dotarł na dworzec, usiadłem więc w kawiarni w pasażu handlowym. Wystrój pasażu był dość skromny: pojemniki na gumę do żucia, plastikowe kosze na śmieci, bary szybkiej obsługi. Na plastikowych stolikach walały się stare paragony. Obserwowałem tłum samotnych, śpieszących się ludzi. Grupka siedmiu żołnierzy i cywilów siedziała, czytając gazety. W przeciwieństwie do żołnierzy w innych krajach Bliskiego Wschodu, ci mieli broń zabezpieczoną i skierowaną lufą w dół. Żołnierze pochodzili zapewne z klasy średniej, przypominali spokojnych chłopców z bogatych dzielnic Damaszku. Mimo całej gadaniny o niezwyciężonej armii izraelskiej fakty były takie, że od lat stawała się ona w coraz większym stopniu armią dzieciaków z przedmieścia, które chciały bezpiecznie wracać ze szkoły do domu, a Palestyńczycy, którzy przyjechali z Arafatem z zagranicy do kasb Nablusu i Hebronu, często byli weteranami libańskiej wojny domowej. To między innymi dlatego Izrael straci Zachodni Brzeg: tam nigdy nie wygra wojny z miejską partyzantką.

Poza żołnierzami, których domy mogły być gdziekolwiek w Izraelu i którzy tutaj mieli tylko przesiadkę, resztę pasażerów stanowili miejscowi, wywodzący się z klasy robotniczej, pozbawieni wyrafinowania bogatszych Arabów z Bejrutu i Ammanu oraz godności uboższych Arabów z ammańskiego suku. Widziałem mężczyzn w pstrokatych koszulkach, z długimi zmierzwionymi włosami i kolczykami w uszach oraz kobiety w krótkich spodenkach, z wałkami na głowach i obładowane torbami z zakupami. Pasażerowie obojga płci nosili czapeczki bejsbolowe, niektórzy daszkiem do tyłu. Jak w Syrii, Libanie i Jordanii można było kupić falafel i sandwicze z pity. Obsługa była jednak mniej liczna i pikle, papryczki oraz inne dodatki nakładało się samemu: to była zachodnia gospodarka, bez pracujących dzieci i dwucyfrowego bezrobocia jak w nienaftowych krajach arabskich. Poza tym, jak mawiali Izraelczycy, „jesteśmy podejrzliwi, chcemy wiedzieć, co jest w środku kanapki".

Amerykanie, którzy przylatują do Izraela prosto ze Stanów Zjednoczonych, postrzegają tutejsze społeczeństwo jako bardziej spójne i etnicznie jednolite niż ich własne, ale ja, po pobycie w tradycyjnych społeczeństwach arabskich, poczułem się tutaj nieco samotny i wyobcowany. W najbardziej nawet zwesternizowanych regionach Turcji ludzie wydawali się mniej wykorzenieni niż w Bet Szean, którego dworzec autobusowy mógłby równie dobrze znajdować się w którymś miasteczku meksykańskiego pogranicza. Rozwój społeczny i gospodarczy w swej początkowej fazie często ma niezbyt ciekawe oblicze: wykwintne ogrody i kwiecisty język są świadectwem wielowiekowej pracy i tradycji.

Zjawił się Mitch, mój przyjaciel, i zaprowadził do swego samochodu, którym ruszyliśmy wzdłuż Jordanu na północ, w stronę Jeziora Tyberiadzkiego, skąd wspinając się górską drogą na zachód, dotarliśmy do jego domu w Zippori (Seforis), wiosce położonej między jeziorem a Morzem Śródziemnym. Mitch był kiedyś spadochroniarzem, służył też w wywiadzie. Przed kilku laty wyjechał z Jerozolimy do Galilei, gdzie wyremontował opuszczony arabski dom. Mówił po arabsku, zatrudnił do pomocy Arabów z pobliskiego Nazaretu. Wspólnie dokonali koniecznych napraw, wykopali studnię i szambo, zagospodarowali kilka hektarów i zbudowali cztery domy wakacyjne dla turystów – głównie par młodych Izraelczyków z Tel Awiwu, pragnących spędzić romantyczny weekend na wsi. Mitch miał prawicowo-centrowe poglądy polityczne, ale robił zakupy i wypożyczał filmy w arabskim Nazarecie, tam zaopatrywał się w materiały budowlane, a z internetu korzystał za pośrednictwem arabskiego dostawcy. Dzieci Mitcha urodziły się w protestanckim szpitalu w Nazarecie. Był jednym z moich najlepszych przyjaciół, jednym z najbardziej inteligentnych i oczytanych. Nie skończył żadnych studiów, za to przez kilka lat podróżował.

Patrzyłem na krajobraz szybko przesuwający się za oknem: ścieżki rowerowe, ogródki, sztucznie zalesione wzgórza, stawy hodowlane i budynki gospodarcze z prefabrykatów, które, choć był to środek dnia roboczego, sprawiały wrażenie opuszczonych. Mitch tymczasem nie przestawał opowiadać o Izraelu i zmianach, o których międzynarodowe media – skupione na procesie pokojowym i rywalizacji izraelskich partii politycznych – przeważnie milczały. O Izraelu wiedziano na świecie równie mało co o pozostałych krajach regionu. To właśnie Mitch pierwszy uświadomił mi kilka spraw, o których czytałem później w lokalnej prasie i słyszałem w przeprowadzanych tu wywiadach.

- System rezerw armii izraelskiej zaczynał słabnąć. Mitem było, że Izrael ma małą armię zawodową, która może powstrzymać arabskich napastników przez czterdzieści osiem godzin – czas wystarczający do mobilizacji obywatelskiej armii rezerwistów. Wojna w 1973 roku dowiodła, że wiele rezerwowych oddziałów spisało się bardzo słabo. Po wojnie, jak zwykle, nastąpił *baby boom* i na początku lat dziewięćdziesiątych armia borykała się nie tylko z problemem nowych imigrantów z rozpadającego się Związku Sowieckiego, ale także względnie dużą liczbą osiemnastoletnich rekrutów. Zaczęło brakować miejsca dla starszych rezerwistów. A potem za radą – i pod naciskiem – Georga Schultza, amerykańskiego sekretarza stanu i ekonomisty z wykształcenia, zliberalizowano izraelską gospodarkę, uwalniając ją od socjalistycznych ograniczeń. Do tego czasu liczba rezerwistów posiadających własne firmy – które ucierpiałyby wskutek nieobecności właścicieli – była tak niewielka, że mogli oni indywidualnie dogadywać się z armią. Obecnie tak wielu Izraelczyków było przedsiębiorcami, że uchylanie się od służby wojskowej stało się nagminne. Z drugiej strony – w epoce nowoczesnego uzbrojenia i względnie wysokiego wzrostu liczby ludności wskutek imigracji z byłych krajów komunistycznych – armia nie potrzebowała wielu spośród tych starzejących się mężczyzn. Na przykład Mitch niedawno dostał wezwanie z komisji uzupełnień na ćwiczenia w południowym Libanie, ale jego dowódca zadzwonił, żeby nie przyjeżdżał. W autobusie było tylko pięćdziesiąt pięć miejsc, a wezwano osiemdziesięciu rezerwistów, więcej niż potrzebowano. Dowódca musiał zmniejszyć tę liczbę. Izraelski generał w stanie spoczynku powiedział w rozmowie ze mną, że w przyszłości pobór do wojska będzie tutaj kontynuowany „wyłącznie z powodów kulturowych", ponieważ Izrael potrzebuje społeczeństwa bardziej spójnego niż amerykańskie. Jednak z punktu widzenia obrony przed sąsiednimi państwami muzułmańskimi, z pewnością znacznie skuteczniejsze byłyby nowocześnie uzbrojone, dobrze opłacane siły ochotnicze.

- Znacząco wzrosła liczba oficerów liniowych, którzy są praktykującymi wyznawcami judaizmu. Istniały już całe oddziały złożone z absolwentów jesziw – wyższych szkół talmudycznych, w których naukę łączono ze szkoleniem wojskowym, w atmosferze specyficznej subkultury młodzieżowej. Elitarne jednostki wojskowe przyciągały imigrantów z Rosji i Etiopii, którzy, choć nie zawsze religijni, nie należeli – jak studenci jesziw – do świeckiego aszkenazyjskiego establishmentu. Jednak najbardziej dynamiczną, antyestablishmentową siłą był Szas, otwarcie nacjonalistyczna i wyznaniowa partia polityczna, reprezentująca wierzących Żydów, głównie marokańskich. Szas (hebrajski akronim wyrażenia *shisha sedarim*, „sześć porządków" Miszny) jest żywym dowodem, że zjawisko nazywane przez zachodnich ekspertów „korupcją" bywa alternatywnym systemem władzy, który się wykształca, gdy państwowa biurokracja staje się zbyt bezwzględna lub zbyt nieudolna, by skutecznie pomagać najuboższym. Kilku ministrów z Szasu postawiono w stan oskarżenia: wyglądali i działali jak irańscy *baazari*, ale stworzyli system oświaty i opieki społecznej równie imponujący, jak Hamas w Gazie czy Stowarzyszenie Braci Muzułmanów w Egipcie. Oddolne, niekonwencjonalne działania Szasu były zaprzeczeniem staromodnej polityki Dawida Lewiego, która przynosiła zbyt mało korzyści sefardyjczykom. Szas był też elastyczny w kwestii pokoju. Gotów był przystąpić do każdej koalicji, prawicowej czy lewicowej, w zamian za fundusze na szkoły religijne i ośrodki opieki społecznej. Zapotrzebowanie na szkolnictwo wyznaniowe w Izraelu stopniowo rosło, gdyż ideologia syjonistyczna się wypalała: świeckie szkoły, coraz silniej nękane przez plagę narkomanii i przestępczości nieletnich, najwyraźniej nie wywiązywały się z misji budowy świadomości narodowej.

- Kolejnym dowodem coraz większej złożoności społeczeństwa izraelskiego byli cudzoziemscy pracownicy. Wytworzył się rodzaj systemu kastowego z tajlandzkimi chłoporobotnikami, rumuńskimi budowlańcami i Nigeryjczykami, którzy monopolizowali najgorzej płatne zawody, bo Izraelczycy zatrudniający Palestyńczyków czuli się coraz mniej pewnie. Były też hotelowe pokojówki z południowego Libanu i tysiące Jordańczyków, którzy przedłużali pobyt i pracowali na czarno. Gospodarka izraelska, choć po latach stabilnego wzrostu przeżywała okres zastoju, była wystarczająco prężna, by niezależnie od lokalnych uwarunkowań politycznych wciąż przyciągać cudzoziemską siłę roboczą.

- Chociaż świat zewnętrzny miał nadzieję na współpracę arabsko-żydowską, to jej najbardziej jaskrawym przykładem – o czym nieustannie opowiadali mi Izraelczycy – były kradzieże samochodów. Nie spotkałem w Izraelu nikogo, komu by nie skradziono auta lub kto przynajmniej nie znał kogoś, komu je skradziono. Niemal każdy samochód na parkingach, z wyjątkiem najstarszych gruchotów, miał jakiś rodzaj systemu elektronicznego namierzania. Kradzieże samochodów stały się zjawiskiem tak codziennym, że za granicą nie poświęcano mu wiele uwagi. Kiedy jednak poszkodowanym okazał się naczelny rabin, wystarczył telefon do Arafata, żeby auto wróciło do właściciela. Izraelskie służby bezpieczeństwa najwyraźniej nie próbują ukrócić tego procederu. Powszechnie uważa się, że traktują one złodziejski biznes jako polityczną koncesję na rzecz Palestyńczyków, która zarazem nakręca izraelską gospodarkę, bo wymusza na ofiarach kradzieży zakup nowych pojazdów. We wszystkich dyskusjach o tym wstydliwym aspekcie współpracy izraelsko-palestyńskiej przewija się nazwisko Dżibrila Radżuba, bezwzględnego szefa Arafatowskich służb specjalnych, który pomaga Izraelczykom egzekwować postanowienia układów pokojowych i zwalczać terroryzm. Radżub to izraelski Somoza (były dyktator nikaraguański, sojusznik Stanów Zjednoczonych w Ameryce Środkowej). Chociaż międzynarodowe media prawie nie interesowały się Radżubem, w Izraelu słyszałem o nim na każdym kroku. Spędził piętnaście lat w izraelskim więzieniu, mówił płynnie po hebrajsku i miał większy wpływ na Arafata niż bardziej znani Palestyńczycy: Abu Mazen, Saeb Erekat, Nabil Szat czy Hannan Aszrawi. Spytałem pewnego oficera wywiadu izraelskiego, czy Radżub może kiedyś zająć miejsce Arafata. „Najpierw miejsce Arafata zajmie ktoś taki jak Abu Mazen – odparł. Ale nie zdziwię się, jeśli zostanie szybko zlikwidowany i zastąpi go ktoś bardziej prymitywny".

- W arabskich miasteczkach w Galilei panował chaos. Lokalne wybory, które odbyły się w czasie mojego pobytu w Izraelu, dowiodły, że istotne są nie idee czy problemy, lecz rosnące wpływy starych klanów, *hamoulas*. Wzmagały się akty przemocy dokonywane tak przez chrześcijan, jak i muzułmanów. Pewnego wieczora w Nazarecie, w sąsiedztwie Bazyliki Zwiastowania, muzułmanie urządzili prowizoryczny meczet, skąd rozbrzmiewało przez głośniki wezwanie do muzułmańskich modłów. Muzułmanie twierdzili, że meczet jest częścią dawnych tureckich koszar, i zapowiadali budowę nowej świątyni z minaretem wyższym od bazyliki, celu pielgrzymek z całego świata. Nazaret, przed kilkudziesięciu laty w dziewięćdziesięciu procentach chrześcijański, teraz był w przeszło sześćdziesięciu procentach muzułmański i odsetek wyznawców islamu stale wzrastał. Rząd izraelski nie kwapił się z pomocą dla chrześcijan. Relacje z galilejskimi muzułmanami były ważniejsze, a chrześcijanie na Zachodzie (poza ewangelikami) nigdy w znaczący sposób nie wspierali Izraela.

Zbliżając się do domu Mitcha, przejechaliśmy przez Hoszaję, przypominającą zamożne miasteczka południowej Kalifornii, z bugenwillami, strzeżonymi bramami, szerokimi ulicami, ze „śpiącymi policjantami" i rzędami identycznych domów z czerwonymi dachówkami i równo przystrzyżonymi trawnikami. Kilka dni później utknąłem w Hoszai bez samochodu. W środku dnia spotkałem na ulicy tylko kilka osób. Nikt nie miał dla mnie czasu. Nikt nie umiał powiedzieć, gdzie znajdę budkę telefoniczną, ani nie zaprosił mnie do swego domu, żebym mógł zadzwonić. Na twarzach mieszkańców Hoszai malowały się zarazem nieśmiałość, zafrasowanie, irytacja i podejrzliwość. W końcu natknąłem się na arabskiego dozorcę, który pożyczył mi swój telefon komórkowy. W takich przypadkach przypominałem sobie, że kultura Izraela jest skrajnym, bezpardonowym wyrazem konkretności. Liczą się tylko fakty. Tutaj makabrę Holokaustu upamiętnia się nie abstrakcyjnie, lecz między innymi poprzez organizację służb bezpieczeństwa, modernizację armii i zakładanie takich osiedli jak Hoszaja, których znaczenie polega nie na tym, że są ładne czy przyjazne, lecz na tym, że są *tutaj*.

Do domu Mitcha dotarliśmy późnym popołudniem. Z Ammanu do Irbidu wyruszyłem o dziewiątej rano tego samego dnia... Miałem wrażenie, że minęły całe wieki.

ROZDZIAŁ 18

Seforis i odrodzenie judaizmu

Z balkonu w domu Mitcha roztaczał się widok tchnący nieziemskim spokojem. Delikatnie zarysowane góry na północnym wschodzie, dolina na północy, kolejne góry w oddali na północnym zachodzie. Dolina to wspomniana w Talmudzie Bet Netofa, gdzie dostrzegłem pozostałości starej rzymskiej drogi na wybrzeże, *Via Maris*. Na jednym z okalających ją wzgórz leżało starożytne Seforis – nazwane tak od hebrajskiego *zippor*, „ptak", ponieważ, jak podaje babiloński Talmud, miasto przysiadło „niczym ptak na szczycie góry"[1].

Wzgórze, dziś park narodowy, było zamieszkane nieprzerwanie od V wieku p.n.e. do izraelskiej wojny o niepodległość w 1948 roku, kiedy to wszyscy mieszkańcy arabskiej wioski Safurija uciekli przed nadciągającymi, świeżo utworzonymi Siłami Obronnymi Izraela. Wielu spośród dziesięciu tysięcy Arabów udało się na północ, docierając na przedmieścia libańskiego Sydonu, które później stały się największym obozem dla uchodźców palestyńskich, zwanym Ain al-Hilweh. Mitch pokazał mi czarno-białe

1 Talmud Babiloński, *Megillah* 7,1. Talmud Babiloński to wersja Talmudu skompilowana przez uczonych żydowskich w Babilonii w V–VI wieku.

zdjęcie arabskiej Safuriji zrobione w 1945 roku. Wyglądała identycznie jak miasteczka, które widziałem w Syrii i Jordanii. W połowie stulecia istniała regularna linia autobusowa, łącząca Safuriję z Irbidem, z którego zaledwie dzień wcześniej przyjechałem do Izraela.

Po ucieczce Arabów w 1948 roku wzgórze opustoszało – pierwszy raz od ponad dwóch tysiącleci. Ale już rok później u jego podnóży ulokował się moszaw, żydowska spółdzielnia rolnicza, obejmująca także dzisiejsze gospodarstwo Mitcha. Dawne Seforis jest świadectwem ciągłych najazdów i przesiedleń, które były przyczyną historycznej nieciągłości, odróżniającej Bliski Wschód od takich cywilizacji jak chińska czy indyjska[1].

Mam na myśli tylko najbardziej brzemienne w skutki zerwania ciągłości: Hetytów zastąpili Frygijczycy i Asyryjczycy; Asyryjczyków – Medowie i Babilończycy; bizantyjskich Greków – Arabowie; Arabów – Żydzi. W dziejach Seforis było bowiem także wiele ciągłości. To historia politycznego i kulturowego kompromisu, w jakiś sposób związanego także z wyzwaniami, które dziś stoją przed judaizmem w Izraelu.

Jerozolima była wielokrotnie niszczona, Seforis była nieprzerwanie zamieszkana przez Żydów przynajmniej od I wieku p.n.e. Z tego względu – a także z uwagi na rolę, jaką Seforis odegrała w średniowiecznym judaizmie i powstaniu spisanej wersji prawa, zwanej Miszną – są

1 Zob. Bernard Lewis, *The Middle East. A Brief History of the Last 2,000 Years*, New York 1995. Lewis zauważa, że bliskowschodnie cywilizacje i języki powstawały i ginęły – wiele bezpowrotnie – natomiast kultury i języki Indii i Chin ewoluowały w sposób ciągły.

tu wykopaliska archeologiczne, które budzą największe zainteresowanie samych Izraelczyków, choć omijają je turyści i pisarze z zagranicy, podróżujący zwykle do Cezarei i Masady, których związki z judaizmem były marginalne (Cezarea) lub krótkotrwałe (Masada).

Seforis pierwszy raz wyłoniła się z mroku dziejów, gdy Herod Wielki wzniósł tam swój pałac[1]. Chociaż po śmierci Heroda w 4 roku p.n.e. Warus, rzymski namiestnik Syrii, zburzył Seforis, syn Heroda, Herod Antypas, kazał je odbudować, czyniąc je, według słów kronikarza Józefa Flawiusza, „ozdobą całej Galilei"[2]. Flawiusz zanotował również, że:

> Największymi z miast galilejskich są Seforis i [...] Tyberiada. Otóż choć miasto Seforis leży w sercu Galilei, otoczone jest wieńcem licznych wsi i z łatwością mogło, gdyby chciało, porwać się na jakąś zbrojną akcję przeciwko Rzymianom, jednak [postanowiło] dochować wierności swoim panom[3].

1 Zarys dziejów Seforis oparłem przede wszystkim na następujących źródłach: *Sepphoris in Galilee. Crosscurrents of Culture*, praca zb., red. Rebecca Martin Nagy, Carol L. Meyers, Eric M. Meyers i Zeev Weiss, Raleigh 1996; Stuart S. Miller, *Sepphoris, the Well-Remembered City*, „Biblical Archaeologist", June 1992 oraz Ehud Netzer i Zeev Weiss, *Zippori*, Jerusalem 1994). Rozmawiałem także z izraelskimi historykami i korzystałem z materiałów udostępnianych zwiedzającym to miejsce.

2 Józef Flawiusz, *Dawne dzieje Izraela*, przeł. Z. Kubiak, J. Radożycki, Warszawa 2007.

3 Józef Flawiusz, *Autobiografia*, przeł. J. Radożycki, Warszawa 1986, s. 135.

Ponieważ Żydzi z Seforis współpracowali z Rzymem, tamtejsza gmina przetrwała zawieruchy I wieku, spisując księgi, takie jak Miszna, które nadały judaizmowi obecny kształt. Żydzi z pobliskiego Jodfat, Żydzi z Jerozolimy i żydowscy zeloci z Masady na Pustyni Judejskiej – którzy stawili opór Rzymowi – zginęli w czasie powstania w latach 66–73. Seforis zaś w 68 roku przybrało inną, pogańską nazwę: Irenopolis, „miasto pokoju". To żydowska kolaboracja w miasteczkach takich jak Seforis ocaliła judaizm przed całkowitym zniszczeniem.

Kiedy ta bogata stolica Galilei zaczynała paktować z Rzymem, w Nazarecie, wiosce położonej pięć kilometrów dalej na południe, dorastał Jezus. Był – jak jego ojciec Józef – „cieślą". Greckie określenie cieśli, *tekton*, oznacza także „budowniczego". Jednak niezależnie od tego, czy Jezus i jego ojciec pracowali przy budowie twierdzy Heroda w Seforis, z pewnością Jezus często tu bywał, wspinając się na wzgórze tą samą drogą z Nazaretu, którą widziałem z balkonu mego przyjaciela. Dziadkowie Jezusa, Joachim i Anna, wychowywali swą córkę Marię w Seforis. Maryja Panna była, jak to ujął Mitch, „dziewczyną z Seforis".

Tam, gdzie według tradycji stał dom Joachima i Anny, w czasach krucjat wzniesiono kościół. W jego ruinach zauważyłem kamień z grecką inskrypcją z II wieku, informującą, że pochodzi z synagogi „gminy żydowskiej z Tyru, Sydonu i Seforis". Opuszczone ruiny były urzekająco piękne; żeby tam wejść, trzeba było wziąć klucz z sąsiedniego arabskiego chrześcijańskiego sierocińca, z którego dyrektorem wypiłem kawę. Właśnie te ruiny i sierociniec, a nie zeszpecony turystyczną tandetą Nazaret, emanowały aurą miejsc świętych.

Czy Seforis wywarło jakiś wpływ na Jezusa? W przeciwieństwie do wielu Żydów w tamtych czasach Jezus nie był zelotą, lecz głosił pokój i miłość. Był także utalentowanym mówcą. Czy atmosfera rzymsko-żydowskiego pojednania w Seforis – kupieckim mieście, którego obywatele przedkładali handel nad wojnę – miała jakiś wpływ na jego nauki? Czy nie jest prawdopodobne, że swe talenty krasomówcze rozwijał właśnie wśród wykształconych, obytych w świecie mieszkańców Seforis, a nie prowincjonalnego Nazaretu[1]?

W 132 roku Szymon Bar Kochba zebrał potomków tych, którzy przeżyli zniszczenie Jerozolimy sześćdziesiąt dwa lata wcześniej, i rozpoczął niefortunne powstanie przeciwko rzymskiej władzy, które w 135 roku zdławił cesarz Hadrian. Ostatni żołnierze Bar Kochby uciekli na północ do Seforis, które w połowie II wieku stało się centrum myśli żydowskiej w Palestynie. Tutaj przeniósł się Sanhedryn (żydowska władza sądownicza i ustawodawcza). I tutaj, na początku III wieku, przeprowadził się rabin Juda ha-Nasi (Juda Książę), patriarcha Żydów palestyńskich i potomek żydowskiego mędrca Hilela Starszego (zw. Babilońskim). Właśnie w Seforis spędził siedemnaście lat i ukończył Misznę, która stanowi zrąb Talmudu[2]. W przeciwieństwie do zelotów z Masady i Jerozolimy oraz wojowniczego Bar Kochby rabin Juda był

1 Uczeni prowadzą w tych kwestiach namiętne spory.

2 Talmud Palestyński, *Kila'yim* 9,32b; *Ketubot* 12,35a. Zob. artykuł Millera w „Biblical Archaeologist".

dyplomatą. Według Talmudu przyjaźnił się z jednym z antonińskich cesarzy (Antoninusem Piusem lub Markiem Aureliuszem), z którym dyskutował o filozofii.

Przyjazne stosunki z mocarstwami się opłacają. Seforis pozostała wysuniętą placówką żydowskiej kultury przez niemal czterysta lat po śmierci rabina Judy, o czym świadczyły ruiny bizantyjskiej synagogi z VI wieku, z fragmentami wspaniałej mozaiki posadzkowej. Muzułmański podbój w VII wieku nie spowodował upadku miasta – prawdopodobnie wielu tutejszych żydów przeszło na islam. Kres żydowskiej obecności w Seforis położyła dopiero pierwsza krucjata z końca XI wieku. Ten sam los spotkał jednak także miejscowych krzyżowców: w Seforis znajduje się cytadela, z której w lipcu 1187 roku wojska chrześcijańskie wyruszyły pod Rogi Hittinu, dwa wzgórza nad Jeziorem Tyberiadzkim. Tam muzułmańskie oddziały Saladyna podpaliły step, piekąc żywcem ciężkozbrojnych rycerzy chrześcijańskich i kładąc ostatecznie kres chrześcijańskiemu panowaniu w Ziemi Świętej.

Seforis to historia kulturowej osmozy, żydowskiej społeczności, kwitnącej mimo przyjęcia pogańskich czy muzułmańskich obyczajów. Wśród rzymsko-bizantyjskich ruin w Seforis znajdują się pozostałości teatru, w którym zapewne bywali zasymilowani Żydzi. Najbardziej intrygujące są jednak fragmenty rzymskiej willi, datowane na 250 rok, czyli okres pobytu w mieście Judy ha-Nasiego. Zachowała się część *triclinium* (przedpokoju) z cudowną mozaikową posadzką – niczym widokówka z przeszłości – poświęconą Dionizosowi, grecko-rzymskiemu bogowi wina i upojenia, który został uwieczniony w jej środkowej części w czasie pijackiego pojedynku z Herkulesem. Kto mieszkał w tej willi? Sądząc po mozaice, pewnie jakiś pogański dostojnik. „Nie można jednak wykluczyć, że rezydował tutaj jakiś bogaty Żyd"[1] – powiadają Ehud Netzer i Zeev Weiss z Uniwersytetu Hebrajskiego w Jerozolimie. Czy rabin Juda mógł bywać w tej willi? Albo w niej mieszkać i sączyć wino, podziwiając dionizyjską mozaikę? Ostatecznie znał biegle grekę i był przyjacielem cesarza, a także innych pogańskich możnowładców, z którymi dyskutował jak równy z równymi.

To drażliwe pytania, bo odnoszą się do współczesnego sporu między Żydami w Izraelu – między radykałami i rabinami w rodzaju Judy ha-Nasiego, którzy usiłują odwieść Żydów od kulturowej i politycznej konfrontacji i zachęcają do ponownego odkrywania, stosownie do potrzeb, bogactwa własnej religii.

*

W świecie muzułmańskim narodziny islamu politycznego oznaczały śmierć prawdziwej pobożności; utożsamienie judaizmu ze skrajnym nacjonalizmem groziło w Izraelu identycznym skutkiem. Czytając kronikę Józefa Flawiusza, opisującą mordercze konflikty, które wstrząsały żydowską Jerozolimą przed jej zburzeniem przez Rzymian, trudno oprzeć się wrażeniu, że frakcje zelotów – niecierpiące zarówno rzymskiego pogaństwa, jak

1 Zob. Netzer i Weiss, *Zippori*, przypis 3.

rzymskiego humanizmu – dziwnie przypominają partie współczesnej izraelskiej prawicy[1].

„Tragedia polega na tym – powiedział rabin Jehuda Gilad – że ponieważ tylu duchownych żydowskich popiera skrajną prawicę, to świeccy Izraelczycy mówią: »Skoro to jest religia, to my jej nie chcemy – wybierzmy się na wakacje do Szwecji i spróbujmy wieprzowiny«". Gilad jest młodym rabinem, ma czarną, krótko przyciętą brodę, dzierganą jarmułkę na głowie i swobodny sposób bycia. Mieszka w kibucu Lawi nieopodal Seforis. Dom Gilada, niemal pusty, jeśli nie liczyć kilku prostych mebli i książek religijnych, przypominał mieszkania duchownych muzułmańskich, których odwiedziłem kilka lat wcześniej w szyickim świętym mieście Kom w Iranie. Jednak w przeciwieństwie do irańskiego szyityzmu, judaizm i syjonizm czerpały też z dorobku europejskiego oświecenia.

Gilad był w tym czasie związany z Meimadem (hebrajski akronim od Medina Yehudit, Medina Demokratit, „Żydowskie państwo, demokratyczne państwo"), umiarkowanego odprysku Narodowej Partii Religijnej. Chociaż Meimad nie odgrywa większej politycznej roli, zainteresował mnie, bo reprezentuje idee bliskie wielu Izraelczykom: dalekie od skrajności globalnego uniwersalizmu i ciasnej ortodoksji. „Izraelczycy wciąż są nowi w globalnej wiosce – mówił Gilad. – Nagle zyskali dostęp do dziesiątków kanałów telewizyjnych, a ponieważ Izrael

1 Józef Flawiusz, *Wojna żydowska*, przeł. J. Radożycki, Warszawa 1992. Zob. krytyczne uwagi Amosa Elona o żydowskich zelotach z I wieku w: *The Israelis. Founders and Sons*, New York 1971.

jest mniej izolowany niż w przeszłości, mogą podróżować po całym świecie. Taki kosmopolityzm jednak w końcu im nie wystarczy. Izraelczycy, jak wszyscy ludzie, potrzebują zakorzenienia we własnej religii. A ponieważ nasi sąsiedzi, życzliwi czy nieżyczliwi, zawsze będą innej wiary, żaden uniwersalizm nie zda egzaminu. Potrzebna jest nowa, nowoczesna ortodoksja", która sprawi, że, na przykład, ktoś, kto nie przestrzega wszystkich nakazów szabatu, nie będzie czuł się jak hipokryta.

„Duchowni żydowscy – stwierdził Gilad – mają oswajać świeckich z religią, nie zaś nią zastraszać. Połączenie teologii z nacjonalistyczną polityką to katastrofa. Ja również marzę o żydowskich osadnikach w całej *Erec Jisrael*, ale mam też poczucie rzeczywistości".

Judaizm w Izraelu, jak mówił Gilad, musi odpowiedzieć na wyzwania współczesności, odwołując się do odnowionego humanizmu i kulturowej tożsamości. Na razie, po zajęciu Zachodniego Brzegu w 1967 roku, stał się synonimem „walki o ziemię", ideologii „krwi i ziemi", którą wyznają cerkwie na Bałkanach. Judaizm musi stać się konstruktywną siłą, jak wówczas, gdy rabin Juda ha-Nasi skutecznie budował kompromis z pogańskim Rzymem, jednocześnie formułując korpus praw religijnych, którymi Żydzi kierują się do dziś.

Przystosowanie judaizmu do nowych i bardziej skomplikowanych czasów nie będzie łatwe w Izraelu, gdzie ortodoksyjne nacjonalistyczne partie wzniosły mury między Żydami i Arabami oraz między Żydami i Żydami, zamieniając religię w system politycznego sponsoringu. Wielu Izraelczyków zaczęło bardzo krytycznie oceniać judaizm. Ponieważ tutaj wszyscy są Żydami, a hebrajski jest językiem urzędowym, Izraelki mogą się opalać topless w Jom Kippur i wciąż być dobrymi Żydówkami – coś nie do pomyślenia w diasporze. Ponadto, jak powiedział Jehuda Minsky, doktorant z Harvardu i przyjaciel Gilada, „konserwatywny i reformowany judaizm praktykowany w Stanach Zjednoczonych jest zbyt amerykański jak na izraelskie gusta. Ale w bólach rodzi się jakiś nowy wyraz żydowskiej religijności".

ROZDZIAŁ 19

Bijące serce Bliskiego Wschodu

Do Jerozolimy wyruszyłem razem z żoną Mitcha i dwójką ich dzieci. Najpierw, jadąc Doliną Jordanu na południe, dotarliśmy do Jerycha, a następnie, pokonawszy góry Pustyni Judejskiej, wjechaliśmy do świętego miasta. Większa część trasy wiodła Zachodnim Brzegiem, ale głównie autostradami używanymi przez Izraelczyków. Piętnaście kilometrów przed celem nowy odcinek autostrady odbijał w prawo, łącząc Ma'ale Adumim, dużą żydowską osadę na Zachodnim Brzegu, bezpośrednio z żydowską częścią Jerozolimy. Zapadła już noc, ale wybrałem starą drogę, którą pamiętałem z lat siedemdziesiątych, a która biegła przez arabskie miasteczko Al-Ajzarija, czyli Betanię, gdzie według Nowego Testamentu Jezus wskrzesił Łazarza. Kiedy zjeżdżając z pustyni, minęliśmy ostatni zakręt, nagle po drugiej stronie wąskiej Doliny Cedronu wyłoniły się przed nami Wzgórze Świątynne i mury Starego Miasta.

Al-Ajzarija znacznie rozrosła się od czasu, gdy byłem tu ostatni raz: teraz była betonowym labiryntem, nie sennym miasteczkiem, które zapamiętałem. Za naszym wolno jadącym samochodem kłębił się tłum młodych Arabów. Znałem jednak kierunek i kawałek dalej, jak przewidywałem, droga zakręciła i ujrzeliśmy rozgwieżdżone niebo wiszące nad kopułą meczetu Omara i Wzgórzem Świątynnym, a jasno oświetlone tureckie mury Starego Miasta wyglądały jak z baśni tysiąca i jednej nocy. Wzdłuż murów dojechaliśmy do skrzyżowania ze światłami, gdzie skręciliśmy w lewo: kilometr dalej świat arabski zniknął jak za dotknięciem czarodziejskiej różdżki i znaleźliśmy się w bardziej znajomym świecie, przypominającym ubogie kraje Zachodu, zimnym i wilgotnym na tej wysokości, gdzie chmury zasnuwały niebo niczym dym świec ikonę. To właśnie tutaj kiedyś mieszkałem – w biednej sefardyjskiej dzielnicy, w której, praktycznie rzecz biorąc, Menachem Begin został wybrany na premiera na długo, zanim wybrano go w reszcie Izraela.

Wysiadłem przed domem mojej znajomej, Edit, a żona Mitcha z dziećmi pojechała odwiedzić krewnych.

– Którędy przyjechaliście do Jerozolimy? – spytała Edit.

– Przez Al-Ajzariję, żeby zobaczyć Wzgórze Świątynne – odparłem.

– Żeby co zrobić?

Edit powiedziała, że Arabowie z Al-Ajzariji rzucają kamieniami w samochody z izraelskimi tablicami. Zadzwoniłem do Mitcha i przeprosiłem, że naraziłem jego rodzinę na niebezpieczeństwo. „Nie przejmuj się – odparł. – To nie jest aż tak niebezpieczne. Po prostu nikt już tamtędy nie jeździ". Chciał przez to powiedzieć, że Żydzi nie jeżdżą przez Al-Ajzariję, odkąd wybudowano autostradę z Ma'ale Adumim do zachodniej Jerozolimy.

Inna nowa droga szybkiego ruchu, zwana Autostradą numer 1, biegnąca od Bramy Damasceńskiej na północ, skutecznie odcinała arabską wschodnią część miasta od żydowskiej zachodniej.

Izraelczycy przestali też jeździć na spacer do Wadi Kelt, malowniczej doliny rzecznej na wschód od Jerozolimy, z kilkoma pięknymi greckimi monastyrami i ruinami zimowego pałacu Heroda. Od znajomych słyszałem, że w Jordanii piesze wędrówki są bezpieczniejsze niż na Zachodnim Brzegu. W latach siedemdziesiątych Izraelczycy czuli się na Zachodnim Brzegu jak u siebie, dziś są jak niepożądani goście. W Galilei Mitch zabrał mnie do supermarketu, w którym robili zakupy zarówno Żydzi, jak i Arabowie, ale w Jerozolimie było się albo po jednej stronie, albo po drugiej. Stonowany, jakby włoski pejzaż Galilei łagodził napięcia. Pas wybrzeża między Tel Awiwem i Hajfą, w całości zamieszkany przez Żydów, emanujący bogactwem i hedonizmem, również tchnął spokojem. Natomiast surowa pustynia otaczająca Jerozolimę wibrowała napięciami i sprzecznościami Bliskiego Wschodu. Podział istniał nie tylko między zachodnią żydowską częścią miasta i arabską wschodnią, ale także między ortodoksyjnymi Żydami z dzielnic północnych i liberałami z dzielnic południowych.

Następny dzień spędziłem w Ramallah, nieoficjalnej stolicy Arafata na Zachodnim Brzegu. Z domu Edit dojechałem izraelskim autobusem z żydowskimi pasażerami do starej stacji kolejowej, skąd po kilkuset metrach spaceru dotarłem do Bramy Jafskiej Starego Miasta. Wchodząc rankiem w dzień powszedni do arabskiego

Starego Miasta, właściwie przekroczyłem granicę Izraela. Nieliczni Izraelczycy, których tam spotkałem – policjanci, żołnierze i cywile – poruszali się tylko w grupach. Opuszczając Stare Miasto przez Bramę Damasceńską w arabskiej wschodniej Jerozolimie, zauważyłem, że w kioskach arabskie gazety zastąpiły hebrajskie i miejsce izraelskiego angielskojęzycznego „Jerusalem Post" zajął palestyński tygodnik „Jerusalem Times". Ze wschodniej Jerozolimy pojechałem minibusem – byłem jedynym żydowskim pasażerem – do Ramallah. W latach siedemdziesiątych było to senne górskie miasteczko, do którego mniej pobożni Żydzi jeździli w szabat na lody, ale tym razem nie spotkałem tam ani jednego Żyda. W Ramallah wrzało zaś jak w ulu. Palestyńczycy, którzy wrócili z zagranicy, pobudowali nowe wille i centra handlowe ze sklepami z najmodniejszą odzieżą i najnowocześniejszą elektroniką. Wracając do Jerozolimy, przysłuchiwałem się gniewnej rozmowie dwóch arabskich pasażerów na temat Żydów, którzy wciąż mają chrapkę na ziemie na Zachodnim Brzegu. Wysiadłem z autobusu przy Bramie Damasceńskiej. Po kilku chwilach znalazłem się z powrotem w żydowskiej części miasta.

Kiedy mówiłem izraelskim znajomym, że powinni odwiedzić Ramallah, okazywali sceptycyzm. Mieli rację. Kilka tygodni później, w grudniu 1998 roku, studenci tamtejszego uniwersytetu wyciągnęli z samochodu izraelskiego żołnierza i niemal ukamienowali. Całe zajście sfilmowano i pokazano w telewizji. Izraelczycy jeździli na wycieczki w Himalaje, ale bali się pojechać do Ramallah, najładniejszego miasta na Zachodnim Brzegu.

Tak więc bez paszportu krążyłem między terytoriami dwóch różnych krajów. Państwo palestyńskie *de facto* istniało od grudnia 1987 roku, kiedy to zaczęła się intifada, a Izraelczycy przestali czuć się bezpiecznie w Strefie Gazy, na Zachodnim Brzegu i we wschodniej Jerozolimie. To państwo palestyńskie, w czasie mojej wizyty liczące sobie jedenaście lat, nie było strategicznym zagrożeniem dla Izraela, który kontrolował jego przestrzeń powietrzną i autostrady, a nowo utworzona policja palestyńska była wyposażona wyłącznie w broń krótką. Było to państwo słabe i bezbronne, podobnie jak słabe i bezbronne stałoby się zapewne państwo żydowskie, gdyby w 1947 roku Palestyńczycy zaakceptowali podział zaproponowany przez przywódcę syjonistów Dawida Ben Guriona.

Zdaniem niektórych ekspertów proces pokojowy był w rzeczywistości procesem rozwodowym pary, która od dawna żyła osobno, nieprzyjemnym i skomplikowanym rozwodem, który szybko się nie zakończy. Zasoby wody muszą zostać podzielone, jak zawartość kont bankowych. Jerozolimy, jak dziecka, nie da się podzielić, konieczne jest ustalenie zakresu współdecydowania, choć pod różnymi flagami i z pełną suwerennością. Ponieważ jedno ze współmałżonków jest finansowo uzależnione od drugiego – Palestyńczycy nie mogą funkcjonować bez dostępu do gospodarki izraelskiej – konieczne są także postanowienia dotyczące handlu i rynku pracy. Dopiero kiedy rozwód zostanie sfinalizowany, partnerzy być może zaczną się traktować z szacunkiem, a Izraelczycy znów będą jeździć w szabat na lody do Ramallah. Wynik izraelsko-palestyńskich rozmów pokojowych – w przeciwieństwie do, na przykład, przyszłości Syrii, Iraku i Jordanii – jest przewidywalny, a przez to nieinteresujący. Będzie on jedynie zalegalizowaniem istniejącego stanu rzeczy. Ponieważ nie spowoduje żadnych bezpośrednich zmian, trudno na jego podstawie wnioskować o geostrategicznej przyszłości Bliskiego Wschodu w XXI stuleciu.

*

Rozważmy przyszły status Wzgórza Świątynnego:

– Jest pan Żydem? – warknął do mnie po hebrajsku ochroniarz przy wejściu, wyłowiwszy z tłumu chrześcijańskich pielgrzymów moje ciemne włosy i karnację.

– Tak – potwierdziłem.

– Więc proszę się nie modlić w środku! – pogroził mi palcem.

Wzgórze Świątynne było święte dla Żydów jako miejsce zarówno Pierwszej, jak Drugiej Świątyni. Fragment zachodniej ściany Drugiej Świątyni (tzw. Ściana Płaczu) to jedyne, co pozostało po zniszczeniu jej przez Rzymian w 70 roku. Wzgórze Świątynne jest święte dla chrześcijan, bo tutaj nauczał Jezus, i święte dla muzułmanów, bo stąd Mahomet wstąpił do nieba, co upamiętniają złota kopuła meczetu Omara i srebrna kopuła meczetu Al-Aksa. Ponieważ nie wyglądałem jak turysta, izraelski ochroniarz mógł podejrzewać, że jestem żydowskim ekstremistą planującym jakąś prowokację. Choć żydowscy nacjonaliści zgłaszali pretensje do Wzgórza Świątynnego, Żydzi odwiedzali to miejsce wyłącznie jako turyści.

W pewnym sensie naprawdę przyjechałem tutaj, żeby się pomodlić. Był to dzień 11 listopada 1998 roku, osiemdziesiąta rocznica zakończenia pierwszej wojny światowej, i chciałem pokłonić się przed grobem Husajna ibn Alego, wielkiego szarifa Mekki, ojca emira Abdullaha i pradziadka króla Husajna. W 1916 roku szarif Husajn stanął na czele arabskiego powstania przeciwko Turkom, przyczyniając się do upadku imperium osmańskiego na Bliskim Wschodzie i układając polityczną łamigłówkę, której rozwiązanie wciąż jest niepewne. Zanim umilkły działa na froncie zachodnim, zginęło osiem i pół miliona ludzi. W Europie ta rzeź zaowocowała jedynie chwilowym pokojem i drugą wojną światową; na Bliskim Wschodzie nieprzemyślana polityka prezydenta Wilsona, oparta na idei samostanowienia narodów, musiała ustąpić przed polityką siły. Haszymidzka monarchia, która wciąż rządziła Jordanią, była jednym z nielicznych pozytywnych skutków wielkiej wojny. Odmówiłem cichą modlitwę za pomyślność rodziny szarifa Husajna, którego trumna została wmurowana w ścianę z białego marmuru, ozdobioną bogato tkanymi dywanami.

Znalezienie tego grobu na czternastu hektarach Wzgórza Świątynnego zajęło mi trochę czasu. Pierwszy Arab, którego spytałem o drogę, odburknął: „Daj dwadzieścia szekli, to ci pokażę". Arabowie na Wzgórzu Świątynnym wyróżniali się arogancją. Chrześcijańscy i żydowscy turyści zachowywali się cicho i spokojnie, skupieni w małych grupach, natomiast Arabowie czuli się jak u siebie w domu. Piknikowali w gaju cyprysowym przy meczecie Omara, pijąc herbatę i zagryzając kozim serem z oliwkami. Arabskie kobiety przemierzały wzgórze z torbami pełnymi zakupów, przystając na pogawędki. Nieopodal grobu szarifa Husajna arabscy chłopcy rozgrywali hałaśliwy mecz piłkarski. Arabscy starcy myli nogi w fontannach przed wejściem na modlitwę do meczetu Al-Aksa. To było ich wzgórze i nie zmienią tego żadne symboliczne uzgodnienia jakichkolwiek przyszłych układów pokojowych.

Ze Wzgórza Świątynnego zszedłem do dzielnicy muzułmańskiej, z odrapanymi murami i watahami bezdomnych dzieciaków. Potem nagle zrobiło się czysto i jasno. Pojawiły się płotki ogradzające stanowiska archeologiczne z wykopaliskami sięgającymi VIII wieku p.n.e., czasów Pierwszej Świątyni. Tutaj było aż gęsto od sklepów z pamiątkami, flag izraelskich i hord turystów. To była dzielnica żydowska, której historyczna rekonstrukcja była zasługą burmistrza Teddy'ego Kolleka, największego budowniczego Jerozolimy od czasu Heroda. Dalej znów pojawiły się śmieci, a na murach ujrzałem mapy i makabryczne zdjęcia z rzezi Ormian dokonanej przez Turków w 1915 roku, znak, że jestem w dzielnicy ormiańskiej. Na mapach zaznaczono miasta, w których miały miejsce masakry, i drogę z Kayseri (Cezarei) przez Antiochię do Aleppo, którą wędrowali uchodźcy, tę samą, którą przybyłem ze Stambułu do Jerozolimy. W latach siedemdziesiątych nie widziałem tutaj ani zdjęć, ani map – świadomość tożsamości etnicznej i pamięć o tamtych wydarzeniach nie były jeszcze tak silne.

Różne grupy etniczne i religijne Starego Miasta koegzystowały dzięki osmańskiemu wilajetowi – systemowi lokalnej samorządności, który Izraelczycy tylko lekko zmodyfikowali. Byłem pewny, że wilajet przetrwa dłużej niż rządy Izraela w tych dzielnicach Jerozolimy, w których Żydzi nie mieszkają i które w ogóle rzadko odwiedzają.

*

Po czterdziestopięciominutowej podróży autobusem przybyłem do Tel Awiwu, a następnie taksówką udałem się na północne, nadmorskie przedmieścia, gdzie miałem się spotkać z pracownikiem izraelskiego wywiadu. Wyglądał stosownie do okoliczności: miał okulary w grubych drucianych oprawkach, nerwowe, jakby nieobecne spojrzenie i zmanierowany sposób bycia człowieka, który wszystko już przeżył. Przy kawie i cieście w modnej kafejce przedstawiłem mu jedną z moich teorii dotyczących przyszłości Wielkiej Syrii.

– Po odejściu Assada i zawarciu rozsądnego układu pokojowego Syria mogłaby stać się czymś w rodzaju Jugosławii – mówiłem. – Jeśli zaś się rozpadnie, to część druzyjska na południu może zostać wchłonięta przez Jordanię, z kolei w części północno-zachodniej mogłoby powstać alawickie minipaństwo, azyl dla klanu Assada po jego śmierci. Kadłubową Syrią ze stolicą w Damaszku rządziliby wówczas sunniccy nacjonaliści. Nowe alawickie księstewko wspieraliby zarówno Libańczycy, jak Izraelczycy, którzy w zmienionych okolicznościach nie widzieliby nic zdrożnego w pomocy klanowi Assada. Tymczasem Jordania stałaby się pięknym wspomnieniem, gdyż w następstwie traktatu pokojowego z Izraelem zanarchizowane państwo palestyńskie szybko rozszerzyłoby się na wschód”.

Pracownik wywiadu pokiwał głową z uśmiechem. – Problem polega na tym – powiedział – że wszystko jest możliwe. Jedno jest pewne: o przyszłości Syrii zdecydują prawa natury. Assad albo umrze, albo stetryczeje, a wtedy – zacisnął pięść – zdecyduje naturalna selekcja: zwycięży najsilniejsza frakcja w armii lub tajnych służbach". Innymi słowy, o przyszłości Syrii przesądzi biologia, siła, a nie idee. I podobnie Iraku, jak wówczas, gdy po śmierci Aleksandra Wielkiego jego generałowie zaczęli walczyć o władzę[1].

– Co do Jordanii – ciągnął pracownik izraelskiego wywiadu – to wszystkim jest tak wygodniej. Żaden inny kraj arabski nie chce granicy z Izraelem. Państwo palestyńskie, jak pan słusznie zauważył, już istnieje. Ale Zachodni Brzeg i Strefa Gazy nie mają wspólnych granic, nie łączą ich więzi klanowe ani rodowe. Przed 1967 rokiem Gaza należała do Egiptu, a Zachodni Brzeg do Jordanii. Po odejściu Arafata nowym przywódcą Palestyńczyków będzie musiał zostać człowiek o naprawdę silnej ręce, żeby utrzymać oba terytoria razem.

Możliwość, że w czasach gwałtownej modernizacji i urbanizacji Syria, Jordania, Strefa Gazy i Zachodni Brzeg staną się areną plemiennych i religijnych zamieszek, przywodziła na myśl schyłkowy okres panowania Umajjadów, na początku VIII stulecia, kiedy armie były prywatną własnością panującego. Rozprzestrzenianie

1 Takiego porównania użył jordański współpracownik Assada w rozmowie z korespondentką „New York Timesa" Judith Miller. Zob. jej książka *God Has Ninety-Nine Names. Reporting from a Militant Middle East*, New York 1996.

się handlu, rozwój miast i różnicowanie się społeczeństwa wywoływały w imperium ogromne napięcia, więc jak grzyby po deszczu wyrastały rozmaite sekty i pojawiali się nawiedzeni kaznodzieje wspierani przez zbrojne bandy[1].

Pracownik izraelskiego wywiadu, jak wielu profesjonalistów, miał osobisty stosunek do tematu. Kiedy wspomniałem Aleppo i Damaszek, westchnął:

– Ach, Aleppo, wie pan, o jakiej wspaniałej cywilizacji pan mówi? – A kiedy rozmowa zeszła na Jerozolimę, machnął lekceważąco ręką i powiedział, że jeździ tam tylko w sprawach zawodowych: typowy mieszkaniec Tel Awiwu. Pokazując sklepy dokoła, dodał: – To jest warte oglądania.

Miał rację.

Kiedy mieszkałem w Izraelu, tych północnych nadmorskich przedmieść Tel Awiwu jeszcze nie zbudowano. Teraz było to skupisko wysokich apartamentowców, luksusowych sklepów i eleganckich kawiarni. Ulice były pełne zadbanych mężczyzn i kobiet, niosących torby z zakupami. Był to izraelski odpowiednik Doliny Krzemowej. Jerozolima i Zachodni Brzeg pełniły funkcję polityczną, natomiast pas wybrzeża między Tel Awiwem i Hajfą, z wielkimi spółkami informatycznymi i setkami korzystających z komputerów firm internetowych, płacił rachunki, generując roczny dochód na jednego mieszkańca rzędu siedemnastu tysięcy dolarów – podobny

1 Zob. Lewis, *The Middle East. A Brief History of the First 2,000 Years* oraz Mosca, *The Ruling Class*.

jak w Wielkiej Brytanii i osiemnaście razy wyższy niż w Syrii. Jak w Ameryce, siłą napędową gospodarki był rozbuchany konsumpcjonizm. Taksówkarz, zerkając na szykowne trzydziestoletnie i czterdziestoletnie kobiety, wracające z zakupów, powiedział: „Tutaj trzeba mieć trzy etaty, żeby zadowolić żonę. A one chcą coraz więcej...".

Tel Awiw był hałaśliwy, prymitywny, tętniący życiem: z brazylijskimi restauracjami, z gwarem włoskich kafejek, z połączeniami lotniczymi z wszystkimi muzułmańskimi krajami postsowieckiej Azji Środkowej, z tuzinem nowych centrów handlowych, z armiami rumuńskich i nigeryjskich robotników okupujących biedne dzielnice wokół starego dworca autobusowego i z wielkimi telebimami na nowym dworcu autobusowym. Kiedy czekałem na popołudniowy autobus do Jerozolimy, jakiś rabin w kapeluszu z szerokim rondem, wykorzystując moją nieuwagę, wepchnął się do kolejki przede mną. W autobusie pasażerowie nie tylko rozmawiali przez komórki, ale jednocześnie pisali na laptopach, notowali w kalendarzach i liczyli na kieszonkowych kalkulatorach. Na tym tle Bejrut wydawał się sennym miastem. Tel Awiw z nowoczesną klasą średnią mógł stać się Tyrem XXI wieku.

Jak w starożytności, władza znów mogła promieniować znad Morza Śródziemnego w głąb lądu, ponieważ repliki dawnych fenickich państw-miast, Wielki Tel Awiw i Wielki Bejrut, wyprzedzały w rozwoju mniej dynamiczne stolice pustyni Damaszek i Jerozolimę. W porównaniu z gospodarką libańską, syryjska była w opłakanym stanie; polityczna kontrola Damaszku nad Bejrutem była możliwa jedynie dopóty, dopóki Assad utrzymywał Syrię w całości. To Tel Awiw – nie żydowskie osady na Zachodnim Brzegu – był strefą zero Wielkiego Izraela: ekonomicznym magnesem, który eksportował dwukrotnie więcej niż Egipt, Jordania i Syria razem wzięte (sprzedające głównie produkty rolne, tekstylia i bogactwa naturalne, gdy głównym produktem eksportowym Izraela stawał się software)[1].

Od wielu lat słyszałem, że albo powstanie Wielki Izrael, albo państwo palestyńskie. Wszystko wskazuje, że powstaną oba: palestyńskie minipaństwo – pozbawione kontroli nad swoją przestrzenią powietrzną i głównymi autostradami – położone wewnątrz dynamicznie rozwijającego się Izraela, który nadal będzie przyciągał siłę roboczą z zagranicy, czyniąc z niej element stabilizujący historyczną Wielką Syrię, chociaż współczesne państwo syryjskie po kilkudziesięciu latach sowieckiego zwapnienia stawało się coraz słabsze.

Izrael będzie kwitł otoczony przez słabe palestyńskie bantustany, trzymane w ryzach przez lokalnych watażków. „Wyrażenie »proces pokojowy« jest takie amerykańskie – powiedział Menachem Lorberbaum z Ośrodka Żydowskiej Myśli Politycznej w Jerozolimie. – Izraelczycy używają raczej określenia *tahalikh medini*, co znaczy: załatwianie spraw państwowych. Obecnie istnieje imperialny podział na władców i niewolników. To moralnie

1 Dane gospodarcze przytoczone w tym rozdziale pochodzą z licznych źródeł drukowanych. Eliyahu Kanovsky celnie scharakteryzował izraelską gospodarkę w: *Marketing the New Middle East*, „Commentary", April 1997. Często na ten temat pisał także felietonista „New York Timesa" Thomas Friedman.

niedopuszczalne. Ponieważ wróg [Arabowie] znajduje się wewnątrz, potrzebujemy jasnej prawnej separacji od Palestyńczyków. Co za tym idzie, będziemy toczyć normalną grę polityczną, zawierając sojusze z Turcją, zapewne Iranem i niektórymi państwami arabskimi przeciwko innym państwom arabskim. To najlepsza możliwa przyszłość".

„»Zaufanie« to niewłaściwe słowo – ciągnął Lorberbaum. – Bezużyteczne w polityce zagranicznej. »Miłość«, »nienawiść« – to też niewłaściwe słowa. Właśnie dlatego zarówno Szalom Achszaw [organizacja umiarkowanych osadników], jak Gusz Emunim [radykałowie] fatalnie przysłużyli się krajowi. Oba ruchy zrodziły się w łonie tej samej klasy naiwnych, wykształconych aszkenazyjczyków, którzy nie otrząsnęli się z traumy wojny 1973 roku, i oba postawiły sobie nieosiągalne cele. Szalom Achszaw zaufał Arabom; Gusz Emunim ich nienawidził i chciał zatrzymać Zachodni Brzeg. Ale to nie kwestia zaufania, tylko interesów – naszych i arabskich!" – huknął Lorberbaum, patrząc gdzieś w przestrzeń.

*

Szykowałem się do wyjazdu z Izraela i kontynuowania podróży po Bliskim Wschodzie. W Tel Awiwie poznałem izraelskiego specjalistę od Azji Środkowej, którą nazywał „politycznym laboratorium czystych, amoralnych interesów". „Mogę opowiedzieć panu historie, w które sam bym nie wierzył, gdybym znalazł dla nich jakieś inne wytłumaczenie. Można je zrozumieć wyłącznie w kategoriach »wielkiej gry«" – dziewiętnastowiecznej zimnej wojny między Rosją i Wielką Brytanią o panowanie w Azji Środkowej. Opowiedział mi o ludziach zajmujących najwyższe stanowiska w słabych rządach tego czy innego państwa środkowoazjatyckiego, którzy całymi latami w ogóle się nie odzywali na posiedzeniach gabinetu, by nagle okazać się agentami, gardłującymi za takim czy innym rosyjskim projektem, który z pozoru czysto biznesowy, zawsze wzmacnia strategiczną pozycję Rosji. „Rosjanie, Irańczycy i inne kraje walczą o Azję Środkową – stwierdził mój rozmówca. – W Turkmenistanie, na przykład, Rosjanie i Irańczycy mają agentów wśród ministrów legalnego rządu. Jedyną zaporę stanowi minister spraw zagranicznych, pół-Ormianin, którego turkmeński prezydent nazywa »swoim Żydem«. Ten pół-Ormianin jest uroczo cyniczny i piekielnie inteligentny. Powinien pan go poznać. Na razie jego cynizm pomaga trzymać Rosję i Iran w szachu i chronić ten biedny kraj. Ale to nie potrwa długo".

Nakreślony przez niego polityczny krajobraz Azji Środkowej nasuwał skojarzenia ze starożytnością, gdy jedyną wartością było przetrwanie. Nie uwierzyłem we wszystko, co opowiadali moi izraelscy znajomi, ale było to szalenie intrygujące: postanowiłem wrócić do Turcji, a stamtąd wyruszyć drogą lądową prosto na wschód – na Kaukaz i do „Tatarii".

CZĘŚĆ III

Kaukaz i Tataria

ROZDZIAŁ 20

Północno-wschodnia granica Turcji

Kiedy wiosną 1998 roku przyjechałem z Bułgarii do Turcji, stwierdziłem, że dokonano tam „cichego" zamachu stanu: tureccy generałowie, zmusiwszy cywilnego premiera do wypowiedzenia wojny islamistom, radykalnie poszerzyli zakres swojej władzy politycznej. Jesienią 1998 roku ci sami generałowie zagrozili Syrii, arabskiemu sąsiadowi na południu, inwazją, jeśli Syria nie usunie ze swego terytorium kurdyjskiego separatysty Abdullaha Öcalana. Syria pośpiesznie spełniła to żądanie, a Öcalan został kilka miesięcy później schwytany przez tureckie służby specjalne w Kenii, gdzie ukrywał się w greckiej ambasadzie. Krążyły plotki, że w aresztowaniu pomogły Turcji Stany Zjednoczone i Izrael.

Wiosną 1999 roku znalazłem się z powrotem w Ankarze, żeby stamtąd wyruszyć na Kaukaz. Trwał właśnie proces Öcalana, oskarżonego o terroryzm i morderstwo. Jego schwytanie było zwycięstwem nowego sojuszu Turcji, Izraela, Jordanii i Azerbejdżanu i porażką antytureckiego sojuszu Syrii, Grecji i Armenii. Tak również przebiegały granice historycznych podziałów. Żydzi, jordańska rodzina królewska i Azerowie mieli stosunkowo dobre wspomnienia z okresu panowania Osmanów, natomiast dla Syryjczyków, Arabów, Greków i Ormian był to wciąż żywy koszmar.

Pozycja armii tureckiej w rankingach zachodnich ministerstw obrony rzadko bywała taka wysoka: Turcja była naturalną bazą do nalotów zarówno na Serbię, jak i na Irak, i mogła pomóc zahamować rosyjską rekonkwistę Kaukazu. Tej wiosny tureckie oddziały lądowe stacjonowały w Bośni, tureckie myśliwce startujące z baz włoskich bombardowały Serbię, a tureccy komandosi regularnie przeprowadzali akcje przeciwko kurdyjskim partyzantom w północnym Iraku. Opinia publiczna nie była jednak zaniepokojona. Ryzyko nowych ofiar nie robiło wrażenia na tym flegmatycznym narodzie o wielowiekowej imperialnej mentalności.

W Ankarze wojna w pobliskim Kosowie musiała rywalizować w mediach z wyborami parlamentarnymi, w których ogromny wzrost poparcia odnotowała ultranacjonalistyczna Partia Akcji Narodowej, Milliyetçi Hareket Partisi (MHP). Sukces MHP był tylko pozornym odwróceniem religijnej tendencji, którą zaobserwowałem poprzedniej jesieni – ten nacjonalizm był świecką wersją fundamentalizmu. W Turcji zarówno skrajny nacjonalizm, jak islamizm wyrastał z poczucia frustracji i historycznych uprzedzeń tureckiej klasy robotniczej. Oba ruchy mówiły o złotym wieku tureckiego islamu, do którego można było wrócić, odsuwając od władzy umiarkowanych i sekularystów[1]. I mimo brutalności działania,

1 Zob. analizę skrajnego nacjonalizmu i fundamentalizmu autorstwa Ralpha Petera, *Fighting for the Future*, Mechanicsburg 1999.

najbardziej wiarygodną siłą, która mogła obronić umiarkowanych i sekularystów, była armia.

Wybory potwierdziły też świadomość etniczną Kurdów. Chociaż w całym kraju prokurdyjska Partia Ludowo-Demokratyczna, Halkın Demokrasi Partisi (HADEP) uzyskała tylko 4,5 procent głosów, a jej kandydatom uniemożliwiono prowadzenie kampanii wyborczej, to jednak zdobyła ogromną większość na kurdyjskim południowym wschodzie. Jeszcze raz na Bliskim Wschodzie XX wieku demokracja doprowadziła do separacji, nie do pojednania.

*

Wyruszyłem wczesnym rankiem. Czarnomorski port Trabzon leżał siedemset kilometrów na północny wschód – to dwanaście i pół godziny jazdy autobusem z Ankary. Łagodny rytm tureckiej muzyki dobiegającej z głośników autobusu uwydatniał charakter pejzażu za oknem: bezkresnej, lekko pofałdowanej równiny, porośniętej rzadką trawą. Za każdym wzniesieniem odsłaniał się widok zapierający dech w piersiach, na poły piękne, na poły upiorne pustkowie. Z niedowierzaniem patrzyłem na pola uprawne i nowe bloki mieszkalne na nagich zboczach. Umundurowany steward przeszedł wzdłuż pojazdu, najpierw serwując herbatę i ciasto, a potem uprzątając składane stoliki. Kiedy płaskowyż zamienił się w wysokie góry i głębokie doliny, w dole wyłoniły się idealnie prostokątne pola, oddzielone topolami i drzewami owocowymi. Wysiedliśmy, by rozprostować nogi, na parkingu otoczonym żywopłotami i kwietnikami. W tym czasie steward umył autobus wodą ze szlaucha. Troska o czystość godna zapamiętania, bo za wschodnią granicą Turcji niespotykana. Z parkingiem sąsiadował posterunek żandarmerii, przy przejściach w żywopłocie stali uzbrojeni wartownicy.

Przejechaliśmy przez góry, które pociemniały od roślinności, oczywistego dowodu bliskości Morza Śródziemnego i jego wilgotnego klimatu. Minęliśmy Amasyę (starożytną Amaseję), gdzie w 63 lub 64 roku urodził się grecki geograf Strabon. Strabon podróżował od Armenii po Toskanię i od Morza Czarnego aż po Etiopię. Jego *Geōgraphiká hypomnemata* to jedyne źródło wiedzy o ludach i krajach znanych Grekom i Rzymianom żyjącym za panowania Cezara Augusta (27 rok p.n.e. – 14 rok n.e.). Strabon był wyczulony na zmiany geopolityczne, gdyż jego młodość zbiegła się w czasie z upadkiem cywilizacji pontyjskiej i przybyciem rzymskich legionów. O geografii politycznej północno-wschodniej Turcji wiele mówią wykopaliska archeologiczne, kolejne odsłaniane warstwy odpowiadają cywilizacjom: Hetytów, Frygijczyków, Asyryjczyków, Persów, Greków, Rzymian, Bizantyjczyków, Turków seldżuckich, Mongołów itd. Chociaż ludzie Zachodu mogą postrzegać współczesną mapę – na której Turcja zajmuje całą Anatolię – jako logiczną i niezmienną, to jednak odrzucanie kompromisów z Kurdami i Ormianami pokazuje, jak bardzo Turków uwiera fakt, że wcale taka nie jest.

Dla Turków przyznanie, że reżim młodoturecki naprawdę prześladował Ormian w 1915 roku (kiedy ponad milion cywilów zostało zamordowanych lub zmarło w czasie wysiedleń), oznaczałoby pojawienie się fali roszczeń finansowych i co gorsza terytorialnych, ponieważ znaczna część wschodniej Anatolii jeszcze na początku XX wieku należała do kręgu cywilizacji ormiańskiej. Ziemie, które pod koniec tego stulecia uważano za czysto tureckie, od dawna zamieszkiwali przedstawiciele licznych narodowości. Gdyby nie Atatürk, większość zachodniej Anatolii wciąż mogliby zajmować Grecy.

Przez trzy tysiąclecia aż do 1922 roku zachodnie wybrzeże Anatolii było częścią greckiego świata. Jednak w 1921 roku grecka armia, wykorzystując rozpad imperium osmańskiego po przegranej pierwszej wojnie światowej, wbrew wszelkiej wojennej logice, nie dbając o linie zaopatrzeniowe, zapuściło się w głąb Anatolii. Rok później bezwzględny i charyzmatyczny Mustafa Kemal Atatürk, jedyny niepokonany generał osmański, zepchnął oddziały greckie nad Morze Egejskie, zostawiając przeszło milionową społeczność grecką na łasce i niełasce wojsk tureckich. Niemal wszyscy miejscowi Grecy uciekli lub zostali zmuszeni do ucieczki. Wypędzenie Greków zakończyło przekształcanie Anatolii z bijącego, wieloetnicznego serca dziewiętnastowiecznego imperium w terytorium jednolite etnicznie.

Nad zadumane, granatowe wody Morza Czarnego autobus dotarł w Samsun, posępnym, szarym, betonowym ośrodku przemysłu przetwórczego. Z Samsun przez całe popołudnie jechaliśmy na wschód, wzdłuż coraz bardziej malowniczego wybrzeża. Zbliżając się do Trabzonu, znaleźliśmy się w krainie spowitych mgłami przylądków z drzewami obrośniętymi winoroślą, wierzbami płaczącymi, iglicowatymi cyprysami i sinozielonymi zaroślami. Do miasta wjechaliśmy o zachodzie słońca.

Trabzon to tureckie zniekształcenie greckiego słowa *Trebizond*, pochodzącego od słowa *trapeza*, „stół" – aluzja do płaskiego cypla, na którym jest położone miasto[1]. W 1204 roku Aleksy i Dawid Komnenowie, potomkowie bizantyjskiego greckiego rodu królewskiego, zbiegli z obleganego przez krzyżowców Konstantynopola i z pomocą armii wystawionej przez gruzińską królową Tamarę stworzyli we wschodniej Anatolii niezależny przyczółek Cesarstwa Bizantyjskiego. To nowe państwo-miasto, Trapezunt, rozkwitło w połowie XIII wieku, kiedy najazd mongolski na Bliski Wschód wymusił przesunięcie szlaków handlowych na północ, z Persji do Anatolii. Tak jak później szlachta Dubrownika rozgrywała Osmanów przeciwko Habsburgom, żeby ocalić niepodległość swego adriatyckiego państwa-miasta, władcy Trapezuntu, by przetrwać, rozgrywali Turkmenów przeciwko Mongołom, zamieniając miasto i jego sielskie otoczenie w kosmopolityczną oazę na pustyni tureckiego nomadyzmu, gdyż towary magazynowane w tutejszych dokach woziły do Europy genueńskie statki, jaskółki cywilizacji łacińskiej w tym wschodnim porcie. A ponieważ Turcy osmańscy podbili Trapezunt dopiero za panowania Mehmeda Zdobywcy, w 1461 roku, osiem lat po upadku Konstantynopola, historia okryła to miasto sławą ostatniego bastionu greckiego Bizancjum. W rzeczywistości dość liczne greckie i ormiańskie społeczności przetrwały tutaj stulecia osmańskich rządów, aż do młodotureckiej rewolucji;

1 Opis Trabzonu i greckiej cywilizacji w tym regionie zob. w: Neal Ascherson, *Black Sea*, New York 1995.

tak więc również tutaj nowoczesność oznaczała czystki etniczne, choć przeprowadzane stopniowo i względnie łagodnie.

Pierwszej nocy w Trabzonie obudziło mnie muzułmańskie wezwanie do modlitwy – głośniejsze, jak sobie uświadomiłem, niż to, które zapamiętałem sprzed kilku lat, z czasu poprzedniej wizyty. Rankiem zauważyłem wszechobecność muzułmańskich chust na głowę. Trabzon stał się twierdzą Faziletu, islamistycznej Partii Cnoty, której popularność była skutkiem najazdu „Natasz" – rosyjskich i ukraińskich prostytutek, które przybywały tutaj masowo w latach dziewięćdziesiątych, po rozpadzie Związku Sowieckiego, zagrażając trwałości miejscowych rodzin. Podobno to właśnie Turczynki – rozwścieczone nocnymi przygodami swych mężów – doprowadziły do wyborczego zwycięstwa Faziletu.

Trabzon był przykładem historycznej nieciągłości. Między rozmaitymi pomnikami bizantyjskiej przeszłości, rozłożyło się tętniące życiem współczesne miasto z obleganymi budkami z kebabem, tanimi kafejkami i sklepami z naczyniami kuchennymi, częściami samochodowymi, odkurzaczami i glazurą, usadowionymi wzdłuż wąskich, krętych uliczek, w których powietrze drgało od łoskotu pojazdów i gęstniało od spalin. Industrialna uniformizacja zatarła wszelkie ślady kulturowej odrębności i związków z przeszłością.

Zmęczony popołudniem zwolniłem tempo. Zacząłem uważniej słuchać i patrzeć. Wyłowiłem z miejskiego zgiełku śpiew ptaków, brzęk szklanek z herbatą, a z fetoru benzyny – woń ożywczej bryzy, co pozwoliło mi wyobrazić sobie, choćby mgliście, niegdysiejsze i być może przyszłe nadmorskie królestwo. Zdjąłem buty i usiadłem na kobiercu w Fatih Camii (meczecie Mehmeda Zdobywcy), wspaniałej bizantyjskiej świątyni z kopułą i spadzistymi dachami. Obrzucając spojrzeniem pobielone ściany, wyobrażałem sobie freski ukryte pod warstwą wapna, pochodzące z epoki, gdy świątynia nosiła nazwę Panaghia Chrysocephalos Kilisesi, nawiązującą zarówno do imienia Maryi Dziewicy, jak i złotej kopuły, ponieważ właśnie tutaj mieściła się bazylika katedralna greckiego królestwa Trapezuntu.

Nazajutrz odszukałem ruiny ormiańskiego monastyru Kaymaklı przy niemal nieprzejezdnej gruntowej drodze, parę kilometrów od centrum miasta, pośród slumsów rozbrzmiewających głosami dzieciarni i kogutów. Jakiś chłopczyk zaprowadził mnie do zniszczonego budynku z prowizorycznym blaszanym dachem. Wewnątrz na klepisku zasłanym odchodami, sianem, drewnem na opał i zardzewiałym żelastwem leżały hantle do ćwiczeń, które chłopczyk z dumą uniósł na wysokość pasa. Obejrzałem kamienne ściany z turkusowo-różowymi scenami z Apokalipsy i wizerunkami świętych, spłowiałymi i pozbawionymi twarzy, okolone wspaniałymi miniaturami, dającymi jakieś pojęcie o pięknie tej piętnastowiecznej ormiańskiej świątyni. Kiedy nieznajomy chłopiec podskakiwał na stercie złomu, szczęk żelastwa przypominał mi o innych wysiedleniach, o brutalnych czystkach etnicznych, które poznaczyły bliznami całą historię Bliskiego Wschodu i których najnowsza odsłona właśnie tej wiosny dokonywała się w albańskim Kosowie. To połączenie zapachu ziemi, fetoru ekskrementów i śladów minionej świetności cywilizacji ormiańskiej było kolejną zbrodnią. Jednolicie turecki naród, kartograficznie zajmujący dziś całą Anatolię, nie powstał ani naturalnie, ani pokojowo, a przez to niekoniecznie musiał przetrwać.

Geografia dzierży bowiem klucze nie tylko do przeszłości, ale także do przyszłości. Basen Morza Czarnego z jego różnorodnymi cywilizacjami może odmienić oblicze tego regionu Turcji, bo z mapy zniknął Związek Sowiecki ze swymi szczelnymi granicami. Natasze były jedynie częścią tego, co się tutaj działo. Przy trabzońskim porcie rozłożyło się wielkie targowisko z towarami z krajów postsowieckich: tkaninami, srebrami, orderami wojskowymi, tanią biżuterią, porcelaną i innymi rzeczami, od skarpetek po telefony komórkowe. Był to bazar klasy robotniczej, jak chińskie targowisko w Budapeszcie. Trabzon stawał się coraz bardziej wieloetniczną stolicą basenu czarnomorskiego, a coraz mniej miastem czysto tureckim. Królestwo Trapezuntu mogło się odrodzić w robotniczym wydaniu.

*

Mój ostatni dzień we wschodniej Turcji był podobny do ostatniego dnia we wschodnich Węgrzech. W obu miejscach towarzyszyło mi nieodparte poczucie, że znajduję się blisko jakiejś niewidzialnej granicy, za którą rozciąga się całkowicie odmienny świat. Niewiele osób we wschodniej Turcji miało jakiekolwiek pojęcie, co się dzieje w sąsiedniej Gruzji. W dużym biurze turystycznym obok mojego hotelu nikt nie potrafił mi udzielić informacji o Batumi, gruzińskim mieście oddalonym od Trabzonu o mniej więcej sto kilometrów – ani nazw hoteli, ani cen, ani nawet nazwy gruzińskiej waluty. Batumi i Gürcistan (po turecku: Gruzja) stanowiły *terra incognita*, co jedynie wzmogło moją ciekawość.

Na wschód od Trabzonu linia brzegowa stała się bardziej poszarpana i urozmaicona. Z okna taksówki obserwowałem rwące rzeki, tarasowate pola herbaciane i sady leszczynowe. Góry piętrzyły się niczym białe granitowe katedry z wieżami w chmurach. Zaczął padać ulewny deszcz. Znajdowałem się w starożytnej Kolchidzie na wschodnim wybrzeżu Morza Czarnego, celu podróży Jazona i Argonautów i mitycznej krainie czarodziejki Medei, która pomogła Jazonowi zdobyć złote runo. W oddali, na północnym wschodzie, dostrzegłem kolejne pasmo subtropikalnych gór okrytych płaszczem winorośli: pierwszy raz widziałem na własne oczy Kaukaz. Na drodze było pełno ciężarówek, ponieważ handel z Turcją utrzymywał Gruzję przy życiu. Kilka ostatnich kilometrów przed granicą nieźle nas wytrzęsło, bo chociaż nowa autostrada już się wykuwała w skałach urwistego przylądka, to my jechaliśmy starą wąską drogą, z której w czasach zimnej wojny korzystały wyłącznie tureckie pojazdy wojskowe. Taksówka się zatrzymała, a ja wszedłem do zapuszczonego baraku, gdzie samotny turecki urzędnik ostemplował mi paszport i życzył powodzenia. Drogę z tureckiego posterunku granicznego do Gruzji i byłego Związku Sowieckiego przebyłem pieszo.

ROZDZIAŁ 21

W pięknej ojczyźnie Stalina

Pierwsze, co zobaczyłem w Gruzji, to budynek ogrodzony wysokim płotem z drutu kolczastego, strzeżony przez rosyjskiego żołnierza z komunistycznym sierpem i młotem na czapce, który wydarł się na mnie, dźgając w brzuch lufą pistoletu maszynowego. Na nosie miał tanie okulary przeciwsłoneczne, a w ustach lizaka. Chociaż Gruzja była niepodległym krajem, granicę z Turcją kontrolowało rosyjskie wojsko. Żołnierz spojrzał na mój paszport i pchnął mnie lufą w stronę budki z lustrem fenickim. Drzwi budki się uchyliły i przez szparę ujrzałem rudowłosą Rosjankę, która obejrzała i ostemplowała mój paszport. Potem skierowała mnie do wnętrza budynku, gdzie znalazłem się w stalowej klatce, a kilku rosyjskich żołnierzy, również z lizakami w ustach, przetrząsnęło moje bagaże. Po wyjściu z klatki musiałem udać się do następnej budki, tym razem bez lustra fenickiego, gdzie paru sympatycznych Gruzinów tylko rzuciło okiem na mój paszport i oficjalnie powitało w Gruzji. Skierowali mnie do kolejnego okratowanego pomieszczenia, gdzie zwalista Gruzinka wręczyła mi deklarację celną, w której oczywiście skłamałem. Ponieważ w południowej części byłego Związku Sowieckiego nie było bankomatów, wiozłem trzy tysiące pięćset dolarów w dwudziestkach, w saszetce wszytej w spodnie, ale z obawy, że zostanę okradziony przez pograniczników, zadeklarowałem tylko czterysta dolarów. Kobieta odesłała mnie do następnej budki, ostatniej, gdzie kilku gruzińskich tajniaków – potężnie zbudowanych, w obcisłych koszulach i z wyrachowanymi minami – przekartkowało paszport i obejrzało moją deklarację celną.

„Daj dwadzieścia dolarów" – powiedział łamaną angielszczyzną jeden z nich.

Udałem głupiego i wzruszyłem ramionami.

Tajniak walnął pięścią w stół i powtórzył żądanie.

Wzruszyłem ramionami.

Przez kilka sekund mierzyliśmy się wzrokiem, potem tajniak otworzył bramkę. Dobrze zrobiłem, że skłamałem, bo później dowiedziałem się, że inni podróżni zostawiali tutaj nawet po sto dolarów. Porównanie zachowania rosyjskich żołnierzy i Gruzinów wskazywało, że miejscowa przestępczość jest bardziej spontaniczna, mniej zorganizowana.

Właściwie znalazłem się jeszcze nie w Gruzji, lecz w Adżarii, autonomicznej republice, zamieszkanej głównie przez muzułmanów posługujących się dialektem gruzińskiego. Adżaria powstała w lipcu 1921 roku decyzją Lenina, który wykorzystał podziały wyznaniowe w regionie. Obecna autonomia Adżarii nie miała jednak wiele wspólnego z odmiennością językową czy religijną od Gruzji właściwej, która jest prawosławna. Adżaria była mafijnym państewkiem rządzonym przez niejakiego Asłana Abaszydze, którego władza w Asłanistanie, jak nazywano republikę, utrzymywała się dzięki cłom nakładanym na towary legalnie i nielegalnie sprowadzane drogą morską i lądową przez tę granicę z Turcją, którą właśnie przekroczyłem. Żeby dostać pracę na posterunku granicznym – zwłaszcza w portowym Batumi – trzeba było dać sporą łapówkę, którą potem się odzyskiwało, wymuszając łapówki na podróżnych. To było jak wykupienie licencji taksówkarskiej – po mniejszej lub większej liczbie kursów inwestycja się zwracała.

Przy posterunku granicznym czekała grupka taksówkarzy. Jeden z nich złapał mnie za ramię, a drugą ręką wrzucił mój worek podróżny do zdezelowanej łady. W przeciwieństwie do wygodnych tureckich taksówek, trzymających europejskie standardy i wyposażonych w odświeżacze powietrza, ta miała pęknięte szybę i dach. Drzwiczki nie miały klamek. Tapicerka była zaplamiona, a pod fotelem skrzypiącym na dziurawej drodze przetaczały się główki cebuli. Z silnika wyciekał olej, a z rury wydechowej waliły kłęby dymu.

– Gruzja piękna, tak! – wykrzyknął kierowca.

– Tak – potwierdziłem.

Naprawdę była piękna. Niewiele miejsc, może z wyjątkiem Rumunii, zrobiło na mnie takie wrażenie, jak Gruzja. Ale jak w Rumunii, w Gruzji trzeba się najpierw rozsmakować.

Szczyty Kaukazu z czapami błękitnego śniegu wyglądały niczym draperia rozwieszona za chatami z zardzewiałej blachy i sadami cytrynowymi. Wzdłuż drogi spacerowało bydło skubiące liście eukaliptusów. Obskurne, nieotynkowane bloki mieszkalne z pustaków z prowizorycznymi balkonami – zbudowane w epoce Chruszczowa i wszechobecne w byłym Związku Sowieckim – stanowiły widomy znak, że dojechaliśmy do Batumi. Dalej kroczyła parada rosyjskiej prowincjonalnej architektury: obłażące z farby białe budynki w stylu neobarokowym i neoklasycystycznym, niczym spleśniałe torty weselne, z ołowianymi dachami, bramami z kutego żelaza i ukwieconymi balkonami, stojące wzdłuż szerokich, zielonych alei, ocienionych przez palmy, cedry, cyprysy i drzewa owocowe. W przeciwieństwie do prowincjonalnych miasteczek tureckiej Anatolii, gdzie przeważały tradycyjne stroje, tutaj królowały spódniczki mini i tanie imitacje markowych kreacji. Młode kobiety miały parasolki i poruszały się z gracją tancerek, jakby burżuazyjne ciągoty jakimś cudem przetrwały komunizm w genach. Zarówno tutejsi Rosjanie, jak Gruzini mieli piękne rysy twarzy. W mitycznej greckiej Kolchidzie, niegdyś krainie bogactw i magii, odnalazłem zubożałą, lecz wciąż urzekającą *Belle Epoque*.

Batumi, miasto liczące sto trzydzieści sześć tysięcy mieszkańców i zawdzięczające swą nazwę rzece Bat, leży na styku Anatolii z Kaukazem. Ten starożytny – rzymski, bizantyjski i perski – port czarnomorski na przełomie XIX i XX wieku kilkakrotnie przechodził z rąk do rąk. W czasie wojny rosyjsko-tureckiej w latach 1877–1878 Rosjanie wyparli Turków. W 1918 roku Turcy powrócili do Batumi, wykorzystując chaos, który po zakończeniu pierwszej wojny światowej zapanował w Rosji. Po kapitulacji Niemiec, Turcji i innych państw centralnych, do miasta wkroczyło piętnaście tysięcy żołnierzy brytyjskich, ale już dwa lata później pod naporem bolszewików, którzy objęli władzę w dawnym imperium carów, Brytyjczycy się wycofali. Przez kilkadziesiąt następnych lat granica się nie zmieniała, rozdzielając Turcję, członka NATO, i Związek Sowiecki. Chociaż przez tysiąclecia dzieje Turcji i Gruzji ściśle się splatały, podróżnego, który przekracza tę granicę, uderzają niewyobrażalne różnice. Różnica czasu tylko symbolizowała głębokość zmiany, której doświadczyłem: po gruzińskiej stronie musiałem przestawić zegarek nie o godzinę, lecz dwie do przodu.

Wszystko jednak wskazywało, że znów nastąpi przemieszanie kultur. Kilka miesięcy po mojej wizycie nowy traktat spowoduje wycofanie rosyjskich pograniczników, a ukończenie nowej drogi po tureckiej stronie wreszcie udrożni komunikację. A jeśli rząd w Tbilisi pójdzie po rozum do głowy, to ukróci przekupstwo i rozbój, oddając posterunki graniczne w ajencję prywatnym zachodnim firmom. Państwa byłego Związku Sowieckiego były tak skorumpowane, że jedynym sposobem zaprowadzenia porządku na własnych granicach – i czerpania stąd przewidzianych prawem zysków – była ich sprzedaż.

Taksówka kosztowała mnie dwadzieścia lari, czyli dziesięć dolarów. W większości krajów, przez które podróżowałem, dolar był nieoficjalną, drugą legalną walutą. Kierowca wysadził mnie na tyłach kamienicy, w której mieścił się hotel Intourist. Mroczny hall był wyłożony zwykłą sklejką. Jakaś staruszka w kitlu zamiatała podłogę. Inna siedziała w recepcji. Z jej radia dobywały się piękne łzawe pieśni, upajająca mikstura melodii greckich i rosyjskich, mój pierwszy kontakt z nieuchwytną wyjątkowością kultury gruzińskiej. Po drugiej stronie hallu stał automat do gier, a obok kiosk z pamiątkami, gdzie następna kobieta zapisywała coś w książce rachunkowej. W jednej gablocie miała scyzoryki, cukierki i album z rysunkami broni, w drugiej – biustonosze i ozdobne kindżały. Kilka dni później w Tbilisi byłem w sklepie, w którym sprzedawano piłki plażowe i karabiny wojskowe. W prymitywnej, kapitalistycznej gospodarce sklepikarz sprzedawał wszystko, co mu wpadło w ręce.

Z hotelu zadzwoniłem do mojej tłumaczki, Eki Chwedelidze, z którą wcześniej skontaktowali mnie znajomi. Zjawiła się krótko potem. „Nie zatrzymuj się tutaj – poradziła. – W pokojach są szczury. Niedaleko jest nowy, prywatny hotel". Prywatny hotel był brzydko umeblowany, ale schludny i czysty, za to blond Rosjanka w recepcji miała na sobie modną czarną sukienkę i w przeciwieństwie do mumii z Intouristu była uśmiechnięta.

Wrzuciwszy do pokoju mój worek podróżny, wybrałem się z Eką na spacer po Batumi. Zobaczyłem bose dzieciaki, zaśmiecone chodniki i dziurawe ulice, po których pędziły audi, bmw i mercedesy – typowo afrykański krajobraz, postsowiecka gospodarka napędzana przez korupcję. Widziałem sklepy z lustrami w złoconych ramach i pięknymi żyrandolami, gdzie sprzedawano tylko gumę do żucia i lody, oraz bary prowadzone przez Rosjanki – jedną pijaną, choć było dopiero południe – gdzie za cały wystrój służyły zasłonki prysznicowe i stare ozdoby świąteczne. W dzielnicy targowej na straganach królowały puszki z farbami i inne towary sprowadzane z Turcji, a także importowane whisky i perfumy. W przeciwieństwie do miasteczek tureckich, z ich przywiązaniem do tradycji, grillowanym mięsem i mężczyznami w wełnianych czapeczkach sączącymi herbatę, tutaj nie dostrzegłem żadnych śladów przeszłości, jak gdyby wszystko – nie tylko wystrój wnętrz, ale cała gospodarka – narodziło się spontanicznie wczoraj i jutro mogło przestać istnieć.

Asłan Abaszydze zinstytucjonalizował różnice między Adżarią (Asłanistanem) i prawosławną Gruzją, obsadzając miejscową biurokrację muzułmanami i stawiając kilka nowych meczetów. Na postsowieckim Kaukazie, gdzie wyznawana religia była mniej związana z przynależnością narodową niż na Bałkanach, był to jawny przykład rozbudzania przez polityków dawnych nienawiści. Abaszydze był małym człowieczkiem z wielkim ego i porządnym nazwiskiem: jego dziadek, Mehmed, odegrał kluczową w rolę w negocjowaniu porozumienia między Leninem i Atatürkiem, które wytyczyło tutejszą granicę. Asłan, jak go tu nazywano, lubił przyjmować zagranicznych dygnitarzy na kortach tenisowych, które polecił zbudować i które były dumą jego mafijnego państewka. Kilkakrotnie próbowałem umówić się na wywiad, ale za każdym razem słyszałem, że jest zajęty i żebym spróbował nazajutrz. Nigdy go nie spotkałem. Jego siedziba była perłą komunistycznego stylu: białe marmurowe korytarze wyłożono krwiście czerwonymi chodnikami, które odwracały uwagę od wykrywacza metalu i małego, taniego stolika, przy którym stała grupa młodych, potężnie zbudowanych Gruzinów z telefonami komórkowymi i krótką bronią. Pocierając nieogolone policzki, obracali w rękach moją wizytówkę dziennikarza

„The Atlantic Monthly". Na zewnętrz budynku stał milicjant, również nieogolony. Miał zdarte buty, w mundurze brakowało guzików, a na głowie miał jedną z tych czapek z gigantycznym daszkiem, które upodobali sobie sowieccy wojskowi. Poprosił mnie o papierosa, cuchnęło mu z ust. Przedstawiciele gruzińskiego rządu nie grzeszyli uprzejmością ani dobrym wychowaniem.

Batumi było fascynująco chimeryczne, tandetne i zapuszczone, nostalgicznie europejskie i pseudośródziemnomorskie z egzotycznym posmakiem Tatarii. Ale zanim opowiem o Gruzji i jej imperium grup etnicznych i autonomicznych regionów, spróbuję opisać Kaukaz jako całość, a taki opis najlepiej zacząć od jego najsławniejszego dwudziestowiecznego syna – Józefa Wissarionowicza Dżugaszwilego, znanego jako Stalin.

*

Według pewnego wybitnego pisarza, różnica między Aleksandrem Kiereńskim (oświeconym socjaldemokratą, który przejął władzę po rewolucji lutowej), Włodzimierzem Leninem i Józefem Stalinem jest taka jak między Zachodem, pół-Zachodem i Wschodem[1]. Kiereński i mienszewiccy reformatorzy byli skrajnymi zapadnikami. Lenin, Wielkorus znad środkowej Wołgi, był „mieszanką zapadnika i słowianofila"; Stalin zaś był Gruzinem z gór Kaukazu, gdzie kończy się Rosja i zaczyna Bliski Wschód. Kiedy w kwietniu 1941 roku podpisał

1 Zob. Bertram D. Wolfe, *Three Who Made a Revolution. A Biographical History*, New York 1948.

układ o nieagresji z Japonią, dając jej zielone światło do ataku na Pearl Harbor, japoński minister spraw zagranicznych Yosuke Matsuoka zaskoczony oświadczył, że gdyby układ został złamany, to musiałby popełnić harakiri. „Bo widzi pan, jesteśmy Azjatami".

„Obaj jesteśmy Azjatami" – miał odpowiedzieć Stalin[1].

Despotyzm Stalina ma oczywiście wiele źródeł i nie może być sprowadzony do kultury i geografii miejsca urodzenia. (Po śmierci pierwszej żony, Jekateriny Swanidze, Stalin podobno zwierzył się przyjacielowi na pogrzebie: „Jekaterina umarła, a wraz z nią wszystkie moje ciepłe uczucia dla ludzkości"[2]). Stwierdzenie, że wschodnie wpływy były czymś drugorzędnym w jego charakterze, byłoby jednak grubą przesadą. Masowy terror, kult jednostki i wykorzystywanie pracy niewolniczej do robót publicznych to niewątpliwe dziedzictwo starożytnych Asyrii i Mezopotamii. Język przemówień Stalina, które stały się wzorcem dla wystąpień komunistycznych dygnitarzy, wprost nawiązuje do liturgii cerkiewnej, gdyż przyszły dyktator był uczniem gruzińskiego seminarium prawosławnego.

Taki zbrodniarz jak Stalin mógł pochodzić skądkolwiek, ale wiele metod, które stosował, takich jak szczucie różnych narodów przeciwko sobie, aż się nawzajem powyrzynają, wynikało z doświadczeń młodości spędzonej na Kaukazie. Tym, co wyróżniało Stalina spośród najbliższych współpracowników Lenina (takich

1 Tamże.

2 Pamiętniki Soso Iremaszwili (cyt. za: Wolfe, *Three Who Made a Revolution*).

jak Trocki, Bucharin, Zinowiew czy Kamieniew) i co pozwoliło mu pozbyć się konkurencji, był fakt, że poza Bucharinem wszyscy byli Żydami. Mimo bezwzględności i cynizmu, wszyscy pochodzili z europejskiej części Rosji i Ukrainy, wszyscy byli kosmopolitycznymi idealistami i zapadnikami. Stalin zaś postrzegał świat antropologicznie: Żyd jest Żydem, Turek – Turkiem, Czeczen – Czeczenem itd. Takie myślenie było znacznie bardziej powszechne na Bliskim Wschodzie niż na Zachodzie; na Kaukazie bowiem kluczem do polityki zawsze były klany i plemiona, a nie instytucje państwowe. To między innymi był skutek faktu, że Stalin wychował się na Kaukazie, w samym środku, by użyć określenia Toynbee'ego, kipiącego tygla historii i tożsamości narodowej, przy którym Bałkany wydają się oazą spokoju. Trocki napisał:

> Częste krwawe najazdy Czyngis-chana i Tamerlana na Kaukaz pozostawiły ślady w gruzińskiej epopei narodowej. Jeśli wierzyć nieszczęsnemu Bucharinowi, pozostawiły także ślady na charakterze Stalina[1].

*

O ile na wybrzeżach Morza Czarnego kultury Europy i Azji wzajemnie się przenikają, o tyle basen Morza Kaspijskiego jest czysto azjatycki, a te dwa zbiorniki wodne łączy most lądowy – tysiąckilometrowe pasmo urwistych gór sięgających sześciu tysięcy metrów wysokości – na

1 Lew Trocki, *Stalin. An Appraisal of the man and his influence*, London 1946. Zob. Roger Rosen, *The Georgian Republic*, Kent 1991.

którym Europa stopniowo zanika. To są góry Kaukazu, rosyjski Dziki Zachód, chociaż leżą na południe od Moskwy i Sankt Petersburga. To tutaj od XVII wieku rosyjscy koloniści tłukli głową o mur skalnych wąwozów, usiłując podbić niepokorne ludy. Na zachód i południowy zachód od Kaukazu leży Morze Czarne i najbardziej zacofana część Turcji; na południowym wschodzie ciągną się góry i płaskowyże Iranu, a na wschód od Morza Kaspijskiego pustkowia Azji Środkowej; na północy leży Rosja, rozbita, jak większość Kaukazu, przez nędzę i anarchię odziedziczone po siedemdziesięciu latach komunizmu. Bałkany graniczą z Europą Środkową. Kaukaz jest w mniej szczęśliwym położeniu.

Na północnych zboczach tych gór żyją liczne plemiona, których ziemie wchodzą obecnie w skład Federacji Rosyjskiej i są nazywane Kaukazem Północnym, natomiast region na południe od najwyższych łańcuchów zwany jest Kaukazem Południowym lub Zakaukaziem i obejmuje terytoria Gruzji, Armenii i Azerbejdżanu. Zważywszy na obfitość wody i bujność roślinności, umożliwiających hodowlę bydła i uprawę roli, nie można wykluczyć, że cywilizacja na Kaukazie rozkwitła wcześniej niż w Mezopotamii[1]. Starożytność tego miejsca w połączeniu z górzystością terenu pozwoliła przetrwać plemiennym światom, istniejącym jakby poza czasem. Strabon napisał, że na targ w greckim czarnomorskim porcie Dioskurias (obecnie Suchumi w północno-zachodniej

1 James Mellaart, *The Earliest Settlements in Western Asia from the Ninth to the End of the Fifth Millennium*, B. C, w: *The Cambridge Ancient History*, t. 1., Cambridge 1970–1975.

Abchazji) zjechali kupcy z siedemdziesięciu plemion. „Każde mówi innym językiem, bo przez wzgląd na upór i dzikość żyją w rozproszeniu i nie kontaktują się z sobą nawzajem"[1].

Dziś Kaukaz jest podzielony między cztery kraje i około tuzina autonomicznych regionów, zamieszkiwanych przez blisko pięćdziesiąt grup etnicznych, z których każda posługuje się własnym językiem lub dialektem. Niektóre z tych grup są duże i znane, jak Gruzini, Ormianie, Azerowie czy Czeczeni; inne są mniejsze i mało znane, jak Ingusze, Osetyjczycy, Awarowie, Abchazowie, Bałkarzy, Kumycy, Megrelowie czy Turcy Meschetyńscy[2].

W 1991 roku rozpad Związku Sowieckiego (do którego należał cały Kaukaz) zapoczątkował serię lokalnych wojen i czystek etnicznych, które latami nękały cały region i wciąż się nie skończyły, skutkując setką tysięcy zabitych i przeszło milionem uchodźców – każda z grup próbowała wymusić na pozostałych akceptację jej wizji przebiegu granic. Żaden inny region byłego Związku Sowieckiego nie stanowi równie jaskrawego dowodu, jak właśnie Kaukaz, że wielkie imperia zawsze toną w chaosie i krwi.

W latach dziewięćdziesiątych amerykańskie media i elity intelektualne żywo interesowały się losem bośniackich Muzułmanów i kosowskich Albańczyków, mordowanych i wypędzanych w ramach kampanii terroru prowadzonej głównie przez Serbów, ale nie zauważały podobnych

1 *The Geography of Strabo*, New York 1928. Zob. też Ascherson, *Black Sea*.

2 Paul B. Henze, *Conflict in the Caucasus. Background, Problems, and Prospects for Mitigation* (praca niepublikowana).

czystek etnicznych w Abchazji, Osetii i Górskim Karabachu. I chociaż życzliwość światowych mediów pozwoliła nagłośnić problemy subsaharyjskiej Afryki, to nieskończenie bardziej złożona i trudniejsza do objaśnienia kwestia kaukaska wciąż stanowi granicę zachodniej wiedzy o świecie – i zdolności Zachodu do jej rozwiązania.

*

Wedle amerykańskich standardów, Gruzja to mały kraj. Ma tylko pięć milionów sześćset tysięcy mieszkańców i terytorium porównywalne z Zachodnią Wirginią. To jednak największe i najbardziej etnicznie zróżnicowane państwo na Kaukazie, o skomplikowanej i krwawej historii. Stolica Gruzji, Tbilisi, była niszczona dwadzieścia dziewięć razy. To na „górze Kaukazu" z rozkazu Zeusa Prometeusz został przykuty do skały, a orzeł codziennie wyjadał mu wątrobę. Starożytność prometejskiego mitu jest kolejnym dowodem na to, że Kaukaz jest kolebką cywilizacji.

Gruzini nazywają swój kraj *Sakartwelo*, a samych siebie *Kartwelebi*. Obie nazwy pochodzą od pogańskiego bóstwa Kartlosa. W starożytności wschodnią Gruzję, zwaną przez tubylców Kartli, cudzoziemcy określali mianem Iberia, z tego powodu mylono ją (i czasem myli się do dziś) z Hiszpanią. Wedle jednej z hipotez nazwa Gruzja pochodzi od zniekształcenia greckiego słowa *geo*[1],

1 Angielska nazwa Gruzji to Georgia. Pochodzenie terminu Gruzja, używanego w językach słowiańskich, nie jest jasne. Prawdopodobnie wywodzi się on od tureckiego słowa „gurzy", arabskiego „gurdy" lub perskiego „gordżi" oznaczających mniej więcej „siłę walczącą z islamem" (przyp. red.).

„ziemia", gdyż pierwszych starożytnych Greków, którzy przybyli w te strony, uderzyła liczba osób pracujących na roli. Góry Kaukazu, w których Rosja styka się z tureckim i perskim Bliskim Wschodem, pozwoliły językowi gruzińskiemu przetrwać tysiąclecia we względnie niezmienionej, jakby zakonserwowanej postaci.

Chociaż liczebnie Gruzini stanowią zaledwie promil ludzkości, to stworzyli jeden z czternastu znanych alfabetów. Jego księżycowate znaki weszły w użycie około V wieku, prawdopodobnie zapożyczone z aramejskiego, dialektu semickiego, którym mówił Jezus. Według legendy chrześcijaństwo w Gruzji zaszczepiła ok. 330 roku św. Nino, niewolnica z Kapadocji, która nawróciła gruzińską królową, uzdrowiwszy ją z ciężkiej choroby. Greckie kolonie wokół Batumi przyjęły jednak chrześcijaństwo już w I wieku, łącząc je z elementami wierzeń greckich, irańskiego zoroastryzmu i rozmaitych lokalnych kultów anatolijskich[1].

Podobnie jak sąsiednią Anatolię, Gruzję najeżdżały prawie wszystkie starożytne ludy, odciskając na niej swe piętno: Hetyci, Frygijczycy i Asyryjczycy z południa i zachodu, wędrowni Kimeryjczycy i Scytowie z północnych wybrzeży Morza Czarnego, Medowie i Persowie z południa i wschodu[2]. Gruzini znaleźli się w ogniu archetypicznego konfliktu między Wschodem i Zachodem, Persją i Grecją, który stanowi kanwę *Dziejów* Herodota. Później,

1 Zob. Rosen, *The Georgian Republic.*

2 Zarys historii Gruzji oparłem głównie na fundamentalnym opracowaniu: Ronald Grigor Suny, *The Making of the Georgian Nation*, Bloomington 1988, 1994.

w okresie wczesnochrześcijańskim, Gruzja znów stała się polem bitwy, tym razem między Persją i Rzymem. Powstała wtedy sytuacja trwa do dziś: pozornie Gruzja znajduje się pod wpływem Zachodu (Grecji, Rzymu), ale jej kultura polityczna jest typowo wschodnia. Różnica między Rzymem i Persją (a potem Bizancjum i Persją) była różnicą między na poły zachodnią cesarską biurokracją, w której stanowiska nie były dziedziczne – i która tym samym była pierwowzorem nowożytnego państwa i jego instytucji – a perskim społeczeństwem zbudowanym na gruncie silnych więzi plemiennych i klanowych[1]. W Gruzji bardziej wpływowy okazał się perski ustrój klanowy, a jego pozostałości są obecnie widoczne we władzy lokalnych mafii i przywódców mafijnych. Tak więc pomimo wpływu europejskiej Rosji w XIX wieku, Gruzję można zaliczyć do państw Bliskiego Wschodu.

Innym problemem, który ma źródła w starożytności i trwa do dziś, jakkolwiek stracił na znaczeniu w latach sowieckiej tyranii, jest wewnętrzne rozbicie Gruzji. Chociaż jest jeden alfabet kartwelski, to istnieją trzy języki kartwelskie: gruziński, megrelski w zachodniej Gruzji i swański na górzystej północy. Historyczna Gruzja obejmuje również ludy mówiące w języku abchaskim (na południowym zachodzie), osetyńskim (na północy), ormiańskim i tureckim (na południu). W X wieku armie bizantyjskie, mimo trzech stuleci klęsk w starciach z islamskimi wojskami w Arabii i słabnącej pozycji

1 Zob. Nicholas Adontz, *Armenia in the Period of Justinian. The Political Conditions Based on the Naxarar System*, Lisbon 1970.

w Anatolii, wciąż odnosiły zwycięstwa na Kaukazie, ponieważ ani królowie gruzińscy, ani ormiańscy nie potrafili zjednoczyć skłóconych księstewek. Względnie jednolita kultura gruzińsko-prawosławna, będąca syntezą kultur bizantyjskiej, seldżuckiej i perskiej, narodziła się dopiero na przełomie XI i XII wieku za panowania króla Dawida IV Budowniczego. (Praprawnuczka Dawida Tamara wystawiła armię, która pomogła Grekom założyć królestwo Trapezuntu). Dawid koronował się jako „król Abchazów, Kartwelów, Ranów, Kachetów i Ormian", dając świadectwo kłopotliwej gruzińskiej różnorodności. W XIII stuleciu Gruzja znów się podzieliła, gdy lokalni wodzowie weszli w układy z mongolskim najeźdźcą, pomijając króla. Wiek XIV przyniósł „czarną śmierć" i hordy Tamerlana. Później Gruzja została podzielona na osmańską, turecką strefę wpływów na zachodzie i safawidzką, perską na wschodzie. Góry na północy odcinały ją od siostry w wierze – prawosławnej Rosji. Terror perski był zakrojony na taką skalę, że z powodu masowych deportacji i mordów na początku XVII wieku liczba ludności Kachetii we wschodniej Gruzji zmalała o dwie trzecie.

U schyłku XVII wieku Rosja pod panowaniem cara Piotra Wielkiego zaczęła historyczną ekspansję w kierunku mórz Czarnego i Kaspijskiego i pod koniec następnego stulecia weszła w konflikt z Persją, a polem bitwy stały się Gruzja i reszta Kaukazu. W 1801 roku car Aleksander I siłą wcielił Gruzję do imperium rosyjskiego. To, co się wydarzyło potem, było bardziej dramatyczne niż całe wcześniejsze dzieje.

Dziewiętnastowieczni carowie rosyjscy szybko wprowadzili Gruzję na drogę do nowoczesności. Wątpliwości co do korzyści z carskiego panowania – w porównaniu ze skutkami rządów Turków czy Persów – rozwiewa statystyka: w XIX wieku populacja Gruzji wzrosła z pięciuset tysięcy do dwóch i pół miliona. Nie obyło się bez pewnych kosztów. Cerkiew i szlachta gruzińska pełniły podrzędną funkcję w stosunku do instytucji rosyjskich, a w carskim absolutyzmie było zarzewie chłopskich buntów. Przykładem rozkaz z Sankt Petersburga w 1841 roku, by niezależnie od miejscowych warunków gruzińscy rolnicy uprawiali wyłącznie ziemniaki (centralne planowanie ery sowieckiej miało źródła nie tylko w komunistycznej ideologii, ale także w naturze rosyjskiego imperializmu).

Ormianie w Gruzji odgrywali taką samą rolę jak Żydzi w innych krajach świata: miejskiej mniejszości, głównie kupców i ludzi interesu. Modernizujący wpływ Rosji uwydatnił różnice klanowe między Gruzinami ze wsi i Ormianami z miasta. To dlatego na przełomie XIX i XX wieku taką popularność wśród Gruzinów zyskał marksizm: wyjaśniał problem ich podrzędnego statusu, obciążając winą carską biurokrację i ormiańską burżuazję.

To Gruzja – a nie Europa czy Rosja – była prawdziwą historyczną kolebką socjalizmu, który znalazł poparcie nie tylko wśród inteligencji i robotników, ale także wśród chłopów[1]. Jednak wbrew utopijnym projektom lokalnych marksistów, osłabnięcie władzy caratu na początku

1 Zob. Wolfe, *Three Who Made a Revolution*.

XX wieku natychmiast doprowadziło do konfliktów narodowościowych między Gruzinami, Ormianami i Azerami: identyczny scenariusz powtórzył się pod koniec XX wieku, kiedy to pomimo wysiłków opozycyjnych intelektualistów, wzywających do zaprowadzenia demokracji i poszanowania praw człowieka, upadek Związku Sowieckiego doprowadził do chaosu i czystek etnicznych. Istnieje wreszcie jeszcze jedno zatrważające podobieństwo między początkiem i schyłkiem XX wieku na Kaukazie: w 1918 roku osłabiona i pokonana Rosja spłodziła na Zakaukaziu trzy nowe państwa zbudowane na dawnej tożsamości narodowej: Gruzję, Armenię i Azerbejdżan. Wszystkie jednak zostały uśmiercone w latach dwudziestych, kiedy Rosja wznowiła ekspansję pod władzą sowiecką. Jeśli pod rządami nowej autokracji Rosja znów powróci do ekspansjonistycznej polityki, to Zachód, chcąc utrzymać te trzy państwa przy życiu, będzie musiał wykazać się taką samą siłą i stanowczością jak na Bałkanach.

Począwszy od lat dziewięćdziesiątych XIX wieku, gruzińscy socjaldemokraci uparcie próbowali walczyć z podziałami etnicznymi. W 1917 roku ci gruzińscy „mienszewicy" przejęli władzę w Tbilisi, rozbroili wojsko i współpracowali z Ormianami i Azerami w skazanych na klęskę zmaganiach z Leninem i jego ludowym komisarzem ds. narodowości, Stalinem. W 1801 roku Gruzja pogodziła się z rosyjską zwierzchnością, ponieważ Rosja była oknem na Europę i ochroną przeciwko Turcji i Persji. Gdyby car i mienszewicy utrzymali się przy władzy, dzisiejszy Kaukaz mógłby być ostoją cywilizacji.

W XIX wieku nikomu w Gruzji nie przyszłoby nawet do głowy, że w następnym stuleciu Turcy i Irańczycy, mimo swego fundamentalizmu, okażą się mniejszym zagrożeniem niż zeuropeizowana Rosja!

Inny wniosek z tej tragicznej opowieści jest taki, że choć historia, kultura i geografia są jedynymi sensownymi przewodnikami po przyszłości, to jednak nie przesądzają o jej ostatecznym kształcie, a to za sprawą wybitnych jednostek. Tureckie wpływy byłyby dla Gruzji lepsze niż rosyjskie, ponieważ Atatürk przekształcił zacofaną Turcję w nowoczesne państwo, natomiast Lenin i Stalin ze zanarchizowanej Rosji uczynili państwo zacofane.

*

Kiedy z Eką, moją tłumaczką, spacerowaliśmy w Batumi po parku nad Morzem Czarnym, niespodziewana burza zmusiła nas do schronienia się w kafejce z pobielonymi ścianami, starą rzężącą lodówką, głośną elektroniczną muzyką i grupką mężczyzn w obcisłych czarnych dżinsach, którzy palili papierosy i rozmawiali przez telefony komórkowe. Usiedliśmy jak najdalej od głośników i dla zabicia czasu zapytałem Ekę o pierwszego demokratycznie wybranego prezydenta postsowieckiej Gruzji – Zwiada Gamsachurdię.

„Cały fenomen Gamsachurdii miał charakter psychoseksualny – rozpoczęła opowieść Eka. – Zwiad był jak gwiazda rocka. Można prawie zobaczyć psychiczne blizny na twarzach jego zwolenniczek. Widać po nich, że są fizycznie wyniszczone, jakby były jego konkubinami. Większość jest samotna lub nieszczęśliwa w małżeństwie.

Są święcie przekonane, że Zwiad powróci zza grobu na białym koniu. Wcale nie żartuję".

Przypomniała mi się historia wodza rumuńskich faszystów, Corneliu Zelei Codreanu, którego powrotu na wspaniałym koniu oczekiwano nawet po śmierci w 1938 roku[1].

To była największa zagadka gruzińskiej polityki czasów upadku Związku Sowieckiego i lat następnych: jak to się stało, że główny antykomunistyczny opozycjonista w tej części świata, „Havel Kaukazu", jak czasem nazywano Gamsachurdię, wepchnął Gruzję w mrożący krew w żyłach chaos, a były pierwszy sekretarz partii komunistycznej w sowieckiej Gruzji i jej minister spraw wewnętrznych (a także były minister spraw zagranicznych całego Związku Sowieckiego), Eduard Szewardnadze, wyciągnął kraj z tego chaosu i doprowadził do jako tako stabilnej partyjnej demokracji. Jeśli w Gruzji opozycyjny idealista zrujnował kraj, a były generał milicji dźwignął go z tych ruin, to nie dlatego że opozycjoniści są źli, a milicjanci dobrzy, ani dlatego że idealizm jest gorszy od realizmu, lecz z powodu szczególnej sytuacji Gruzji i osobowości tych dwóch przywódców. Historia Zwiada Gamsachurdii jest najlepszym dowodem, że Szekspir lepiej objaśnia politykę niż akademiccy politolodzy. A oto, co się wydarzyło według Eki i innych osób, z którymi rozmawiałem w Batumi i Tbilisi.

Zwiad Gamsachurdia był synem wybitnego dwudziestowiecznego pisarza gruzińskiego Konstantyna

1 Zob. moje *Bałkańskie upiory. Podróż przez historię.*

Gamsachurdii. W latach siedemdziesiątych młody Zwiad, wykładowca literatury amerykańskiej na uniwersytecie w Tbilisi, został członkiem gruzińskiej Grupy Helsińskiej dokumentującej łamanie praw człowieka przez Związek Sowiecki, za co trafił do więzienia. Jego działalność opozycyjna wynikała jednak nie z moralnego sprzeciwu wobec komunizmu, lecz ze skrajnego nacjonalizmu. Ów nacjonalizm karmił się narodową literaturą i doświadczeniem życia na wsi w rodzinnej Megrelii w zachodniej Gruzji. Miał też osobiste powody. Przytłoczony osobowością sławnego ojca, stał się bohaterem narodowym, który nie wierzy we własne siły. Ta jego bezradność połączona z urodą i romantyzmem uczyniła go bożyszczem kobiet. To doprowadzało do szału jego żonę Mananę – opisywaną jako kobieta „z dołów społecznych, nieznośna i brzydka" – która zdominowała Zwiada w takim samym stopniu, jak jego ojciec. Historia zna niewielu przywódców równie łatwo ulegających manii wielkości, a zarazem tak podatnych na manipulację.

„Mesjanizm", „megalomania", „nieomylność" – te określenia najlepiej charakteryzują osobowość Gamsachurdii[1]. „Gamsachurdia nigdy nie patrzył rozmówcy w oczy – powiedział były doradca prezydenta, profesor Lewan Aleksidze, z którym spotkałem się później w Tbilisi. – Dobrze się czuł tylko w tłumie". Aleksidze dodał, że żona Gamsachurdii „miała w sobie coś z diabła. Kiedyś zjawiłem się w gabinecie prezydenta o drugiej w nocy, żeby przekonać

1 Zob. Elisabeth Fuller, *Geopolitics and the Gamsakhurdia Factor*, referat wygłoszony na konferencji naukowej w Phoenix w listopadzie 1992 roku. Zob. też Suny, *The Making of the Georgian Nation*.

go do zakończenia wojny domowej, która wybuchła na skutek licznych politycznych aresztowań. Gamsachurdia przyznał mi rację. Ale wychodząc z gabinetu, wpadłem na schodach na żonę prezydenta. Powiedziała, że nie po to wyniosła męża i dzieci do władzy, żeby taki gnojek jak ja wszystko zmarnował. Nazajutrz usłyszałem w radiu, że nie będzie żadnych negocjacji z opozycją, a prezydent ogłosił stan wyjątkowy".

Gamsachurdia doszedł do władzy, gdy Związek Sowiecki zaczął się rozpadać, co wbrew powszechnej opinii na Zachodzie nastąpiło jeszcze przed zburzeniem muru berlińskiego, a nie w jego rezultacie. To najpierw na Kaukazie, a nie w Europie Wschodniej, antysowieckie protesty wymknęły się spod kontroli. Jednak protesty, które wstrząsnęły Europą Wschodnią w 1989 roku, odbywały się pod hasłem demokratycznych swobód, a na Kaukazie miały charakter czysto nacjonalistyczny. W 1988 roku Ormianie zignorowali apele władz sowieckich i wylegli na ulice, domagając się zwrotu Górskiego Karabachu, wcielonego w latach dwudziestych do Azerbejdżanu, co z kolei wywołało zamieszki w miastach azerskich, Baku i Sumgaicie. Rok później Gruzini zorganizowali demonstrację przeciwko abchaskiemu separatyzmowi w północno-zachodniej Gruzji. Masakra gruzińskich manifestantów dokonana przez oddziały sowieckie w Tbilisi 9 kwietnia 1989 roku doprowadziła do przejęcia władzy w terenie przez nacjonalistów Gamsachurdii. W 1990 roku Gamsachurdia pokonał komunistów w wyborach parlamentarnych, a rok później został prezydentem. Z nieodłącznymi ochroniarzami z psami, uwięziwszy dawnych nacjonalistycznych sojuszników, a jednocześnie rozniecając kolejne ogniska etnicznej nienawiści i coraz bardziej uzależniając się od mafijnych bossów i swojej żony, stał się kimś w rodzaju Lady Makbet[1]. Pod koniec 1991 roku, kilka miesięcy po wyborach prezydenckich, Gruzja pogrążyła się w wojnie domowej, która obróciła w perzynę główne miasta, zniszczyła najważniejsze szlaki komunikacyjne i zrujnowała i tak słabo rozwiniętą gospodarkę.

W styczniu 1992 roku wojsko obaliło Gamsachurdię, który zbiegł do Czeczenii. W zachodniej Gruzji rozgorzały walki między oddziałami nowej junty a megrelskimi zwolennikami byłego prezydenta, zwanymi zwiadystami, które to określenie pokazuje, ile wspólnego miała wojna domowa z ideami, a ile z osobistymi i regionalnymi układami.

Lawrence Sheets, szef biura Reutersa, który gruzińską wojnę domową spędził w Tbilisi, opowiadał: „Każdego wieczora w śródmieściu bez żadnego powodu strzelano w powietrze z granatników. Droga między Batumi i Tbilisi była nieprzejezdna z powodu walk, które nie miały żadnego znaczenia militarnego czy politycznego. Przyczyną lokalnych powstań był po prostu nadmiar testosteronu". W rzeczywistości stawką w tej wojnie było tyleż przejęcie władzy politycznej, co wyznaczenie stref wpływów przez konkurencyjne mafie. „W społeczeństwie gruzińskim zawsze istniały nieformalne więzi i zasady" – powiada Ronald Grigor Suny w *The Making of the Gregorian Nation*;

1 Pierwszy Gamsachurdię do Makbeta porównał reporter BBC, Robert Parsons, w artykule *A Georgian Tragedy*, „Soviet Analyst", 23 October 1991.

to „społeczeństwo zdominowane przez narcystycznych mężczyzn”[1]. Anatol Lieven, były moskiewski korespondent londyńskiego „Timesa” i autor kilku książek o byłym Związku Sowieckim, napisał:

> Gruzini z silną kulturową tradycją indywidualizmu, z kultem męskości i broni, bardzo się różnią od spokojnych, zamkniętych w sobie i uległych mieszkańców miast wschodniej i południowej Ukrainy. Pojęcie charakteru narodowego – tak nielubiane przez współczesnych politologów – wydaje się jednak niezbędne do wyjaśnienia, dlaczego w niemal identycznych okolicznościach w Azerbejdżanie i Gruzji konflikty narodowościowe znacznie łatwiej przeradzają się w spektakl przemocy niż w Estonii czy na Ukrainie[2].

Jak się przekonałem w Rumunii i wszystkich innych krajach na szlaku mojej podróży, kwestia charakteru narodowego ponownie stała się niezwykle aktualna. Pogląd, że każda grupa narodowościowa – dajmy na to Szwedzi czy Irakijczycy – ma sobie właściwe, charakterystyczne cechy, wydaje się oczywisty. Mimo to niektórzy intelektualiści mają z tym kłopot: założenie, że narody mają jakiś wrodzony charakter, może prowadzić do stereotypizacji i w rezultacie do dehumanizacji jednostek. Co więcej, może skłaniać do pesymizmu, bo skoro cechy społeczeństwa są wrodzone, to optymistyczne przekonanie, że zmieni je parlamentarna demokracja i wolnorynkowy

1 Zob. Suny, *The Making of the Georgian Nation.*

2 Anatol Lieven, *Qu'est-ce qu'une nation? Scholarly Debate and the Realities of Eastern Europe*, „The National Interest”, Fall 1997.

kapitalizm, jest słabo uzasadnione. Z drugiej strony, trudno podważyć jakiś pogląd jedynie dlatego, że jest moralnie ryzykowny lub pesymistyczny, zwłaszcza jeśli wyjaśnia zjawiska, których w żaden inny sposób nie da się wyjaśnić.

„Gruzini kiedyś z pasją walczyli z Sowietami, a teraz z równą pasją walczą pomiędzy sobą – stwierdził profesor Aleksidze. – Gamsachurdia jak nikt inny wyplenił z Gruzji ducha sowieckiego, ale wojna domowa była nieunikniona, zważywszy na to, jakim narodem jesteśmy. Prawdziwą przyczyną tej wojny jest nasza średniowieczność: nasi rycerze okrągłego stołu po prostu się posprzeczali i stanęli do pojedynku". Ci rycerze to Gamsachurdia, jego minister obrony Tengiz Kitowani („pospolity bandzior") i Dżaba Joseliani – dowódca organizacji paramilitarnej Mchedrioni, skazany za napad na bank wyrafinowany intelektualista, który zapowiedział, że „rozwali łeb" każdemu, kto mu się sprzeciwi. Kitowani i Joseliani należeli do junty wojskowej, która obaliła Gamsachurdię.

Na wygnaniu w Czeczenii Gamsachurdia nadal utrzymywał łączność ze zwiadystami w zachodniej Gruzji. Znalazł się też pod silnym wpływem czeczeńskiego przywódcy Dżochara Dudajewa, kolejnego szalonego watażki, który w 1994 roku pchnął Czeczenię do wojny z Rosją, zakończonej po dwóch latach bilansem czterdziestu tysięcy zabitych (zginął w niej również sam Dudajew). Krok po kroku coraz bardziej zdesperowany Gamsachurdia, fanatyczny nacjonalista z lat siedemdziesiątych i osiemdziesiątych, nawiązywał coraz ściślejszą współpracę z historycznymi rywalami Gruzji: muzułmańską Czeczenią, Adżarią Asłana Abaszydzego, a nawet Abchazją, gdzie wspierane przez Rosję powstanie zaowocowało dziesięcioma tysiącami zabitych i wypędzeniem z Abchazji dwustu tysięcy Gruzinów. Ponieważ wojska Gamsachurdii zablokowały główną drogę prowadzącą z Abchazji do Gruzji właściwej, połowa uchodźców – gruzińskich ziomków Gamsachurdii – musiała przeprawić się drogą okrężną przez góry, gdzie wielu zmarło z zimna i głodu. Zdarzyło się to w 1993 roku, kiedy świat był zajęty Bośnią. Jednak powstanie w Abchazji nie było jedyną separatystyczną rebelią, która doprowadziła do czystek etnicznych w Gruzji. Mniej więcej w tym samym czasie południowi Osetyjczycy wypędzili tysiące etnicznych Gruzinów.

Tymczasem Kitowani i Joseliani, chcąc uwiarygodnić w oczach świata swój hydrogłowy, mafijny reżim, poprosili Eduarda Szewardnadzego, żeby wrócił z Moskwy do Gruzji. Szewardnadze się zgodził, ale to nie oni wykorzystali jego, lecz on ich. Były minister spraw wewnętrznych sowieckiej Gruzji tak długo podjudzał Kitowaniego przeciwko Joselianiemu, a obu przeciwko ich współpracownikom, aż wszyscy znaleźli się w więzieniu. Następnie wprowadził do rządu reformatorów, trzymając jednak w odwodzie dostateczną liczbę gangsterów, by nie dopuścić do zjednoczenia się opozycji. Metodą prób i błędów, uchodząc z życiem z kolejnych zamachów, skupił w swoich rękach całą władzę.

U schyłku 1993 roku oddziały Szewardnadzego otoczyły ostatni bastion zwiadystów w miasteczku Zugdidi w zachodniej Gruzji, gdzie po powrocie z Czeczenii ukrywał się Gamsachurdia. Tam pod koniec grudnia pięćdziesięcioośmioletni Gamsachurdia zmarł. Czy popełnił samobójstwo, czy został zamordowany – okoliczności jego śmierci pozostaną tajemnicą. Dwa miesiące po jego pogrzebie w Zugdidi żona ekshumowała zwłoki i pochowała je ponownie w Czeczenii. Krążyły pogłoski, że przed śmiercią Gamsachurdia właściwie już nie wiedział, kim jest, i przyjął wiarę swych muzułmańskich sojuszników.

„Nasze społeczeństwo jest zdemoralizowane – ciągnął profesor Aleksidze – a mafia potężna. Zachód wyznaje kult prawa, my – kult siły. W końcu lat osiemdziesiątych wydostaliśmy się mroków komunizmu. Nasze społeczeństwo, nasza gospodarka znajdowały się na niższym poziomie rozwoju niż w Europie Wschodniej. Nasi opozycjoniści nie byli światłymi ludźmi". Wedle tych kryteriów oświeconymi dysydentami byli Havel, Sacharow, Wałęsa i Đilas, a nie nacjonaliści w rodzaju Gamsachurdii, czy nawet Sołżenicyna.

Deszcz właśnie przestał padać w Batumi, kiedy Eka zakończyła swą opowieść, skondensowaną wersję historii, których wysłucham w czasie podróży po Gruzji. Jak inni, Eka stwierdziła, że zaakceptuje prawie każdy reżim, byle uniknąć powrotu anarchii. Miała osobiste powody. W 1993 roku samochód, który wiózł ją do szpitala w Tbilisi, gdzie miała urodzić syna, musiał omijać blokady drogowe i świeże leje po pociskach moździerzy.

*

Jadąc taksówką wybrzeżem Morza Czarnego na północ, z Batumi do Supsy (terminalu nowego ropociągu), nagle ujrzałem za oknem mistyczny krajobraz. Zostawiwszy w tyle odrażające betonowe szare blokowiska i obskurne czarne wagony towarowe, wjechaliśmy między łagodne, gęsto zalesione wzgórza, z sadami i plantacjami herbacianymi na tarasowatych czerwonych polach, ogrodzonych cedrami i cyprysami. Widok tchnął spokojem, który przypominał mi Afrykę, w poprzek dziurawej drogi wędrowało bydło, wszędzie pałętały się grupki młodych chłopców. Dwie blokady drogowe wyznaczały koniec Adżarii Abaszydzego i początek Gruzji właściwej. Taksówka zatrzymała się przy mężczyznach w obcisłych czarnych dżinsach, o nieogolonych twarzach i spojrzeniach ostrych jak nóż sprężynowy. Niektórzy mieli tatuaże. Jeden był pijany. Lufa jego AK-47 opierała się o duży palec u nogi, karabin był odbezpieczony. Żadne odznaki nie odróżniały straży granicznej od zwykłych bandytów. Uiściliśmy niewielki haracz i ruszyliśmy w dalszą podróż.

Terminal naftowy nie robił specjalnego wrażenia – cztery okrągłe zbiorniki pośrodku szczerego pola i kłębowiska rur wychodzących spod ziemi, klimatyzowane biura, ogrodzenie. Mały kawałek Zachodu w środku Gruzji. Chociaż Scott Bates, sympatyczny technik z Los Angeles, zapewnił mnie, że gdy stężenie ropy naftowej w wodach gruntowych przekracza jedną setną promila, to włącza się alarm, w promieniu wielu kilometrów gleba była skażona. Garstka cudzoziemców obsługująca terminal miała na miejscu własny agregat prądotwórczy, oczyszczalnię wody i kwatery mieszkalne. Bates pokazał mi zieloną rurę o półmetrowej średnicy, która biegła pod ziemią z Baku w Azerbejdżanie, położonego około ośmiuset kilometrów dalej na wschód, na wybrzeżu Morza Kaspijskiego. Tą właśnie rurą sto pięć tysięcy baryłek ropy dziennie płynęło z kaspijskich pól naftowych do pobliskiego portu załadunkowego w Supsie, skąd pierwszy tankowiec do Stanów Zjednoczonych wyruszył 16 maja 1999 roku, dzień przed moim przyjazdem. Bates zaprowadził mnie do małej skomputeryzowanej dyspozytorni. „Jednocześnie terminal jest obsługiwany przez trzy do pięciu osób – powiedział. – Wszystkim steruje się z tego pulpitu".

Komputer i sterowana przezeń rura o półmetrowej średnicy symbolizują to wszystko, o co w przyszłości Zachód być może stoczy najprawdziwszą wojnę. Pamiętam, jak w latach osiemdziesiątych zwiedzałem lotnisko w Berberze w Somalii, którego strategiczna lokalizacja pozwoliła Stanom Zjednoczonym stoczyć – *per procura* – kilka wojen ze Związkiem Sowieckim w Rogu Afryki. Był to pojedynczy pas startowy z małym barakiem, który mieścił łóżka polowe i kilku amerykańskich techników, spędzających czas na czytaniu starych numerów „Sports Illustrated". To było wszystko. Oczywiście, na tym właśnie polega strategia. Rurociąg Baku–Supsa był skuteczną metodą eksportowania środkowoazjatyckiej ropy na Zachód przez Gruzję i Azerbejdżan z pominięciem Rosji. Stąd też pierwszy raz w historii cały region zyskał bezpośredni dostęp do rynków zachodnich przez Morze Czarne i Bosfor. Chociaż sto pięć tysięcy baryłek dziennie to niedużo, odcinek Baku–Supsa był dopiero początkiem kaspijskiej sieci rurociągów, którą w 2010 roku miało płynąć już milion baryłek dziennie. Trasa mojej podróży z Gruzji do Azerbejdżanu i przez Morze Kaspijskie do Azji Środkowej biegła dokładnie wzdłuż tego nowego, naftowego „jedwabnego szlaku".

Ostatniego ranka w Batumi nastawiłem radio na BBC World Service News. Wydarzeniem dnia było objęcie stanowiska premiera Izraela przez Ehuda Baraka. Nowy szef rządu obiecał, że będzie zabiegał o zawarcie historycznego układu pokojowego z Syrią, który zdaniem ekspertów mógł z czasem doprowadzić także do ocieplenia stosunków amerykańsko-irańskich. To zaniepokoiło Gruzinów, którzy obawiali się, że zachodnie firmy zaczną wtedy transportować kaspijską ropę przez Iran zamiast przez Gruzję. Bliski Wschód, jak nigdy wcześniej w dziejach, oplatała coraz gęstsza sieć wzajemnych powiązań i to, co w jednym miejscu było dobrą wiadomością, niekoniecznie było nią gdzie indziej.

*

Podróż przez Gruzję na wschód, z Batumi do Tbilisi, trwała blisko siedem godzin, w zatłoczonym minibusie, który szczelnie wypełniały dym papierosowy i głośny zachodni rap. Padało i mieliśmy zabłocone buty. Kiedy wyjeżdżaliśmy z Adżarii, zatrzymał nas patrol obdartych milicjantów w workowatych spodniach, w których brakowało suwaków. Kierowca przez chwilę o coś się z nimi kłócił. Nagle pomocnik kierowcy stracił cierpliwość. Wysiadł z samochodu, podszedł z godnością do budki strażniczej i cisnął plik gruzińskich banknotów w ręce jednego z milicjantów. Ruszyliśmy dalej. Gruzińska milicja była jednocześnie mafią i prywatną kasą zapomogową. Nikt nie skarżył się na wymuszanie łapówek, bo powszechnie uważano, że obecność nawet takiej milicji zapobiega wybuchowi nowej wojny domowej.

Po szosie wałęsały się świnie, muły, kury, krowy i dzieci sprzedające gumę do żucia kierowcom zdezelowanych, kopcących samochodów. Z okna minibusu przyglądałem się wiosce, uliczkom pełnym kobiet ubranych na czarno lub w proste wzorzyste sukienki, wracających z zakupami do mieszkań na szarym blokowisku. Mężczyźni w starych dresach stali bezczynnie, paląc papierosy. Popękane mury, połamane płoty, opuszczone fabryki świadczyły o gospodarczej zapaści. Wszystkie drogi miały dziury, a większość budowli zbudowana była z nietynkowanego betonu i przerdzewiałego żelaza. Co jakiś czas zatrzymywała nas milicja, oskarżając kierowcę o jakieś wykroczenie i kasując łapówkę.

Kierowca robił, co mógł, żeby uprzyjemnić nam podróż. Rozdawał cukierki i puścił film z Drew Barrymore, który oglądaliśmy na monitorze umieszczonym przy jego fotelu. Przemierzaliśmy bujne pola, głębokie wąwozy, lesiste doliny, wzburzone morza gór na poły skryte we mgle, szerokie rzeki rzeźbiące koryta w żwirze i czerwonej glebie. Gęsta, zroszona deszczem trawa wyglądała jak aksamit. Jakież wrażenie musiała wywrzeć ta żyzna kraina na pierwszych rosyjskich podróżnikach, którzy przebywszy monotonne ukraińskie stepy, zapuścili się dalej na południe! Nic dziwnego, że Rosja z takim uporem próbuje odzyskać Kaukaz. Na skalnych turniach niczym twierdze stały średniowieczne kościoły. Pasterki w zwiewnych sukniach wyglądały mniej prymitywnie niż chruszczowowskie blokowiska.

Na wschód od Gori – miasta, w którym urodził się Stalin i o którym jeszcze opowiem – jakość nawierzchni wyraźnie się poprawiła: zbliżaliśmy się do Tbilisi. Za oknem pojawiły się bmw i inne luksusowe marki, nowoczesne stacje benzynowe, kawiarnie z czerwono-białymi parasolami z logo Coca-Coli. Powoli zanurzaliśmy się w enklawę Zachodu.

Wysiadłem z minibusu na ruchliwym parkingu na obrzeżach miasta, skąd taksówką pojechałem do domu korespondenta Reutersa, Lawrence'a Sheetsa. Na pierwszy rzut oka Tbilisi wyglądało jak miasta na Bałkanach, w których malownicza historyczność mieszała się ze wzruszającą sielskością. Brzozy i kasztanowce ocieniały park, gdzie przed stuleciem Kozacy zmasakrowali strajkujących gruzińskich robotników, położony nieopodal prawosławnego seminarium, w którym wówczas uczył się młody Stalin. Minąwszy park, taksówka zaczęła wspinać się wąskimi brukowanymi uliczkami, a nad częścią z nich zwieszały się trakcje tramwajowe. Jak na komunistycznych Bałkanach, świeciły się tylko nieliczne latarnie.

Przy kolacji złożonej z ciężkostrawnego jedzenia i wina o intensywnym smaku, w małej restauracji w piwnicy, równie kameralnej, jak przylegające uliczki, Sheets, który był naocznym świadkiem wszystkich wojen kaukaskich w latach dziewięćdziesiątych, opowiedział mi, że poprzedniej zimy prąd bywał tylko przez cztery godziny na dobę i żeby nie zamarznąć, trzeba było stale palić w kominku. Później się dowiedziałem, że przerwy w dostawie elektryczności były skutkiem powszechnej korupcji i brudnej polityki. Miejscowi dystrybutorzy sprzedawali gruzińską energię elektryczną za twardą walutę do Turcji. I jakby tego było mało, celowo odcinali prąd w porozumieniu z dostawcami nafty, którzy byli gotowi płacić słone łapówki, żeby zwiększyć popyt na swój towar i zablokować import energii elektrycznej z sąsiedniej Armenii. Tak więc, mimo pomocy zagranicznej w wysokości stu milionów dolarów, tej spokojnej zimy 1998 / 1999 prądu było jeszcze mniej niż zimą 1994 / 1995, gdy dogasała wojna domowa. W gruzińskiej gospodarce barterowej firmy, które naprawiały sieć elektryczną, w zamian nabywały prawo do sprzedaży energii dowolnie wybranym przez siebie odbiorcom, na przykład Turcji. Tutaj korupcja była kwestią nie tyle moralności, ile przetrwania narodu żyjącego w nędzy i od stuleci poddanego obcej dominacji.

Nazajutrz w domu Sheetsa obudziły mnie arie z konserwatorium po drugiej stronie ulicy. Schodząc do śródmieścia główną aleją miasta, Prospektem Rustawelego (nazwanego tak ku czci dwunastowiecznego gruzińskiego poety), mijałem stragany z kwiatami i ciemnowłose kobiety w czarnych sukniach. Na horyzoncie rysowały się zielone wzgórza – ponieważ całe Tbilisi jest niewiele większe od średniowiecznej starówki, wieś jest zawsze tuż za rogiem. Prospekt Rustawelego jest perełką dziewiętnastowiecznej architektury, kojarzącą się z Budapesztem, Lublaną i Pragą. Znajdują się tam neomauretańskie opera i ratusz, renesansowe gimnazjum z jasną, pastelową fasadą, neobarokowy teatr, budynek z kariatydami w stylu empirowym i kolejny, bajecznie różowy, w stylu neoklasycystycznym. Pomniki dwóch dziewiętnastowiecznych poetów, Ilii Czawczawadzego i Akaki Ceretelego, stoją w pobliżu dwóch symboli byłego rosyjskiego panowania: dziewiętnastowiecznego pałacu namiestnikowskiego w stylu empire – symbolu burżuazyjnej mentalności, która patronowała kształtowaniu się nowoczesnych europejskich instytucji – i sąsiadującego z nim, pospolitego burego gmachu dwudziestowiecznego sowieckiego parlamentu.

Na końcu Prospektu Rustawelego skręciłem w stronę rzeki Kury, płynącej na wschód z tureckich gór, i znalazłem się w najstarszej części miasta. Tbilisi (nazwa wywodzi się od gruzińskiego słowa *tbili*, „ciepły", i miejscowych gorących źródeł siarkowych) zostało założone w 458 roku przez gruzińskiego króla Wachtanga Gorgasalego. Marco Polo, przebywając w tych stronach, stwierdził, że to „piękne miasto"[1]. Łupili je i burzyli Bizantyjczycy, Arabowie, Persowie, Mongołowie, Seldżucy, Osmanowie i plemiona północnokaukaskie. Za każdym razem Tbilisi dźwigało się z ruin. Chociaż śródmieście wokół Prospektu Rustawelego wygląda europejsko, w minionych epokach Tbilisi miało charakter czysto orientalny. Architektura starówki snuje egzotyczną opowieść: perski karawanseraj zwieńczony rosyjskimi kopułami; tureckie łaźnie; szyicki meczet zdobiony płytkami fajansowymi,

1 Zob. Marco Polo, *Opisanie świata*, przeł. A.L. Czerny, wstęp i przypisy M. Lewicki, Warszawa 1993.

jakby przeniesiony w całości z Isfahanu; żółto-biała rezydencja w stylu art nouveau, dawna siedziba rosyjskiego patriarchatu koło cichego parku lipowego; górująca nad resztą miasta perska twierdza, którą król Wachtang zajął w połowie V wieku. Nad rzeką stoi musztardowa katedra Sioni, do której wszedłem w porze południowej mszy.

Cerkiew katedralna, nazwana tak od wzgórza Syjon w Jerozolimie, została ufundowana przez pewnego gruzińskiego księcia pod koniec VI lub na początku VII wieku, ale później była często plądrowana i niszczona, między innymi przez Tamerlana. Wewnątrz na kamiennych ścianach poprzecinanych smugami światła freski były już tak spłowiałe, że ledwo widoczne. Świątynia była pełna wiernych śpiewających eteryczne psalmy, muzyczny odpowiednik kadzidła. Kobiety okrywały głowy burymi szalami i miały twarze orientalnych piękności. Herodot twierdzi, że cywilizacja rozkwitała wszędzie, gdzie sięgały wpływy klasycznej Grecji, a zmysłowy blask prawosławia wypływał właśnie z tego źródła, a nie z chrześcijaństwa św. Pawła. Tutejsza liturgia było oknem na pogańską starożytność.

W tym miejscu ożywała pamięć nie tylko o starożytnej Grecji. Po nawróceniu rodziny królewskiej przez św. Nino chrześcijaństwo w Gruzji szerzyli asyryjscy mnisi, a gruzińskie cerkwie prezentowały eklektyczną mieszankę różnych stylów: asyryjskiego, hetyckiego, perskiego, scytyjskiego, greckiego... W jedenastowiecznej katedrze Sweti Cchoweli (Życiodajnej Kolumny) w Mcchecie położonej na północ od Tbilisi, pośród kobierców i płonących kandelabrów znajdowały się ikony i freski zagniewanego Chrystusa, znane mi już ze świątyń serbskich i etiopskich. To było prawosławie – magiczne, nie racjonalistyczne.

W monastyrze Samtawro, kilka kilometrów od Sweti Cchoweli, mniszka pokazała mi miejsca, gdzie Rosjanie – jak muzułmańscy Turcy – zamalowali wapnem gruzińskie freski. Styl rosyjskiego prawosławia ma imperialny rozmach – białe ściany podkreślają bogactwo ikon, kadzielnic i srebrnych kandelabrów – natomiast cerkiew gruzińska z prymitywnymi, ascetycznymi freskami jest symbolem Kościoła walczącego, ludowego, którego głównym celem jest przetrwanie. Mniszki w Samtawro były okutane w czarne szaty jak kobiety w Iranie. Pokazały mi ikony króla Miriana i królowej Nany, monarszej pary, która w IV wieku przyjęła chrześcijaństwo i jest pochowana właśnie w tym monastyrze. Na ich obliczach malowało się nabożne skupienie. Pomyślałem o niebezpiecznej pewności siebie artysty i wyczułem pod nią niepewność starożytnego narodu otoczonego przez wrogów. Tutaj, jak w Rumunii, tubylcy przekonywali o swej europejskości, częstując przybyszów kawą po turecku. I jak w Rumunii zapewnienia te były tym bardziej wzruszające, że po części uzasadnione.

ROZDZIAŁ 22

Skamieliny narodów

Intelektualiści, których poznałem w Tbilisi, malowali przyszłość Gruzji w czarnych barwach. Mieli po temu niemało powodów. Jednak erudycyjność ich monologów i powrót do normalnego życia po wojnie domowej, które obserwowałem na ulicach, sprawiały, że przynajmniej od czasu do czasu gruzińska stolica nabierała cech istnej oazy europejskości.

Na jednej z wąskich brukowanych uliczek Tbilisi wszedłem do walącej się kamienicy ze ścianami obłażącymi z farby, zaprawą wykruszającą się spomiędzy cegieł i obskurną klatką schodową. Otworzył mi Zaal Kikodze, archeolog specjalizujący się w epoce kamienia. Wzdłuż wszystkich ścian stały ciasno upchane półki ze starymi książkami. Kikodze miał krótką, szpakowatą brodę i ciemną, flanelową koszulę. Zapytałem go, co historia Gruzji mówi o jej przyszłości. „Takie kwestie najlepiej omawia się przy serze i winie" – odparł.

Zjedliśmy i wypiliśmy. Potem zaczął z przejęciem tłumaczyć.

„My, Ormianie, Rumuni i pozostałe narody chcemy kąpać się w czystej rzece. Ale wody, w których chcemy się zanurzyć, spłynęły już do oceanu. Nie będziemy już czystym narodem, jak Francuzi czy Niemcy. Na tym poziomie rozwoju techniki, który osiągnęliśmy, narody mają sens tylko jako część większej całości. A to, co istnieje w tej części świata, to skamieliny narodów, martwe społeczeństwa, które muszą dopiero odżyć. Jest w naszym parlamencie grupa młodych reformatorów, wykształconych na Zachodzie. Ale Gruzini wolą bohaterów. Ci reformatorzy nigdy nikogo nie zabili, nie wypijają co wieczór dwóch litrów wina, nie umieją się bić, nie mają wąsów ani kindżałów, więc nie mogą być bohaterami!

I nigdy nie będziemy mogli polegać na Stanach Zjednoczonych i NATO. Jesteśmy zbyt daleko Europy, a zbyt blisko Rosji. Pakt Północnoatlantycki nie będzie tygodniami urządzać nalotów, żeby chronić Gruzinów przed czystkami etnicznymi w Abchazji, jak to robił, chroniąc Albańczyków z Kosowa". Kikodze stwierdził, że wielu pracowników amerykańskich i europejskich organizacji pozarządowych, niosących pomoc Gruzji, podchodzi do tej kwestii jak wcześni marksiści. „Nie zdają sobie sprawy, że ich wizja naprawy społeczeństwa to czysta abstrakcja, pomijająca kulturę i historię. A kiedy znajdą się pod wpływem jakiejś kultury, jakiejkolwiek, to ta wizja zmienia się i traci zastosowanie".

Kikodze krytykował Związek Sowiecki, ale bronił Rosji. „W XIX wieku Rosjanie rozbudowali Tbilisi jako stolicę Zakaukazia. Na ulicy, na której mieszkam od 1958 roku, mieszkali Kurdowie, Ormianie, Żydzi, Rosjanie i inne narodowości. To był nasz złoty wiek. Nie wiedzieliśmy, że istnieje coś takiego jak nacjonalizm. A potem to zniszczono. Żydzi wyjechali do Izraela, Ormianie do Armenii, Rosjanie do Rosji i tak dalej. Język rosyjski wychodzi z użycia, to prawdziwa katastrofa. Angielskim posługuje się tylko nieliczna elita, więc bez znajomości rosyjskiego przeciętny Gruzin straci kontakt ze światem zewnętrznym. Wszystkie nasze podręczniki, encyklopedie sztuki, literatury, historii i nauki są po rosyjsku. Młodzi Gruzini nie potrafią się już komunikować z Ormianami czy Osetyjczykami. Mamy do czynienia z nowym analfabetyzmem, który sprzyja etnicznemu separatyzmowi".

Amerykanie – pomyślałem – cieszą się z rozpadu Związku Sowieckiego. Jednak na całym Kaukazie mogłem się naocznie przekonać, że ten rozpad, choć korzystny w dalszej perspektywie, tymczasem zepchnął miliony ludzi w nędzę. Chociaż komunizm był fatalnym ustrojem, to jednak zapewniał pensje, bezpłatne szkolnictwo, pokój społeczny i fizyczne bezpieczeństwo wielu ludziom, którzy często nie pamiętali niczego lepszego. Rozkład tego ustroju zrodził chaos lub pustkę, w których życie, jak dotąd, zmieniło się na gorsze.

*

„Gruzini to bardzo starożytny naród, ale nie mamy tożsamości jako nowożytne państwo. Jesteśmy quasi-państwem" – powiedział Aleksander Rondeli, szef instytutu badawczego, powiązanego z gruzińskim Ministerstwem Spraw Zagranicznych. Rondeli, nestor gruzińskich intelektualistów, miał pięćdziesiąt siedem lat, ale wyglądał na więcej. Z potężną posturą, tubalnym głosem, siwymi włosami i grubymi czarnymi brwiami – wyglądał jak kapłan wyroczni Historii, mądry i sarkastyczny, wyjawiający jej najgłębsze tajniki.

„Narody zwykle dostają to, na co zasłużyły – powiedział z lekkim uśmiechem – więc żeby przewidzieć, kto będzie rządził Gruzją w przyszłości, wystarczy przyjrzeć się naszemu narodowemu charakterowi. Uważamy się za chrześcijan, a jesteśmy przesądnymi ateistami. Wiemy, jak przetrwać, ale nie wiemy, co to rozwój. Nasz Kościół jest pogański, upolityczniony, odgrywa ważną rolę w narodowym oporze, dlatego wciąż jest zwrócony ku przeszłości, a nie przyszłości". To samo o swoich Cerkwiach mówili Rumuni i Bułgarzy.

„Proszę pamiętać – ciągnął Rondeli – że jesteśmy politycznie, kulturalnie i gospodarczo okaleczeni przez siedemdziesiąt dwa lata sowieckiej okupacji; to trzy pokolenia Gruzinów. Zachód skupia się na zbrodniach Hitlera, a naziści rządzili tylko dwanaście lat".

Rondeli był kopalnią anegdot. Nie przestając rozmawiać, przenieśliśmy się do restauracji, gdzie podawano wino domowej roboty. Spędziliśmy tam kilka godzin. „Rodzina mojej matki, wszystko inteligencja – opowiadał Rondeli – została wymordowana podczas czystek w 1937 roku. Widzi pan, w demokratycznym społeczeństwie Stalin nigdy by nie doszedł do władzy, skończyłby jako drobny przestępca. Kiedy w latach trzydziestych przyjechał z oficjalną wizytą do Tbilisi, witany na dworcu kolejowym niczym car, to okazało się, że od lat w ogóle nie utrzymywał kontaktów z matką. Wie pan, co powiedział na powitanie? Spytał: »Wciąż jesteś zdzirą?«. Znam ludzi, którzy tam byli i słyszeli to na własne uszy".

„Mój ojciec – mówił dalej Rondeli – miał przyjaciela, wybitnego aktora, Spartaka Bargaszwilego, którego Stalin zaprosił kiedyś na Kreml. Spartak biesiadował ze Stalinem do późnej nocy, pijąc wódkę i gawędząc po gruzińsku. Kiedy chciał się już żegnać, Stalin nie pozwalał. W końcu Spartak zebrał się do wyjścia. W drzwiach Stalin powiedział: »Przeprowadź się do mnie. Nie mam z kim rozmawiać«. Spartak mówił, że Stalin miał spojrzenie dziecka. Opowiem panu jeszcze jedną historię – w głosie i wyrazie twarzy Rondelego nie było teraz śladu ironii, raczej zwykły smutek. – Przyjaźnię się ze starym Gruzinem, który w latach trzydziestych jako młody chłopak mieszkał w kołchozie. Właśnie mianowano nowego dyrektora, o którym było wiadomo, że nie nadaje się na to stanowisko, ale oczywiście nikt nie pisnął słowa. Mój przyjaciel wstał więc w czasie zebrania i powiedział: »Przecież on nie zna się na tej robocie«. Przez salę przebiegł szmer, a siedzący obok starszy mężczyzna rzekł spokojnie: »Chodź ze mną, chłopcze«. Mój przyjaciel wyszedł z nim, a ten poprosił go o dowód osobisty. Z dowodu wynikało, że chłopak ma siedemnaście lat. Mężczyzna szybko wyjął ołówek i zmienił datę w dowodzie, bo zgodnie z prawem dopiero osiemnastolatka można było aresztować – słowo »prawo« Rondeli wymówił z sarkazmem. – Ten starszy gość był z NKWD. Mój przyjaciel spędził dziesięć lat w łagrze na środkowo-północnej Syberii – pstryknął palcami – ot, tak, po prostu. Dziesięć lat. Tak to wtedy wyglądało.

Cóż, mój przyjaciel był twardy i przetrwał. W łagrze co wieczór pchał wózek z ciałami tych, co nie przetrwali, do zbiorowej mogiły. Nie wszyscy byli martwi. Nikt się nie przejmował takim drobiazgiem, to nie miało znaczenia, bo zimno i głód i tak szybko by ich zabiły. Tak czy owak, pewnego wieczora, po pracy, mój przyjaciel leżał na pryczy, nucąc pod nosem jakąś gruzińską melodię. Nagle pośród wycia wiatru usłyszał, jak ktoś cicho woła po gruzińsku: »Pomocy! Pomocy!«. Mój przyjaciel zerwał się na równe nogi, bo od dawna nie słyszał ojczystego języka. Wybiegł z baraku. Jedno z ciał się poruszało. Był to Gruzin, który usłyszał znajomą melodię i zawołał o pomoc. Mój przyjaciel wydostał go z mogiły, jeszcze niecałkiem przysypanej, i w ten sposób uratował mu życie. Kiedy po latach obaj wyszli na wolność, spotkali się w Batumi, gdzie ten ocalony przedstawił mojego przyjaciela swej rodzinie. Wiele dni biesiadowali na jego cześć. Obaj umarli po kilku latach, w stosunkowo młodym wieku. Pobyt na Syberii odbił się na ich zdrowiu. A teraz proszę przemnożyć tę opowieść przez czternaście, dwadzieścia lub trzydzieści milionów i będzie pan miał pewne wyobrażenie o tym, czego dokonał Stalin" – zakończył Rondeli, unosząc grube brwi.

Jak wszyscy Gruzini, miał obsesję na punkcie Rosji. Używając prawie tych samych słów co archeolog Kikodze, powiedział: „Po Kosowie Zachód nie będzie interweniował na wschód od Karpat. Kosowo było drogo okupionym i trochę szczęśliwym zwycięstwem NATO, więc tutaj, na Kaukazie, wiemy, że jesteśmy i będziemy sami przeciwko Kremlowi". Akcja lotnictwa Paktu Północnoatlantyckiego przeciwko Serbom w Kosowie zbiegła się w czasie z moją podróżą po Kaukazie. Tubylcy reagowali na wiadomości z Bałkanów dwojako. Pokaz siły Zachodu robił na nich takie wrażenie, że nie zauważali nieudolnej dyplomacji Clintona ani fatalnego przygotowania operacji. Zarazem jednak mieli poczucie, że nie ma najmniejszych szans na powtórkę tych dziesięciu tygodni natowskich nalotów na Kaukazie, bez względu na to, jakich zbrodni dopuściliby się tutaj Rosjanie czy ktokolwiek inny.

Inny gruziński intelektualista stwierdził w rozmowie ze mną, że Rosjanie są „współczesnymi Scytami, wciąż nieukształtowanymi, niezakorzenionymi, którzy w XX wieku ponownie odkryli sztukę dewastowania i pustoszenia całych ziemskich połaci". Nienawiści do komunizmu, która często przeradzała się w nienawiść do Rosjan, zwykle towarzyszyła niechęć do Ormian, „tych lichwiarzy, którzy zrujnowali gruzińskie rodziny, a teraz jeszcze sprzymierzyli się z Rosją przeciwko Gruzji i Azerbejdżanowi".

„Ormianie zadzierają nosa i twierdzą, że z nikim nie walczą, choć pomaga im Rosja".

„Nie lubię Ormian, wolę Azerów".

„Jedyna ładna Ormianka to Cher".

Słuchając gruzińskich rozmów o Ormianach, poczułem dreszcze: ta litania zarzutów dawała jakieś pojęcie, czym musiał być antysemityzm Starego Świata.

*

W Tbilisi jednak odzyskałem nadzieję. W pierwszej połowie lat dziewięćdziesiątych gospodarka przeżyła głęboki kryzys, ale od 1996 roku odnotowywała znaczny wzrost[1].

1 Za: The United Nations Development Programme.

W ciągu roku podwoiła się liczba samochodów. Miasto, którego ulice jeszcze kilka lat wcześniej świeciły pustkami, teraz bywało zakorkowane. Pojawiły się galerie sztuki. Wokół parlamentu, w dzielnicy zburzonej w czasie wojny domowej, wyrastały nowe osiedla mieszkalne. Tbilisi z końca lat dziewięćdziesiątych przypominało Bejrut początku lat dziewięćdziesiątych, kiedy to wzrost cen nieruchomości stał się widomym znakiem uspokojenia nastrojów społecznych.

Intelektualiści obserwowali te zmiany ze sceptycyzmem, ponieważ wiedzieli, że w przeszłości Gruzja nieraz dźwigała się z ruin, by zostać ponownie obrócona w perzynę przez Turków, Persów czy Rosjan, jak w latach dwudziestych, gdy Zachód ją opuścił, a bolszewicy odbudowali rosyjskie imperium. Historia się powtarza, ale rzadko słowo w słowo.

Weźmy na przykład Micheila Saakaszwilego i to, co może zapowiadać.

Saakaszwili, trzydziestolatek, był przywódcą parlamentarnej większości i szefem Związku Obywatelskiego założonego przez prezydenta Szewardnadzego. Saakaszwili, absolwent wydziału prawa Uniwersytetu Columbia, należał do grupy wykształconych na Zachodzie reformatorów, o których archeolog Kikodze mówił, że nie są bohaterami, bo nikogo nie zabili i za mało piją. Spotkałem się z Saakaszwilim, wysokim, czarnowłosym mężczyzną w czarnym garniturze, w jego gabinecie w gmachu parlamentu. Była dziesiąta wieczorem, a on jeszcze pracował. W swoich opiniach nie był naiwny, jak się obawiałem, lecz przesadnie ostrożny. Miał rozbuchane ego – na ścianach wisiały pochwalne artykuły wycięte z gazet – ale był wyluzowany, cechy przydatne w walce o przetrwanie.

Saakaszwili nie uważał, że Gruzja jest skazana na klęskę, bo NATO nigdy nie zdecyduje się na interwencję. „Czasem trzeba naprawdę niewiele, by przetrwać – powiedział. – Nie potrzebujemy tysięcy oddziałów NATO ani tygodni nalotów – wystarczą małe, wyszkolone siły bezpieczeństwa, które ustrzegą naszego prezydenta przed zamachem, zapewnią szczelność naszym granicom i ochronią rurociągi. Jeśli Waszyngton się postara, w porę nas ostrzeże i wesprze technologicznie – damy radę". Saakaszwili mówił gładkimi zdaniami, jakby wypowiadał je nie pierwszy raz, ale brzmiało to rozsądnie.

„Poziomem bezrobocia i innymi danymi statystycznymi nie warto się przejmować, bo w Gruzji istnieje potężny czarny rynek, który pomaga nam przetrwać[1]. Gruzini zawsze byli skorumpowani i cyniczni, mafia ma tutaj długą tradycję, więc nie istnieje silna komunistyczna opozycja w parlamencie, jak w Rosji. To ułatwia rządzenie... Tak czy owak, przekształcenie państwa w luźną federację to warunek pokoju w Abchazji i Południowej Osetii".

Saakaszwili i gruziński parlament to dzieło jednego człowieka – Eduarda Szewardnadzego.

*

W czasie mojego pobytu w Tbilisi agencje informacyjne podały, że wykryto kolejny – dziewiętnasty – spisek na

1 Według danych ONZ, bezrobocie w Gruzji wzrosło z 15,7 procent w 1989 roku do 38,2 procent w 1995 roku; późniejsze dane są niedostępne.

życie Szewardnadzego. Nazajutrz prezydent zwołał konferencję prasową. Spokojnie powiadomił dziennikarzy, że ten ostatni spisek miał na celu nie tylko zamach na jego życie – był także próbą wojskowego puczu, który miał „odsunąć od władzy całe kierownictwo państwa", w tym rząd i parlament. Na dziewiętnaście wykrytych spisków, przynajmniej w dwóch przypadkach rzeczywiście doszło do zamachu: ataku z użyciem broni palnej i granatów oraz samochodu pułapki. Kiedy zaczęliśmy zadawać pytania, ktoś powtarzał je Szewardnadzemu do ucha: wybuch bomby uszkodził mu słuch.

„Przywódca nowego spisku przebywa za granicą, w Rosji" – oświadczył Szewardnadze. Nikogo to nie zaskoczyło. Postępująca stabilizacja sytuacji w Gruzji, stopniowa demokratyzacja, pomimo napięć i korupcji, wreszcie otwarcie strategicznego korytarza dla zachodnich kompanii naftowych – wszystko to sprawiało, że jedyną polityczną grą, którą Rosjanie mogli tutaj podjąć, była właśnie likwidacja Szewardnadzego, który przybliżał Gruzję do Zachodu. W oczach Rosjan takie państwo buforowe jak Gruzja, które mogło służyć za punkt obserwacyjny świata muzułmańskiego, było bezcenne. Żaden zachodni dyplomata, z którym rozmawiałem, nie miał wątpliwości, kto stał za zamachami.

Szewardnadze miał wówczas siedemdziesiąt jeden lat, był tęgim mężczyzną o siwych, kręconych włosach i niegdyś rumianej cerze. Teraz jednak był blady i wymizerowany: najwyraźniej rządzenie światem z fotela ministra spraw zagranicznych Związku Sowieckiego było mniej wyczerpujące niż rządzenie Gruzją. Miał tubalny, zachrypły głos, ale odpowiadał na nasze pytania – moje i dwudziestu miejscowych dziennikarzy – z taką cierpliwością, jakbyśmy gawędzili przy kominku. Inaczej niż w Moskwie, żaden z tutejszych reporterów nie miał krawata, a więcej niż kilku było w dżinsach i rozchełstanych koszulach. Nie byli też zbytnio uprzejmi. Jeden z nich zapytał prezydenta, dlaczego ma pretensje do Rosjan, skoro wiadomo, że CIA zleciło zamach na Castro. Były członek politbiura, przyzwyczajony do limuzyn z zaciągniętymi firankami, symbolizujących władzę w totalitarnym imperium, nie stracił panowania nad sobą. Z uśmiechem kontynuował wymianę zdań. Szewardnadze na swój sposób stał się demokratą. U jego boku siedział doradca medialny, lojalny karierowicz. Dla Szewardnadzego lojalni współpracownicy byli cenniejsi niż utalentowani. Prezydent miał prostą strategię, a jej celem było osobiste fizyczne przetrwanie. Gdyby zdołał przetrwać jeszcze kilka lat – zyskując czas na dalszą polityczną stabilizację, głębsze reformy, budowę nowych instytucji – to jego osobiste przetrwanie albo przetrwanie jego następcy mogłoby wreszcie przestać być jednoznaczne z przetrwaniem samego państwa.

Szewardnadze starał się unikać konfrontacji z Rosjanami i robić z nimi interesy. Trzymał przy władzy wielu nieuczciwych polityków i pielęgnował kontakty ze starymi przyjaciółmi w Moskwie. Jerzy Waszyngton pokonał Brytyjczyków, nie wycofując się dopóty, dopóki nie zmęczyli się wojną i wrócili do siebie. Strategia Szewardnadzego była podobna.

Eduard Ambrosjewicz Szewardnadze był jednym z trzech najsławniejszych Gruzinów w historii XX wieku.

Dwaj pozostali to Stalin i szef jego tajnej policji Ławrientij Beria, okularnik, który w stalinowskiej machinie zagłady połączył funkcje Himmlera i Eichmanna. Istnieje wiele podobieństw między Szewardnadzem i tymi dwoma sławnymi zbrodniarzami. Oni także byli mistrzami manipulacji, gotowymi wykorzystać każdą sytuację; obaj sięgnąwszy po władzę, zdradzili najbliższych przyjaciół. Żaden z tej trójki nie miał wyższego wykształcenia, ale wszyscy byli utalentowani: mieli instynkt psa gończego, zdolnego wywęszyć każdą przydatną ideę czy zdarzenie. Lokalny wydawca Zaza Gaczeczиladze pokazał mi gruziński przekład *Księcia* Machiavellego, mówiąc: „Szewardnadze nie musiał tego czytać – miał to we krwi. Dla przykładu, po jednej z prób zamachu, wszyscy się spodziewali, że zdymisjonuje ministra spraw wewnętrznych. On jednak tego nie zrobił. Czy można sobie wyobrazić bardziej przydatnego ministra spraw wewnętrznych niż skompromitowany polityk, który na pewno nie będzie już spiskował, bo jest całkowicie zdany na łaskę zwierzchnika! Szewardnadze rządzi teraz policją rękami tego człowieka!”.

Moralność to zabawna sprawa. W latach siedemdziesiątych i na początku osiemdziesiątych wydawało się, że Gamsachurdia – intelektualista, tłumacz Szekspira – to uosobienie moralności, a Szewardnadze, komunistyczny aparatczyk – niemoralności. Jednak Szewardnadze, makiaweliczny pies gończy, wyczuł, że system, którego jest częścią, gnije i żeby przetrwać, razem z Michaiłem Gorbaczowem i Aleksandrem Jakowlewem próbował go zreformować. Nie udało im się i Związek Sowiecki przestał istnieć. Do pokojowego rozpadu Związku Sowieckiego, być może najważniejszego wydarzenia XX wieku, Szewardnadze przyczynił się w nie mniejszym stopniu niż Gorbaczow. Teraz kontynuował grę o przetrwanie w Gruzji, gdzie najpewniejszą drogę do demokratyzacji wskazywał *Książę* Machiavellego.

Jak długo zdoła przetrwać? Waszyngton, w odróżnieniu od Kremla, nie miał imperialnej mentalności. Amerykańscy dyplomaci prześcigali się w defetyzmie: „To w końcu ich gra. Muszą zreformować system podatkowy, policję, zlikwidować korupcję i tak dalej". Oczywiście korupcja była najbardziej zabójczym powidokiem komunizmu, ale wszystko wskazywało na to, że nie zniknie jeszcze długo po śmierci Szewardnadzego. Zachód nie powinien czekać z założonymi rękami i nadzieją, że w kilka lat Gruzini wyzbędą się nawyków zaszczepianych im nie przez dekady, lecz stulecia. „Będziemy spacerować po cienkiej linie dopóty, dopóki przez Gruzję nie zacznie płynąć tyle ropy, że Zachodowi będzie się opłacało walczyć za nas – powiedział Rewaz Adamia, szef parlamentarnej komisji obrony narodowej. – Rosja zrobi wszystko, żeby zdestabilizować sytuację w Gruzji, zanim to nastąpi".

*

Podróż starą ciuchcią z Tbilisi na zachód do Gori, miejsca urodzenia Stalina, trwała dwie godziny. Bilet kosztował równowartość siedemdziesięciu centów. Wagon ze ścianami obłażącymi z farby, zardzewiałymi półkami na bagaże, stłuczonymi żarówkami pod sufitem i niewyściełanymi, drewnianymi ławkami był szczelnie wypełniony tłumem podróżnych w czarnych, ostro woniejących ubraniach oraz górami tobołów. Korytarzem wędrowały starowinki sprzedające herbatniki, pasiaste skarpetki, plastikowe łapcie i papierosy. Gori rozłożyło się na błoniach nad Kurą, na tle zaśnieżonych granitowych szczytów Wielkiego Kaukazu, najwyższego pasma górskiego, oddzielającego Federację Rosyjską od zakaukaskich republik Gruzji, Armenii i Azerbejdżanu. Kiedy urodził się Józef Dżugaszwili, 6 grudnia 1879 roku, kolej jeszcze nie docierała do Gori, które liczyło zaledwie pięć tysięcy mieszkańców. W 1999 roku liczba ludności wynosiła blisko siedemdziesiąt tysięcy.

Architektura dworca kolejowego w Gori ze ścianami z betonu i nieciosanego kamienia symbolizowała opresyjność władzy sowieckiej. Było prawie pusto, jeśli nie liczyć rojów much i starowinek handlujących burakami, szalotką i piwem w zakurzonych butelkach. Poczekalnia była wyłożona sklejką i też świeciła pustkami – siedząca tam kobieta mówiła do siebie i oganiała się od much. Porządku w tym niegościnnym pomieszczeniu pilnował wielki, pożółkły posąg Stalina upozowanego na proroka, ze zwojem w zaciśniętej dłoni.

Po wyjściu z dworca ujrzałem walące się baraki z blaszanymi dachami, żebraka, zdechłego psa, hałdy śmieci, kilka obskurnych bloków mieszkalnych i absurdalnie szerokie ulice – bez samochodów i przechodniów. Na wzgórzu w oddali było widać twierdzę, którą w 65 roku oblegał Pompejusz, a w średniowieczu odbudowali Persowie i Turcy. Ruszyłem jedną z ulic, która wkrótce doprowadziła mnie do gigantycznego placu, pośrodku którego stał pomnik Stalina o wysokości trzypiętrowego budynku.

Poza dwoma mężczyznami naprawiającymi auto nie było tam żywego ducha.

Byłem głodny, więc wszedłem do jedynej chyba kafejki w centrum miasta. Wyglądała jak więzienna stołówka. Poprosiłem o sernik, który dostrzegłem na ladzie.

– Sprzed dwóch dni – powiedziała kelnerka.

– A jakieś inne ciasto?

– Muszę spytać koleżanki – odparła.

Zamówiłem kawę i wodniste lody. Za serwetki służyły kawałki papieru toaletowego.

Stalin urodził się po drugiej stronie ulicy, w drewnianej chacie, która w 1939 roku została odbudowana jako pretensjonalny neoklasycystyczny pawilon. W środku obejrzałem izbę, w której mieszkał do czternastego roku życia. Zachowały się drewniany stół i szorstkie pledy. Z małego ganka było widać szeroką ścieżkę, prawie całkiem zarośniętą chwastami.

Obok pawilonu znajdował się pałac, w którym mieściło się Muzeum Stalina. Przewodniczka w średnim wieku, uzbrojona w latarkę i wskaźnik, poprowadziła mnie ciągiem zimnych, ciemnych sal. Akurat w całym mieście nie było prądu. Między wielkimi urnami wisiały czarno-białe fotografie z różnych okresów życia Stalina. Były też zdjęcia uśmiechniętych wieśniaków na traktorach i inne „ikony" socjalistycznej szczęśliwości. W jednej ze szklanych gablot zobaczyłem jakieś urzędowe formularze wypełnione przez Stalina. Przypomniało mi się, że zwykł powtarzać: „Papier cierpliwy, wszystko wytrzyma"[1].

1 Zob. Wolfe, *Three Who Made a Revolution*.

– Nie widzę zdjęć Trockiego, Bucharina i Zinowiewa – zagadnąłem przewodniczkę.

– Nie odegrali w rewolucji większej roli – odparła spokojnie.

– Proszę powiedzieć, co ludzie w Gori naprawdę myślą o Stalinie.

– Tutaj wszyscy kochają Stalina! – zawołała zdziwiona pytaniem. – Gdybyśmy nadal mieli jego żelazną dyscyplinę, nie byłoby przestępstw i zamętu. Chaos nie prowadzi do niczego dobrego. Komuniści zbudowali most i inne rzeczy. A co zrobił dla nas nowy rząd? – To wyjaśniało przetrwanie gigantycznego pomnika, który widziałem na placu.

Kilka dni później w Tbilisi, w kafejce na Prospekcie Rustawelego, poznałem Jaszę Dżugaszwilego, prawnuka Stalina. „Stalin to dla nich biznes – powiedział o mieszkańcach Gori, krzywiąc się lekceważąco. – Nic więcej nie mają. Gdyby nie Stalin, nikt by nie wiedział, że w ogóle istnieje takie miasto. Gori to symbol pogorszenia się warunków życia w Gruzji pod koniec lat osiemdziesiątych. To symbol tych mas ludzkich, które są niezdolne do rywalizacji w ramach agresywnej gospodarki, mimo upadku dawnego ustroju nie potrafią szybko się dorobić. Teraz mamy nową klasę bogaczy, którzy nie dbają o kulturę ani naukę, nie dbają o nic poza pieniędzmi i rozrywkami i wydają fortuny w kasynach i na luksusowe samochody, gdy większości społeczeństwa nie stać na zaspokojenie podstawowych potrzeb. Stalin jest symbolem tęsknot tych wszystkich, którzy nie umieją sobie wyobrazić niczego lepszego niż poczucie bezpieczeństwa, którego zaznali w czasach komunistycznych".

„Innymi słowy – podsumowałem – jeśli Gori kiedyś stanie gospodarczo na nogi, to Muzeum Stalina zostanie zamknięte na cztery spusty i nikt tego nawet nie zauważy".

Dżugaszwili, który zbliżał się do trzydziestki, przyznał mi rację. Z wyglądu był szokująco podobny do swego pradziadka. Szybko jednak zapomniałem o jego pochodzeniu. Inteligentny, doskonale władający językiem angielskim Dżugaszwili uosabiał coś ważniejszego: garstkę wykształconych młodych Gruzinów, którzy wyznają cywilizowane wartości i zapewne wyemigrują, jeśli proces rozwoju i budowania instytucji nie przyśpieszy.

*

Z Gori pojechałem do Osetii Południowej, regionu w północno-środkowej Gruzji, gdzie na początku lat dziewięćdziesiątych toczyła się brudna wojenka – dla świata niezrozumiała i niewarta uwagi, dla tubylców była zaciekłą walką o przetrwanie.

Wśród Osetyjczyków, którzy mówią językiem spokrewnionym z perskim, są zarówno wyznawcy islamu, jak i prawosławia. To religijne zróżnicowanie pozwalało im zachować neutralność podczas carskich kampanii przeciwko czysto muzułmańskim narodom kaukaskim, takim jak Czeczeni, Ingusze, Dagestańczycy itd. Tym łatwiej również odnaleźli się w ateistycznym Związku Sowieckim. Osetyjczycy chlubili się też swoim strategicznym położeniem, na obu zboczach, północnym i południowym, Wielkiego Kaukazu, w połowie drogi między morzami Czarnym i Kaspijskim. Lenin i Stalin darzyli Osetyjczyków szczególnymi względami: podarowali im autonomiczną republikę na północy i autonomiczny region w granicach Gruzińskiej Socjalistycznej Republiki Sowieckiej na południu. Po rozpadzie Związku Sowieckiego w Osetii Północnej rozgorzały walki między Osetyjczykami i ich sąsiadami Inguszami, których w 1944 roku Stalin deportował z Osetii Północnej, a którzy powróciwszy tam u schyłku lat pięćdziesiątych, stwierdzili, że najlepsze ziemie zagarnęli Osetyjczycy. W 1992 roku Północni Osetyjczycy, korzystając ze wsparcia Rosjan, odnieśli militarne zwycięstwo i wypędzili tysiące inguskich cywilów. W tym samym czasie Osetia Południowa ogłosiła zamiar odłączenia się od Gruzji i połączenia z Osetią Północną w jedną nową „Wielką Osetię". To doprowadziło do wojny i wysiedlenia trzydziestu tysięcy osób pochodzenia gruzińskiego (jednej trzeciej ludności Osetii Południowej).

Granicę między Gruzją i Osetią Południową wyznaczały posterunki milicji, która zignorowała samochód z wypożyczalni. Osetia Południowa okazała się jeszcze niższym kręgiem piekieł niż gruzińska prowincja. Na przedgórzu Wielkiego Kaukazu nawet w maju było wilgotno i zimno. Drogi były bardziej dziurawe niż w Gruzji, a Cchinwali, południowoosetyjska stolica, była gąszczem zachwaszczonych działek, błotnistych ulic, hałd śmieci i domów zrytych pociskami, w których mieszkali ludzie pozbawieni środków do życia. Zaparkowałem samochód i ruszyłem na poszukiwanie kawiarni. Jedyna, którą znalazłem, znajdowała się w starym magazynie i przypominała garkuchnię dla bezdomnych. Poza mną nie było żadnych gości. Zamówiłem kawę po turecku. Przy ulicy Stalina, głównej arterii miasta, domy z pustaków zdobiły pergole z zardzewiałych prętów i siatek maskujących. Płytki chodnikowe były popękane, wszędzie zwieszały się zerwane przewody wysokiego napięcia. Wiele kobiet próbowało odważnie naśladować zachodnią modę i styl makijażu, nakładanego w kiepsko oświetlonych łazienkach o cieknących kranach. W podróży wszystko jest względne: w porównaniu z Cchinwali wieś gruzińska wydawała się istną Toskanią.

Za to targowisko w Cchinwali kipiało obfitością towarów: owoców z Ameryki Południowej, papierosów ze Stanów Zjednoczonych, rosyjskiego piwa i kawioru, luksusowych alkoholów i kosmetyków z Europy Zachodniej. Dla siebie znalazłem nawet parę designerskich dżinsów, za które zapłaciłem osiem dolarów. Na obrzeżach miasta odkryłem wielki błotnisty plac, na którym Gruzini, przyjeżdżający całymi karawanami samochodów, zaopatrywali się w czysty spirytus, olej napędowy i hurtowe ilości papierosów. Sprzedawcy przyjmowali zarówno amerykańskie dolary, jak rosyjskie ruble czy gruzińskie lari.

Osetia Południowa, jak inne odszczepieńcze prowincje gruzińskie, Abchazja i Adżaria, miała gospodarkę straganową. Wszystkie te kraiki *de facto* żyły z przemytu i handlu narkotykami. Był to kolejny sposób Rosji na osłabienie gruzińskiej ekonomii – poprzez zalewanie jej za pośrednictwem Abchazji i Osetii Południowej nieopodatkowanym paliwem i innymi towarami. W Cchinwali, jak w Gori, wszyscy, których spotkałem (studenci, handlarze, emeryci), poważali Stalina. Wszyscy opowiadali, o ile lepiej żyło im się w Związku Sowieckim, kiedy za sto dwadzieścia rubli miesięcznej pensji można było coś kupić. Nikt nie miał nadziei, że sytuacja się poprawi, i wszyscy żyli wspomnieniami. Kiedy mówiłem, że ponowne zjednoczenie z Gruzją wpłynęłoby korzystnie na gospodarkę osetyjską, nikt nie dawał wiary. Wszyscy marzyli o zjednoczeniu z Osetią Północną, już pogrążoną w rosyjskim chaosie. Tutaj polityka nie miała nic wspólnego z racjonalnością w rozumieniu Zachodu, polegała raczej na manipulowaniu irracjonalnością. Jak na Bałkanach, w kaukaskich stolicach czuło się powiew optymizmu, ale na prowincji trzeba było stawić czoło ponurej rzeczywistości.

ROZDZIAŁ 23

Z Tbilisi do Baku

Ulewne deszcze z poprzedniego wieczora zamieniły pofalowane wyżyny na północny wschód od Tbilisi w morze zieleni przyprószonej czerwienią maków. Roślinność była jednak znaczniej mniej bujna niż w zachodniej i środkowej Gruzji i wkrótce krajobraz bardziej przypominał jałową Anatolię. Nadal podążałem wzdłuż biegnącego pod ziemią rurociągu, na wschód. Po godzinie jazdy dotarłem do granicy z Azerbejdżanem, którą zdobiła fotografia Szewardnadzego ściskającego dłoń azerskiego prezydenta Gajdara Alijewa. Jak generałowie Aleksandra Wielkiego, którzy po jego śmierci podzielili imperium, ci dwaj byli członkowie politbiura zagarnęli dla siebie po kawałku byłego Związku Sowieckiego. O ile jednak Szewardnadze należał do reformistycznego politbiura czasów Gorbaczowa, o tyle Alijew był człowiekiem Breżniewa, wyrzuconym przez Gorbaczowa z politbiura za korupcję. Ta różnica osobowości przywódców wyjaśniała wiele różnic dzielących Gruzję od Azerbejdżanu.

Nikt z zastępu niechlujnych, zbijających bąki urzędników nie poprosił o łapówkę. To była granica między biednymi krajami, a nie między biednym i bogatym, gdzie skubało się przybyszów z tego drugiego. Podstemplowano mój paszport i znalazłem się w Azerbejdżanie.

Różnica między Turcją a Gruzją miała charakter nie tyle kulturowy, ile polityczny. Była to różnica między społeczeństwem wolnego rynku a społeczeństwem leczącym rany po wojnie domowej i siedemdziesięciu czterech latach komunizmu. Jednak granica, którą właśnie przekroczyłem, symbolizowała autentyczny podział cywilizacyjny – między prawosławnymi i muzułmanami – a także subtelną polityczną linię demarkacyjną.

Natychmiast pogorszyła się jakość drogi, a stragany na poboczach były jeszcze bardziej zardzewiałe i zdezelowane. Prawie nie było samochodów. Małe osiołki ciągnęły wózki z workami pszenicy, podskakujące na wybojach. Dachy z blachy falistej były bardziej zniszczone niż w Gruzji i częściej miały szerokie szczeliny. Sowiecka rzeczywistość przypominała o sobie coraz natrętniej, gdy krajobraz stawał się coraz bardziej jałowy, a majestatyczne gruzińskie rzeki zamieniały się w suche koryta. Orzeźwiająca burza z poprzedniego wieczora w Tbilisi wydawała się odległym wspomnieniem. Spostrzegłem dwóch mężczyzn, którzy kucając przy drodze, rozmawiali i ćmili papierosy. W świecie muzułmańskim to powszechny widok, którego nie uświadczyłem przez tygodnie spędzone w Gruzji. Z miejsca, w którym się znalazłem, Gruzja wydawała się szalenie europejska.

Przyglądałem się ciemnoskórym rolnikom w płaskich nakryciach głowy, znanych mi z Turcji, którzy pracowali na polach uzbrojeni w widły i motyki. Przez drogę przechodziły owce, osły, krowy, a nawet wielkie żółwie.

Przejeżdżałem przez jakąś wioskę akurat w dniu zakończenia roku szkolnego: ulicami paradowały dzieci w mundurkach, ze świadectwami w rękach. Ich rodzice, jak to wieśniacy, poruszali się niezgrabnie, skrępowani odświętnymi ubraniami. Mężczyźni trzymali się za ręce, przebierając w palcach drewniane paciorki, kobiety stąpały chwiejnie na wysokich obcasach. Miałem wrażenie, jakbym wrócił do Turcji, ale Turcji lat czterdziestych. Młody chłopak sprzedawał szale, spostrzegłszy mnie, pomachał nimi ku mnie powolnym, leniwym ruchem, w którym nagle skupił się cały wdzięk cywilizacji islamskiej.

Poprzednio odwiedziłem Azerbejdżan w 1993 roku, kiedy było to państwo pogrążone w chaosie. Później jednak zaczęły napływać wieści o azerskim boomie naftowym. Sądziłem, że zobaczę symptomy gwałtownego rozwoju. Jednak poza kilkoma nowymi meczetami i stacjami benzynowymi wzdłuż rurociągu kraj sprawiał wrażenie jeszcze biedniejszego.

Na południu wznosiły się okryte śniegiem urwiste góry. Za tymi górami leżały Armenia i Górski Karabach, ormiańska enklawa, formalnie część Azerbejdżanu, ale wskutek wojny na początku lat dziewięćdziesiątych zajęta przez Armenię. Wczesnym popołudniem dotarłem do Gandży, drugiego co do wielkości miasta Azerbejdżanu, liczącego trzysta tysięcy mieszkańców. Podróżowałem z Natą, moją nową tłumaczką, którą poznałem w Tbilisi i która mówiła po rosyjsku i azersku. Nie mogła pojąć, dlaczego zatrzymaliśmy się w Gandży. „Tutaj nic nie ma – powiedziała. – To dziura zabita dechami". To samo napisał Thomas Goltz w reportażu *Azerbaijan Diary*. I właśnie dlatego tutaj przyjechałem. Gandża była dziennikarską *terra incognita*. A jednak odegrała w historii ważną rolę. Kiedy w maju 1918 roku Rosję ogarnęła wojna domowa bolszewickich Czerwonych z procarskimi Białymi, żołnierze w Gandży ogłosili niepodległą republikę. Wspierani przez armię turecką, która właśnie przekroczyła granicę, pomaszerowali na Baku, gdzie narodziła się Azerbejdżańska Republika Demokratyczna, obalona przez bolszewików w roku 1920. Następnie w czerwcu 1993 roku dowódca milicji w Gandży, Surat Husejnow, wszczął bunt przeciwko miejscowemu garnizonowi. To zapoczątkowało całą serię zdarzeń, które doprowadziły do obalenia nowo utworzonego demokratycznego rządu niepodległego Azerbejdżanu i objęcia przez Gajdara Alijewa *de facto* dyktatorskiej władzy.

*

W Gandży od razu rzuciły mi się w oczy typowe obskurne bloki mieszkalne z brudnymi, potłuczonymi oknami. Potem wjechaliśmy w cichą, zakurzoną ulicę z samotnym hotelem, którego duży, pusty hall prowadził do ciemnych korytarzy i niezamieszkanych pokoi: w moim znalazłem zepsuty telewizor i krzywo zawieszony plakat z misą czereśni. Z kranu nie płynęła ciepła woda, deska klozetowa była pęknięta.

Po drugiej stronie ulicy znajdowała się dawna siedziba partii komunistycznej – bure betonowe gmaszysko o rozmiarach boiska piłkarskiego. Ozdabiała je wielka podobizna Alijewa, lustrującego wzrokiem ogromny plac.

Pod nowymi kolorowymi parasolami z logo Coca-Coli i Marlboro, ocieniającymi kawiarniane stoliki, siedziało mnóstwo ludzi – plac sprawiał wrażenie sielskiego zakątka. Przeważali mężczyźni: popijali herbatę, obracając w palcach modlitewne paciorki, grając w tryktraka. Z głośników dobiegała turecka muzyka. Również wszyscy kelnerzy byli mężczyznami, niektórzy jeszcze chłopcami. W Gruzji wszędzie było widać kobiety, tutaj przeciwnie. Herbata (*çay*) była świeżo parzona i lepsza niż w Gruzji. Ale w przeciwieństwie do Gruzji nie było wina. Nikt nie mówił po rosyjsku, wszyscy po azersku.

Zamówiłem dla siebie i dla Naty colę i kebab, a później poszliśmy do pobliskiego meczetu. Zdjąłem buty i wszedłem do środka. Wnętrze z maszynowo tkanymi dywanami i ścianami obłażącymi z farby było pełne mężczyzn i chłopców, z których nie wszyscy, jak zauważyłem, znali arabskie modlitwy. Ale wszystkie praktyki religijne tak właśnie się zaczynają – od naśladowania, wpierw nieudolnego, tego, co robią inni. Meczet, podobnie jak plac pełen mężczyzn sączących *çay*, należał do przestrzeni świata islamskiego.

– Co będziemy robić? – spytała Nata, która czekała na mnie na ulicy.

Dobre pytanie. Gandża nie oferowała wielkiego wyboru.

– Pogadajmy z tym facetem – zaproponowałem, pokazując na młodego mężczyznę o włosach ostrzyżonych na jeża i ubranego w skórzaną kamizelkę, nałożoną na bluzę od piżamy. – Wygląda interesująco.

Nata skinęła głową. Podeszliśmy, żeby się przedstawić.

– Przyjechałem ze Stanów Zjednoczonych... – zacząłem powoli, dając Nacie czas na tłumaczenie. – Ostatni raz byłem w Azerbejdżanie przed sześcioma laty. Co się tutaj dzieje? Czy wpływy tureckie są coraz silniejsze? I w jakim stanie jest azerska gospodarka?

– Tak! – wybuchnął. – Wpływy tureckie są coraz silniejsze, a rosyjskie coraz słabsze, a my wciąż jesteśmy niewolnikami. Ci w Baku nienawidzą nas, mieszkańców Gandży. Boją się nas. Wiedzą, jacyśmy porywczy. Jesteśmy jak Kosowo w Jugosławii. Islam rośnie tutaj w siłę. Wszyscy młodzi, jak ja, są bez pracy. Żyje się gorzej niż za Sowietów.

Do rozmowy przyłączył się jego kumpel, nie mniej zdenerwowany:

– Teraz właśnie tego nam trzeba: rozwoju gospodarczego i więcej islamu. Alijew to zwykły oszust. Polityka to akurat coś dla tych łobuzów z Baku. Nas nie interesuje ani polityka, ani nacjonalizm. Jesteśmy muzułmanami. Chcemy, żeby tutaj było jak w Europie, nie jak w Baku.

W pobliżu stał policjant, ale moi rozmówcy zdawali się tym nie przejmować.

– Mogę wyjąć notatnik? – zapytałem. Wzruszyli ramionami. Zacząłem pisać w ich obecności. Policjant, nieogolony, w źle dopasowanym mundurze, nie zwracał na nas uwagi.

Obaj mężczyźni zaczęli się skarżyć na „Nachiczewańską mafię", która rządziła Baku zarówno za Alijewa, jak i za wcześniejszej demokratycznej władzy. Nachiczewańska Republika Autonomiczna jest geograficznym wybrykiem natury: azerską eksklawą położoną na południowy zachód od Azerbejdżanu, graniczącą z Armenią, Iranem i Turcją. Ponieważ mieszkańcy Nachiczewanu sąsiadowali z chrześcijańskimi Ormianami, mieli bardzo rozwinięte poczucie muzułmańskiej solidarności. Chociaż zarówno Nachiczewan, jak i Gandża były częścią Azerbejdżanu, moi młodzi rozmówcy mówili o Nachiczewańczykach jak o wrogach. W ogóle nie używali określeń „Azerowie", „Azerbejdżan". W kółko mówili o „islamie", „Baku" i „Gandży". Tutaj, w Gandży, choć więzi narodowe były słabe, podobnie jak struktury państwowe, to ludzie mieli silne poczucie tożsamości regionalnej. Jednocześnie coraz bardziej dawały o sobie znać dwie tęsknoty, które symbolizowały islam i zachodnia popkultura. Trudno sobie wyobrazić bardziej wybuchową politycznie mieszankę.

Azerbejdżan zawsze był pograniczem, podbitym już przez Aleksandra Wielkiego, a potem przez wieki terytorium spornym, o które stale walczyły Turcja i Persja. Tak jak w przypadku Gruzji, Rosja stosunkowo późno włączyła się do zmagań, krótko okupując ten obszar w latach dwudziestych i trzydziestych XVIII wieku i powracając na dłużej w wieku XIX. Tutejsi Azerowie, których doświadczenie wspólnej państwowości rozpoczyna się dopiero w XX stuleciu, mówią po turecku jak współcześni Turcy, ale są szyitami, jak większość Irańczyków. Większość Azerów mieszka nie w Azerbejdżanie, lecz dalej na południe, w północno-zachodnim Iranie[1]. Aż do

1 Więcej szczegółów w mojej książce: *The Ends of the Earth. A Journey at the Dawn of the 21st Century*, New York 1996.

początków XX wieku byli uważani przez swych sąsiadów za „Tatarów”, a na pytanie o tożsamość odpowiadali, szczegółowo opisując rodzinę, klan i religię, a rzadko grupę narodowościową. Gruzja ma własny alfabet liczący półtora tysiąca lat. Azerbejdżan natomiast w samym tylko XX wieku trzykrotnie zmieniał alfabet: w latach dwudziestych z arabskiego na łaciński, w latach trzydziestych z łacińskiego na cyrylicę i wreszcie w latach dziewięćdziesiątych ponownie cyrylicę na łaciński.

Niezdolność Azerów do stopienia się w jeden organizm narodowy była zapewne przyczyną miażdżącego zwycięstwa Ormian w wojnie o Karabach. Ormianie – mający własny język i liczący sobie półtora tysiąclecia alfabet, a także wspomnienia o wspaniałych starożytnych i średniowiecznych królestwach i tureckim ludobójstwie – mieli też jasne i wyraźne poczucie własnej tożsamości. Wszyscy na Kaukazie wiedzieli, że Ormianie nigdy nie oddadzą Karabachu w drodze pokojowych negocjacji. Nikt dobrowolnie nie rezygnuje z terytorium zdobytego w walce, jeśli zamieszkują je głównie współziomkowie, których część została brutalnie wypędzona przy braku sprzeciwu wielkich mocarstw i światowych mediów.

Pożegnaliśmy się z naszymi młodymi rozmówcami i opuściliśmy plac. Nie mieliśmy żadnych planów. Mogliśmy jedynie spacerować i zaczepiać kolejnych przechodniów.

Nazwa Gandży, założonej w V lub VI wieku, pochodziła zapewne od arabskiego *dzhandzar*, „skarbiec” lub „spichlerz”. W starożytności najeżdżali ją i równali z ziemią

Persowie, Arabowie, Mongołowie i Turcy seldżuccy, ale w VIII wieku stała się niezależnym chanatem. Za czasów Związku Sowieckiego zmieniono jej nazwę na Kirowabad, na cześć Siergieja Mironowicza Kirowa, który pomógł Stalinowi opanować Zakaukazie[1]. Jednak w 1999 roku wpływy rosyjskie szybko zaczęły słabnąć. Minęliśmy nową turecką *pastane*, wyglądała jak typowa anatolijska cukiernia, tylko nowocześniejsza. Zauważyłem sklep spożywczy z turecką i azerską flagą na zewnątrz i zdjęciem Manhattanu wewnątrz. Okazało się, że to azersko-tureckie *joint venture*. Inne sklepy, z obuwiem sportowym i płytami CD, także w części lub całości należały do Turków. Azerów jednak pociągała nie tyle kultura turecka, ile globalna, do której najłatwiejszy dostęp, ze względu na język i sąsiedztwo, mieli właśnie przez Turcję. Dostrzegłem markizę z wizerunkiem Wielkiego Meczetu w Mekce. Ocieniała witrynę biura, w którym można było się zapisać na *hadż*, doroczną muzułmańską pielgrzymkę. Biuro rozpoczęło działalność po upadku Związku Sowieckiego. Później trafiliśmy na targ z lodówkami z Białorusi, mikserami z Francji, telefonami komórkowymi z Chin i świeżymi owocami z Iranu, Izraela i greckiego Cypru – wszystkie ceny były podane w dolarach. Kilogram mandarynek kosztował trzy dolary, mniej więcej tyle co w Nowym Jorku. Mignęło mi też kilka bmw i luksusowych terenówek. Gandża była jak Batumi: warstewka

1 Kirow został później popularnym przywódcą partii w Leningradzie. Jego zabójstwo doprowadziło do Wielkiej Czystki w latach 1934–1938. W 1956 roku Chruszczow zdradził, że zamach na Kirowa zlecił sam Stalin.

nowoczesności o mafijnym zabarwieniu, okrywająca sowieckie ubóstwo. Chyba nie istnieje bardziej nieludzka odmiana kapitalizmu niż ta, której doświadczają kraje postkomunistyczne.

Odkryliśmy jednak również ciche uliczki z uroczymi kamienicami i sklepionymi przejściami, jawne świadectwo wpływów seldżuckich, ormiańskich i perskich. Kiedy podziwialiśmy wspaniały dziedziniec, kilku mężczyzn w średnim wieku zaprosiło nas do pobliskiej kafejki na *çay*. Byli ciekawi, skąd przyjechałem i co wiem o Gandży. Kiedy się okazało, że nawet nie słyszałem o średniowiecznym poecie Nezamim Gandżawim, jeden z nich poszedł do domu i wrócił z tomem poezji Gandżawiego, żeby mi go pokazać.

Jak się wkrótce dowiedziałem, Nezami Gandżawi (Nezami „z Gandży") urodził się w 1141 roku, a zmarł w 1210. Całe życie spędził w Gandży. Był to złoty wiek, gdy potęga Seldżuków już słabła, a najazdy Mongołów jeszcze się nie rozpoczęły. W tym czasie Gandża była w zasadzie niepodległym, wielokulturowym państewkiem. Język perski ma bogatą tradycję zmysłowej poezji, zbiór poematów Gandżawiego *Chamse* jest zaliczany do jej największych osiągnięć, wraz z eposem Ferdousiego *Szahname* i gazelami Hafeza. Gandżawi, jak wskazuje przydomek, był mieszkańcem Gandży, nie Azerbejdżanu, który wtedy nie istniał. Nie pisał po azersku i dla tych ludzi był bohaterem lokalnym, nie narodowym.

– Żyjemy w nędzy – powiedział jeden z naszych rozmówców, gniewnie klepiąc się po udach. – Prąd, wodę i gaz mamy ledwo kilka godzin dziennie, chociaż ci z Baku śpią na forsie ze sprzedaży ropy i gazu ziemnego. Dla nas Baku to inne państwo...

– Gdzie są nasze pensje? – wtrącił się inny mężczyzna, wymachując rękami. – Powinny stanowić równowartość dwudziestu dolarów. Teraz to równowartość trzech dolarów! Ci z Baku nie lubią rozstawać się z pieniędzmi. Baku jest bogate dzięki ropie. Nam było lepiej, gdy rządziła Moskwa. Nie chcemy tych Nachiczewańczyków Alijewa i Elczibeja [Abulfaz Elczibej był demokratycznie wybranym prezydentem, którego obalił Alijew].

– W czasie wojny o Karabach zabiłem czterdziestu dwóch Ormian – powiedział wysoki, tęgi facet z siwym wąsem, w obcisłej koszulce Adidasa. – I co z tego mam?

– W Gandży prawdziwą demokrację mieliśmy tylko za Breżniewa – wyjaśnił następny. – Dobrze się nam żyło i mieliśmy godziwe pensje.

– W czasie drugiej wojny światowej niemiecka armia dotarła aż do Osetii Północnej – powiedział kolejny. – Gdyby Niemcy zajęli Baku, mielibyśmy się jak pączki w maśle. Wiadomo, jak się żyje w Niemczech.

– Nie, to Stalin był prawdziwym mężczyzną – nie zgodził się z nim kompan. – Kiedy rządził, było dużo lepiej niż teraz.

Kiedy wspomniałem o nalotach NATO na Serbię, które trwały w czasie mojego pobytu w Azerbejdżanie, wszyscy pokiwali głowami z aprobatą.

– NATO jest mocne, to potęga – rzucił któryś. Ale wątpili, żeby NATO kiedykolwiek zdecydowało się interweniować na Kaukazie. W ich oczach bombardowanie miasta wielkości Belgradu dodawało Zachodowi wiarygodności. Był to rodzaj przemocy, której tubylcy wielokrotnie doświadczali w swojej historii i odnosili się do niej z szacunkiem.

Postawa tych mężczyzn była typowa dla całej polityki na Bliskim Wschodzie – w porównaniu z Zachodem moralnie neutralnej, wyznającej kult siły i skupionej na poprawie materialnych warunków życia, co nie dziwi u narodów wegetujących w skrajnej nędzy.

Tego dnia wysłuchałem kolejnych oracji na temat Gandża vs Baku. Gruzja była słabym quasi-państwem, ale w porównaniu z Azerbejdżanem wydawała się mocarstwem.

*

Nazajutrz uczestniczyłem w nabożeństwie w rosyjskiej cerkwi. W średniowieczu Gandża, choć już zislamizowana, była ważnym ośrodkiem chrześcijańskim, a przez większość XX wieku zamieszkiwali ją ormiańscy i rosyjscy prawosławni. Teraz została już tylko garstka chrześcijan, głównie w podeszłym wieku, bo po upadku Związku Sowieckiego Rosjanie i Ormianie stąd uciekli. Stare Rosjanki same odprawiały nabożeństwo, bez kapłana. Niektóre opierały się na laskach, tak przygarbione, że głowy miały niżej ramion. Kolejny raz dałem się uwieść czarowi prawosławnej liturgii – śpiewom, blaskowi świec, woni kadzideł, aurze pogańskich misteriów. Kiedy staruszki umrą, ów etniczny i religijny apartheid ostatecznie się dopełni.

Baku leży na wschód od Gandży, po drugiej stronie rozległej niziny, szerokiej na blisko czterysta kilometrów.

Z początku ośnieżone szczyty Karabachu się przybliżyły, a wokół pojawiły winnice i falujące wzgórza porośnięte lasem jodłowym. Wkrótce jednak wróciliśmy na suchy płaskowyż z cherlawą roślinnością, a góry znów się oddaliły i przez kolejne godziny przemierzaliśmy jasnobrunatną równinę, zamieszkaną przez owce, bydło i kilka pięknych koni. Zatrzymało nas dwóch policjantów. Jeden z nich wsadził głowę do samochodu i położył rękę na kierownicy. Czuć było od niego alkohol.

– Aha, jedziecie z Gruzji – powiedział. – To pewnie macie dla nas ładny prezent – jakieś papierosy albo trochę tej dobrej wody mineralnej – chodziło mu o Bordżomi, znaną gruzińską markę.

– Nie popełniliśmy żadnego wykroczenia – odezwała się Nata.

Policjant wzruszył ramionami i trzymał rękę na kierownicy dopóty, dopóki nie zainkasował drobnej łapówki. Korupcja była tutaj jeszcze bardziej ostentacyjna niż w Gruzji. Policjanci nawet nie próbowali udawać, że wymierzają nam mandat za jakieś „wykroczenie".

Minęliśmy Jewłach, zniszczone, zapyziałe miasteczko, wyglądające nędzniej niż prawie wszystkie, które widziałem w Gruzji, ale z nowym meczetem i nową stacją benzynową. Monotonny krajobraz urozmaicały jedynie nieliczne kanały nawadniające, w których pluskały się karpie. Znów zatrzymali nas policjanci i znów żądali łapówki. Nie mieli broni, tylko drewniane pałki z pętlą z wystrzępionego sznurka. Krajobraz stał się bardziej dziki, piaszczysta pustynia z czarnymi wulkanicznymi pagórkami. A potem nagle zza niskiego pasma wzgórz wyłoniło się – ot tak, po prostu, bez najmniejszego ostrzeżenia w postaci choćby świeżej bryzy – Morze Kaspijskie, o tej porze dnia mieniące się mleczną, jakby chemiczną zielenią. Kiedy jechaliśmy na północ wzdłuż wybrzeża w kierunku Baku, nie było widać żadnych oznak rozwoju. Zatrzymaliśmy się koło przydrożnego straganu, żeby kupić coś do zjedzenia – były tylko ryby oblepione muchami. Wjeżdżając na przedmieścia stolicy Azerbejdżanu, ujrzałem dzieci bawiące się w cieniu zardzewiałych blaszaków. Przybrzeżne wody oszpecone zostały przez platformy wiertnicze zbudowane za czasów Związku Sowieckiego. Miasto otaczał gąszcz dźwigów i żurawi, przypominających wielkie owady.

A potem, po kilku zakrętach, nastąpiła wielka zmiana.

ROZDZIAŁ 24

Imperialne zwarcia

Kiedy odwiedziłem Baku wiosną 1993 roku, jedynym miejscem, gdzie można było kupić colę, był „dolarowy bar" w hotelu Azerbejdżan, uchodzącym wówczas za najlepszy hotel w mieście, chociaż brudne pokoje ze stłuczonymi żarówkami do złudzenia przypominały hotel, w którym teraz mieszkałem w Gandży. W 1993 roku nikt tutaj nie słyszał o kartach kredytowych, nie było międzynarodowych restauracji ani takich podstawowych udogodnień, jak butelkowana woda mineralna czy przyzwoita sieć telefoniczna. W sklepach, nielicznych zresztą, półki świeciły pustkami. Było kilka dobrych restauracji serwujących miejscowe przysmaki: kawior, grillowane mięsa i faszerowane warzywa. To wszystko.

Teraz, po sześciu latach, niegdyś zapyziałe śródmieście wyglądało jakby zmieniło skórę. Było kilka nowych hoteli, zagranicznych restauracji, klubów nocnych i wciśniętych między jasno oświetlone, marmurowe fasady sklepów. Dziewiętnastowieczne budynki zostały odrestaurowane i wypiaskowane, a obok wyrosły nowe z barwionego pleksiglasu. Zobaczyłem tysiące nowych samochodów i taksówek. Krzykliwe billboardy reklamowały telefony komórkowe, usługi kurierskie i pralnie samoobsługowe.

Sklepy spożywcze oferowały mnóstwo zachodnich produktów, a anteny satelitarne były dosłownie wszędzie. W 1993 roku cudzoziemcowi rzucało się w oczy, że Azerowie nie potrafią dostosować się do gospodarki usługowej. Teraz nawet najgorsze restauracje i sklepy pamiętające tamte czasy podniosły jakość usług, naśladując zagraniczne wzorce. Z perspektywy śródmieścia można było odnieść wrażenie, że milion siedemset tysięcy mieszkańców Baku obudziło się ze śpiączki.

Przy niegdyś cichym skwerze, gdzie w 1993 roku przychodziłem na lurowatą kawę i sczerstwiałe ciasto, ulokowały się teraz: irlandzki pub, Cajun bar, irański multipleks z najnowszymi amerykańskimi filmami, supermarket oraz designerskie francuskie i włoskie butiki. W okolicy znajdowały się jedyne bankomaty między Turcją a Chinami, wypłacające zarówno azerbejdżańskie manaty, jak i amerykańskie dolary.

A było to po „tąpnięciu" z 1998 roku, na które złożyły się: raptowna obniżka światowych cen ropy; niepowodzenia w poszukiwaniach nowych kaspijskich złóż; fuzje kompanii naftowych skutkujące redukcją zatrudnienia i wreszcie kryzys finansowy w Rosji. Wszystko to spowodowało spadek cen mieszkań w Baku o pięćdziesiąt procent i liczby zagranicznych pracowników o przeszło dziesięć procent. Według słów pewnego irańskiego spekulanta ropą naftową, „w 1997 roku Baku było dynamicznie rozwijającą się światową metropolią, na początku 1999 roku znów stało się jednym z wielu prowincjonalnych miast". Wszystko więc zależało od punktu odniesienia. Moim był siermiężny rok 1993.

Herodot powiadał, że w dziejach na wszystko trzeba czasu, ale przemiana Baku z egzotycznej nazwy na mapie w ośrodek handlu surowcami energetycznymi dokonała się niemal z dnia na dzień. W Trzecim Świecie tylko wojna jest potężniejszym motorem zmian niż ropa. Istnieją firmy śledzące negocjacje kompanii naftowych z krajami, w których odkryto złoża ropy, i specjalizujące się w zakładaniu butików i restauracji w najbiedniejszych zakątkach świata z myślą o cudzoziemskich pracownikach i miejscowych nuworyszach.

Pierwszego wieczora w Baku zjadłem kolację w eleganckim „piano barze". Fortepian był pomalowany na żółto, ściany na czarno. Stoliki udekorowano ręcznie wykonanymi modelami luksusowych samochodów. Później zajrzałem do irlandzkiego pubu, całego w ciemnym drewnie, serwującego oryginalne *stout* i pasztety. Oba lokale były wypełnione podstarzałymi cudzoziemcami i atrakcyjnymi młodymi Azerkami, które w tych łysiejących, pijanych mężczyznach widziały pieniądze i zagraniczne paszporty. Kobiety miały przyklejone uśmiechy, ale nie były prostytutkami. Pewnie chciały wyjechać z Azerbejdżanu, wydając się za jednego z tych cudzoziemców. Uświadomiłem sobie, że odkrycie wielkich złóż ropy wcale nie ustabilizowało sytuacji w tym kraju. Jedynie podniosło stawkę, o jaką będzie walczyć w kolejnym marszu na stolicę kolejna zbuntowana milicja, jak ta z Gandży.

To, czego dowiedziałem się przez następne dwa tygodnie, napełniło mnie nieprzyjemnym przeczuciem, że w pierwszej dekadzie XXI wieku basen Morza Kaspijskiego może stać się tym samym, co Wietnam w latach sześćdziesiątych i siedemdziesiątych, Liban i Afganistan w latach osiemdziesiątych, a Bałkany w latach dziewięćdziesiątych – punktem zapalnym konfliktu, który wciągnie w swoją orbitę największe światowe mocarstwa.

Kiedy wyszedłem z pubu, opadła mnie zgraja żebraków, niczym rój natrętnych much.

*

Nazajutrz, obserwując tłum spacerujący nadmorskim bulwarem, łatwo było zauważyć, co się zmieniło, a co nie. Ludzie byli trochę lepiej ubrani niż w 1993 roku. Tu i ówdzie mignął mi facet z komórką przy pasku. Poza tym jednak wszystko wyglądało jak za komunizmu: fotografowie ze starymi polaroidami, którzy pstrykali zdjęcia dzieciom obok starych, zakurzonych pluszaków; karuzele w wesołym miasteczku, które wymagały naprawy; archaiczne wagi; staruszki w chustach i fartuchach, ciągnące za sobą uwiązane do pasa skrzynki ze szmelcem; i wreszcie niezliczeni żebracy. Spacerowicze kupowali tłuste kiełbasy i wodniste lody, czasem rujnując się na puszkę coli czy fanty dla dzieci, ale przeważnie zadowalając się tańszymi napojami lokalnej produkcji. Miejscowi odczuli przypływ gotówki, kiedy w połowie lat dziewięćdziesiątych kompanie naftowe zaczęły szukać pracowników, ale większości mieszkańców Baku żyło się niewiele lepiej niż dotąd.

Tutaj, w przeciwieństwie do Gandży, napisy były po rosyjsku. Baku przez kilkadziesiąt lat było stolicą ważnej republiki sowieckiej, natomiast Gandża była turecką prowincją, z racji położenia w pobliżu bazy wojskowej niedostępną dla obcych. Nieufność mieszkańców Gandży względem „tych z Baku" miała więc wymiar językowo-kulturowy.

Trudno zdefiniować, co w Baku było najbardziej rosyjskie: jakaś egzotyka wynikająca ze spotkania Europy z Azją, szczególna aura, którą John Gunther nazwał „niewyobrażalną obcością Moskwy"[1]. Na przykład kolacja z parą Azerów w miejscowej restauracji byłaby niewarta wspomnienia, gdybym nie udał się do WC. Pchnąwszy drzwi opatrzone tabliczką „Toaleta", znalazłem się w wytwornym przedpokoju zdobnym w czerwone aksamity i wielki portret Stalina w złoconej ramie. Obok, nie zwracając uwagi na przechodzących ludzi, namiętnie obłapiała się urodziwa para – wyglądali jak tancerze baletowi. Z sąsiedniego pomieszczenia dobiegały podobne męsko-damskie odgłosy. Koło pary „tancerzy" siedziała na taborecie wąsata staruszka, natarczywie prosząca o datki.

W Baku, jak w wielu innych miejscach na szlaku mojej podróży na Wschód, odkryłem też kawałek Europy, choć od wyjazdu z Budapesztu byłem pewny, że ją na dobre opuściłem.

To nie był pierwszy boom naftowy w Azerbejdżanie, lecz drugi. To żołnierze Aleksandra Wielkiego pierwsi zaobserwowali metan ulatniający się z głębi ziemi przez piaszczystą glebę i widzieli świątynie wzniesione przez wyznawców Zaratustry wokół „wiecznego ognia". Po odkryciu w XIX wieku komercyjnych zastosowań ropy naftowej region Baku stał się pod koniec tego

1 John Gunther, *Twelve Cities*, New York 1967.

stulecia największym światowym producentem i eksporterem tego surowca, ówczesną „Zatoką Perską", gdzie zbili fortuny Alfred Nobel, Calouste Gulbenkian i wielu innych. Na bakijskiej starówce, otoczonej dwunastowiecznymi perskimi murami, ujrzałem baśniowe pałace z fryzami i gargulcami, wzniesione przed stu laty właśnie przez tych naftowych potentatów. Ropa już wtedy była motorem rozwoju. Zwiedzając te rezydencje, podziwiałem barokowe korytarze, okazałe schody i włoskie freski z wizerunkami nagich postaci, zakazanymi przez islam, a tym samym, jak to ujął pewien miejscowy historyk, „podwójnie radującymi oczy" bogatych muzułmańskich właścicieli. I wtedy, i teraz ropa była transportowana z Baku do Batumi, z tą jednak różnicą, że wówczas koleją, której budowę ukończono w 1883 roku za pieniądze Rothschildów.

„Na przełomie XIX i XX wieku bakijczyk był obywatelem prawie niezależnego kosmopolitycznego państwa-miasta" – powiedział w rozmowie ze mną historyk Fuad Achundow. W 1913 roku, na przykład, na dwieście czternaście tysięcy mieszkańców tylko co trzeci był Azerem; mniej więcej tyle samo było Rosjan, około dwudziestu procent stanowili Ormianie, resztę – Żydzi, Niemcy i Polacy. Jeszcze w 1988 roku w Baku mieszkało ponad dwieście tysięcy Ormian, czyniąc stolicę Azerbejdżanu jednym z największych miejskich skupisk Ormian na świecie. Jednak w ciągu trzech lat po pogromie w pobliskim Sumgaicie populacja azerskich Ormian stopniała niemal do zera, a z miejscowego Muzeum Lenina usunięto nazwiska ormiańskich rewolucjonistów. Mieszkania

Ormian zajęli Azerowie, którzy z kolei wynajęli je – za tysiące dolarów miesięcznie – cudzoziemskim pracownikom spółek naftowych.

Koniec wieloetnicznej cywilizacji nie był jedyną cezurą między pierwszym i drugim boomem. Obecna architektura miała zasadniczo globalny charakter. Modne butiki z marmurowymi elewacjami kojarzyły się z przedmieściami Kansas City czy Los Angeles. Podczas wieczornego spaceru przyglądałem się strumieniowi Azerek i Azerów robiących zakupy w tych sklepach, lustrujących półki tym samym zachłannym spojrzeniem, po którym wszędzie poznać nuworysza, ale ta wersja globalnego materializmu była czysto oligarchiczna.

„U schyłku XIX wieku – powiedział Achundow – przechodnie wskazywaliby na tę rezydencję, mówiąc: »To dom Romanowów«, a na tę, mówiąc: »To dom Tagiewów«. Dziś nikt nie rozgłasza, co do kogo należy. Wszystko jest kupowane przez podstawione »słupy«, bo transakcje mają zwykle półlegalny charakter. Jeśli dziś buduje się luksusową rezydencję, to otacza się ją wysokim murem, żeby nikt nie mógł zobaczyć, co się dzieje w środku".

Wkrótce po przyjeździe poznałem innego Azera, byłego pracownika spółki naftowej. On widział to w następujący sposób: „W okresie tak zwanego sowieckiego zastoju byliśmy szczęśliwi, bo żyliśmy marzeniem, marzeniem o demokracji. Potem marzenie się spełniło i okazało się katastrofą. Teraz jesteśmy skazani na banalny autorytarny reżim, który zapewnia nam stabilizację, ale w ramach »prywatyzacji« wyprzedaje majątek państwowy kolesiom".

Kiedy przyjechałem tutaj na początku lat dziewięćdziesiątych, demokratyczny Azerbejdżan był jednym wielkim koszmarem: z blokadami drogowymi w centrum miasta, pijanymi żołnierzami, wywracającymi przechodniom kieszenie w poszukiwaniu papierosów, i takim administracyjnym chaosem, że nawet w gabinecie prezydenta nie zawsze działał telefon, więc nie podpisywano żadnych kontraktów na wydobycie ropy. Jednocześnie świeżo uzyskana niepodległość – tutaj i w sąsiedniej Armenii – podgrzała zadawnione nacjonalistyczne namiętności: wojna w Karabachu zaowocowała dziesiątkami tysięcy zabitych i setkami tysięcy uchodźców. Azerbejdżan stanął wobec tego samego problemu, co Rumunia: jedynymi osobami zdolnymi wyprowadzić kraj z chaosu i zarządzać administracją byli ekskomuniści, jednak oni, rzecz jasna, przeciwstawiali się jakimkolwiek próbom reform.

Kiedy w czerwcu 1993 roku rebelia wszczęta przez milicję w Gandży ogarnęła też Baku, nie było innego wyjścia, jak oddać władzę Gajdarowi Alijewowi, byłemu generałowi KGB, byłemu pierwszemu sekretarzowi KC Komunistycznej Partii Azerbejdżanu, członkowi Breżniewowskiego politbiura i „mistrzowi manipulacji obdarzonemu krokodylim uśmiechem". Alijew doprowadził do rozejmu z Armenią. Zlikwidował blokady drogowe. I żeby pokazać, kto tu rządzi, nakazał umieszczanie jego podobizny we wszystkich miejscach publicznych, zgodnie z najlepszymi wzorcami sowieckiego kultu jednostki. Kiedy podróżował za granicę, na lotnisku żegnała go cała rada ministrów; w Gruzji Szewardnadzego byłoby to nie do pomyślenia. I co najważniejsze, dał spółkom naftowym to, o co zabiegały: ulgi podatkowe.

Alijew wprawdzie uporządkował chaos, ale nie uczynił nic, żeby ucywilizować porządek. Przez sześć lat sprawowania rządów nie stworzył ani jednej instytucji. Nadal o wszystkim decydował jednoosobowo. Teraz, siedemdziesięciosześcioletni i coraz słabszego zdrowia, próbował zapewnić sukcesję synowi, Ilhamowi. W Gruzji parlament miał realną władzę, w Azerbejdżanie – nie miał żadnej. W Gruzji korupcja była plagą społeczną, ale w Azerbejdżanie – mimo wartych trzydzieści miliardów dolarów kontraktów na eksploatację złóż ropy naftowej – korupcja osiągnęła poziom Nigerii i Indonezji.

Nocowałem w mieszkaniu znajomego w dobrej dzielnicy Baku, ale przez dwadzieścia cztery godziny musiałem się obyć bez wody. Wiadomo było, że jeśli sieć wodociągowa nie zostanie wyremontowana, to wkrótce spore połacie miasta będą niezdatne do zamieszkania. Wiadomo było też, że rząd nawet nie rozważa takiej przebudowy. Z raportów ONZ wynikało, że przerwy w dostawie wody i gazu jedynie symbolizowały ogólny spadek warunków życia w Azerbejdżanie po 1993 roku. Konsumpcja żywności na jednego mieszkańca zmniejszyła się w tym czasie o jedną trzecią, natomiast udział kosztów żywności w wydatkach gospodarstw domowych wzrósł czterokrotnie[1]. Tymczasem nowe luksusowe hotele – Hyatt i Europa – gdzie oczywiście wody w kranach nie brakowało, były pełne

1 Za: The Central Intelligence Agency and the Commonwealth of Independent States' Statistical Yearbook. Zob. też Martha Brill Olcott, *The Caspian's False Promise*, „Foreign Policy", Summer 1998.

amerykańskich i europejskich biznesmenów, którzy przybyli do Baku na doroczne międzynarodowe targi naftowe.

Na targach miały stoiska wszystkie największe światowe kompanie naftowe, a także dziesiątki firm inżynieryjnych, prawniczych i PR-owskich. Ściany hal wystawowych zdobiły wielkie portrety Alijewa. W czasie przemówienia doradcy Alijewa chciałem wyjść, żeby zdążyć na inne spotkanie, ale azerscy ochroniarze zabarykadowali wszystkie drzwi. Kiedy się poskarżyłem przedstawicielowi jednego z koncernów naftowych, ten odpowiedział: „Ci Azerowie są okropni – absolutnie nieustępliwi, wiem. Ale jest tutaj biznes do zrobienia".

Hasłem przewodnim targów było zdanie „Nowy Jedwabny Szlak" – miał on połączyć Europę z Bliskim Wschodem za pomocą rurociągów naftowych i gazowych oraz kolei i dróg szybkiego ruchu. Proponowany szlak miał biec z Budapesztu przez Bukareszt, Stambuł, Ankarę, Supsę, Tbilisi, Baku i dalej przez Turkmenbaszy (dawny Krasnowodzk) i Aszchabad w Turkmenistanie, Kazachstan, Chiny do Japonii. Pulsujące światełka na mapie uwodziły wizją powszechnego dobrobytu, chociaż wiedziałem, że rzeczywistość krajów leżących na „nowym jedwabnym szlaku" prezentuje się zgoła odmiennie. W XIX wieku Alfred Nobel posiadał koncesję na wydobycie ropy w rosyjskiej, północnej części basenu Morza Czarnego, natomiast Standard Oil ulokował się w części południowej. Teraz rodziło się pytanie, które konsorcjum będzie kontrolować który region geograficzny – współpracując z lokalnymi dyktatorami – ponieważ próżnia władzy, powstała po upadku komunistycznego imperium, była stopniowo, prawie niepostrzeżenie wypełniana przez nietradycyjne imperia korporacyjne. Edward Gibbon napisał, że płaszcz rzymskiego imperializmu chronił niedojrzałe państwa przed nimi samymi. Z moich podróży już wiedziałem, że większość krajów, przez które przebiegał ów „nowy jedwabny szlak", była rządzona nie mniej niedojrzale. Teraz jednak nie istniał żaden „Rzym", który by im zapewnił pokój społeczny.

Czy kompanie naftowe zdają sobie sprawę z ryzyka? Unocal, spółka, której stacje benzynowe pokrywają gęstą siecią południowy zachód Stanów Zjednoczonych, w połowie lat dziewięćdziesiątych zamierzała wybudować rurociąg, którym turkmeński gaz ziemny miał popłynąć na południowy wschód: przez Afganistan do pakistańskich portów nad Oceanem Indyjskim. Szefowie Unocalu sądzili, że reżim afgańskich talibów przekonają argumenty ekonomiczne. Zakładali, że wizja korzyści materialnych złamie opór tych, którym była ona fundamentalnie obca. W 1999 roku zlikwidowali swoje przedstawicielstwo w Turkmenistanie.

Targi naftowe zdominował geostrategiczny poker. Chociaż wielkość odkrytych złóż kaspijskiej ropy szacowano na zaledwie trzy procent rezerw światowych, to poszukiwania trwały, a do tego dochodziły ogromne złoża gazu ziemnego[1]. Związek Sowiecki nie dysponował technologią

1 Zob. *Unlocking the Assets. Energy and the Future of Central Asia and the Caucasus*, Houston 1998 oraz James P. Dorian, Brett Wigdortz, Dru Gladney, *Central Asia and Xinjiang, China. Emerging Energy, Economic and Ethnic Tensions*, Society for Central Asian Studies 1997.

eksploatacji złóż głębinowych (poniżej dwustu metrów), ale do Baku zjechały się wszystkie największe zachodnie firmy i siedemnaście konsorcjów. Rozważano dwie konkurencyjne trasy. Rządy Stanów Zjednoczonych i Turcji lobbowały u nafciarzy za budową rurociągu liczącego półtora tysiąca kilometrów i biegnącego z Baku przez Gruzję do tureckiego śródziemnomorskiego portu Ceyhan, nieopodal Antiochii. W listopadzie 1999 roku prezydent Clinton podpisał już nawet list intencyjny w tej sprawie. Jednak kompanie naftowe zachowywały ostrożność i nie były zbyt skłonne wpompowywać do takiego rurociągu pół miliona baryłek ropy dziennie, a taki był poziom rentowności przedsięwzięcia. Ponadto turecki odcinek biegł przez górzysty i niestabilny politycznie Kurdystan. Prostszym i tańszym sposobem było poprowadzenie rurociągu trasą południową, przez Iran. Co więcej, prawie każdy nafciarz, który pracował w Iranie i krajach byłego Związku Sowieckiego, wiedział, że Irańczycy są mniej skorumpowani, bardziej wydajni i łatwiej się z nimi dogadać. Chociaż nikt tego nie mówił głośno, kompanie naftowe odwlekały decyzję, licząc na normalizację stosunków amerykańsko-irańskich i stopniowy zwrot Teheranu ku demokracji.

Z upływem czasu prawdopodobnie zostaną zbudowane obie nitki rurociągu – zarówno przez Turcję, jak przez Iran – a początkiem obu będzie Baku.

Igor Effimoff, Amerykanin, który prowadzi kaspijskie negocjacje w imieniu teksańskiego Pennzoilu, powiedział mi, że „w 1991 roku Stany Zjednoczone zdecydowały się przystąpić do wojny o dwa miliony baryłek wydobywanych dziennie w Kuwejcie. W basenie Morza Kaspijskiego w najgorszym razie będziemy produkować tyle samo. Mówię o złożach już odkrytych i zdatnych do eksploatacji. Łatwo to oszacować. Przez pięć do siedmiu lat będziemy pompować co najmniej cztery miliony baryłek dziennie. To tyle co na Morzu Północnym albo w Iranie. Oczywiście pytanie, czy rząd w Baku będzie wiedział, co zrobić z rzeką pieniędzy, która tędy popłynie, bo jak dotąd nic na to nie wskazuje".

Azerscy ochroniarze w końcu odblokowali drzwi i wyszedłem, żeby się spotkać z „mieszkającym w Baku, dobrze poinformowanym cudzoziemcem", który poprosił, żeby pod żadnym pozorem nie ujawniać jego tożsamości i od którego dowiedziałem się, że: „Budżet Azerbejdżanu wynosi pięćset pięćdziesiąt milionów dolarów. Tyle co nic! Większość z nas ma więcej warte udziały w funduszach powierniczych. A ile dzisiaj przesyłają z Baku do Supsy – sto pięć tysięcy baryłek dziennie? To również tyle co nic. Proszę pamiętać, że azerska ropa jest znakomitej jakości, ma niską zawartość siarki. Potrzeba lat, żeby wielkością wydobycia dorównać Arabii Saudyjskiej czy basenowi Morza Północnego. Tak więc to dopiero początek – jeśli wszystko nie spali na panewce. Nowe bogactwo, które widać dokoła – restauracje, butiki, supermarkety – pochodzi ze spekulacji i zaliczek. Ropy wciąż wydobywa się niewiele. Nikt nie wie, kto zainkasował zaliczki [wypłacane Azerom przez kompanie naftowe po podpisaniu kontraktu]. To ściśle strzeżona tajemnica. Większość z tych pieniędzy pewnie od razu wytransferowano za granicę. Nowe mieszkania, luksusowe sklepy – ciągnął – budują tureccy wykonawcy. Jak pan myśli, kto buduje nowy kompleks sportowo-mieszkaniowy Hyatt Regency, z otwartymi i krytymi basenami, dyskoteką, restauracjami, kawiarniami i czym tam jeszcze? Turcy! Plan jest taki, żeby w ciągu kilku lat centrum miasta przeniosło się z portu do Hyatt. To następne wcielenie Baku. Turcy wszystko importują od siebie, nawet cement. Jedyny azerski »materiał« to woda, którą mieszają z cementem. Ale to budowanie na piasku. Za parę lat może rządzić ktoś inny. Nikt nie liczy, że Ilham [syn Alijewa] da sobie radę po śmierci ojca".

– A czy Arabia Saudyjska była stabilnym krajem, gdy odkryto tam ropę? – spytałem.

– Arabia Saudyjska – odparł spokojnie dobrze poinformowany cudzoziemiec – miała trzy zalety, których brakuje Azerbejdżanowi. Miała rodzinę królewską o przewidywalnej linii sukcesji; wykazywała demokratyczne aspiracje; i wreszcie jest względnie bezpiecznie położona. Arabia Saudyjska – wyjaśnił – sąsiadowała z Morzem Czerwonym, pustynią i odległymi krajami, zajętymi własnymi problemami. Azerbejdżan natomiast ma długą północną granicę z Rosją w Dagestanie, który mógł stać się nową Czeczenią. Pokrzyżowanie szyków zachodnich kompanii naftowych w Azerbejdżanie zostałoby w Rosji uznane za strategiczne zwycięstwo, bo ograniczyłoby wpływy Zachodu w regionie. Z kolei na zachodzie leżą Karabach i Armenia, gdzie Rosja ma swoje bazy, a na południu Iran. Zdaje pan sobie sprawę, do jakiej furii doprowadza Irańczyków świadomość, że na północy mają za sąsiada szyicki kraj, w którym wódka leje się strumieniami, kwitnie pornografia i szwendają się goście z Izraela? I gdzie separatyści snują mrzonki o irańskim Azerbejdżanie?

Irańczycy zbudowali w Azerbejdżanie pięćset szkół i meczetów. Te nowe meczety, które pan widział, jadąc z Gandży, to jedyne funkcjonujące instytucje poza Baku i to nie jest dzieło Alijewa. On nie dba o swój naród. Zbudowali je Irańczycy. Do szkół w Iranie uczęszczają tysiące Azerów. Irańczycy są sprytni. Centrum Baku oddali Turkom i zachodnim kompaniom naftowym, sami pracują nad resztą kraju. To długofalowa strategia. Turcy stosują bardziej krótkofalową: infiltracja azerskiej amii przez setki tureckich oficerów i szkolenie azerskich oficerów w Turcji. Kiedy Alijew umrze, Turcy spróbują wynieść do władzy jednego z przywódców opozycji i uczynić go marionetką w rękach junty. Takie rozwiązanie ucieszyłoby biznesmenów lobbujących za rurociągiem Baku–Ceyhan.

To był tylko jeden z kilku scenariuszy dla kraju, w którym rząd nie ma legitymacji do sprawowania władzy i w którym wszystko jest możliwe. Ponownie zdałem sobie sprawę, że Stany Zjednoczone mogłyby uspokoić sytuację na Bliskim Wschodzie, ocieplając stosunki z Iranem. Teraz miałem się spotkać z przedstawicielami azerskiej opozycji demokratycznej.

*

W Gruzji odbyłem wiele niezapomnianych nocnych rozmów przy czerwonym winie domowej roboty. Azerowie w domowym zaciszu pili mnóstwo wódki, ale oficjalnie byli tradycyjnym muzułmańskim społeczeństwem:

w miejscach publicznych sączyli *çay* lub fantę. Jednak rozmowy z azerskimi demokratami zapadły mi w pamięć przede wszystkim dlatego, że były po neoficku „niekompletne" – niczym monologi u Dostojewskiego[1].

Szahin Hadżijew był szefem agencji informacyjnej Turan i jednym z najinteligentniejszych opozycjonistów, z którymi udało mi się porozmawiać. Jego opisowi rządów Alijewa trudno było cokolwiek zarzucić: „Tutaj nie można założyć firmy bez łapówki dla policjantów i urzędników, to znaczy: krewnych Alijewa". Hadżijew skrytykował „kawiarniane biznesy" ministrów i stwierdził, że Irańczycy przejawiają aktywność nie tylko poza Baku, ale także w najuboższych, peryferyjnych dzielnicach stolicy – tych najbardziej dotkniętych brakiem wody. „Irańczycy zwietrzyli tutaj okazję – wyjaśnił. – I my, i oni jesteśmy szyitami. W Azerbejdżanie po upadku komunizmu powstała moralna próżnia. Poziom naszej kultury politycznej jest bardzo niski w porównaniu z irańską".

Powiedział, że „nie sposób porównać negatywnych cech" poprzedniego rządu Abulfaza Elczibeja i reżimu Alijewa, „ponieważ ten drugi nie jest demokratyczny". Gdyby przywrócono demokrację – zapewnił – „cały kraj zacząłby się rozwijać, nie tylko Baku. Azerowie będą walczyć za demokratów, Alijew ma po swojej stronie jedynie biznesmenów".

Nie przekonał mnie. Rządy Elczibeja na początku lat dziewięćdziesiątych to czas wojny i chaosu. Dlaczego

1 Zob. wstęp Richarda Peveara do: F. Dostojewski, *Crime and Punishment*, New York 1993.

teraz demokracja miałaby przyczynić się do rozwoju, skoro nie przyczyniła się wtedy? I czy Azerowie naprawdę chcą demokracji? Ludzie, których spotkałem w Gandży, chcieli wyższych pensji i poparliby każdego, kto by im je zagwarantował – jak sami mówili: nieważne, Hitlera czy Breżniewa. Kiedy wspomniałem o tym Hadżijewowi, nie zareagował i dalej opowiadał o skorumpowaniu Alijewa.

Gunduz Tahirli był wydawcą opozycyjnego dziennika o nakładzie dziesięciu tysięcy egzemplarzy. Ściany jego biura były całkiem gołe, jeśli nie liczyć wieszaka na ubranie, zaczepionego o rurę kaloryfera. Nie było klimatyzacji, jak w siedzibach kompanii naftowych, były za to roje much. Za tapetę w komputerze służyło zdjęcie Leonarda di Caprio obejmującego Kate Winslet w *Titanicu*. Tahirli był młody, miał ziemistą cerę i odpalał kolejnego marlboro od poprzedniego. „Nadal mam zaufanie do starych opozycjonistów w rodzaju Elczibeja – oświadczył. – Wszystkie ruchy ludowe prowadzą do pozytywnych zmian. Elczibej mógłby wrócić do władzy, mamy odpowiednie konstytucyjne procedury".

Zapytałem go o niejakiego Rasula Gulijewa, o którym wiele słyszałem. Gulijew był azerskim biznesmenem mieszkającym w Stanach Zjednoczonych, którego Alijew zmusił do emigracji, a który był dość obrotny, by już za Sowietów założyć prywatną firmę handlującą ropą, na czym zbił fortunę. „Tutaj ludzie ufają Gulijewowi, bo jest dobrym przedsiębiorcą" – przyznał Tahirli. „Czy Gulijew będzie kiedyś rządził Azerbejdżanem?" – spytałem. Tahirli odparł, że to możliwe. Dodał, że kompanie naftowe domagają się spokoju za wszelką cenę i że to one są najlepszym gwarantem bezpieczeństwa w Azerbejdżanie.

Ale czy ktoś taki jak Elczibej, którego rządy wywołały taki chaos, mógł teraz skutecznie współpracować ze spółkami naftowymi w celu ustabilizowania sytuacji w kraju? Kiedy próbowałem się tego dowiedzieć, Tahirli udzielał wymijających odpowiedzi.

Bachtijar Wahabzada, urodzony w 1925 roku, był najsławniejszym azerskim poetą, współczesnym następcą Nezamiego Gandżawiego. Ubrany we flanelową koszulę i spodnie od dresu, siedział w dusznym mieszkanku, przyciskając do brzucha worek z lodem. Przeprosił za swoją niedyspozycję, a ja przeprosiłem, że mu zawracam głowę. Był przystojny, miał wyraziste rysy, oliwkową cerę i bujną siwą czuprynę. Biła od niego życzliwość.

„Obyśmy już nigdy nie znaleźli się w orbicie wpływów rosyjskich – powiedział. – Mamy dwóch odwiecznych wrogów: Rosję i Iran. Ilekroć mówię: »Jestem wolny« po rosyjsku, to znaczy, że tak naprawdę wcale nie jestem wolny. Kim są Rosjanie? Oni sami nie wiedzą, kim są! Nezami był Azerem, chociaż pisał po persku, ale jeśli ktoś pisze po rosyjsku, to nie jest prawdziwym Azerem... Irańczycy chcą, żebyśmy się wyrzekli swojej tożsamości i mówili po persku. W Iranie mieszka dwadzieścia pięć milionów Azerów, ale kultura azerska jest bezwzględnie tępiona. Iran faworyzuje chrześcijańską Armenię, ponieważ wie, że gdy Azerowie staną się naprawdę wolni, to wyzwolą również irańskich Azerów".

Wahabzada większość twórczego życia spędził w mrokach sowieckich prześladowań. Jego nienawiść do Rosji wynikała z niezaprzeczalnie tragicznych, osobistych doświadczeń. Ale jego nacjonalizm był niebezpieczny i oparty na fałszywych przesłankach. Azerowie w Iranie nie byli nawet w przybliżeniu tak prześladowani, jak to przedstawiał. Wielu członków irańskiej elity, w tym rady ministrów, było właśnie Azerami. Podobno nawet sam prezydent Iranu ajatollah Ali Chamenei miał we krwi azerską domieszkę. Iran był wielonarodowym imperium, w którym Persowie stanowili niewiele ponad połowę ogółu ludności. Stosunki między irańskimi Azerami i Persami to bardzo skomplikowana kwestia, ale jak się z czasem przekonałem, emocje Wahabzady podzielała większość tutejszej demokratycznej opozycji.

Z Abulfazem Elczibejem ostatni raz rozmawiałem w 1993 roku, w gabinecie prezydenta republiki. Teraz spotkaliśmy się w jego mieszkaniu, w zatłoczonej kamienicy na przedmieściach Baku. Ściany zawilgoconego pokoju zdawały się pocić z gorąca. Na klatce schodowej, na której ze ścian wystawały przewody elektryczne powyrywane z puszek, bawiły się dzieci. „Kiedy spotkamy się następnym razem, znów będę urzędował w gabinecie prezydenckim" – oświadczył. To było niewykluczone. Kiedy w 1993 roku składałem wizytę Elczibejowi, Gajdar Alijew mieszkał w podobnie nędznych warunkach w Nachiczewanie.

Mimo to utrata władzy musiała być dla Elczibeja wyjątkowo bolesna. Wybór na prezydenta nowego demokratycznego Azerbejdżanu był ukoronowaniem jego opozycyjnej działalności. W latach siedemdziesiątych i osiemdziesiątych Elczibej był azerskim Gamsachurdią, profesorem, który spędził lata w obozie pracy za przewodzenie ruchowi narodowego odrodzenia i zmianę nazwiska z Alijew na tureckie Elczibej (co znaczy: „pierwszy ambasador") na znak sprzeciwu wobec dominacji rosyjskiej. Kiedy przeprowadzałem z nim wywiad w pałacu prezydenckim, wydawał się przytłoczony nowymi obowiązkami i odpowiedzialnością. Teraz miał sześćdziesiąt jeden lat, tę samą starannie przystrzyżoną siwą brodę i rozmawiając ze mną, z trudem powstrzymywał wzburzenie. Sprawiał wrażenie człowieka nieobecnego myślami, oderwanego od rzeczywistości, wręcz szalonego. Miał podkrążone oczy, palił camele i poczęstował mnie rodzynkami oraz *çayem*.

„Te śmieszne nowe budynki i restauracje w śródmieściu nic nie znaczą, nie mam poczucia, że cokolwiek się zmieniło – powiedział. – Zagraniczne inwestycje to po prostu prezenty dla krewnych Alijewa. To dzieło tyrana, który mości sobie wytworne gniazdko, by puszyć się przed cudzoziemcami. Dlaczego zamiast głupich restauracji nie zbudował nowego uniwersytetu albo szpitala? To prawda, nie brakowało problemów, kiedy byliśmy u władzy, ale Alijew wywołał chaos. Wpuścił do Azerbejdżanu obce wojska. Zawarł niekorzystne kontrakty, byle zadowolić kompanie naftowe. Ameryka chce ropy. »Proszę, bierzcie, ile chcecie« – mówi im Alijew. Rosja chce to, Iran chce tamto, a Alijew wszystko oddaje".

Elczibej ciągnął dalej w tym stylu, waląc dłonią w stół. „My trzymamy się zasad. Domagamy się ochrony Azerów w Iranie. To nasza strategia. Jesteśmy całkowicie zorientowani na Europę. Iranowi nie podoba się nasz łaciński alfabet. Musimy stworzyć demokratyczne instytucje i pracować nad wyzwoleniem południowego Azerbejdżanu, dziś okupowanego przez Iran. Liberalizacja w Iranie z czasem doprowadzi do jego upadku, a wtedy Azerowie odzyskają wolność. Jestem przeciwnikiem wszelkiego imperializmu...".

Podsycanie azerskiego nacjonalizmu w Iranie było ze strony Elczibeja nieodpowiedzialnością, ale również nieodpowiedzialni politycy miewają dar przewidywania. Z mojego pobytu w Iranie zapamiętałem, że Irańczycy naprawdę poważnie liczą się z groźbą podziału kraju i zjednoczenia północnego i południowego Azerbejdżanu. Kiedy irański prezydent Mohammad Chatami hamował swoje demokratyczne zapędy w obawie przed anarchią, to czynił tak między innymi właśnie ze względu na kwestię azerską.

Kiedy wracałem taksówką ze spotkania z Elczibejem, zobaczyłem wielką reklamę Marlboro na ścianie bloku mieszkalnego, pamiętającego czasy Chruszczowa. Upadek komunizmu na Kaukazie bardziej przysłużył się koncernom tytoniowym niż demokracji.

Isa Gambar, szef Musawatu (Partii Równości), wydał mi się jedynym rozsądnym przedstawicielem opozycji. Musawat miał bogatą tradycję. Został założony w 1911 roku przez Mameda Amina Rasulzadego, który wykorzystał próżnię władzy po upadku carskiej Rosji, by proklamować efemeryczną Demokratyczną Republikę Azerbejdżanu. Przed wyborem Elczibeja to właśnie Gambar pełnił obowiązki prezydenta kraju. W dusznym, śmierdzącym biurze, otoczony mężczyznami w eleganckich garniturach i ze złotymi zegarkami na nadgarstkach, którzy odnosili się od niego z nabożną czcią, Gambar w wymiętym ubraniu snuł nieśpieszną opowieść. Mówił o podatkach, o reformie sądownictwa i o traktacie pokojowym z Armenią, który zostanie podpisany, gdy tylko Rosja wycofa z Armenii swoje wojska. „Istnieje wiele podobieństw do sytuacji po pierwszej wojnie światowej – stwierdził. – Armenia wypowiedziała nam wojnę, my zawarliśmy porozumienie wojskowe z Gruzją, a Rosja i Zachód walczyły o kaukaską ropę. Różnica polega na tym, że wtedy Zachód bił się z Turcją, a dziś to sojusznicy, nam zaś bliżej do Zachodu dzięki rewolucji postindustrialnej – komputerom, samolotom… Może tym razem uda nam się zachować niepodległość".

*

Spotkałem się z kolejnym „dobrze poinformowanym cudzoziemcem". Ten miał dobroduszny wygląd i staromodne maniery bohaterów Kiplinga. Kiedy zacząłem od tradycyjnego zapewnienia, że rozmowa odbywa się „off the record" i tak dalej, uniósł brwi i rozłożył ręce w geście, który najwyraźniej oznaczał, że dżentelmeni mogą sobie nawzajem ufać.

– Zachód ma twardy orzech do zgryzienia – powiedział smutnym, znużonym głosem. – Z jednej strony reżim Alijewa, jeśli pominąć kontrakty naftowe, nie stwarza warunków sprzyjających inwestycjom. „Świętość umowy" to tutaj abstrakcyjne pojęcie. Interesy robią ci, którzy opłacają sędziów, policję… Cóż, rozumie pan… Sytuacja praw człowieka woła o pomstę do nieba.

Międzynarodowy Czerwony Krzyż nie dostał zezwolenia na inspekcję więzień, gdzie szaleje gruźlica. Prześladuje się rodziny opozycjonistów. Bezrobocie poza Baku sięga stu procent. Masowo importuje się owoce, luksusowe samochody i kwiaty, a równocześnie nie istnieje ani jedna rodzima, przynosząca zyski firma spoza branży naftowej. Kleptokracja na szczytach władzy dopełnia obraz nędzy i rozpaczy. Z drugiej strony – podkreślił – Alijew to jedyny polityk, który może stworzyć potrzebne instytucje, odpolitycznić sądownictwo i zreformować administrację. Bez tego Azerbejdżan załamie się pod lawiną petrodolarów, która za parę lat spadnie na ten kraj.

Pokazał mi wykresy, z których wynikało, że chociaż naftowy boom w Azerbejdżanie przebiega wolniej, niż oczekiwano, to wkrótce przyniesie on gwałtowny wzrost dochodu narodowego.

– Proszę zapomnieć o Gulijewie i jego cywilizowanej oligarchii. Gdyby przyszło co do czego, wcale nie byłaby cywilizowana. Elczibej to szalony naukowiec. Ilham [syn Alijewa] do niczego się nie nadaje. Pozostali demokraci... – machnął ręką z rezygnacją. – Cóż, nie sposób dokonać tak fundamentalnych zmian, nie mając wielkiej władzy. W takim kraju jak Azerbejdżan proces reform może zapoczątkować jedynie dyktator. Widzi pan – ciągnął – tutejsi policjanci są brutalni i skorumpowani. I co na to można poradzić? Można ich szkolić, można im przybliżać zachodnie wartości, można ich lepiej wynagradzać i można im zaszczepiać *esprit de corps*. Samo krytykowanie Azerów i żądanie, by wreszcie zrobili porządek we własnym kraju i przestrzegali praw człowieka, na nic się nie zda. Ale wyobraża pan sobie, jaką burzę w zachodnich stolicach wywołałaby informacja o subsydiowaniu azerskiej policji? Łatwo prawić kazania z wygodnego fotela w Europie i Ameryce, ale my, na pierwszej linii frontu, musimy być pragmatyczni.

Widziałem dostatecznie wiele, by podzielać jego punkt widzenia. Problem tortur i szowinizmu w tureckiej policji zawsze się nasilał za rządów demokratycznych, częściowo dlatego, że generałom łatwiej kontrolować własnych podwładnych niż cywilnym politykom.

– A co jeśli Alijew jutro umrze? – spytałem.

– Jeśli umrze jutro – odparł dobrze poinformowany cudzoziemiec, potrząsając głową i uderzając pięścią w otwartą dłoń – to Turcy wezmą się za łby z Rosjanami. Turcy spróbują uaktywnić „swoich" ludzi w rządzie i armii, zanim Rosjanie zdestabilizują Baku.

Uważał, że Irańczycy jeszcze przez kilka lat nie będą odgrywać w Azerbejdżanie większej roli.

Baku było więc miejscem, w którym Turcy, Rosjanie i Irańczycy bez tłumacza czuli się jak w domu, ale częste zmiany alfabetu i nazw ulic wywoływały ciągłą dezorientację. To była prawdziwa strefa zwarcia. Pierwszą bitwę zimnej wojny stoczono nie w Berlinie, lecz w południowym Azerbejdżanie w 1946 roku, gdy Stalin pod presją Zachodu przestał wspierać marionetkowy rząd w Trebizie, co po zajęciu tych ziem przez wojska irańskie spowodowało jego upadek. Następna wielka bitwa nowych czasów też mogła rozegrać się właśnie tutaj.

W 1918 roku Brytyjczycy przysięgali, że będą chronić Baku i Batumi, łączącą je linię kolejową i własne naftowe interesy, ale wycofali się z regionu, gdy tylko uznali, że sytuacja wymknęła się spod kontroli, a armia rosyjska – tym razem bolszewicka – zajęła pozycje do walki o terytorium, które jej carska poprzedniczka utraciła zaledwie kilka lat wcześniej. Jeżeli ta ziemia znów się zatrzęsie pod butami maszerujących wojsk – jeżeli Władimir Putin, na przykład, przekształci Rosję w nową, agresywną autokrację – to jak zareaguje Zachód?

*

Przed opuszczeniem Azerbejdżanu pojechałem jeszcze taksówką do Sumgaitu, trzeciego co do wielkości miasta kraju, położonego czterdzieści kilometrów na północ od Baku nad Morzem Kaspijskim. Sowieci uczynili z Sumgaitu ośrodek azerskiego przemysłu chemicznego, w którym produkowano detergenty, pestycydy, chlor, superfosfaty i lindan, sowiecki odpowiednik *agent orange*. Centrum Sumgaitu tworzyły walące się bloki mieszkalne i metalowe „szczęki" na chodnikach pełnych nędznie ubranych przechodniów. Odór chemikaliów był wszechobecny. Na plaży zobaczyłem zardzewiałe wraki statków, hałdy potłuczonego szkła i naziemne rury odprowadzające ścieki do morza. Ale ujrzałem też obejmującą się parę na piasku i starca wpatrującego się w jakąś fotografię. Rodziny wybrały się na spacer, ciesząc się bladym słońcem. W kawiarni kelner wytarł do czysta popielniczkę na moim stoliku i napełnił ją landrynkami. Duch ludzki wydawał się nieposkromiony.

Pojechaliśmy na cmentarz w dzielnicy przemysłowej, rejestrując w pamięci apokaliptyczne sceny zniszczenia.

Od smrodu chloru wypełniającego brunatną pustynię, usianą szkieletami fabryk, bolały mnie płuca i piekły oczy. Na polu porośniętym jeżynami, między którymi walały się puste butelki, ujrzałem kupki ziemi oznaczone czarnymi kamieniami – groby dzieci zmarłych na skutek wad wrodzonych, spowodowanych skażeniem środowiska. „Teraz fabryki są zamknięte i jest mniej chorób, ale nie ma pracy" – żalił się mężczyzna w białej mycce, przesuwając między palcami modlitewne paciorki.

Wychodząc z cmentarza, zwróciłem uwagę na mury z pustaków otaczające porzucone fabryki. Były zbudowane tak chaotycznie i prymitywnie, jakby wzniesiono je w jakichś prehistorycznych czasach, zanim słowo „cywilizacja" zaczęło cokolwiek oznaczać. Pustaki były ułożone bez ładu i składu. Nikomu to nie przeszkadzało i nic nie miało znaczenia. Przypomniałem sobie prawdziwą historię, którą opowiedział mi Aleksander Rondeli w Gruzji, o stertach zwłok układanych w syberyjskich ciemnościach. „Wszyscy: Gruzini, Azerowie, Ormianie – dźwigamy bagaż przeszłości. Idziemy do przodu, patrząc wstecz".

ROZDZIAŁ 25

Statkiem do Tatarii

Nie istniał rozkład rejsów frachtowców, które pływały z Baku przez Morze Kaspijskie do Turkmenbaszy w Turkmenistanie. Znajomi opowiadali, że kiedyś czekali trzy dni w dokach. Zarzuciwszy worek podróżny na ramię, wszedłem do budynku portowego, którego zimny hall był niemal pusty, jeśli nie liczyć stoiska z herbatą. Obszedłem budynek dokoła i znalazłem małe biuro, w którym siedziała jakaś kobieta, zajęta robótką na drutach, i kręcił się policjant. Był przysadzisty, miał czarne włosy, czarne wąsy i pyzatą ogorzałą twarz. Przy pasku miał kajdanki. Zapytał, czego chcę.

– Czy wieczorem płynie statek do Turkmenbaszy?

– Tak, mamy ładunek, znaczy wieczorem będzie statek.

– Ile kosztuje kabina? – spytałem.

Obrzucił mnie twardym spojrzeniem i rzucił pogardliwie:

– Daj czterdzieści pięć dolarów, to dostaniesz kwit dla stewarda, a jemu trochę dorzucisz za kabinę.

– Jeżeli mam tobie zapłacić, to chcę bilet.

– Jeżeli mnie nie zapłacisz czterdziestu pięciu dolarów, to nie wejdziesz na statek. U mnie masz zniżkę – uśmiechnął się i odwrócił, żeby splunąć na betonową posadzkę. Wręczyłem mu dwa banknoty dwudziestodolarowe. – Jeszcze pięć dolarów – powiedział, pocierając kciukiem o palec wskazujący. Nie miałem drobnych, wręczyłem mu kolejną dwudziestkę. Ponownie wyszczerzył zęby w uśmiechu i schował wszystkie trzy banknoty do kieszeni. Kobieta przestała machać drutami i wypisała pokwitowanie. – Idź teraz na herbatę, to może potrwać kilka godzin. Powiem ci, kiedy statek będzie gotowy do wypłynięcia.

– A gdzie piętnaście dolarów reszty? – zapytałem.

Znów się uśmiechnął i splunął, patrząc na mnie jak na idiotę. Pokazał puste dłonie. Przez chwilę mierzyliśmy się wzrokiem. Potem wydał mi trochę manatów, ale mniejszej wartości.

Na zewnątrz usiadłem przy stoliku nad samą wodą i przed dwie i pół godziny sączyłem herbatę, przyglądając się pracującym żurawiom i słuchając plusku fal. Kiedy policjant powiedział, że statek gotowy, podjechałem na miejsce taksówką. Przeszedłem przez kontrolę paszportową i celną, by na końcu trapu zderzyć się z gromadą pokrzykujących na mnie kobiet w brudnych kombinezonach. Należały do załogi i wszystkie chciały za parę zielonych odstąpić mi swoją koję. Ostatecznie zdecydowałem się na kabinę za dwadzieścia pięć dolarów. Materac był wilgotny, pościel dziurawa, a gniazdka elektryczne wyrwane ze ściany. Na podłodze leżały czyjeś stare pantofle. Ściany były oklejone plakatami pornograficznymi. Drzwi się otworzyły i wszedł ktoś z załogi, żeby wziąć jakieś rzeczy z szafy i skorzystać z toalety. To była jego kabina. Na tym statku nie było kabin turystycznych.

Statek był kwintesencją postsowieckiego brudu i ubóstwa, upaprany olejem napędowym i pomalowany szarozieloną ołowiową farbą, która obłaziła całymi płatami. Pasażerowie tworzyli groteskowe *tableau*: mężczyźni w ciemnych, zaplamionych strojach o kroju pidżamy i kobiety w starych szlafrokach i sukienkach, dźwigające torby z paskudnie woniejącą żywnością. Sami jednak wcale nie byli brzydcy: wielu miało piękne rysy i skośne, tatarskie oczy. W ich twarzach można było wyczytać nieskończone bogactwo opowieści[1].

Wagony kolejowe wjechały na statek po torach, które prowadziły aż pod pokład. W końcu furta ładowni zatrzasnęła się i kilka godzin po tym, jak rozgościłem się w kabinie, z komina buchnęły kłęby czarnego dymu. Pokład zadrżał i wypłynęliśmy w morze. Przechyliłem się przez reling, patrząc na zachodzące słońce i ginące w ciemnościach Baku.

Zostałem na pokładzie do późnej nocy, pośrodku czerniejącego morza, słuchając rzężenia dobywającego się z maszynowni statku, który zmierzał ku niewidzialnej granicy między Azerbejdżanem i Turkmenistanem – między Kaukazem i Azją Środkową. Morze Kaspijskie, zasilane przez trzy wielkie rzeki płynące z północy – Wołgę, Ural i Terek – oraz kilka mniejszych, płynących z zachodu, jest największym na świecie morzem śródlądowym o powierzchni większej niż cała Japonia.

1 Pojęcia „groteska" używam w takim samym znaczeniu, jak Sherwood Anderson w swojej powieści *Winesburg, Ohio*, New York 1958, gdzie powiada „Ci groteskowi wcale nie byli odpychający. Jedni byli zabawni, inni niemal piękni...".

Nazywane największym na świecie słonym jeziorem ma tysiąc dwieście kilometrów długości i trzysta szerokości. We wcześniejszych okresach geologicznych bywało połączone – przez Morze Azowskie, Morze Czarne i Morze Śródziemne – z oceanem. Zmiany powierzchni i głębokości czynią je obiektem szczególnego zainteresowania badaczy tutejszej geologii i klimatu, ale w ciągu następnych kilku lat jedyną kaspijską zagadką budzącą powszechne zainteresowanie będzie wielkość podmorskich złóż ropy. Znawcy szacują je na dwieście miliardów baryłek, tyle co łącznie złoża irańskie i irackie[1], ale jak się dowiedziałem na targach, wydobycie będzie znacznie mniejsze.

W końcu zszedłem do kabiny. W korytarzu spotkałem mężczyznę ubranego lepiej od pozostałych, który zapytał, czy zjadłbym kolację z nim i jego przyjaciółmi. Stołówka była mała i ciemna, a ściany obite sklejką i wytapetowane starymi kalendarzami. Przed telewizorem, w którym leciał jakiś film akcji ze zjechanej kasety wideo, stało kilka plastikowych stolików nakrytych ceratowymi obrusami. Asłan, gość, który zaprosił mnie na kolację, był koło pięćdziesiątki, miał siwe włosy i sympatyczną, kanciastą twarz. Powiedział, że on i jego towarzysze są Azerami, których rodziny Stalin przesiedlił w latach trzydziestych do Kazachstanu. „Nie wymordowano ich zbyt wielu, więc szybko zapomniano o wysiedleniu tych setek tysięcy ludzi, bo w porównaniu z innymi stalinowskimi represjami, to

1 Zob. Robert Cullen, *The Rise and Fall of the Caspian Sea*, „National Geographic", May 1999.

jeszcze nie było najgorsze"[1]. Asłan był drobnym handlowcem, który woził mięso i inne produkty z Azerbejdżanu do Kirgistanu, gdzie teraz mieszkał. Przy piwie, wódce i gotowanym kurczaku on i jego przyjaciele pomstowali na pierestrojkę, która ich zdaniem tylko wywołała chaos. Narzekali na bariery celne między byłymi republikami sowieckimi, które nie istniały przed rokiem 1991, i chwalili autorytarnego uzbeckiego prezydenta Islama Karimowa, za rozmaite ulgi dla biznesmenów. „Dla ciebie – stwierdził Asłan – pieriestrojka i upadek komunizmu to coś dobrego, a dyktatura Karimowa coś złego, a dla nas na odwrót, bo musimy tu żyć".

Na przyjemnym rauszu wróciłem do kabiny, ale komary nie pozwoliły mi zasnąć. Dopiero o świcie przysnąłem na godzinę czy dwie, by ocknąwszy się, ujrzeć na horyzoncie ląd, który za Sasanidów zwano Turkiestanem, a w czasach elżbietańskich – Tatarią. Brzeg jednak znajdował się dalej, niż mi się wydawało, a statek płynął powoli. Dopiero po śniadaniu złożonym z herbaty i sucharów kupionych w Baku ujrzałem kontury Turkmenbaszy – portowe żurawie i białawe chaty wzdłuż klifów o trupio sinej barwie. Kiedy statek zmieniał kurs i wpływał do doku – woda miała barwę jadeitowozieloną – uświadomiłem sobie, o ile cieplej było na wschodnim wybrzeżu Morza Kaspijskiego niż na zachodnim. Przez

1 Kolektywizacji w Azerbejdżanie w 1930 roku towarzyszyły jednak krwawe represje, wskutek których tysiące ludzi zbiegło do Iranu. Zob. Robert Conquest, *The Harvest of Sorrow. Soviet Collectivization and the Terror-Famine*, New York 1986 oraz Isaac Deutscher, *Stalin*, New York 1949.

całą drogę w kółko mnie zapewniano, że podróż potrwa najwyżej dwanaście godzin. Mimo spokojnego morza, trwała szesnaście godzin, nie licząc tych trzech, które spędziłem na oczekiwaniu na pokładzie przed wyjściem z portu. (W czasach Herodota przeprawa zajmowała prawie osiem dni). Przemknęło mi przez myśl, że sposób, w jaki ludzie obchodzą się z prawdą, wiele mówi o ich kulturze.

Było południe. Pasażerom kazano ustawić się – w prażącym słońcu i temperaturze blisko czterdziestu stopni Celsjusza – w kolejkę przed niegdyś białą, teraz obłażącą z farby bramą na końcu doku, gdzie samotny policjant kontrolował paszporty nowo przybyłych. Przepuszczał dalej tylko obywateli turkmeńskich, garstce cudzoziemców opryskliwie kazał zaczekać. To coś nowego – pomyślałem. Z moich doświadczeń na przejściach granicznych wynikało, że w ubogich krajach, zwłaszcza w Afryce, szorstko obchodzono się przede wszystkim z miejscowymi.

W końcu zostałem wpuszczony do budki, gdzie moja wiza została dokładnie sprawdzona i podstemplowana. Potem skierowano mnie do niemal pustego baraku z oknami bez szyb, po którym hulał gorący wiatr. Pośrodku baraku znajdował się metalowy stół, przy którym siedział kolejny policjant. Gestem dłoni nakazał mi opróżnienie podróżnego worka. Drobiazgowo przejrzał jego zawartość, wyławiając fiolkę tabletek na niestrawność i pytając, czy to narkotyki. Kiedy wyjąłem z kieszeni latarkę, wbił we mnie podejrzliwe spojrzenie czarnych oczu. Rozkręcił ją, upuszczając półtorawoltowe bateryjki na ziemię.

Podniosłem je, skręciłem na powrót latarkę i włączyłem, żeby mu pokazać, że nie ma zagrożenia. Wszystko razem – barak, krajobraz, mina policjanta na widok latarki – pozwalało się domyślać rozmiarów spustoszenia. W Gruzji i Azerbejdżanie spotkanie z policjantami było rodzajem transakcji, w ich twarzach zawsze można było wyczytać: „Przyjechałeś ubić jakiś interes, więc my ubijemy interes na tobie". Nie bałem się, bo wiedziałem, że chodzi wyłącznie o pieniądze. Natomiast u tego policjanta wyczuwałem jakąś skazę emocjonalną i unikałem jego wzroku.

Wrzuciłem swoje rzeczy z powrotem do worka i pośpiesznie wyszedłem z baraku, zderzając się z tabunem czyhających na zewnątrz taksówkarzy.

ROZDZIAŁ 26

Nowe chanaty

Różnica w warunkach życia była jeszcze drastyczniejsza niż ta, która rzuciła mi się w oczy, gdy przekraczałem granicę turecko-gruzińską czy gruzińsko-azerską. I nie chodziło nawet o większe ubóstwo, lecz o poczucie obezwładniającej beznadziei. Taksówkarze i waluciarze zachowywali się jak wygłodniałe zwierzęta. Kobiety w plastikowych klapkach i brudnych sukienkach snuły się jak lunatyczki. A cały ten tłum zdawał się rozpływać w nicość na tym rozpalonym pustkowiu udającym port lotniczy w głębokim interiorze kontynentalnej Azji.

U pierwszego taksówkarza, który mnie dopadł, za cwaniactwem wypisanym na twarzy zauważyłem przebłysk życzliwości. Był Azerem o imieniu Telman. Jego zakurzony, upaćkany smarem, skrzypiący moskwicz nie tyle się poruszał, ile słaniał na kołach. Po drodze do miasta na skąpo porośniętych wzgórzach zauważyłem dromadery. Kilka minut później przejechaliśmy przez Turkmenbaszy, senne i wyludnione, jakby zmorzone upałem. Wzdłuż czystych ulic stały tradycyjne rosyjskie domy z blaszanymi, ozdobnymi szczytami i naiwnie barokowymi fasadami w delikatnych pastelach. Zauważyłem meczet z bajecznymi, geometrycznymi wzorami z cegieł, sklepione przejścia z kolumnami o jaskrawych ornamentach i dwie kobiety przechodzące przez szosę, w zwiewnych sukniach ze złotym szamerunkiem i barwnych chustach. Nagle poczułem się jak w siódmym niebie.

Dostrzegłem też krzykliwe billboardy z podobizną krępego bruneta o uśmiechu dyrektora kasyna. Mijaliśmy puste place ze złoconymi pomnikami tego samego mężczyzny, zasiadającego na tronie. Był to Saparmurat Nijazow, prezydent Turkmenistanu, który zmienił nazwisko na Turkmenbaszy („Wódz Turkmenów") i w 1993 roku, na własną cześć, tak samo przemianował miasto, które wcześniej Rosjanie nazwali Krasnowodzkiem. Złocone posągi były wykonane byle jak i sprawiały wrażenie pustych w środku, niczym hollywoodzkie dekoracje. Co jakiś czas za oknem migał napis głoszący: *„Halk, Watan, Turkmenbashi"*, w łacińskiej transkrypcji, turkmeński odpowiednik *Ein Volk, ein Reich, ein Führer.*

Telman jechał bez zatrzymywania się dalej na północ. Minęliśmy rząd zbudowanych z pustaków baraków na palach. „To letniskowe dacze" – powiedział. Potem przejechaliśmy obok blokowiska bez placów zabaw i bez jednego drzewa. Telman powiedział, że to „bardzo atrakcyjna" dzielnica, w której mieszkają pracownicy miejscowej rafinerii. Pół godziny później dotarliśmy do małego hotelu dla cudzoziemskich nafciarzy. Telman zażyczył sobie trzy dolary za kurs. Powiedziałem, żeby poczekał, aż się zamelduję. W telewizorze w pokoju hotelowym dwa rządowe kanały pokazywały roześmianego prezydenta w białym smokingu, kroczącego po czerwonym dywanie w szpalerze kobiet w tradycyjnych strojach turkmeńskich, obsypujących głowę państwa kwiatami. Kiedy trochę później znów włączyłem odbiornik, zobaczyłem tę samą scenę. Logo stacji wyświetlane w prawym górnym rogu ekranu było profilem Turkmenbaszy. Poprosiłem Telmana, żeby mnie zawiózł z powrotem do śródmieścia.

Moją uwagę przykuł dworzec kolejowy, więc powiedziałem Telmanowi, by zaczekał, a ja wszedłem do środka, żeby sprawdzić rozkład jazdy. Mamelucką biało-czarną architekturę wieńczyły rosyjskie cerkiewne kopuły pomalowane na bajeczny pomarańcz. Kiedy podziwiałem arabeski nad kasami biletowymi, podszedł do mnie nieogolony policjant. Miał utytłany brudny mundur. Bez broni palnej, czy choćby pałki wyglądał jak żebrak. Zażądał mojego paszportu i podejrzliwie go przekartkował.

– Czego tu szukasz? Tutaj nie wolno wchodzić bez pozwolenia – powiedział.

– Jestem turystą – odparłem uprzejmie.

Następnie Telman zatrzymał się przy „markecie" – wielkim niezadaszonym placu z niekończącymi się rzędami straganów. Ujrzałem siwobrodych mężczyzn w turbanach i kobiety w szatach wprost tryskających kolorami. Byli tam Kazachowie (wyglądający jak Chińczycy), Rosjanie, Uzbecy, Azerowie, Turcy, Irańczycy, Grecy, Ormianie i, rzecz jasna, Turkmeni. Ktoś mi powiedział, że Turkmenbaszy zamieszkuje pięćdziesiąt pięć narodowości. To byłe ciche miasteczko garnizonowe – dziś jedyny port morski, łączący Azję Środkową z europejską częścią Rosji – zamieniło się w etniczny tygiel.

*

Początki Turkmenbaszy sięgają 1717 roku, gdy oddział dowodzony przez Aleksandra Bekowicza założył tutaj stanicę wojskową, z której następnie wyprawił się osiemset kilometrów na północny wschód z zamiarem podboju bogatego uzbeckiego chanatu Chiwa. Ekspedycja jednak zakończyła się niepowodzeniem, a kniazia Bekowicza zasiekano na oczach chana[1]. Rosjanie powrócili w te strony dopiero w 1869 roku i zbudowali fort Krasnowodzk („Czerwona Woda"), nazwany tak od barwy morza i zatok o zmierzchu. W 1880 roku car Aleksander II wysłał do Krasnowodzka generała Michaiła Dmitrycza Skobielewa, żeby kontynuował rosyjski podbój Azji Środkowej. Skobielew – bohater wojny rosyjsko-tureckiej 1877–1878, która wyzwoliła Bułgarię spod osmańskiego panowania – odznaczał się surowym obliczem, krótkimi włosami i długą, starannie ufryzowaną brodą, a także sławą okrutnika. Zważywszy na cel misji, był właściwym człowiekiem na właściwym miejscu.

Wcześniej carowie podbili już większość Azji Środkowej aż po Afganistan – ów amorficzny bufor między rozszerzającym się rosyjskim imperium a brytyjskimi Indiami. Carskie panowanie na tych bezkresnych pustyniach było jednak bardzo wątpliwe, wiele turkmeńskich plemion wciąż nie uznawało zwierzchnictwa Sankt Petersburga. Owi Turkmeni – potomkowie tatarskich plemion skonfederowanych Ak Kojunłu („Ludzie Białego Barana")

1 Najlepszy zarys dziejów wojen kolonialnych w Azji Środkowej można znaleźć w: Peter Hopkirk, *The Great Game. The Struggle for Empire in Central Asia*, New York 1992.

i Kara Kojunłu („Ludzie Czarnego Barana"), mówiących językiem zbliżonym do tureckiego i azerskiego – zaczęli tutaj migrować w X i XI wieku z mongolskiej części Ałtaju, regionu położonego blisko trzy tysiące kilometrów na północny wschód od Morza Kaspijskiego. Odtąd przez kilka stuleci turkmeńscy koczownicy terroryzowali rolnicze tereny Persji i Afganistanu oraz karawany na Jedwabnym Szlaku, mordując, rabując i biorąc jeńców, których sprzedawali w niewolę Arabom i chanom Chiwy i Buchary (dzisiejszy Uzbekistan)[1]. Ilekroć Persja wysyłała na północ ekspedycję karną, Turkmeni chronili się na bezdrożach pustyni Kara-Kum. Ci wytrawni jeźdźcy byli jednak zbyt przywiązani do starodawnej tradycji klanowej, by stworzyć własne państwo i w 1741 roku zostali ujarzmieni przez władcę perskiego Nadira Szaha Afszara. Następnie w 1813 roku Rosjanie przełamali perską kontrolę nad Azją Środkową i zaczęli budować forty na pustyni, żeby zaatakować Turkmenów, którzy odpowiedzieli wojną podjazdową, mordując i porywając w niewolę rosyjskich cywilów. Była to wojna bliźniaczo podobna do tej, którą w tym czasie toczyli rdzenni mieszkańcy amerykańskiego Zachodu z białymi osadnikami z Europy.

Kiedy w 1880 roku przybył tutaj generał Skobielew, w namiotach rozsianych po pustyni Kara-Kum („Czarny Piasek") i sąsiadującej z nią od północy Kyzył-Kum

1 Zob. Ahmed Rashid, *The Resurgence of Central Asia. Islam or Nationalism*, Atlantic Highlands 1994). To najbardziej wnikliwa analiza historii i teraźniejszości byłych środkowoazjatyckich republik sowieckich.

(„Czerwony Piasek") mieszkało około miliona Turkmenów. Siedem lat wcześniej rosyjski generał Konstanty Pietrowicz Kaufmann wyruszył przeciwko turkmeńskiemu plemieniu Jomudów mieszkającemu w okolicach Chiwy, uzbeckiej oazie w Kyzył-Kum. Jomudowie walczyli o każdą chatę, ale Rosjanie nie znali litości. „Nie zważajcie ani na wiek, ani na płeć – polecił Kaufmann swoim oficerom. – Zabijcie wszystkich"[1]. Po zwycięstwie nad Jomudami Rosjanie musieli rozprawić się z plemieniem Tekke, najbardziej walecznym spośród turkmeńskich plemion, zamieszkującym „Obwód Zakaspijski", pustynny obszar w Kara-Kum na wschód od Morza Kaspijskiego i Krasnowodzka. To właśnie był cel wyprawy Skobielewa.

Jego armia wyruszyła w lecie 1880 roku, maszerując przez pustynię, gdzie temperatura gruntu w dzień sięgała siedemdziesięciu ośmiu stopni Celsjusza[2], i podbijając po drodze oazy Tekków. Na początku stycznia 1881 roku Rosjanie stanęli pod murami twierdzy Geok-Tepe, około pięciuset kilometrów na południowy wschód od Krasnowodzka. W środku przebywało dziesięć tysięcy wojowników Tekke i czterdzieści tysięcy członków ich rodzin. Skobielew miał siedmiotysięczną armię, na którą składały się piechota i kawaleria. Walki trwały trzy tygodnie. Tekkowie uparcie odrzucali propozycję ewakuacji kobiet i dzieci. Wreszcie 24 stycznia oddziały Skobielewa wykopały tunel pod murami Geok-Tepe i umieściły w nim

1 Zob. Rashid, *The Resurgence of Central Asia* i M. Saray, *Russo--Turkmen Relations up to 1874*, „Central Asia Survey", t. 3, nr 4.

2 Zob. Kathleen Hopkirk, *Central Asia. A Traveler's Companion*, London 1994.

tonę prochu. Przez wyrwę po eksplozji Rosjanie wdarli się do twierdzy, gdzie rozgorzała walka wręcz. Zginęło osiem tysięcy wojowników Tekke, straty Rosjan wyniosły mniej niż tysiąc zabitych i rannych[1].

Podbój Turkiestanu był prawie zakończony. Rosjanie ustanowili kolonialną administrację i pod koniec XIX wieku połączyli Krasnowodzk z Bucharą transkaspijską koleją, pokonującą blisko tysiąc kilometrów pustyni. Do tego najuboższego zakątka imperium napłynęli rosyjscy osadnicy, zapoczątkowując hodowlę karakułów i uprawę bawełny.

Pierwszym przywódcą, który zjednoczył różne plemiona turkmeńskie, był Mohammed Kurban Dżunaid-chan, muzułmański duchowny z plemienia Jomud, który w 1916 roku wyparł wojska carskie, a następnie poprowadził swoich ludzi przeciw bolszewikom. Kaukaz został podbity w 1920 roku, ale Turkmeni nękali obozy Armii Czerwonej do roku 1927, kiedy to Dżunaid-chan ostatecznie wycofał się najpierw do Persji, a potem do Afganistanu, gdzie zmarł naturalną śmiercią w roku 1938. Stalin nigdy nie spotkał bardziej zaciętego wroga.

Sowieci zmienili tutejszy alfabet z arabskiego na cyrylicę i zamknęli granice z Iranem i Afganistanem, żeby uniemożliwić Turkmenom kontakty z ich pobratymcami z południa. Następnie z rozkazu Stalina rozpoczęto serię czystek i masowych egzekucji, przeplatanych osiedlaniem w nowej Turkmeńskiej Socjalistycznej Republice Sowieckiej Rosjan i innych narodowości deportowanych

1 Zob. Peter Hopkirk, *The Great Game*.

z terytorium całego ZSRR. Wymordowano niemal całą turkmeńską inteligencję. Kiedy w 1991 roku Turkmenistan uzyskał niepodległość, jego mieszkańcy odziedziczyli spustoszony kraj i głęboką nieufność względem cudzoziemców. Żadna inna była republika sowiecka nie miała wyższego wskaźnika bezrobocia, wyższego wskaźnika umieralności noworodków i wyższego wskaźnika analfabetyzmu[1].

*

Z zaledwie dwoma i pół procent gruntów ornych i czteromilionową populacją Turkmenistan to nie tyle państwo, ile pustynia skrywająca podziemne bogactwa: prócz ropy znajdują się tam czwarte pod względem wielkości złoża gazu ziemnego. W XIX wieku Rosjanie walczyli z Brytyjczykami o panowanie nad tą pustynią w pojedynku zwanym *Great Game* („wielka gra"). W jej współczesnym odpowiedniku Rosja, Iran, Chiny i Zachód (a ściślej zachodnie kompanie naftowe) konkurują o rurociągi i gazociągi.

W Tel Awiwie dowiedziałem się, że do rozgrywki włączyli się także Izraelczycy. I rzeczywiście: prezydent „Turkmenbaszy" wynajął izraelską firmę inwestycyjną Merhav Group, by w najważniejszych przedsięwzięciach energetycznych reprezentowała rząd turkmeński. „Turkmeni po prostu nie mają własnych specjalistów – wyjaśnił mi pewien zachodni biznesmen – więc płacą »cwanym Żydom«, żeby bronili ich interesów".

1 Zob. Rashid, *The Resurgence of Central Asia*.

W portowym Turkmenbaszy znajdowały się dwie rafinerie naftowe. Starą, niewydajną, ale wciąż działającą – płomienie było widać z odległości wielu kilometrów – zbudowali Sowieci w 1942 roku, gdy uderzenie Wehrmachtu na Kaukaz zmusiło Stalina do przeniesienia produkcji oleju napędowego na drugą stronę Morza Kaspijskiego. Nową, lśniącą konstrukcję ze srebrnych zbiorników i plątaniny gigantycznych rur budowali japońscy i tureccy kontrahenci, zatrudniający francuskich i niemieckich menedżerów i konsultantów. Całą wartą półtora miliarda dolarów inwestycję nadzorowała garstka Izraelczyków.

David Sima był izraelskim kierownikiem budowy nowej rafinerii. Jego małe biuro w pustym podwórzu było ozdobione mapą Izraela i małymi flagami tego kraju. Po pięćdziesiątce, z siwymi rzednącymi włosami, w okularach – miał swobodny, bezpretensjonalny sposób bycia, którym przypominał mi znajomych kibuców.

„Dzięki nowej rafinerii – zaczął Sima po angielsku z silnym hebrajskim akcentem – w 2010 roku produkcja ropy w Turkmenbaszy wzrośnie z czterech do dziewięciu milionów ton rocznie". Największa zmiana jednak miała polegać na tym, że zarówno ropa z tej rafinerii, jak i cała reszta produktów ropopochodnych (w tym niskoołowiowa, niskosiarkowa, wysokooktanowa benzyna) będzie zgodna z zachodnimi standardami środowiskowymi. „Budujemy także osobne urządzenia do produkcji bitumów, oleju opałowego i rozmaitych smarów. To będzie supernowoczesna rafineria". Ten cud techniki miał być ważnym węzłem w sieci rurociągów transportujących turkmeńskie produkty energetyczne pod Morzem Kaspijskim na zachód – na Kaukaz i śródziemnomorskie wybrzeże Turcji; na południe – do Iranu i nad Zatokę Perską; i na wschód – przez Uzbekistan i Kazachstan do Chin i Japonii.

„To cichy, spokojny kraj – ciągnął Sima – z reżimem, który wszystkim rządzi żelazną ręką, co ma dobre i złe strony. Kiedy wyjechali Rosjanie, władza leżała na ulicy. Życie kulturalne nie istnieje. Kiedy zatrzyma pana policjant, proszę pamiętać, że dwa pokolenia wcześniej wszyscy tutaj byli koczownikami". Chciał przez to powiedzieć, że nie mają żadnych tradycji mieszczańskich. Tak więc, każdy nieznajomy wzbudzał podejrzenia.

Izraelczycy podejmowali tutaj spore ryzyko. W takim miejscu jak to po prostu nie sposób przewidzieć przyszłości, a wszelkie przedsięwzięcia naftowe są z natury bardzo ryzykowne. Ale jeśli choć jedno się powiedzie, z nadwyżką pokryjc straty w pozostałych.

*

Ze względu na upał pociągi kursują tylko w nocy, więc poprosiłem Telmana, żeby zawiózł mnie do Aszchabadu, stolicy Turkmenistanu położonej pięćset kilometrów na południowy wschód od pustyni Kara-Kum. W siedmiogodzinną podróż Telman wolał się wybrać lepszym samochodem i przez pięć minut krążył po mieście, żeby odszukać przyjaciela, od którego chciał go pożyczyć. W miejscu, gdzie większość ludzi nie miała pracy ani w ogóle niczego do roboty, wypożyczenie auta za pieniądze nie stanowiło żadnego problemu.

Przed wyjazdem z miasta zjedliśmy z Telmanem obiad – grillowane mięso – w nowej tureckiej restauracji. W lokalu był telewizor podłączony do anteny satelitarnej. W czasie posiłku oglądaliśmy talk-show nadawany ze Stambułu. Kobieta w czarnej chuście i okularach przeciwsłonecznych opowiadała gospodarzowi programu o islamie. W przerwie pokazano zgrabną reklamę tureckiej pralki. W innym kącie sali dostrzegłem plastikowy zegar ścienny, koraniczną inskrypcję i kiczowate zdjęcie Alp, takie samo, jakie często widywałem w biednych, ciepłych krajach Trzeciego Świata. Tureccy nafciarze siedzący przy sąsiednim stoliku byli ubrani w schludne, wygodne khaki. Dostałem zimną colę i czysty stolik. Po tym, co widziałem na zewnątrz, miałem wrażenie, że znalazłem się z powrotem na Zachodzie.

Kiedy oddaliliśmy się od Morza Kaspijskiego i wjechaliśmy na szare ilaste pustkowie obrzeżone odległymi, księżycowymi klifami, zapachniało gorącą smołą. Na poboczach grupki kazachskich dziewcząt w barwnych sukienkach sprzedawały wielbłądzie mleko w starych butelkach po napojach gazowanych: razem z rodzicami przywędrowały z Kazachstanu aż na zachodni kraniec Kara-Kum. Na drodze prawie nie było samochodów. Posterunki policji, które mijaliśmy, sprawiały wrażenie opuszczonych, zardzewiałe dachy brzęczały i łomotały na wietrze. Jadąc dalej na południowy wschód, w głąb dawnego obwodu zakaspijskiego, zobaczyliśmy pierwsze z setek wielbłądów, które będą nam towarzyszyć przez następnych kilka godzin, krocząc jeden za drugim wąską asfaltową szosą. W gęstej mgle ich masywne, rozkołysane cielska wydawały się smukłe i wiotkie jak trzciny. Szosa biegła równolegle do kolei transkaspijskiej i Kanału Karakumskiego: dwóch pomników rosyjskiego kolonializmu. Budowę linii kolejowej ukończono za panowania cara Aleksandra III: scaliła region tak jak kolej brytyjska scaliła Indie. Kanał zbudowany za Chruszczowa był najdłuższym rowem nawadniającym na świecie, liczącym blisko półtora tysiąca kilometrów i ciągnącym się od Morza Kaspijskiego do rzeki Amu-darii (starożytnej Oksus) w północno-wschodnim Turkmenistanie. Skierowanie części wód Amu-darii do kanału, który służył niewydajnym plantacjom bawełny, spowodowało katastrofę ekologiczną: wysychanie Jeziora Aralskiego. Car reakcjonista przyniósł Azji Środkowej więcej korzyści niż postępowy bolszewik.

Pobielałe od pyłu blokowiska zwiastowały miasto Nebit Dag, gdzie w rozlatującym się baraku roześmiane uzbeckie dziewczęta sprzedały mi baniak ciepłej wody mineralnej. Chociaż Turkmeni stanowią trzy czwarte populacji, mieszkają głównie na wsi. W miastach przeważają Rosjanie, Uzbecy, Ormianie i Azerowie. W centrum Nebit Dag pierwszy raz natknąłem się na sporą grupę Turkmenów: starców z długimi, rzadkimi brodami, w wielkich baranich czapach zwanych *telpek* i z nieodgadnionym wyrazem twarzy. Siedzieli przy rurze ciepłowniczej koło nowego bloku z dachem zastawionym talerzami anten satelitarnych.

Za Nebit Dag piasek stał się drobniejszy, a krajobraz całkiem płaski niczym bezkresna brunatna plaża bez morza. Było późne popołudnie, a temperatura sięgała prawie czterdziestu stopni Celsjusza, kiedy nasz samochód odmówił posłuszeństwa. Nie było iskry na świecy. Bezskutecznie majstrowaliśmy pod maską, aż zatrzymało się jakieś auto i kierowca naprawił usterkę. Chociaż byliśmy obcy, uścisnęliśmy sobie ręce, a mężczyźni się objęli – zwyczaj powszechny w całej Azji Środkowej. Pustynia wciąż się zmieniała: teraz wyglądała jak stwardniały popiół papierosowy, zbielały gdzieniegdzie od soli i nakrapiany niezliczonymi owcami, posągowymi wielbłądami i łachami roślinności. W zasięgu wzroku nie było niczego wykonanego ludzką ręką, jakby komunizm ze swymi nagimi betonowymi formami nigdy tutaj nie zawitał, a rządy nadal sprawowali carscy gubernatorzy, rezydujący pod dachem z ozdobnym szczytem. Przejazd przez tę pustynię rozklekotanym automobilem wzbudził we mnie szacunek dla nieprawdopodobnej wytrwałości i determinacji oddziałów Skobielewa, które przemierzyły je pieszo i na końskich grzbietach, znosząc trudy podróży wyłącznie dla chwały imperium.

Po prawej stronie, na południu, dostrzegłem łańcuch górski. Z początku wyglądał jak kolejne pasmo szarych wydm. Kiedy jednak góry przerosły horyzont, majestatycznie rozwinęły się przed naszymi oczami niczym delikatnie, acz gęsto pofałdowany, misternie tkany kobierzec o herbacianej barwie. To był Kopet-Dag (dosłownie: „mnóstwo gór"), osiągający wysokość około trzech tysięcy metrów i stanowiący naturalną granicę między Turkmenistanem i Iranem, między mglistymi i płaskimi pustkowiami Azji Środkowej na północy i malowniczymi górami i wyżynami Bliskiego Wschodu na południu.

Wczesnym wieczorem zatrzymaliśmy się w Geok-Tepe, turkmeńskiej twierdzy, niegdyś zdobytej przez Skobielewa. Prezydent Saparmurat „Turkmenbaszy" ufundował tutaj meczet za czterdzieści milionów dolarów, któremu na pamiątkę swej pielgrzymki do Mekki nadał nazwę Geok-Tepe Saparmurat Hadż. W ten oto sposób były sekretarz generalny turkmeńskiej partii komunistycznej spełnił najważniejszy obowiązek muzułmanina i upamiętnił zarazem ów fakt, wznosząc ostatni turkmeński znak oporu przeciwko Rosjanom – a więc historyczny symbol narodowej tożsamości – łącząc je zręcznie w kulcie własnej osoby.

Meczet – zbudowany przez francuską firmę – wyglądał jak gigantyczna marmurowa lodówka, ozdobiona łukami w pseudoislamskim stylu, typowym dla południowokalifornijskich galerii handlowych. Właśnie skończyły się modły i gdy wszedłem na dziedziniec, ujrzałem kilkunastu siwobrodych Turkmenów w baranich czapach i luźnych szatach. Towarzyszyło im paru chłopców sześcio- lub siedmioletnich, stojących w kolejce do rytualnego obmycia rąk i twarzy. Jeden z chłopców obrócił się w moją stronę, ale starzec obok niego ujął jego głowę w swoje dłonie i szybko obrócił z powrotem. Ci starzy Turkmeni wyglądali jak wojownicy, którzy trzy tygodnie opierali się szturmowi oddziałów Skobielewa, zakopując gliniane dzbany w ziemi, żeby mieć chłodną wodę do picia. Na przestronnym dziedzińcu wcale nie wydawali się mali, przeciwnie, zdawali się go całkiem wypełniać.

Mimo ciemności ruszyliśmy dalej na wschód i w niecałą godzinę dojechaliśmy do Aszchabadu. Tam Telman się zgubił, ale w końcu znaleźliśmy hotel, w którym postanowiłem się zatrzymać. Objęliśmy się i pożegnaliśmy, nasze ubrania pokrywała warstewka piasku, po czym wszedłem do jasno oświetlonego marmurowego hallu, pełnego dobrze ubranych biznesmenów, rozmawiających po angielsku. Recepcję zdobiły pierwsze naklejki z logo kart kredytowych, jakie zauważyłem od wyjazdu z Baku, a obsługę stanowiły eleganckie Rosjanki, z których jedna poinformowała mnie, że nie dostanę pokoju, bo nie mam rezerwacji.

– Macie wolne pokoje? – spytałem.

– Tak – odparła.

– To dlaczego nie mogę się tutaj zatrzymać?

– Bo nie mamy pana w wykazie rezerwacji.

Przekonywałem, błagałem, aż w końcu uległa. Taki właśnie był biurokratyczny reżim Turkmenbaszy – jak przykrótka kołdra. W hotelowej restauracji zagraniczni biznesmeni przesiadywali samotnie, znudzeni i sfrustrowani, żłopiąc wódkę i gapiąc się na ściany.

*

Z wszystkich stolic byłych republik Związku Sowieckiego turkmeński Aszchabad – którego nazwa w języku perskim znaczy tyle, co „piękna okolica" – był najdalej wysunięty na południe, położony zaledwie kilka kilometrów od irańskiej granicy, u podnóża masywu Kopet-Dag. Na miękkich nogach wlokłem się w porannym upale szerokim, nieocienionym bulwarem, przy którym stały onieśmielająco nowoczesne budynki – pałac prezydencki, centrum kongresowe, luksusowy hotel, kasyno i biurowce – łączące socrealistyczny monumentalizm z olśniewającymi ceramicznymi mozaikami, kopułami i łukami muzułmańskiego Bliskiego Wschodu. Te islamsko-stalinowskie budowle wykonano z marmuru i innych kosztownych surowców. Bramy przesuwne i lustrzane szyby były symbolem przeczulenia nowej globalnej elity na punkcie bezpieczeństwa oraz sowieckiej opresyjności, korporacyjnej potęgi i bezwzględności Ministerstwa Spraw Wewnętrznych.

Istoty ludzkie karlały w obliczu takiego majestatu. Po obu stronach pustych, bezdrzewnych bulwarów, wzdłuż drewnianych straganów, rzucających wąski pas cienia, dreptali gęsiego piesi w koszulach non-iron, tradycyjnych aksamitnych szatach i środkowoazjatyckich myckach. W innej części miasta znalazłem rozległe parki i ciche uliczki z jednopiętrowymi rosyjskimi willami, odparzone tynki zdawały się topnieć z gorąca. Kiedy przyglądałem się półnagim chłopcom bawiącym się w brudnej fontannie, podszedł do mnie rozczochrany policjant, ale zapytał nie o paszport, tylko o godzinę. Aszchabad, senny i kolonialny, przypominał brytyjskie dzielnice wojskowe w Indiach. Żadne inne miejsce nie symbolizowało lepiej rosyjskiego parcia na południe, w stronę Oceanu Indyjskiego, niż to liczące czterysta pięćdziesiąt tysięcy mieszkańców parne miasto – piękniejsze, mimo upału i architektury, niż uzbecki Taszkient czy kazachska Ałma-Ata, brudne, przeludnione i niebezpieczne.

Aszchabad, położony na północnych obrzeżach dawnego królestwa Aleksandra, był sercem dwóch imperiów: Partów w okresie od II wieku p.n.e. do I wieku n.e. oraz

Turków seldżuckich w okresie od XI do XIII wieku, czyli do czasu, gdy złupili go Mongołowie. Miasto dźwignęło się z upadku dopiero w roku 1881, kiedy po zwycięstwie Skobielewa Rosjanie zbudowali tutaj stanicę wojskową. W październiku 1948 roku Aszchabad nawiedziło potężne trzęsienie ziemi, które obróciło w perzynę niemal całe miasto, w tym wszystkie szkoły, szpitale, teatry, sklepy, urzędy i kolumnadowy dworzec kolejowy. Zginęły dwie trzecie mieszkańców Aszchabadu – sto dziesięć tysięcy osób. Nowe miasto, które na ruinach zbudowali Sowieci, miało typowo kolonialny charakter. Od początku lat dziewięćdziesiątych było szpikowane pomnikami megalomanii Turkmenbaszy: tak bardzo stalinowskie i tak bardzo podobne do stolic starożytnych tyranów pobliskich Persji, Babilonii i Asyrii.

Olbrzymi Łuk Neutralności – marmurowy, pozłacany pomnik z przeszkolonymi windami po obu stronach – górował nad śródmiejskim placem, nadając mu wygląd wesołego miasteczka. Na szczycie umieszczono pozłacany posąg Turkmenbaszy, który obracał się w taki sposób, że zawsze był zwrócony twarzą do słońca. Obok Łuku Neutralności znajdował się Święty Byk: kolosalna pozłacana rzeźba byka na marmurowym cokole. Byk strząsał kulę ziemską ze swego grzbietu – w turkmeńskim folklorze to symbol trzęsienia ziemi. Za bykiem stała kobieta unosząca ku słońcu pozłacane dziecko. Owa kobieta to matka Turkmenbaszy, która zginęła w 1948 roku; dziecko – Turkmenbaszy. Mniejsze pomniki Turkmenbaszy, również z pozłacanego marmuru, były rozsiane wokół całego placu.

W Aszchabadzie istniało również Muzeum Narodowe im. Turkmenbaszy, górujące nad miastem, bo położone u samych podnóży Kopet-Dagu: olbrzymi pałac z marmuru i ciosanego kamienia, przypominający tysiącpokojowy Dom Republiki wzniesiony przez Ceauşescu, rozłożony na placu rozmiarów Watykanu, z wysokimi kolumnami zwieńczonymi pięciogłowymi złotymi orłami i skrzydlatymi rumakami. W hallu wejściowym pod sufitem wisiały ogromne mapy z planowaną trasą rurociągu i plakaty przedstawiające wzór nowej turkmeńskiej waluty, manata, z wizerunkiem prezydenta na banknotach wszystkich nominałów. Przespacerowałem się przez sale pełne zabytków archeologicznych i fotografii ludowych zespołów tanecznych. Na jednej ze ścian uwieczniono słowa Turkmenbaszy:

> Na naszej ziemi nie ma jednego miejsca, którego
> nie zrosiła turkmeńska krew. Nasi przodkowie żyli
> na tej ziemi i jej bronili. Naszym obowiązkiem jest strzec
> ziemi przesiąkniętej krwią przodków – jak oka w głowie.

Innymi słowy, ropa i gaz ziemny były czymś w rodzaju narodowej ojcowizny, strzeżonej i eksploatowanej przez Turkmenbaszy, który uosabiał ów stary-nowy naród. Jak w Azerbejdżanie, gotówka, która tu napłynęła, pochodziła jedynie z zaliczek na poszukiwania – i została wydana na neofaszystowskie pomniki – a „prawdziwe pieniądze" miały się dopiero pojawić. Łuk Neutralności, Święty Byk, muzeum, pałac prezydencki, centrum kongresowe, meczet Geok-Tepe i inne budowle, jak Piramida Niepodległości i olimpijskich rozmiarów kompleks obiektów sportowych kosztowały około sześciuset milionów dolarów, zawrotną kwotę jak na kraj z niewypłacalnym bankiem centralnym, bez klasy średniej, zarobkami na poziomie dziesięciu dolarów miesięcznie i przeważnie bezrobotną siłą roboczą.

Prezydent określał swą politykę zagraniczną mianem „pozytywnej neutralności", która w praktyce oznaczała izolacjonizm będący wyrazem ksenofobii i podejrzliwości koczowniczych przodków. Obostrzenia wizowe utrudniały wjazd nawet obywatelom byłych republik sowieckich, a sami Turkmeni, którzy chcieli wyjechać z kraju, napotykali przeszkody biurokratyczne nie do przebycia. Niechętnie wpuszczano zagranicznych dziennikarzy czy pracowników organizacji charytatywnych; telefony komórkowe były rzadkością, bo ceny były celowo zawyżane. „Pozytywna neutralność" oznaczała także wykorzystywanie konfliktów interesów między obcymi mocarstwami i kompaniami naftowymi. Wszyscy, którzy mieli tutaj biznes do zrobienia – Izraelczycy, Irańczycy, nafciarze itd. – prześcigali się w dopieszczaniu ego Turkmenbaszy. Turkmenistan był jedynym krajem, w którym Izraelczycy i Irańczycy pracowali nad powiązanymi przedsięwzięciami budowlanymi i naftowymi. Prezydent podobno zdeponował miliard dwieście milionów dolarów na koncie w prywatnym europejskim banku – kierując się względami „bezpieczeństwa narodowego". Pytanie, które zadawali sobie cudzoziemcy w Aszchabadzie, brzmiało identycznie jak to stawiane w Baku: co się stanie z przyszłymi ogromnymi dochodami z wydobycia ropy i gazu? Co zrobi z nimi prezydent?

*

„Najważniejsze są doświadczenia z wczesnego dzieciństwa – wyjaśnił mi cudzoziemiec mieszkający w Aszchabadzie. – Ojciec prezydenta został zabity w czasie drugiej wojny światowej. Matka zginęła podczas trzęsienia ziemi w 1948 roku, kiedy prezydent miał osiem lat. Wychowywał się w sierocińcu. Ten cały kult jednostki odzwierciedla niezaspokojoną dziecięcą potrzebę bycia w centrum uwagi. Prezydent j e s t złotym dzieckiem, jak w tej rzeźbie. Żyje w nierzeczywistym świecie. Nie ma życia osobistego. Jego żona mieszka w Moskwie. Dzieci też są za granicą. Nie wiadomo, czy ma przy sobie kogoś, kogo kocha".

To była naprawdę dziwna dyktatura. Policjanci patrolowali ulice nieuzbrojeni. Karę śmierci wykonano tylko raz, na pięćdziesięciu skazańcach, w 1993 roku. Nie istniała opozycja. Ten rodzaj opozycji, która skupia się na uniwersalnych wartościach, takich jak prawa człowieka, funkcjonuje głównie w przestrzeni miejskiej, a Turkmeni byli koczowniczym, plemiennym społeczeństwem: wciąż nosili tradycyjne ubiory i nie znali nazw ulic, być może dlatego, że jest to abstrakcyjna wiedza, niewynikająca z osobistego doświadczenia. Jeśli spotykałem kogoś, kto odróżniał ulice, to przeważnie były to rosyjskie recepcjonistki hotelowe, ormiańscy taksówkarze, azerscy handlowcy itd. – cudzoziemcy z miast. Buntowano się przeciwko reżimowi wyłącznie „po cichu". Kiedy zapytałem dlaczego, otrzymałem zwięzłą odpowiedź: „Tadżykistan". Tadżykistan to była republika sowiecka w Azji Środkowej, która pogrążyła się w krwawej anarchii, dzieląc, wedle niektórych szacunków, na dwanaście nieformalnych państewek. Turkmenistanowi groził podobny rozpad i wszyscy tutaj świetnie o tym wiedzieli. Turkmeni nie byli nawet „skamieliną narodu" jak Gruzini. Historia Turkmenistanu, który w czterech piątych zajmowała pustynia, była dziejami koczowniczych plemion: Tekke (do którego należał Turkmenbaszy i jego ministrowie), Ersari i Jomud. „Taka stagnacja jest i tak lepsza niż chaos" – stwierdził znajomy dyplomata.

Stagnacja była niewątpliwa. Kanał Karakumski zamulał się, co oznaczało przerwy w dostawach wody pitnej. Skrócono czas obowiązkowej edukacji. Nie inwestowano w infrastrukturę: wszystkie domy i drogi były w ruinie. Każdego, kto próbował rozkręcić jakiś drobny interes, zaraz opadała sfora poborców podatkowych, domagając się zezwoleń i łapówek. Turkmenbaszy restaurował własną wyidealizowaną wersję republiki sowieckiej. Aszchabad roztaczał aurę breżniewszczyzny: puste ulice, puste chodniki, puste sklepy. Były za to nowe kasyna i kluby nocne pełne zagranicznych nafciarzy i Rosjanek, które pewnie szukały okazji, żeby przez małżeństwo z cudzoziemcem zdobyć upragniony paszport.

Opowiedziano mi typową historię miejscowej rodziny. Córka była magistrem historii, ale nie miała pracy i mieszkała z babcią. Ponieważ skromna emerytura babci nie wystarczała na życie, obie kobiety hodowały róże na sprzedaż i wymieniały meble na żywność.

*

W porównaniu z turkmeńskim reżimem „banalny autorytaryzm" Alijewa w Azerbejdżanie wydawał się oświecony. Przynajmniej w Baku była opozycja, z którą mogłem się spotkać. Tutaj był tylko duszący, miażdżący pustynny upał; biznesmeni i dyplomaci, którzy bali się otwarcie rozmawiać nawet w swoich gabinetach; i urzędnik w jednym z ministerstw, który w kółko częstował mnie zieloną herbatą i przepraszał, że dopóki dyrektor jego departamentu jest na urlopie, on sam nie może załatwić mi wywiadów. Budynek ministerstwa był niestrzeżony. Każdy mógł wejść do biur, w których niewiele się działo. Kiedy wróciłem do pokoju w hotelu, zadzwonił telefon. Znów ten sam urzędnik. Poprosił, żebym wrócił do ministerstwa i odpowiedział na kilka pytań. „Musimy wiedzieć, gdzie pan przebywa – dla pańskiego bezpieczeństwa". Jak w Rumunii i Bułgarii lat siedemdziesiątych i osiemdziesiątych.

Mogłem odpowiedzieć na jego głupie pytania przez telefon, ale było oczywiste, że korzysta z okazji, żeby znów ściągnąć mnie na herbatę i pogawędkę. Jak pozostali urzędnicy w tym ministerstwie, był rodowitym Turkmenem: mniejszości nie miały dostępu do wysokich stanowisk państwowych. Miał czarne włosy, czarne jak węgiel oczy, półazjatyckie rysy i nienaganne maniery. W gęstej, lepkiej duchocie jego gabinetu tłumaczył mi, że „po upadku komunizmu wróciliśmy do naszych wschodnich tradycji. Klany i rodziny to wszystko, co mamy. Rodzina to potęga – podkreślił. – To dlatego widzi pan niewielu żebraków na ulicy. Natomiast mój syn uczy się kapitalizmu – powiedział z nagle rozpromienioną twarzą. – Co ranek czyści mi buty i dostaje tysiąc manatów [dziesięć centów]. Potem myje mi samochód i dostaje pięć tysięcy. Ze starych już nic nie będzie. Nie zmienią się. A tempo życia w Aszchabadzie stało się tak szybkie, zbyt szybkie, przez cudzoziemców. Na ulicach często robią się korki, zbyt często...". Wszystko jest względne – przemknęło mi przez myśl.

Dzięki temu urzędnikowi poznałem „artystę", który miał zegarek z portretem Turkmenbaszy na tarczy i opowiedział mi o hojności prezydenta wobec środowiska artystycznego. Kiedy jednak zapytałem go o jego własną twórczość, miał niewiele do powiedzenia, jakby cała pewność siebie prysła pod naporem kultu Turkmenbaszy. „Odkrywamy na nowo naszą turkmeńskość – oświadczył. – »Niepodległość« to słowo niezwykle bogate w treści. Oznacza narodziny kultury narodowej, a nie indywidualizmu. Za czasów Związku Sowieckiego granice oddzielające nas od turkmeńskich braci w Iranie i Afganistanie były zamknięte. A teraz wysyłamy oficjalne delegacje studentów turkmeńskiej akademii sztuk pięknych, żeby pokazać Turkmenom w Iranie, że jesteśmy jednym wielkim narodem, którego granice sięgają daleko poza Turkmenistan".

Innymi słowy, antyirański separatyzm, z którym zetknąłem się w Azerbejdżanie, istniał również tutaj. Rusłan Muradow, rodowity Turkmen i dyrektor departamentu odnowy zabytków, z którym skontaktował mnie znajomy cudzoziemiec, przyznał, że wynika to z poczucia kulturowej podrzędności. „Zważywszy, kim są

Turkmeni – powiedział – trudno nie dostrzec przepaści między historycznymi faktami a oficjalną propagandą. Tutejsi uczeni znają prawdę, ale muszą cytować te często nonsensowne »fakty« – na przykład, że wszystkie ważne wynalazki są dziełem Turkmenów i że to Turkmeni odkryli Amerykę. Ponieważ Turkmeni byli koczownikami, mieli kontakt z wieloma kulturami: hellenistyczną, partyjską, perską. Trudno więc powiedzieć, co w naszej kulturze jest turkmeńskie, a co nie. Proszę wyjrzeć przez okno – wskazał ręką. – Zobaczy pan góry Kopet-Dag, wyznaczające granicę wiejsko-miejskiej cywilizacji Iranu". Iran miał silną tradycję monarchiczną – powiedział. W porównaniu z Turkmenistanem ajatollahowie stanowili zorganizowaną, rozwiniętą, imponującą autokrację. W Iranie mogła się przyjąć demokracja, ponieważ tamtejsze społeczeństwo było już wystarczająco dojrzałe i zróżnicowane. „Natomiast Turkmeni nigdy dotąd nie mieli rządu z prawdziwego zdarzenia. To ojczyzna klasycznej anarchii".

Historycznie rzecz biorąc, monarchie wypełniają próżnię władzy jako względnie stabilna i łagodna forma tyranii w tych krajach, gdzie brak klasy średniej, niezbędnej do obsady demokratycznych instytucji. W Azji Środkowej, gdzie klasa średnia nie istnieje, po upadku komunizmu powrócili do władzy średniowieczni chanowie w rodzaju Turkmenbaszy.

Turkmeni obawiali się islamskiego fundamentalizmu Teheranu i stąd wpływy irańskie były tutaj nikłe. Jednak przyszły demokratyczny Iran kulturowo zdominowałby ów chanat, którego władca osłabiał strukturę społeczną, jeszcze bardziej utrudniając Turkmenom obronę przed znacznie liczebniejszym i dynamiczniejszym sąsiadem z południa.

*

„Nie masz nawet pojęcia, ile straciliśmy na upadku Związku Sowieckiego" – powiedziała ze łzami w oczach znajoma piosenkarka, Anna. Rodzina Anny pochodziła z Kaukazu. Ojciec był Ormianinem, matka Azerką. Rodzice przeprowadzili się do Turkmenistanu w poszukiwaniu pracy. W wielonarodowym imperium nie było w tym nic niezwykłego, jak w mieszanych małżeństwach serbsko-chorwackich w Jugosławii Tity. „Byliśmy tacy bogaci – ciągnęła rozgoryczona Anna. – Istniały silne więzi społeczne, mieliśmy dobry rząd. Pierestrojka była rajem, naprawdę, troszkę wolności bez anarchii, która przyszła później. Powinieneś wtedy zobaczyć Aszchabad. To było prawdziwie kosmopolityczne miasto – z własnym teatrem, baletem. Teraz jest w dziewięćdziesięciu procentach turkmeńskie, atmosfera zrobiła się duszna". Imperium upadło i wszystko, co pozostało, to więzy krwi.

Przechodziliśmy z Anną przez jedną z pustych aszchabadzkich parceli, zawaloną jakimś żelastwem i przesiąkniętą, jak wszystko tutaj, zapachem ropy naftowej. Pośród tego śmietniska Anna zauważyła samotną różę. Rozpromieniła się i podeszła, żeby się jej przyjrzeć. W takim krajobrazie trzeba się nauczyć czerpać radość z drobiazgów.

Ostatniego wieczoru w Aszchabadzie wybrałem się z Anną na próbę śpiewu. W niemiłosiernie dusznej, szkolnej sali grupka muzyków obojga płci wyjęła gitary i zaczęła grać utwory skomponowane do wierszy Puszkina i innych rosyjskich poetów: w Azji Środkowej wciąż jeszcze istniały enklawy Europy. Wysokie głosy, przywołujące wspomnienia z Moskwy i Sankt Petersburga, zabrzmiały smętnie i sentymentalnie w podzwrotnikowej scenerii – za oknem rysowały się już góry Iranu. Śpiewacy byli Rosjanami, Ormianami, Azerami i Gruzinami – bez wyjątku tęskniącymi za utraconym imperium, jak ostatni brytyjscy *expats* w Indiach. „To sowiecka tradycja, zapoczątkowana przy ogniskach w latach pięćdziesiątych – wyjaśniła Anna. – Widzisz, nie wszystko, co sowieckie, było złe".

Oczywiście, trudno zaprzeczyć, że rozpad Związku Sowieckiego był dla świata błogosławieństwem. Odkąd jednak przekroczyłem granicę turecko-gruzińską, bezustannie spotykałem ludzi, którym zrujnowało to życie. Wielu z nich uparcie twierdziło, że są „Europejczykami" i miało poczucie, że choćby ze względów geograficznych nie zasłużyli na los, których stał się ich udziałem: wegetację w zanarchizowanych społeczeństwach, rządzonych przez barbarzyńskie reżimy. Ale zarazem miałem świadomość, że przebudowa tej części świata – nawet za pomocą środków pozyskanych z inwestycji naftowych – będzie wymagała zarówno misjonarskiego zacięcia, jak i najzwyklejszej żądzy władzy, których, jak uczył przykład niedalekich Bałkanów, Zachód pewnie nigdy nie zdoła z siebie wykrzesać.

ROZDZIAŁ 27

Herodotowy krajobraz

W czerwcu nie było ani jednego źdźbła trawy, które by mąciło płowożółtą matematyczną czystość Nisy, liczącej dwa tysiące trzysta lat partyjskiej stolicy oddalonej o kilkanaście kilometrów od Aszchabadu. Partowie byli koczowniczym plemieniem, które wyparło z regionu armie Aleksandra Wielkiego. Za panowania królów Artabanusa I i Mitrydatesa II stworzyli imperium rozciągające się od Mezopotamii na zachodzie do doliny Indusu na wschodzie i obejmujące Wyżynę Irańską oraz przyległe regiony Azji Środkowej. Imperium partyjskie było feudalnym, zdecentralizowanym państwem, nieco przypominającym obecną Rosję. W sztuce, architekturze i ustroju administracyjnym wzorowało się na Grekach. „Partyjskie" często oznaczało „greckie", tak jak „turkmeńskie", mimo upływu dwóch tysiącleci, wciąż było „partyjskie", czego dowodem sprzedawane na miejscowych bazarach kobierce, biżuteria i nakrycia głowy, barwione purpurą, z prymitywnymi geometrycznymi motywami.

Nisa była rzędem rozsypujących się glinianych pałaców u podnóży stromych, rynnowatych zboczy Kopet-Dagu. Pejzaż był gładki, jakby wyszedł spod ręki garncarza. Nagie wzgórza i ruiny przypominające plaster miodu z komórkami pełnymi jaszczurek, upał i pustka, samotność i bliskość Iranu – wszystko skłaniało do wyprawy w przeszłość.

Szlaki handlowe rzadko zmieniały bieg. Od starożytności ze wschodu na zachód transportowano korzenie, jedwab, drogie kamienie i później, podziemnymi rurociągami, ropę naftową i gaz ziemny. Partia była imperium handlowym, jak każde imperium, które tutaj powstało. Rozległe równiny nie stanowiły żadnej zapory przed najazdem – odradzającej się Rosji, Iranu czy innej potęgi. Płaski krajobraz sprzyjał również anarchii, ponieważ nie istniały naturalne granice ani skupiska miejskie, a jedynie rozproszone oazy zamieszkane przez rywalizujące klany. To samo można było powiedzieć o dwóch sąsiadach Turkmenistanu – Uzbekistanie i Kazachstanie, gdzie władza, choć mniej groteskowa niż w wykonaniu Turkmenbaszy, spoczywała w rękach byłych sowieckich aparatczyków, których sterylna dyktatura chroniła oba kraje przed rozpadem wzdłuż etnicznych i religijnych linii podziałów[1].

Anarchia, w tej czy innej postaci, była zjawiskiem powszechnym na Bliskim Wschodzie. W czasie mojej podróży ze sprawnymi instytucjami zetknąłem się jedynie w Turcji, Izraelu i w znacznie mniejszym stopniu w Jordanii. Nawet w Rumunii i Bułgarii prowincja była zanarchizowana, ale sytuacja na Kaukazie była znacznie gorsza. Syria przypominała Związek Sowiecki za Breżniewa: zrujnowane państwo utrzymywała w całości ogłupiająca,

1 O Uzbekistanie i Kazachstanie pisałem w: *The Ends of the Earth*.

sekciarska tyrania. Tymczasem demokracja – zapewniająca najlepsze warunki do budowy i utrzymania sprawnych instytucji – napotykała liczne przeszkody w postaci kawiarnianej polityki w Rumunii, korupcji w Bułgarii, państwa-firmy w Libanie i próżni władzy na Kaukazie. Historia uczy, że tylko państwa zjednoczone wolą przetrwania zachowują niepodległość; na szlaku mojej wędrówki nie było ich wiele. Reszta pewnie zostanie wchłonięta przez jakieś nowe imperium – chyba że proces ich rozkładu posunie się tak daleko, że nie będzie chętnych do przejęcia władzy. Herodot obserwował cykle jedynowładztwa, wolności, anarchii i ponownie jedynowładztwa. Medowie na przykład zrzucili jarzmo niewoli asyryjskiej, a za ich przykładem wszystkie ludy imperium wybiły się na samodzielność. Ten stan nie trwał długo, powiada Herodot, gdyż „dostały się znowu pod rządy jedynowładcze". Wolność i demokracja z pewnością dobrze służą najsilniejszym państwom, ale w tej części świata, gdzie prawie nie ma na czym budować, społeczeństwo obywatelskie może powstać chyba jedynie pod przymusem i za pomocą machiawelicznej taktyki, jak w Gruzji Eduarda Szewardnadzego. Ale nawet wówczas szanse będą znikome.

W regionalnej polityce zasadniczo niewiele się zmieniło od czasów Herodota i Tukidydesa. Według Herodota granice mają charakter etniczny i kulturowy. Grecy, Persowie, Scytowie i inni toczyli w starożytności wojny terytorialne, tak jak w latach dziewięćdziesiątych XX wieku Gruzini, Abchazowie, Osetyjczycy, Azerowie i Ormianie. Tukidydes sprowadził Herodotową kronikę zderzenia kulturowego do polityki siły. I tak naprawdę

Bliski Wschód nadal pozostaje tyglem czystych egoizmów narodowych.

Mój pobyt w Turkmenistanie nie dobiegł jeszcze końca, ale w krystalicznym powietrzu i niczym niezmąconej ciszy stanowiska archeologicznego pod Aszchabadem nie mogłem się powstrzymać przed jakimś podsumowaniem wrażeń z dotychczasowej podróży. Przypomniałem sobie Zarkę, gwarne północne przedmieścia Ammanu w Jordanii – z charakterystycznymi dla społeczeństwa jordańskiego hordami bezrobotnych nastolatków – gdzie być może wykuwa się przyszłość Bliskiego Wschodu. Pojednanie arabsko-izraelskie może się okazać bez znaczenia, gdy czynniki ekonomiczne i demograficzne w świecie arabskim sprawią, że scentralizowana władza ustąpi pola mniej skutecznym oligarchiom, tworzonym przez nastawionych na doraźne zyski polityków i niższych oficerów, którzy będą musieli działać pod jednoczesną presją biednej miejskiej młodzieży i dynamicznej klasy średniej. Zakończenie dwubiegunowego konfliktu arabsko-izraelskiego i wyłonienie się nowych, bardziej złożonych antagonizmów mogłoby doprowadzić nawet do upadku takich słabych państw, jak Syria czy Jordania. Klasyczna geografia zostałaby jedynie potwierdzona, gdyby nowe „jedwabne szlaki" – z Antiochii na południe do Tel Awiwu; z Azji Środkowej na zachód przez Kaukaz nad Morze Śródziemne; oraz z Baku na południe nad Zatokę Perską – zaczęły tętnić życiem, pomimo niestabilności przyległych regionów. Byłoby to jak w starożytności, gdy opustoszałą dziś partyjską stolicę odwiedzali kupcy z najdalszych stron.

Szwendając się po ruinach niegdyś wielkiego, kosmopolitycznego miasta, myślałem jednak przede wszystkim o globalizacji. W wielu krajach Zachodu wolny rynek uważa się za rozwiązanie wszystkich problemów. Ale od Rumunii po Turkmenistan obserwowałem falę dzikiego kapitalizmu, który przy braku instytucji i zabezpieczeń socjalnych – zwłaszcza w byłych krajach komunistycznych – wykopał niebezpieczne przepaści między pazerną nową klasą oligarchów a robotniczą biedotą. Nowobogaccy budowali wysokie mury z elektronicznymi czujnikami – zarówno wokół willi w Rumunii i Bułgarii, jak prywatnych osiedli w Libanie czy biurowców w Aszchabadzie. Był to syndrom oblężonej twierdzy, który mógł zwiastować rewolucyjne wrzenie. Niewiele krajów, które odwiedziłem, było stabilnych.

*

Kilka dni później – z ormiańskim kierowcą, który zaproponował mi korzystną cenę za kurs – wybrałem się do starożytnego Merw, około czterystu kilometrów na wschód od Aszchabadu. Jechaliśmy przez bure, bezkształtne pustkowie, a następnie przez okrytą karłowatą roślinnością równinę, z której wyrastały fabryczne mury, pomalowane farbą klejową i wysmagane pustynnym żwirem. O sowieckiej przeszłości Azji Środkowej przypominały wielbłądy pasące się przy obłażących z izolacji rurach ciepłowniczych. Drogi miały fatalną nawierzchnię, od „chrzczonej" benzyny ciągle gasł silnik i nigdzie nie można było dostać kawy. Z kurzawy co i rusz wyłaniały się billboardy: „*Halk, Watan, Turkmenbashi*".

Po kilku godzinach dotarliśmy do nowego, zbudowanego przez Sowietów miasteczka Mary (Merw), które wyglądało jak Sumgait wolne od skażenia chlorem i pestycydami. Hotel Intourist był martwą strefą. Temperatura na zewnątrz sięgała czterdziestu stopni Celsjusza, a klimatyzacja nie działała. Spocony recepcjonista drzemał na kanapie. W hotelowej restauracji ściany z pustaków były pomalowane na różowo. Kelnerka, Rosjanka lub Turkmenka, stara, otyła, z zaciętą miną paliła papierosa i piła wódkę przy narożnym stoliku, nad talerzem z niedojedzonym posiłkiem. Upał i wygląd jedzenia odebrały mi apetyt. Zieloną herbatę, którą zamówiliśmy, podano nam w dużych czarkach bez uszek. Pocąc się, czekaliśmy, aż ostygnie.

Starożytne Merw leżało nieco dalej na wschód. Minąwszy skupisko opuszczonych baraków z azbestowymi dachami i wraków samochodów, jechaliśmy wzdłuż długiego, walącego się muru, rzeźbionego przez wiatr. Nie odróżniałem już piasku i kurzu, podmuch wiatru napełnił mi oczy jednym i drugim. „Śmietnisko" – prychnął szyderczo kierowca, nie rozumiejąc, czego szukam w miejscu, które Turcy seldżuccy nazywali Królową Świata.

Merw, zwane przez Persów Margianą, zostało zdobyte i przebudowane przez Aleksandra Wielkiego w IV wieku p.n.e. Później było to wielkie miasto partyjskie, a potem znów perskie. We wczesnym średniowieczu Merw stało się istnym tyglem religii, w tym chrześcijaństwa, buddyzmu i zoroastryzmu. Następnie przyszły wieki panowania Arabów, których miejsce zajęli Turcy seldżuccy. W XI i XII wieku seldżuckie Merw było architektoniczną perłą na Jedwabnym Szlaku i drugim największym po Bagdadzie miastem świata muzułmańskiego, pełnym wspaniałych pałaców, bibliotek i ogrodów.

W 1221 roku Merw stało się ówczesnym symbolem ludobójstwa. Tołuj, najokrutniejszy z synów Czyngis-chana, przyjął pokojową kapitulację miasta, a następnie rozkazał, by każdy żołnierz mongolski ściął głowę przynajmniej trzystu jego mieszkańcom. Miecze i topory pozbawiły życia kilkakrotnie większą liczbę cywilów niż bomby atomowe zrzucone na Hiroszimę i Nagasaki[1]. Cząstkę dawnej świetności Merw odzyskało dopiero w 1884 roku, kiedy to zajęcie miasta przez armię carską zakończyło podbój Transkaspii, rozpoczęty przez Skobielewa. Ponieważ z Merw przez Afganistan do Indii wiodła prosta droga, której nie utrudniały łańcuchy górskie, sukces Rosji wywołał „merwowość" w brytyjskich kołach rządowych. Omal nie doszło do brytyjsko-rosyjskiej wojny o Merw, której groźbę zażegnał traktat z 1887 roku, wytyczający granice pobliskiego Afganistanu.

Strategia jednak kieruje się względami militarnymi i gospodarczymi, a nie świetnością kultury czy architektury, dlatego też armie często walczą o kupę śmieci w szczerym polu. Obecnie, z uwagi na bliskość złóż gazu ziemnego, ten region znów był wart wojny.

Mongołowie Tołuja nie wszystko zniszczyli. Przejechawszy kolejne półtora kilometra, dotarliśmy do majestatycznej budowli zwieńczonej kopułą, wysokiej na

1 Zob. Geoffrey Moorhouse, *On the Other Side. A Journey Through Soviet Central Asia*, New York 1990.

trzydzieści osiem metrów, wzniesionej na niemal pionowym zboczu, jakby zawieszonej między ziemią i niebem. Mauzoleum seldżuckiego sułtana Sandżara, który zmarł w 1157 roku, miało typowy dla środkowoazjatyckiej architektury mistyczny, sześcienny kształt: mogłoby posłużyć za dekorację w filmie science fiction. Turkusowe mozaiki odpadły z kopuły, odsłaniając misterną ceglaną konstrukcję. Strażnikiem tej imponującej budowli był turkmeński starzec w baranicy, spod której wyzierała wysuszona twarz, rozjaśniona tajemniczym uśmiechem.

„To święte miejsce, które odmieni Twój los – zwrócił się do mnie. – Tutaj znajdziesz wolność i moc". Był prostym człowiekiem, miał na podorędziu mnóstwo takich banałów. Ale czyż moje wnioski po przebyciu blisko sześciu tysięcy kilometrów nie były równie banalne? Znajdowałem się teraz w połowie drogi między Heratem (na południu, w Afganistanie) i Bucharą (na północy, w Uzbekistanie), najdalej wysuniętym na wschód miejscu, do którego dotrę w czasie tej podróży, i czego się dowiedziałem? Że o najbliższej przyszłości, przynajmniej tej części świata, zadecydują naga siła i egoizm narodowy.

Usiadłem wewnątrz grobowca, żeby odpocząć w cieniu grubych murów. Czułem sól na wargach. Upiorne krzyki gołębi pod kopułą przywodziły na myśl rzeź, której tu dokonano. Mój wzrok spoczął na olśniewająco błękitnej fajansowej skorupie, która uszła mongolskiej zawierusze. Wyobraziłem sobie tysiące ludzi czekających przez wiele dni, aż zostaną, jeden po drugim, wyprawieni na tamten świat ciosem miecza lub topora. Patrząc przez drzwi na księżycowy krajobraz, myślałem o arcydziele seldżuckiej architektury jako pomniku ku czci ofiar masowego mordu, który nie robił już wrażenia tylko dlatego, że popełniono go dawno temu, w niemal baśniowej scenerii. Przypomniał mi się żydowski cmentarz w rumuńskim Sărmașu – zwiedziłem go na początku mojej podróży, ta pamiątka niedawnej zbrodni, która mnie bardzo poruszyła. Czy tak samo poruszy wędrowca, który zjawi się tam za kilkaset lat?

Nieopodal znajdowało się jeszcze inne dwunastowieczne seldżuckie mauzoleum. Grube mury i głębokie fundamenty uchroniły je przed zniszczeniem przez wojska chana Tołuja. W tym świętym miejscu muzułmanów rosło drzewo ozdobione kolorowymi szmatkami – pogańskimi ofiarami w intencji płodności. Wewnątrz, obok pomnika nagrobnego, stał chyba partyjski ołtarz z hellenistycznymi, geometrycznymi ornamentami. „Jaka cudowna mieszanka!" – przemknęło mi przez myśl. W półmroku i kurzu pomstowałem na podjętą przez Turkmenbaszy próbę odtworzenia monochromatycznej turkmeńskiej tożsamości, która w rzeczywistości nigdy nie istniała. Na początku mojej podróży Rudolf Fischer powiedział mi, że należy być „kosmopolitą". Czy można sobie wyobrazić lepszą odpowiedź na to, co zobaczyłem? Z faktu, że wciąż istnieje coś takiego jak charakter narodowy, nie wynika, że jest on wieczny. A z faktu, że Bliski Wschód wciąż jest polem bitwy między wielkimi mocarstwami, nie wynika, że wielkie mocarstwa nie mogą odegrać w regionie konstruktywnej roli. Źródła nadziei upatrywałem w nietrwałości złych rządów.

EPILOG

Hajastan

ROZDZIAŁ 28

Ziemia, ogień, woda

Erywań, stolica Armenii, leży w cieniu góry Ararat, wznoszącej się na wysokość 5137 metrów nad otaczającą ją równiną – wielkiej szarobłękitnej piramidy nakrytej czapą srebrzystobiałego śniegu. Szczyt często wyłania się z morza chmur oblewającego górę w połowie jej wysokości, niczym nowy wszechświat, który dopiero się rodzi. Nazwa Ararat ma ten sam ormiański rdzeń – *ara* – co słowa oznaczające w tym języku „życie" i „stworzenie". Góra Ararat jest ormiańskim symbolem narodowym, pojawiającym się na mapach, sztandarach i w malarstwie. Według legendy to na Araracie osiadła biblijna Arka Noego. W pobliskim Eczmiadzynie, „ormiańskim Watykanie", gdzie rezyduje „Katolikos Wszystkich Ormian", do dziś przechowuje się srebrny relikwiarz z kawałkiem skamieniałego drewna, pochodzącego rzekomo z Arki. Ormianie wierzą, że pierwsi zasiedlili ziemię po potopie.

Z nieotynkowanego balkonu pokoju hotelowego Ararat wydawał się tak bliski, prawie na wyciągnięcie ręki – wizja otwartych niebios ostro kontrastująca z panoramą zrujnowanych blokowisk Erywania. W rzeczywistości jednak Ararat jest nieosiągalny z tego miejsca. Leży za granicą historycznego wroga Armenii, Turcji. Wzdłuż granicy między tymi dwoma państwami biegnie drut kolczasty. Mówiąc słowami pewnego ormiańskiego poety:

> Widzieliśmy już odwrotną stronę księżyca.
> Kiedyż ujrzymy odwrotną stronę Araratu?[1]

Usytuowanie w Turcji wzmacnia symboliczne znaczenie Araratu. Góra domaga się zwrotu oderwanych ziem – utraconej części historycznej Armenii, obejmującej większość dzisiejszej Turcji i miejsca ludobójstwa w 1915 roku, gdy upadający reżim turecki wypędził i wymordował ponad milion Ormian. Ilekroć mieszkańcy Erywania spoglądają na majestatyczną górę nad południowo-zachodnim horyzontem, tylekroć przypominają sobie o starożytnej i średniowiecznej świetności i dwudziestowiecznym ludobójstwie.

Armenia jest typowym bliskowschodnim krajem: wielokrotnie podbijana, okrawana terytorialnie, w tym czy innym kształcie istnieje od dwóch tysięcy sześciuset lat, wzmiankowano o niej już w staroperskich inskrypcjach oraz kronikach Herodota i Strabona. Ormianie wywodzą swój ród od Hajka syna Torgoma, prawnuka Jafeta, syna Noego. Chociaż ich wielowiekowi rywale – Medowie i Hetyci – zniknęli ze sceny dziejów, Ormianie przetrwali jako samodzielny, indoeuropejski naród posługujący się własnym językiem, spokrewnionym z perskim.

1 Wiersz odczytany publicznie przez Jaszę Babliana w Górskim Karabachu w marcu 1975 roku. Zob. Ronald Grigor Suny, *Looking Toward Ararat. Armenia in Modern History*, Bloomington 1993.

W I wieku p.n.e., za panowania Tigranesa Wielkiego, Hajastan (jak Ormianie nazywają Armenię) rozciągał się od Morza Kaspijskiego na wschodzie i od środkowej Turcji na zachodzie, obejmując większość Kaukazu, część Persji i całą Syrię. W 301 roku Ormianie jako pierwszy naród uznali chrześcijaństwo za religię państwową, dziś prawosławna Armenia stanowi południowo-wschodni przyczółek chrześcijaństwa w Eurazji[1]. W 405 roku Mesrop Masztoc, duchowny i uczony, zakończył pracę nad ormiańskim alfabetem, który nadal jest w użyciu. (Kiedy w rozmowie ze znajomą w Erywaniu stwierdziłem, że alfabet ormiański z wyglądu trochę przypomina gruziński, aż ją zatkało z oburzenia: „Nie słyszałam większej bzdury! Jest taki dowcip, że kiedy Gruzini potrzebowali alfabetu, zwrócili się do Masztoca, który akurat jadł makaron. Uczony wziął kilka nitek i cisnął nimi o ścianę. Kształt, w jaki się ułożyły, stał się wzorem dla alfabetu gruzińskiego").

Z czasem Armenia znalazła się w kleszczach dwóch imperiów: rzymskiego i bizantyjskiego. Później padła ofiarą podbojów arabskich. Kiedy jednak w IX i X wieku kalifat przeżywał kryzys, Armenia znów stała się wielkim niepodległym królestwem ze stolicą w Ani (w dzisiejszej

1 Kościół w Armenii jest oficjalnie nazywany Świętym Apostolskim Katolickim Kościołem Ormiańskim. Odłączył się od reszty chrześcijaństwa po synodzie w Dwin w 552 roku, na którym odrzucono uchwały soboru chalcedońskiego z 451 roku o bosko-ludzkiej dwoistości natury Chrystusa. Ormianie są więc monofizytami, wierzącymi, że Chrystus miał tylko jedną naturę, boską. Monofizytami są też koptowie w Etiopii i Egipcie i jakobici w Syrii.

Turcji). W XI wieku sułtan Turków seldżuckich Alp Arslan najechał Ani, Kars i inne ormiańskie twierdze, niszcząc przeszło dziesięć tysięcy iluminowanych rękopisów, skopiowanych i ozdobionych w ormiańskich monastyrach[1]. Armenia przetrwała jako grupa niezależnych baronii, ale ostatecznie dostała się pod panowanie Turków, Persów i później rosyjskich carów i komisarzy. Dzisiejsze niepodległe państwo to dawna republika sowiecka.

Współczesna Armenia, wciśnięta między Turcję na zachodzie, Iran na południu, Azerbejdżan na wschodzie i Gruzję na północy – jej utracone, rozległe terytoria są rozrzucone we wszystkich kierunkach – jest krajem górzysto-pustynnym. Jak Izrael, jest małym państwem – ma zaledwie trzy i pół miliona mieszkańców – otoczonym z trzech stron przez historycznych wrogów (anatolijskich Turków, Azerów i Gruzinów), ale chlubi się wspaniałą tradycją kupiecką i majętną diasporą. W Bejrucie, Damaszku, Aleppo, Jerozolimie, Teheranie i Stambule istnieją wpływowe społeczności ormiańskie. Żydów i Ormian łączy także doświadczenie ludobójstwa. Naziści mordujący Żydów w czasie drugiej wojny światowej wzorowali się na młodoturkach, którzy wymordowali Ormian w czasie pierwszej wojny światowej. „Kto dziś pamięta eksterminację Ormian?" – pytał Hitler w 1939 roku.

Przyjechałem do Armenii, ponieważ chciałem zobaczyć tę „odwrotną stronę". W Turcji, Gruzji i Azerbejdżanie nikt nie jest dobrego zdania o Ormianach. Mówi się o nich z taką samą pogardą, z jaką mówi się

1 Zob. G. W. Abgarian, *The Matenadaran*, Yerevan 1962.

o Izraelczykach i Żydach w krajach arabskich, porównując do „wszy" i „pluskiew" wysysających krew tubylców. Przyjechałem do Armenii, żeby raz jeszcze przyjrzeć się zagadnieniu narodowego charakteru, ponieważ zamieszkiwała ją ludność o wyraźnie określonej tożsamości i bardziej jednorodna etnicznie niż w innych krajach regionu. Żydzi stanowią osiemdziesiąt trzy procent populacji Izraela, Ormianie zaś dziewięćdziesiąt trzy procent populacji Armenii.

I wreszcie przyjechałem tutaj, by zakończyć swoją podróż tam, gdzie zacząłem: na Bałkanach. Oczywiście, w ścisłym znaczeniu tego określenia, Armenia – usytuowana, by tak rzec, po przeciwnej stronie Turcji niż Bułgaria i Grecja – nie leży na Bałkanach. Niemniej, razem z Grecją, Bułgarią, Macedonią i Serbią zalicza się do państw, które od upadku imperium osmańskiego stały się areną bezustannych konfliktów etnicznych, przyprawiających o ból głowy europejskich polityków XIX i XX wieku i obejmowanych wspólną nazwą: „kwestia wschodnia". To właśnie ruchy narodowe na Bałkanach u schyłku XIX wieku zainspirowały ormiańskich rewolucjonistów, walczących o wolność z sułtanami i carami.

Istniała jednak zasadnicza różnica między powstaniami Greków i Słowian przeciwko Turkom na Bałkanach a ormiańskim powstaniem przeciwko Turkom we wschodniej Anatolii. Bałkany leżały w granicach imperium osmańskiego, ale poza Turcją właściwą, więc gra toczyła się tylko o władzę; we wschodniej Anatolii natomiast społeczności tureckie i ormiańskie walczyły o tę samą ziemię. To między innymi dlatego właśnie odwieczne mordy na tle etnicznym pierwszy raz przybrały w cieniu Araratu metodyczny, wręcz biurokratyczny charakter.

Z Merw wróciłem najpierw do Aszchabadu, a stamtąd do Stanów Zjednoczonych. Wkrótce potem wybrałem się do Armenii. Kiedy przed świtem koła samolotu dotknęły płyty lotniska w Erywaniu, współpasażerowie płakali i wiwatowali. Byli to Ormianie z diaspory, którzy odwiedzali ojczyznę, wielu pierwszy raz w życiu. W nielicznych krajach – jednym z nich był Izrael – zaobserwowałem takie emocje towarzyszące lądowaniu samolotu.

Na lotnisku nie musiałem wypełniać żadnych tasiemcowych formularzy ani nikogo przekupywać. Od innych podróżnych dowiedziałem się, że również na granicy lądowej z Gruzją odprawa przebiega na ogół szybko i uczciwie. Taksówkarz, który wiózł mnie do miasta, był zadbany i zażądał rozsądnej zapłaty. Drogi w Armenii były lepiej utrzymane niż w Gruzji i Azerbejdżanie. Nie spotkałem też ani jednego niechlujnego policjanta, domagającego się łapówki. Pod wieloma względami Armenia bardziej przypominała normalne państwo niż inne kraje kaukaskie. W 1998 roku – w wyniku zwykłych demokratycznych wyborów – Lewona Ter-Petrosjana na stanowisku prezydenta kraju zastąpił Robert Koczarian.

Jednak w rzeczywistości wybory nie były całkiem demokratyczne. Prawdziwa władza spoczywała w rękach premiera Wazgena Sarkisjana, kontrolującego wojsko i siły bezpieczeństwa. Sarkisjan odegrał kluczową rolę na początku lat dziewięćdziesiątych w zwycięskiej wojnie Armenii przeciwko Azerbejdżanowi o sporny region Górskiego Karabachu, skąd ormiańskie wojska brutalnie wypędziły azerską mniejszość. Nowy prezydent Robert Koczarian, wskazany przez Sarkisjana, nie był nawet obywatelem Armenii – był Ormianinem z Górskiego Karabachu. Tak naprawdę Armenia była niemal policyjnym państwem z demokratyczną fasadą: system wielopartyjny był jedynie zasłoną dymną, za którą kryła się jednopartyjna dyktatura, zastraszająca lub korumpująca opozycję. „W Armenii uznaje się tylko wartości narodowe, nie demokratyczne czy uniwersalne" – rzekł Mikael Danieljan, szef lokalnego Komitetu Helsińskiego, monitorującego przestrzeganie praw człowieka.

Jak na regionalne standardy, ustrój polityczny Armenii nie był jednak taki zły. Trudno było sobie wyobrazić łatwą sukcesję prezydencką w Gruzji po Szewardnadzem, w Azerbejdżanie po Alijewie czy w Iraku po Saddamie Husajnie. Armenia jakoś funkcjonuje, mówiłem sobie. Nie ma tutaj groteskowego kultu jednostki, jak w Syrii, Azerbejdżanie czy Turkmenistanie, ani też samo istnienie państwa nie jest uzależnione od jednego człowieka, jak w Gruzji. Armenia jest jedynym państwem na Kaukazie – i jednym z niewielu, jakie odwiedziłem w czasie tej podróży – którego integralność była niezagrożona. „Jesteśmy zjednoczeni – wyjaśnił mi zaraz po moim przyjeździe do Erywania pewien ormiański znajomy. – Rządzi nami jedna mafia, a nie kilka rywalizujących między sobą".

Jednak obaj byliśmy przesadnymi optymistami. Kilka dni po moim wyjeździe, pod koniec października

1999 roku, do gmachu parlamentu wtargnął zamachowiec, zabił premiera Sarkisjana i jego siedmiu ministrów, a następnie oddał się w ręce policji. Oświadczył, że chciał w ten sposób wyrazić swój sprzeciw wobec korupcji i rządowego planu ugody z Azerbejdżanem w sprawie Górskiego Karabachu. Jeżeli coś takiego mogło się zdarzyć w Armenii, to jak nie drżeć o los Gruzji i Azerbejdżanu, których ustroje polityczne były mniej stabilne, a kraje pogrążone w większym chaosie. Cały region przypominał domek z kart.

Inny znajomy Ormianin, z którym rozmawiałem w barze przy kawie po turecku (którą barman uparł się nazywać kawą po ormiańsku), wzruszył ramionami i powiedział: „Przedstawiciele rządu mówią o nacjonalizmie, ale zajmują się wyłącznie tłuczeniem kasy. Karabach, demokracja, rurociąg – zwykłych ludzi w ogóle to nie obchodzi. Chcą tylko zapewnić sobie i swoim rodzinom środki do życia". Jak w większości krajów, które odwiedziłem, również mieszkańcy Armenii byli poddanymi, nie obywatelami. Rozejrzałem się po barze i ujrzałem brzuchatych facetów, jakich spotykałem wszędzie na Bałkanach i Kaukazie: ubranych na czarno, nieogolonych, z papierosem zatkniętym za uchem, woniejących drogą wodą po goleniu. Zamawiali drinki kosztujące więcej, niż wynosiła przeciętna miesięczna pensja, i byli obsługiwani przez zahukane, ledwo nastoletnie kelnerki, ubrane jak prostytutki lub cyrkówki. Również tutaj bogaci stawali się coraz bogatsi, a biedni coraz biedniejsi. U moich rozmówców wyczuwałem skryte obawy, ale nie przed najazdem Turków czy innych historycznych wrogów, lecz przed wyjazdem na Zachód najbardziej uzdolnionych Ormian. Niczego nie eksportowano, a twarda waluta wyciekała za granicę.

Po wizycie w Bukareszcie, Sofii i Tbilisi Erywań wyglądał całkiem znajomo: w widmowych ciemnościach wczesnego poranka na cichych ulicach z budynkami w stylu pseudo-barokowym i art nouveau, pomiędzy brzozami i topolami dostrzegłem zardzewiałe „szczęki", ciągnące się aż do ogromnego placu, pamiątki po sowieckim panowaniu. Później mężczyźni w znoszonych ubraniach ułożyli na chodniku części do odbiorników tranzystorowych przeznaczone na sprzedaż. Inni rozstawili składane stoliki, na których zaczęli grać w tryktraka, zaopatrywani w chleb i słoje z domowymi zaprawami przez staruszki okutane w wełniane chusty. Erywań miał atmosferę prowincjonalnego miasteczka. Wiele okazałych rezydencji, które widziałem w Tbilisi i Baku, zbudowali ormiańscy kupcy – porzucając je później ku uciesze Gruzinów i Azerów – ale ponieważ wiele miast historycznej Armenii z czasem znalazło się w Turcji, to Erywań zaczął się rozwijać dopiero w XX wieku. Jak wszędzie w postkomunistycznym świecie posępny, szary pejzaż rozjaśniały nowe kasyna, całe w marmurze i złoceniach, i parasole z jaskrawoczerwonym logo Marlboro, symbol życia kawiarnianego, które wcześniej nigdy tu nie istniało.

Jak w Tbilisi i Bukareszcie centrum miasta zapełniali pozujący na Włochów, świetnie ubrani mężczyźni i kobiety o inteligentnych twarzach i pięknych, wyrazistych rysach. Jak w Izraelu, od razu było widać, że to kraj utalentowanych ludzi, rywalizujących z sobą nawzajem i rozpychających się na klaustrofobicznie małym placu zabaw. Jednak poza śródmieściem snuł się ten sam rodzaj miejskiej biedoty, co w innych miastach postkomunistycznych.

*

Ormiański pomnik ofiar ludobójstwa znajduje się na płaskowyżu pod Erywaniem, w podobnie wspaniałym odosobnieniu, jak Yad Vashem pod Jerozolimą. Składa się z czterdziestoczterometrowej iglicy z czarnego granitu i ułożonych w krąg, pochylonych do środka dwunastu płyt bazaltowych, tworzących rodzaj namiotu nad zniczem. Muzeum i biura są ulokowane w podziemiu. Ludobójstwo Ormian, jak żydowski Holokaust, było wydarzeniem, któremu upływ czasu nie odebrał, lecz przydał znaczenia, przekształcające je w zbiorowe wspomnienie o charakterze mitu narodowego[1]. Żydzi zbudowali swą współczesną tożsamość na Holokauście, Murzyni na historii niewolnictwa, a Ormianie na rzezi dokonanej przez Turków. (Wydarzenia w Armenii trudniej było wyizolować spośród okropieństw wojny niż Holokaust, więc pojęcia ludobójstwa, względnie nowego, używa się retrospektywnie).

Ponieważ ludobójstwo zostało dokonane w tureckiej części Armenii, a nie rosyjskiej (w której granicach istnieje dzisiejsze państwo ormiańskie), pamięć o tym wydarzeniu zawsze była żywsza w diasporze, wśród tych, co przeżyli, niż w samym Erywaniu, zwłaszcza że w sowieckiej

1 Zob. Peter Novick, *The Holocaust in American Life*, Boston 1999.

Armenii dyskusja o ludobójstwie była tłumiona przez Moskwę, obawiającą się odrodzenia nacjonalizmu. Mimo to w 1965 roku, w pięćdziesiątą rocznicę masakry, w stolicy Armenii odbyła się wielka manifestacja. To nasunęło Leonidowi Breżniewowi chytry plan. W czasie gdy zimnowojenny zapał przygasał, zaostrzenie stosunków między Turcją, członkiem NATO, a graniczącą z nią sowiecką republiką, musiało przynieść Moskwie same korzyści; mogło też posłużyć jako wentyl bezpieczeństwa dla rosnącego niezadowolenia mieszkańców tej strategicznej, a jednocześnie względnie zamożnej republiki. To dlatego Breżniew nakazał wzniesienie Pomnika Ludobójstwa w Erywaniu. Wykonany przez dwóch ormiańskich architektów w 1967 roku, jest typowym dziełem prymitywnego socrealizmu, nieodróżnialnym od wszystkich innych pomników wojennych, które widziałem w krajach byłego Układu Warszawskiego, z chwastami wyrastającymi spomiędzy niechlujnie ułożonych kamieni.

Uznanie faktu ludobójstwa to jedno, a kultywowanie pamięci o nim to drugie. „Sowieci wykorzystywali ludobójstwo Ormian jako polityczną amunicję przeciwko Turcji, ale nie pozwalali uczyć o nim w ormiańskich szkołach" – powiedział Laurenti Barsegian, dyrektor Muzeum Ludobójstwa, z którym rozmawiałem o dziesiątej rano, przy kieliszku koniaku i filiżance „kawy po ormiańsku". Prawdziwą iskrą, która roznieciła zbiorowe wspomnienia o ludobójstwie, była w latach osiemdziesiątych wszczęta przez Ormian mieszkających w Bejrucie kampania terrorystyczna, przeciwko tureckim dyplomatom. „Zabijanie dyplomatów było błędem, ponieważ to tacy sami ludzie jak my – stwierdził Barsegian. – Ale poskutkowało. Upowszechniło wiedzę o ludobójstwie Ormian".

Potem nastąpiła Gorbaczowowska *głasnost*, a w rezultacie – wybuch etnicznego nacjonalizmu w Górskim Karabachu i reszcie Kaukazu. „W Karabachu wrogiem byli nie Azerowie, lecz nasza przeszłość – tłumaczył mi Mikajel Hambardzumjan, młody lokalny reformator. – Ludobójstwo rozbudziło wśród Ormian nacjonalizm defetystyczny i masochistyczny, jak serbski czy szyicki, ale zwycięstwo w Karabachu to zmieniło. Nasz nacjonalizm stał się zdrowszy". Zauważyłem, że część Ormian poległych w Karabachu pochowano w sąsiedztwie Pomnika Ludobójstwa, zrównując zbrodnię popełnioną przeciwko narodowi ormiańskiemu na początku XX wieku z zemstą dokonaną u jego schyłku.

Ponieważ pamięć o ludobójstwie zawsze była żywsza w diasporze, Karabach wywołał wojenne nastroje również za granicą – pieniądze i ochotnicy napływali z ormiańskich enklaw na całym świecie. „Karabach zjednoczył Armenię z jej diasporą znacznie silniej niż wyzwolenie spod okupacji sowieckiej" – wyjaśnił mi Aris Chazjan, geograf i filozof.

Z gabinetu dyrektora udałem się do muzeum, które zbudowano z inicjatywy pierwszego postsowieckiego prezydenta Armenii Lewona Ter-Petrosjana i udostępniono zwiedzającym w kwietniu 1995 roku, w osiemdziesiątą rocznicę ludobójstwa, wieńcząc budowę pamiątkowego kompleksu zapoczątkowaną trzydzieści lat wcześniej przez Sowietów. Oficjalne obchody rocznicy ludobójstwa odbywają się w kwietniu – w nocy 24 kwietnia

1915 roku władze tureckie aresztowały w Stambule ormiańskich przywódców politycznych, intelektualnych i religijnych i deportowały w głąb Anatolii, gdzie zostali zamordowani.

W posępnych bazaltowych wnętrzach muzeum stanąłem przed zajmującą całą ścianę mapą wykutą w kamieniu, przedstawiającą ormiańskie osadnictwo we wschodniej Anatolii: Trabzon, Van, Erzurum, Diyarbakır, Bitlis, Sivas i tak dalej: 2 133 190 osób narodowości ormiańskiej, 1996 ormiańskich szkół, 2925 kościołów. Wielokrotnie odwiedzałem te dziś tureckie miasta – z wyjątkiem nielicznych ruin świątyń zamienionych w chlewy, jak w okolicach Trabzonu, zlikwidowano wszelkie ślady ormiańskiej cywilizacji. Władze tureckie wręcz zaprzeczają, że Ormianie kiedykolwiek zamieszkiwali te ziemie. Niemcy przyznali się do zbrodni przeciwko Żydom w czasie drugiej wojny światowej, gdyż po wojnie musieli przyswoić sobie wartości i instytucje aliantów, a Żydzi byli mniejszością, która nie zgłaszała roszczeń terytorialnych – w przeciwieństwie do Ormian, których samo istnienie podważa tureckie prawo do zwierzchności nad wschodnią Anatolią. Na Bliskim Wschodzie, gdzie państwa o jednoplemiennej tożsamości okupują tereny niegdyś zróżnicowane etnicznie, przyznanie się do zbrodni przeciwko całemu narodowi byłoby zakwestionowaniem własnej władzy.

Idąc mrocznym korytarzem i oglądając stare fotografie – bezgłowych zwłok, które Turcy ułożyli na półkach, stosów nagich ciał na wzgórzach i w rowach, trupów kołyszących się kilkanaście centymetrów nad ziemią na prowizorycznych szubienicach – rozmyślałem o ciągu zdarzeń, który doprowadził do aktów takiego barbarzyństwa. Uświadomiłem sobie, że to właśnie tureckie zbrodnie przeciwko Ormianom – w większym stopniu niż nazistowski Holokaust – stanowią odpowiednik niedawnych wydarzeń w Bośni, Kosowie, Rwandzie czy Wschodnim Timorze. Zindustrializowane ludobójstwo w wykonaniu Hitlera nie miało terytorialnej motywacji. Rasistowska obsesja na tle „ostatecznego rozwiązania kwestii żydowskiej" wręcz uszczuplała siły i środki przeznaczane na walkę z rzeczywistym strategicznym wrogiem – Rosjanami. Natomiast wschodnia Anatolia w 1915 roku – jak Bośnia, Kosowo i Rwanda – była polem bitwy między dwoma narodami o tę samą ziemię i jeden z nich dysponował wystarczającą siłą, by zniszczyć drugi. Ludobójstwo Ormian – jak klęski humanitarne lat dziewięćdziesiątych – było masową rzezią, której korzenie tkwiły w etnicznym sporze o ziemię. To, co się stało we wschodniej Anatolii, jest więc politycznie i moralnie bardziej skomplikowane niż Holokaust. Początek XXI wieku może przynieść więcej takich kataklizmów, dlatego pamięć o ludobójstwie Ormian będzie zyskiwać na znaczeniu.

Do rzezi Ormian doszło w czasie pierwszej wojny światowej, gdy Turcja osmańska sprzymierzyła się przeciwko carskiej Rosji i jej zachodnim sojusznikom. Kiedy flota ententy ostrzeliwała Dardanele w zachodniej Turcji, wschodnia część kraju była wystawiona na atak. W tym samym czasie Ormianie ze wschodniej Turcji (Anatolii) dezerterowali z muzułmańskiej armii tureckiej, dołączając do prawosławnych braci w wierze po rosyjskiej stronie, a Ormianie na Kaukazie organizowali antytureckie milicje. Bezwzględna walka o ziemię we wschodniej Anatolii, jeszcze bardziej zaogniła stosunki między jej tureckimi, ormiańskimi i kurdyjskimi mieszkańcami: ormiańscy wieśniacy zaprzestali płacenia podatków kurdyjskim poborcom działającym w imieniu władz osmańskich[1]. W rezultacie Turcy zlecili wymordowanie Ormian właśnie Kurdom, a ściślej nieregularnym kurdyjskim bojówkom, zwanym *hamidiye*. W licznych anatolijskich wioskach nieobecność przedstawicieli tureckiej władzy okazała się znacznie gorsza niż ich obecność.

Według Ronalda Grigora Suny'ego, wykładowcy nowożytnej historii ormiańskiej na Uniwersytecie Michigan, „Polityczny zamęt [...] doprowadził do chaosu [...]. Odkąd [turecki] rząd umył ręce, między muzułmanami i Ormianami zapanowała wojna"[2]. Niemniej, przebieg lokalnych rzezi wskazuje na celową politykę Stambułu. W muzeum można obejrzeć dokumenty podpisane przez Talaata Paszę, jednego z członków triumwiratu rządzącego wówczas Turcją, nakazujące usunięcie z ziem osmańskich wszystkich Ormian – „przy użyciu wszelkich dostępnych środków". W rezultacie od sześciuset tysięcy do półtora miliona Ormian padło ofiarą masowych wysiedleń i mordów – Ormian, którzy zamieszkiwali Anatolię już tysiąc lat przed przybyciem w te strony Turków. „Mam w mieszkaniu klucz do domu mojego dziadka w Erzurum

1 Zob. Suny, *Looking Toward Ararat.*

2 Tamże.

w zachodniej Armenii – opowiadał mi ormiański znajomy z Erywania – domu, do którego nie mogę wejść, ponieważ dziś znajduje się w Turcji".

Masowych mordów dokonywano z rozkazu najwyższych urzędników tureckich, ale imperium chyliło się już wtedy ku upadkowi, co w jego odległych zakątkach – kipiących zadawnionymi sporami etnicznymi, które podgrzewała rywalizacja o ziemie i zasoby naturalne – prowadziło również do spontanicznych rzezi. Ludobójstwo Ormian było jednym z przejawów rozpadania się wielonarodowego imperium na mniejsze, jednonarodowe państwa. Te same czynniki sprawcze ujawniły się na Bałkanach, na Kaukazie, w Indonezji i w wielu innych regionach, gdzie doszło do poważnych naruszeń praw człowieka. Upadek imperiów oraz dążenie do narodowego samostanowienia i regionalnej niezależności to wybuchowa mieszanka. Kiedy zanika władza centralna, często górę biorą zwyczaje i przesądy – miałem się o tym dobitnie przekonać, zwiedzając monastyry pod Erywaniem.

*

W czasie godzinnej podróży na wschód z Erywania do monastyru Geghard, byłem oczarowany ascetyczną powagą ormiańskiego krajobrazu, którego stalowoszare góry o poszarpanych wichrami turniach obrazują okrutną historię Bliskiego Wschodu, zdominowaną przez łupieżcze armie i trzęsienia ziemi oraz układy pokojowe, które jedynie formalizowały rzeczywisty impas. Najpierw piąłem się wzwyż między majestatycznymi, wapiennymi formacjami, łączącymi góry Anatolii, Iranu i Małego

Kaukazu, a następnie zjechałem do zielonej doliny, którą jesień zabarwiła czerwienią i złotem, i dotarłem do monastyru Geghard. *Geghard* to po ormiańsku „włócznia" – nazwa pochodziła od przechowywanej w klasztorze relikwii, świętej włóczni, którą rzymski legionista przebił bok ukrzyżowanego Jezusa. Monastyr został wykuty w litej skale na początku IV wieku, wkrótce po tym, jak Grzegorz Oświeciciel nawrócił Armenię na chrześcijaństwo. Obecny, rozbudowany kształt budowla uzyskała dopiero w XIII stuleciu, gdy ta część Armenii, z pomocą gruzińskiej królowej Tamary, wyzwoliła się spod panowania Turków seldżuckich.

Zaparkowałem samochód i pieszo udałem się do położonego wyżej monastyru, drogą, przy której staruszki sprzedawały kwiaty, świąteczne ciasta i naszyjniki z nanizanymi owocami. Była niedziela i ubodzy wieśniacy ubrali się odświętnie. Mężczyźni i chłopcy przystawali, by wrzucić kamyk na szczęście do świętej wnęki. Jakiś starzec grał na flecie. Gałęzie drzew były obwieszone różnokolorowymi szmatkami – takimi samymi ofiarami w intencji płodności, jakie widziałem w Merw w Turkmenistanie. Minąłem rzędy chaczkarów na zboczu wąwozu – kamiennych tablic wotywnych z misternie rzeźbionymi krzyżami, wywodzących się z przedchrześcijańskiej tradycji wskrzeszonej w wiekach średnich. Na poboczu drogi ujrzałem skalną płytę ociekającą krwią, gdzie dwóch młodych mężczyzn zarzynało owcę pod czujnym okiem odzianej na czarno matrony. Nie było kawiarni, tylko źródlana woda tryskająca ze skały. Oto – pomyślałem – istota rzeczy. Wszedłem do świątyni.

Szare mury były przykopcone dymem ze świec i kadzideł i ozdobione samotną ikoną Najświętszej Maryi Dziewicy. W sąsiednim pomieszczeniu znajdował się prosty, czarny ołtarz z gromnicą, rzeźbiony w geometryczne, hellenistyczne wzory. Po czarnych murach na posadzkę spływała woda – uważana za świętą – w której starzy i młodzi wierni obmywali twarze. W gruzińskich cerkwiach ściany były pokryte patriotycznymi freskami. W ormiańskich świątyniach jedynymi ozdobami na ścianach były cienie migoczących świec. Tutaj religia została sprowadzona do swych fundamentalnych spraw: ziemi, ognia i wody. Prawie nie było wizerunków Chrystusa, zaledwie jedna ikona. Starożytny kult strzegł Hajastanu przed zakusami islamu. Pod koniec XX wieku nadal królowały pasja i tajemnica. Czarny ołtarz z żółtą gromnicą niczym się nie różnił od pogańskiego ołtarza w liczącej dwa tysiące lat świątyni słońca, którą zwiedziłem w Garni, zaledwie parę kilometrów dalej.

„Pośród płomieni i czarnych murów stajesz się częścią misterium. Tutaj nie rozprasza cię ani nie przytłacza sztuka – rzekł diakon w sutannie. – Nic więcej nie mów, obserwuj".

W wielu miejscach, które odwiedziłem, mity narodowe i religijne odgrywały znaczącą rolę, nieraz wykorzystywane przez krótkowzrocznych polityków. Współczucie często ograniczało się do członków szeroko pojętej rodziny czy grupy etnicznej. I chociaż jednostki były czymś bardziej realnym niż grupy narodowe, do których należały, to nie oznaczało, że charakter narodowy był złudzeniem, zwłaszcza w czasie wojny. To właśnie dlatego takie pojęcia jak „budowanie demokracji" czy „cywilne instytucje" wydawały się czystą abstrakcją, jeśli nie liczyć miejscowych intelektualistów, których zachodni dziennikarze i dyplomaci cytowali w swoich raportach. Czy jednak rzeczywiście są czystą abstrakcją? Zapewne nie. Scena rozgrywająca się na moich oczach raziła prymitywizmem. Łatwo mogłem sobie wyobrazić tych ludzi postępujących okrutnie ze swymi przeciwnikami. Jednak fakt, że o stabilność i kulturę polityczną trudniej na Kaukazie niż na Bałkanach (a na Bałkanach trudniej niż w Europie Środkowej), nie oznacza, że wyczerpał się potencjał możliwości – dobrych i złych. Oczywiście, narody i kraje nie są niezapisanymi tablicami: historia, kultura i geografia ograniczają pole wyboru. Ale polityka zawsze ociera się o granice niemożliwości.

Monastyr wykuty w skale, z której tryska święta woda, był także symbolem potęgi natury – ta myśl prześladowała mnie w związku z trzęsieniami ziemi, które w 1999 roku, krótko przed moją podróżą do Armenii, w odstępie kilku tygodni nawiedziły Stambuł i Ateny. Te naturalne kataklizmy przyśpieszyły rozmowy o pojednaniu grecko-tureckim, podziały zostały nieoczekiwanie zasypane przez siły, za którymi nie stała żadna ideologia...

*

Giumri, za czasów Związku Sowieckiego zwane Leninakan, jest oddalone od Erywania o dwie godziny jazdy samochodem na północny zachód przez jałowy, brunatny płaskowyż u podnóża ośnieżonych „zębów" masywu Aragac, sięgających czterech tysięcy metrów wysokości. Giumri to rozległe slumsy, które kiedyś były miastem. 7 grudnia 1988 roku ten region nawiedziło potężne trzęsienie ziemi. Ponieważ sowieckie bloki mieszkalne były jeszcze gorszej jakości niż w sąsiedniej Turcji, pod ich gruzami zostało pogrzebanych, według niektórych szacunków, aż pięćdziesiąt pięć tysięcy ludzi. Gorbaczow obiecał odbudować Giumri w ciągu trzech lat, ale w 1991 roku Związek Sowiecki przestał istnieć. Nieliczne wyremontowane budynki, które widziałem, były zasługą ormiańskiej diaspory.

Giumri wyglądało jak karaibskie slumsy przeniesione na zimny, szorstki płaskowyż, gdzie wszystkie drzewa ścięto na opał. W oknach zamiast szyb były kamienie. Tubylcy mieszkali w „wagonach", jak nazywali blaszane kontenery. Niektóre rodziny musiały zadowolić się cuchnącymi beczkami po ropie. Był październik, ale wiało chłodem. Wewnątrz zawilgoconych „wagonów" było zimniej niż na zewnątrz, gdzie przynajmniej świeciło słońce. W tych „wagonach" bez elektryczności, o ścianach poczerniałych od piecyków kuchennych, doświadczyłem ciemności i nędzy, z jaką wcześniej się nie spotkałem.

„Wszyscy zamieniliśmy się w kamienie. W kółko pytamy: »Gdzie jest wyjście?«" – wymamrotał Arakadi Grigorian, artysta o starannie przystrzyżonej siwej brodzie. Jak inni mężczyźni, którzy stracili żony, jak wiele kobiet, które straciły mężów – mieszkał w „wagonie" od czasu, kiedy jego żona zginęła w trzęsieniu ziemi. „Zaczynamy od zera. Pejzaż – jak okiem sięgnąć – jest skuty mrozem, pozbawiony koloru. Straciliśmy rodziny, książki, fotografie, wszystkie materialne składniki pamięci. Schyłek lat osiemdziesiątych i lata dziewięćdziesiąte to straszny czas w naszej historii. Przeżyliśmy coś w rodzaju oblężenia Leningradu w czasie drugiej wojny światowej – zagładę miasta, rozpad Związku Sowieckiego i wojnę w Karabachu. Wszystko, czego doświadczyłem w dzieciństwie, powtórzyło się na starość: nie ma co jeść, nie ma w co się ubrać, niepogrzebane zwłoki na ulicach. Znów jeździmy na rowerach domowej roboty. Mieszkamy w blaszanych psich budach i budujemy klasę średnią, która gdzie indziej narodziła się w latach trzydziestych XIX wieku. Mogę z optymizmem myśleć o przyszłości moich dzieci, o teraźniejszości – nigdy".

Mieszkańcy Giumri powiedzieli mi, że współczują ofiarom trzęsienia ziemi, które minionego lata nawiedziło Turcję. Również tutaj siły natury złagodziły wzajemne urazy. Jednak patrząc na zdesperowanych, obdartych ludzi w ciemnych „wagonach" w przededniu zimy, trudno było z optymizmem myśleć o ustroju politycznym, który zrodzi się z takiej nędzy i rozpaczy. Ci ludzie pójdą za każdym, kto da im pracę i napełni żołądki.

*

Bliskowschodni etniczny spór o ziemie w Górskim Karabachu przyśpieszył rozpad Związku Sowieckiego. Kiedy na początku lat dwudziestych kontrolę nad Kaukazem przejęli bolszewicy, nadali Górskiemu Karabachowi autonomię w obrębie sowieckiej Republiki Azerbejdżanu. W tym czasie Karabach liczył sto trzydzieści jeden tysięcy pięciuset mieszkańców, z czego blisko dziewięćdziesiąt pięć procent stanowili rdzenni Ormianie. Kiedy do władzy doszedł Gorbaczow, ten odsetek wynosił już tylko siedemdziesiąt pięć procent i Ormianie obawiali się, że z czasem będą w Karabachu mniejszością, jak w Nachiczewanie, innej utraconej części historycznej Armenii, graniczącej z Armenią i Iranem, ale należącej do Azerbejdżanu. W Nachiczewanie odsetek Ormian też dramatycznie zmalał.

Cały Kaukaz Południowy to plątanina nielogicznych granic, za pomocą których próbuje się wykroić jednolite etnicznie terytoria w miejscach o wieloetnicznej tradycji i strukturze. W starożytności i średniowieczu większość regionu zamieszkiwali kaukascy Albańczycy (niespokrewnieni z bałkańskimi). Z czasem część przyjęła chrześcijaństwo i przemieszała się z Ormianami, a część – po przybyciu w te strony Turków seldżuckich – nawróciła się na islam[1]. Możliwe, że azerscy mieszkańcy Nachiczewanu – w tym prezydent Gajdar Alijew i były prezydent Abulfaz Elczibej – byli spokrewnieni z tymi Ormianami, choć za nic by się do tego nie przyznali. Ale niezależnie od fikcyjności tych podziałów istnieją również realne – w umysłach mieszkańców regionu. Kiedy więc w 1988 roku Gorbaczow zainicjował głasnost i pierestrojkę, Ormianie w Erywaniu zaczęli się głośno domagać przyłączenia Górskiego Karabachu do Armenii, natomiast władze azerskie zaczęły rugować Ormian ze spornej enklawy. Ciągłe manifestacje w Erywaniu

1 Tamże.

doprowadziły do pogromów w Sumgaicie, gdzie azerski motłoch zamordował wielu tamtejszych Ormian.

Gorbaczow wysłał do Karabachu wojsko, żeby ustanowić bezpośrednią władzę Moskwy, ale nie położyło to kresu etnicznej przemocy. Azerbejdżan zarządził blokadę ormiańskich wiosek w Karabachu. W odpowiedzi Armenia ogłosiła Karabach częścią zjednoczonej Wielkiej Armenii. Po rozpadzie Związku Sowieckiego w 1991 roku wybuchła regularna wojna między Armenią i Azerbejdżanem, która zakończyła się w roku 1994, kiedy Ormianie wyparli wszystkich Azerów z Karabachu i zaanektowali sąsiednie azerskie ziemie, wskutek czego Armenia i Karabach się zjednoczyły, chociaż świat oficjalnie nie uznawał tego faktu. Karabach był chyba najdobitniejszym dowodem fasadowości sowieckiej władzy.

Górski Karabach leży na południowy wschód od Armenii właściwej. Dotarcie tutaj z Erywania wymagało sześciogodzinnej jazdy przez labirynt skalnych wąwozów i gór o barwie ciemnoczerwonej lawy. Zatrzymałem się w zrujnowanym karawanseraju na śniadanie złożone z herbaty, miodu, domowego sera i szklanki wódki. Później, gdy zbliżyłem się do serca Małego Kaukazu i międzynarodowej granicy między Armenią i Azerbejdżanem, płaskowyż o żyznej, czarnoziemnej glebie wypiętrzył się ku zaśnieżonym granitowym twierdzom. Dotarłem do skrzyżowania dróg: jedna biegła na południe do Iranu, druga na wschód do Karabachu.

Droga z Armenii do Karabachu wiedzie przez okupowane terytorium azerbejdżańskie zwane „korytarzem laczyńskim", który wojska ormiańskie zajęły w maju 1992 roku, rabując i mordując kurdyjskich tubylców, którzy nie zdążyli w porę uciec[1]. Oprócz posterunku policji, na którym zanotowano numery rejestracyjne mojego samochodu, nie dostrzegłem żadnych innych oznak, że ten region (na oficjalnych mapach figurujący jako część Azerbejdżanu) leży poza granicami Armenii. Przeciwnie, ormiańskiej obecności dowodziła nowa droga sfinansowana przez diasporę, zbudowana wedle zachodnich standardów, z barierkami ochronnymi i reflektorami, które w nocy oświetlały niebezpieczne zakręty. Był to odcinek autostrady łączącej Goris, miasto na zachód od Laczynu, ze stolicą Górskiego Karabachu, Stepanakertem. Droga kosztowała ponad dziesięć milionów dolarów, które Amerykanie ormiańskiego pochodzenia zgromadzili w zbiórce publicznej, prowadzonej w latach 1996–1997 (przykład, że bogata diaspora może okazać się ważniejsza niż ropa, w którą obfituje Azerbejdżan).

W czasie mojej podróży ormiańska diaspora szykowała się do następnej zbiórki – tym razem dwudziestu pięciu milionów dolarów – na budowę stupięćdziesięciokilometrowej nitki północ–południe, łączącej wszystkie ważne miasta Karabachu i krzyżującej się w Stepanakercie z nitką wschód–zachód, biegnącą przez „korytarz laczyński". Ta sieć połączeń drogowych, analogicznie do tej zbudowanej przez Izraelczyków na Zachodnim Brzegu, zagwarantowałaby Ormianom strategiczną kontrolę nad Karabachem, niezależnie od symbolicznych ustępstw przy stole negocjacyjnym. Ormiański minister

1 Zob. Thomas Goltz, *Azerbaijan Diary*, Armonk 1998.

spraw zagranicznych Wartan Oskanian powiedział mi w Erywaniu, że wprawdzie jego kraj prowadzi w Karabachu politykę faktów dokonanych, to jednak podejmuje również zabiegi dyplomatyczne.

Przejeżdżając z „korytarza laczyńskiego" do Górskiego Karabachu, pokazałem wizę urzędnikowi, który zapisał numer mojego paszportu. W wizę za dwadzieścia siedem dolarów zaopatrzyłem się w Erywaniu, w Konsulacie Republiki Górskiego Karabachu, kraju, którego oficjalnie nikt nie uznawał, nawet Armenia, która rządziła Karabachem jak swoim lennem, utrzymując zarazem lipny konsulat. „Jaki jest faktyczny status prawny Karabachu?" – spytałem Mikaela Danieljana z erywańskiego Komitetu Helsińskiego. „To dobre pytanie – odparł. – Ale nie znam odpowiedzi". Pomieszanie z poplątaniem na mapie Kaukazu, z takimi zanarchizowanymi regionami jak Górski Karabach czy Nachiczewan, ulokowanymi pośrodku innych państw, mogło być już nie tyle aberracją, której zaradzą dyplomaci, ile drogowskazem dla całego Bliskiego Wschodu, gdzie, jak wszędzie na świecie, niepodległość staje się zbyt niejednoznacznym pojęciem, by można ją wtłoczyć w tradycyjne granice.

Karabach dosłownie znaczy „czarny ogród" i rzeczywiście, kiedy wjeżdża się do Karabachu, nagi górski pejzaż łagodzą zbocza okryte ciemnozielonymi lasami. Szuszi, pierwsze miasto, do którego wjechałem, wyglądało jak archetypiczny krajobraz po czystce etnicznej: na poły wymarłe ruiny wypatroszonych ulic, zgliszcza domów i meczetów, odbudowany przez diasporę kościół i niesamowita cisza, którą mącił jedynie szelest jesiennych liści.

Zniszczone były zarówno cmentarze ormiańskie, jak azerskie; potłuczone nagrobki zaściełały okolicę z sielskimi krajobrazami w tle. Rozbijanie nagrobków to coś więcej niż zasmarowywanie ścian graffiti: to ciężka praca, wymaga prawdziwej determinacji.

Z Szuszi wojska azerskie ostrzeliwały położoną w dolinie stolicę Karabachu rakietami GRAD, zmuszając ormiańskich mieszkańców Stepanakertu do życia w piwnicach. Kiedy wiosną 1992 roku Ormianie zajęli Szuszi, wzięli odwet. Tutejsi Azerowie ratowali się ucieczką. Teraz Ormianie pośpiesznie tworzyli „fakty dokonane". Buldożery pracowały od świtu do zmroku, kończąc autostradę do Stepanakertu. Ormianie z Karabachu to typowi, wyznający rodzinne wartości chłopi: żyli z ziemi, ale mieszkali w obskurnych blokowiskach, uprawiali warzywa na betonowych balkonach i z pomocą bogatych krewnych z zagranicy krzyżowali plany dyplomatom. Zważywszy na przemoc, która dotknęła tutaj niewinnych cywilów, było coś nieprzyzwoitego w feerii kolorów na rynku, owoców granatu, rodzynek, oliwek, winogron, bakłażanów... Tubylcy mieli zacięte miny. Nędzarze darzą się nawzajem bardziej zapamiętałą nienawiścią, niż bogacze – pomyślałem. – Być może obawiają się, że jeśli nie będą gnębić innych, to pozostaną na samym dole społecznej hierarchii[1]. Być może w ogóle nie ma innego lekarstwa na etniczną nienawiść niż stopniowy rozwój gospodarczy.

1 Karl W. Deutsch, *Are Our Models of Nationalism Western and Provincial?* (niepublikowany wykład, wygłoszony na Uniwersytecie Harvarda w listopadzie 1980 roku).

Była tylko jedna otwarta kawiarnia, z rojami much i tylko jednym stolikiem na wyłożonej linoleum posadzce. Fatalnie umalowana kelnerka podała mi colę. Wpadła grupa uczennic, żeby kupić coś do picia. Kiedy wyszły, przysiadł się do mnie jakiś mężczyzna. Był to właściciel kawiarni – krępy, łysiejący, z czarnym wąsem. Palił papierosa, skarżąc się na skutki wojny.

– Miasto jest martwe – mówił. – Nie ma pracy, nie istnieje normalna gospodarka. Uchodźcy nie wracają. Za czasów Związku Sowieckiego były restauracje, hotele, fabryki, rozgłośnia radiowa...

W czasie mojej podróży bezustannie słyszałem takie lamenty.

– Jak się pan nazywa? – spytałem.

– Ramik Atajan.

– Chciałby pan mieć Azerów za sąsiadów?

– Nie oddaje się tego, co zdobyczne – odpowiedział. – To święta ziemia, bo przelaliśmy za nią własną krew. Teraz jesteśmy częścią Armenii. – Zaczął opowiadać o dzieciństwie w azerskiej szkole, gdzie był dyskryminowany ze względu na ormiańskie pochodzenie. – W niektórych sprawach się zgadzaliśmy, w innych ciągle były napięcia.

Zadałem mu teoretyczne pytanie – to samo, które zachodni dyplomaci od lat stawiali swoim ormiańskim odpowiednikom:

– Czy możliwy byłby taki układ, że wprawdzie Ormianie zachowują wszystkie zdobyte tereny oraz polityczną kontrolę, ale pozwalają Azerom wywiesić kilka symbolicznych flag i w ten sposób wyjść z całej sytuacji z honorem?

– Kiedy nasze flagi zawisną w Trabzonie, Wanie, Karsie i innych utraconych miastach zachodniej Armenii – odparł – to Azerowie będą mogli wywiesić swoje w Karabachu.

*

Jak powiada Gogol, „szczęśliwy pisarz, który pomijając charaktery nudne, wstrętne, rażące swą smutną rzeczywistością, zbliża się do charakterów wykazujących wysoką godność człowieka. [...] Albowiem – wyjaśnia – sąd współczesnych nie przyzna, że równie cudowne są szkła odbijające słońce, jak i oddające ruchy niedostrzegalnych owadów"[1].

Wolałbym nie kończyć mojej bliskowschodniej odysei w Szuszi, ale tam właśnie ona się zakończyła. Wszystkie rozmowy z mieszkańcami Stepanakertu były podobne do tej, którą odbyłem z właścicielem kawiarni. Rozpocząłem podróż od spotkania z „wykazującym wysoką godność" Rudolfem Fischerem. Po drodze poznałem wiele osób, które marzyły o społeczeństwie obywatelskim, takich jak książę Hassan w Jordanii czy Farid el-Chazen, młody, poważny profesor Uniwersytetu Amerykańskiego w Bejrucie. Jednak w krajach byłego Związku Sowieckiego przeważały charaktery i widoki „rażące swą smutną rzeczywistością". To nie był przypadek, jak nieprzypadkowa była ostatnia rozmowa w Szuszi – tak po prostu wyglądał ludzki pejzaż po siedemdziesięciu latach komunizmu.

1 Mikołaj Gogol, *Martwe dusze*, przeł. W. Broniewski, Warszawa 1968, s. 154–155.

Reakcją na ten obraz nie powinno być ani zaprzeczanie faktom, ani fatalizm. Obawiam się jednak, że rozbrzmiewające w stolicach Zachodu nawoływanie do „demokracji" – i bezwzględne piętnowanie nieposłusznych – to zwykły unik, nie polityka. Przeprowadzenie wyborów to nic trudnego. Ale skoro państwo, jak mówi Burckhardt, jest „dziełem sztuki", to zbudowanie go od zera wymaga sprytu, siły i lat ciężkiej pracy[1]. I w wielu miejscach, które odwiedziłem, państwo jest budowane od zera. Słabe państwa, jak mi powtarzano w Rumunii i wielu innych krajach, będą naśladować dowolny ustrój, który akurat dominuje, czy to będzie nazizm, komunizm, przestępcza oligarchia, czy też liberalna demokracja. Jedynym sposobem, żeby zapewnić zwycięstwo tej ostatniej, wcale nie jest wymuszanie wyborów w krajach, które nie są do nich przygotowane, lecz rozwijanie potencjału gospodarczego i wojskowego w regionie poprzez budowę systemu rurociągów i zawieranie porozumień obronnych. Jeśli poznają nasze możliwości, może zaakceptują także nasze wartości. Ale jeśli będziemy tylko prawić świętoszkowate kazania, nowe imperia, które powstaną na Bliskim Wschodzie, nie będą krzewić zachodnich wartości. Ludzki pejzaż jest niewesoły, ale wielkie mocarstwa w przeszłości osiągały swe cele również w smętnych pejzażach.

Czy walka z chaosem i absolutyzmem na Bliskim Wschodzie leży w naszym interesie? Na Bałkanach – owszem, ponieważ sąsiadują z Europą Środkową i stanowią

1 Zob. Jacob Burckhardt, *Kultura Odrodzenia we Włoszech*, przeł. M. Kreczowska, Warszawa 1991.

naturalny kierunek w poszerzaniu zachodniej strefy wpływów i dobrobytu. Gdzie indziej nasze zaangażowanie zależy od tego, czy istnieje stan wyższej konieczności. W przeciwnym wypadku trudno sobie wyobrazić, żeby zachodnie rządy wysłały wojska na przykład do Syrii, Gruzji czy Azerbejdżanu, gdy te państwa zaczną się rozpadać. Jedynie duże złoża ropy naftowej mogłyby stać się wystarczającym powodem do interwencji. Wówczas jednak należałoby sięgnąć po elitarne jednostki wojskowe, które zwiększają możliwości działania. Jak wyjaśnił mi w Tbilisi jeden z reformistycznych parlamentarzystów Micheil Saakaszwili, Gruzja nie potrzebuje tysięcy oddziałów NATO, a jedynie informacji wywiadowczych, pozwalających zapobiegać zamachom, sił specjalnych do monitorowania granic i tak dalej.

Nic nie jest z góry pisane ani przesądzone. Bułgaria, na przykład, gdzie w czasie mojej podróży kwitła zorganizowana przestępczość, przystąpiła już do rozprawy z mafijnymi „grupami". Niezależnie od nastrojów ulicy, oświeceni przywódcy – zarówno demokratycznej, jak autokratycznej proweniencji – zawsze mogą znaleźć jakiś kompromis, jak to czynił w przeszłości król Husajn, i jak być może zdołają uczynić w przyszłości rządy Armenii i Azerbejdżanu. Jednak słabym demokracjom, zdominowanym przez grupy przestępcze i czysty populizm, niełatwo będzie zawrzeć pokój. W ubogich, niestabilnych krajach politycy dysponujący poparciem nieznacznej większości, przypierani do muru przez opinię publiczną i nieodpowiedzialne media, rzadko dobrowolnie rezygnują z nacjonalistycznej frazeologii. To przecież demokratyczni przywódcy – Lewon Ter-Petrosjan z Armenii i Abulfaz Elczibej z Azerbejdżanu – na początku lat dziewięćdziesiątych pchnęli oba kraje do wojny o Karabach. Choć dobrobyt może uleczyć każdą nienawiść (jak powiedział mi kiedyś łowca nazistów, Szymon Wiesenthal), budowaniu klasy średniej w chłopskim społeczeństwie bardziej pomoże silne, zdeterminowane przywództwo niż wybory.

Demokracja może bujnie rozkwitnąć w Europie Środkowej, w południowej części Ameryki Łacińskiej czy gdzie indziej, ale w większości krajów Bliskiego Wschodu w pierwszej dekadzie XXI stulecia wciąż będzie, niestety, czystą abstrakcją. Zasadniczą kwestią będzie przetrwanie tych państw – w taki czy inny sposób. Bitwa o kaspijskie rurociągi, nieuchronny konflikt między Iranem i Azerbejdżanem, odrodzenie quasi-autokratycznej Rosji, niestabilność post-Assadowskiej Syrii, chaos w Gruzji i zastój w wiejskich Rumunii i Bułgarii – jeśli te dwa kraje nie zostaną przyjęte do NATO – tak mogą brzmieć nagłówki jutrzejszych wiadomości. Żeby stawić czoło tym zagrożeniom, Zachód będzie potrzebował przywódców, którzy rozumieją, czym jest władza, i potrafią jej użyć – przywódców, którzy będą wiedzieli, kiedy interweniować, i zrobią to bez złudzeń.

PODZIĘKOWANIA

Jason Epstein, mój wydawca z Random House, William Whitworth i Cullen Murphy z „The Atlantic Monthly" i mój agent literacki, Carl D. Brandt sumiennie zachęcali mnie do pracy nad tą książką – na wszystkich etapach jej powstawania – natomiast Joy de Menil z Random House okazała się nieocenioną doradczynią w sprawach redakcyjnych. Podziękowania jestem winien również innym redaktorkom i redaktorom, takim jak Martha Schwartz i Veronica Windholz z Random House oraz Michael Kelly, Corby Kummer, Chris Berdik, Avril Cornel, Toby Lester, Amy Meeker, Yvonne Rolzhausen, Martha Spaulding i Barbara Wallraff z „The Atlantic Monthly". W ostatniej fazie przygotowywania książki otrzymałem pomoc finansową z waszyngtońskiej New America Foundation. Dziękuję jej zarządowi, przede wszystkim Tedowi Halsteadowi i Jamesowi Fallowsowi.

Liczna grupa korespondentów zagranicznych hojnie użyczyła mi swojej wiedzy o tanich noclegach, a także swoich „kontaktów" w krajach, w których pracowali. Stephen Kinzer, szef stambulskiej redakcji „The New York Timesa", ujął mnie gościnnością i bezinteresownością. Równie szczodry był Thomas Goltz, autor najbardziej niedocenionego zbioru reportaży lat dziewięćdziesiątych, *Azerbaijan Diary*. W Bukareszcie Anatol Lieven zapewnił mi dach nad głową i zasypał materiałami o Bałkanach i Kaukazie. Swoim towarzystwem i życzliwością zaszczycił mnie Lawrence Sheets, prasowy „wicekról Kaukazu", jak go tam nazywają, który w wojennej dekadzie dwoił się i troił, ale nie zdobył sławy, którą cieszyli się bałkańscy korespondenci, ponieważ Kaukaz leży zbyt daleko. W Izraelu korzystałem z darmowego lokum dzięki uprzejmości Edit Bornstein, szefowej biura „The New York Timesa" w Jerozolimie, oraz archeologa Avnera Gorena. Wiele zawdzięczam też niezawodnej pomocy Johna Dimitriego Panitzy z Free and Democratic Bulgaria Foundation, który odgrywa w Bułgarii podobną rolę, jak George Soros w Europie Środkowo-Wschodniej. W Turkmenistanie pomagał mi młody, zdolny dyplomata, Christopher Klein. Na szczególne podziękowania zasługują też moje tłumaczki i przygodne towarzyszki podróży: Lilia Babajewa, Eka Chwedelidze, Mariana Lenkowa, Nata Talakwadze i Natasza Tarasowa.

Bezinteresowną pomocą okazali mi również: Fouad Ajami, Fuad Achundow, Antoine i Sam Aklowie, ambasador Ken Alowitz, Maka Antidze, Deniz Aral, Chalid Askerow, Charles von Bebber, ambasador Avis Bohlen, Mehmet Bugac, Georgi Danailow, Chris Dell, Tom Devine, Craig Dicker, ambasador Edward Djerejian, Helena Finn, Zaza Gaczecziladze, Jane Geniesse, Nilufer Gole, Elias Haddad, profesor Michael Handel, Dick Hoagland, Ioana Ieronim, Susan Jacobs, Marwan Kassem, Ian Kelly, Craig Kennedy, Judith Kipper, Michael Krause, Samir Lahoud, Ernest Latham, Murray i Lonnie Levinowie, Bernard Lewis, Alan Luxenberg, David Makovsky, Maia Mania, ambasador Steve Mann, Judith Miller, Yehuda Mirsky, Jamil Mroue, profesor Williamson Murray, Lima Nabeel, Corneliu Nicolescu, Ayse Ozakinci, Gizem Ozkulahci, ambasador Mark Parris, Robert Parsons, Semadar Perry, Daniel Pipes, Allen Pizzey, Hugh Pope, Tom Prondus, Vasile Puscas, Ahmed Rashid, Aleksander Rondeli, ambasador Jim Rosapepe, Ayman Safadi, Tudor Şeulean, Harvey Sicherman, Carl Siebentritt, Victoria

Sloan, Mihai Statulescu, Amjad Tadros, Gebran Tueni, John Waterbury, Laurie Weitzenkorn, Mary Ann i Ben Whittenowie, Selina Williams i generał Anthony C. Zinni. Moja żona, Maria Cabral i syn, Michael Kaplan, dzielnie znosili moje długie nieobecności, za co serdecznie im dziękuję.

Na koniec nie mogę nie wspomnieć o przewodnikach książkowych. Ostatnio sporo się mówi o dziennikarstwie jako gatunku literatury. To samo można powiedzieć o niektórych przewodnikach. Polityczne analizy są zbyt abstrakcyjne, by je wykorzystać w praktyce. Nic jednak nie zastąpi solidnego przewodnika. Wszyscy korespondenci zagraniczni, których znam, nie rozstają się z nimi, chociaż mało kto się do tego przyznaje. Najlepszy, jaki wpadł mi w ręce w czasie tej podróży, to *The Georgian Republic* Rogera Rosena.

SPIS TREŚCI

WYDAWNICTWO CZARNE S.C.
www.czarne.com.pl

Sekretariat: ul. Kołłątaja 14, III p., 38-300 Gorlice
tel./fax +48 18 353 58 93 e-mail: arkadiusz@czarne.com.pl,
mateusz@czarne.com.pl, tomasz@czarne.com.pl

Redakcja: Wołowiec 11, 38-307 Sękowa
tel./fax +48 18 351 02 78, tel. +48 18 351 00 70
e-mail: redakcja@czarne.com.pl

Sekretarz redakcji: zofia@czarne.com.pl

Dział promocji: ul. Andersa 21/56, 00-159 Warszawa
tel./fax +48 22 621 10 48
e-mail: agnieszka@czarne.com.pl, anna@czarne.com.pl,
stanislaw@czarne.com.pl

Dział sprzedaży: Beata Motyl, MTM Firma
ul. Zwrotnicza 6, 01-219 Warszawa
tel./fax +48 22 632 83 74
e-mail: mtm-motyl@wp.pl

Skład: D2D.PL
ul. Morsztynowska 4/7, 31-029 Kraków, tel./fax +48 12 432 08 52

Druk i oprawa: READ ME
ul. Olechowska 83, 92-403 Łódź, tel. +48 42 649 33 91

Wołowiec 2010
Wydanie I
Ark. wyd. tekstu 18,5; ark. druk. 34